【国学精粹珍藏版】

中华典故

◎尽览中国古典文化的博大精深 ◎读传世典籍，赢智慧人生——受益终生的传世经典

李志敏 ⊙ 主编

卷一

民主与建设出版社

图书在版编目（CIP）数据

中华典故/李志敏编著；郑琦绘图. —北京：民主与建设出版社，2015.8
ISBN 978-7-5139-0713-2

Ⅰ.①中… Ⅱ.①李… ②郑… Ⅲ.①汉语—典故—汇编 Ⅳ.①H136.3

中国版本图书馆CIP数据核字（2015）第175904号

© 民主与建设出版社，2015

中华典故

总　策　划：	董治国
发行统筹：	王　辉
主　　　编：	李志敏
责任编辑：	王　颂
审读编辑：	陈雪涛
装帧设计：	王洪文
出版发行：	民主与建设出版社有限责任公司
地　　　址：	北京朝阳区阜通东大街融科望京中心B座601室
电　　　话：	010-59419778　59417747
印　　　刷：	永清县晔盛亚胶印有限公司
开　　　本：	787 mm×1092 mm　1/16
字　　　数：	460千字
印　　　张：	32
版　　　次：	2015年8月第1版　2016年7月第3次印刷
印　　　数：	1-5000
标准书号：	ISBN 978-7-5139-0713-2
定　　　价：	280.00元（全四卷）

目录

卷一

史 前

- 盘古开天地与人类的进化 …………………………………………… (3)
- 女娲揉土造人 ………………………………………………………… (4)
- 伏羲是雷神的儿子 …………………………………………………… (5)
- 黄帝涿鹿战蚩尤 ……………………………………………………… (7)
- 夸父追日　渴死途中 ………………………………………………… (8)
- 尧把首领职位让给舜 ………………………………………………… (8)
- 大禹治水　三过家门而不入 ………………………………………… (10)

夏

- 大禹出兵征服三苗 …………………………………………………… (13)
- 夏桀拒纳忠言 ………………………………………………………… (14)
- 少康中兴 ……………………………………………………………… (14)

商

- 成汤灭夏建商 ………………………………………………………… (20)
- 名臣伊尹囚禁商王太甲 ……………………………………………… (21)
- 商王武丁请奴隶傅说当宰相 ………………………………………… (22)
- 商纣王众叛亲离 ……………………………………………………… (22)
- 姜太公钓鱼　愿者上钩 ……………………………………………… (23)
- 周武王决战牧野灭商纣 ……………………………………………… (25)

西　周

伯夷叔齐不食周粟饿死首阳山 …………………………………（29）
周公辅佐成王尽心尽意 ………………………………………（29）
周穆王出兵犬戎与穆王西行 …………………………………（31）
国人暴动　周召共和 …………………………………………（32）
周幽王烽火戏诸侯 ……………………………………………（33）

东　周

不计前仇任用管仲 ……………………………………………（38）
曹刿抗击齐军有谋略 …………………………………………（40）
齐桓公南征北战九合诸侯 ……………………………………（42）
晋文公信守诺言　退避三舍 …………………………………（43）
烛之武劝退秦穆公 ……………………………………………（44）
弦高智退秦军 …………………………………………………（45）
三年不鸣　一鸣惊人 …………………………………………（47）
齐相晏婴的故事 ………………………………………………（49）
孙武演阵斩美姬 ………………………………………………（51）
孔子仕鲁　周游列国碰钉子 …………………………………（53）
孔子归鲁　致力于讲学与著述 ………………………………（53）
勾践卧薪尝胆 …………………………………………………（54）
魏文侯以诚信得贤才 …………………………………………（56）
秦孝公求贤用商鞅 ……………………………………………（57）
商鞅变法　立木为信 …………………………………………（58）
孙膑庞涓斗智 …………………………………………………（59）
蔺相如完璧归赵 ………………………………………………（62）
廉颇负荆请罪 …………………………………………………（64）
孟尝君门客三千 ………………………………………………（66）
孟母择邻 ………………………………………………………（68）
纸上谈兵的赵括 ………………………………………………（70）
毛遂自荐 ………………………………………………………（72）
秦王灭六国　全国归一统 ……………………………………（74）

秦

中国第一个皇帝秦始皇 …………………………………… (79)
始皇病死　赵高计杀扶苏 ………………………………… (81)
大泽乡农民起义 …………………………………………… (82)
巨鹿大战　项羽破釜沉舟 ………………………………… (85)
赵高指鹿为马大施淫威 …………………………………… (86)
子婴投降　刘邦进驻咸阳城 ……………………………… (87)
刘邦项羽划定"楚河汉界" ………………………………… (89)
楚霸王自刎乌江 …………………………………………… (91)

西汉

汉高祖高唱大风歌 ………………………………………… (98)
儒生不可轻视 ……………………………………………… (100)
汉高祖被困白登山 ………………………………………… (101)
周勃夺军还政刘氏 ………………………………………… (103)
崇尚节俭的汉文帝 ………………………………………… (105)
晁错削地与"七国之乱" …………………………………… (107)
张骞开通"丝绸之路" ……………………………………… (109)
卫青、霍去病大破匈奴 …………………………………… (111)

卷 二

苏武牧羊鸿雁传书 ………………………………………… (115)
司马迁发愤写《史记》 …………………………………… (117)
王昭君出塞 ………………………………………………… (119)
王莽复古改制 ……………………………………………… (121)
绿林赤眉起义 ……………………………………………… (123)
昆阳大战王莽军土崩瓦解 ………………………………… (125)

东汉

刘秀重建汉王朝 …………………………………………… (132)

名将马援马革裹尸 …………………………………… （133）
西域五十国完全归汉 ………………………………… （135）
蔡伦造出"蔡侯纸" …………………………………… （136）
张衡和他的地动仪 …………………………………… （136）
汉灵帝卖官鬻爵声色犬马 …………………………… （138）
黄巾军农民大起义 …………………………………… （139）
董卓乘乱当相国 ……………………………………… （141）
王允巧计除董卓 ……………………………………… （143）
官渡之战袁绍大败 …………………………………… （145）
孙策占据江东 ………………………………………… （148）
诸葛亮隆中对策 ……………………………………… （149）
周都督火攻赤壁 ……………………………………… （152）
曹操大宴铜雀台 ……………………………………… （155）

三　国

刘玄德汉中称帝 ……………………………………… （160）
陆逊火烧连营七百里 ………………………………… （161）
诸葛亮七擒孟获 ……………………………………… （164）
诸葛亮挥泪斩马谡 …………………………………… （166）
司马懿智定辽东 ……………………………………… （167）
司马昭伐蜀　防邓艾钟会 …………………………… （168）
蜀后主为降君乐不思蜀 ……………………………… （171）

西　晋

王濬楼船一帆风顺破吴国 …………………………… （176）
《三都赋》与"洛阳纸贵" ……………………………… （178）
石崇王恺比富有 ……………………………………… （178）
八王混战赵王掌权 …………………………………… （181）
匈奴人称汉帝 ………………………………………… （182）
周处勇于改过除三害 ………………………………… （185）
囊萤映雪发愤读书 …………………………………… （187）

东　晋

王马共天下 …………………………………………………（192）
祖逖北伐中流击楫 …………………………………………（193）
王羲之东床袒腹 ……………………………………………（194）
桓温北伐 ……………………………………………………（196）
从末梢吃甘蔗渐入佳境 ……………………………………（198）
谢安东山再起 ………………………………………………（199）
淝水之战以少胜多 …………………………………………（201）
不为五斗米折腰 ……………………………………………（204）
"反穿皮袄"迎客人 …………………………………………（205）

南北朝

刘裕大摆却月阵 ……………………………………………（212）
宋文帝的元嘉之治 …………………………………………（213）
宋文帝自坏长城 ……………………………………………（215）
大发明家祖冲之 ……………………………………………（217）
魏孝文帝改革风俗 …………………………………………（218）
孝文帝大义灭亲 ……………………………………………（220）
文武全才的梁武帝萧衍 ……………………………………（221）
陈后主亡国 …………………………………………………（223）

隋

隋文帝执法不恕子 …………………………………………（229）
隋文帝改立太子 ……………………………………………（230）
赵绰依法办事不怕杀头 ……………………………………（230）
杨广杀父自立与营建东京 …………………………………（232）
隋朝开通大运河 ……………………………………………（233）
隋炀帝穷兵黩武 ……………………………………………（234）
高德儒指鸟为鸾 ……………………………………………（234）
瓦岗军开仓分粮 ……………………………………………（235）
李渊太原起兵伐隋 …………………………………………（237）

卷 三

唐

李渊推翻隋朝初建唐	（244）
兄弟相残　血溅玄武门	（245）
唐太宗论功行赏不徇私情	（246）
安定祥和的"贞观之治"	（247）
唐太宗渭水之盟	（248）
不留情面的直臣魏徵	（250）
长孙皇后巧言规劝唐太宗	（251）
唐僧取经　满载而归	（252）
唐征高丽　劳而无功	（254）
以文齐名天下的"初唐四杰"	（255）
滕王阁王勃显身手	（256）
女皇武则天	（256）
以国为重的"国老"狄仁杰	（258）
武则天反对男尊女卑	（261）
安定繁荣的"开元盛世"	（262）
唐明皇与姚崇的故事	（262）
"口蜜腹剑"的奸相李林甫	（263）
吴道子与《钟馗驱鬼图》	（264）
政治腐败酿成"安史之乱"	（266）
潼关失守与马嵬驿之变	（267）
功勋卓著的名将郭子仪	（268）
中日友好使者鉴真和尚	（269）
高力士对唐玄宗的忠诚至死不变	（270）
蔑视权贵的"诗仙"李白	（273）
杜甫历经磨难写"诗史"	（274）
"颠张狂素"与"颜筋柳骨"	（275）
柳宗元遭贬写华章	（276）
贾岛苦吟诗冲撞了京兆尹	（278）
李商隐卷入朋党之争	（279）

黄巢起义坐龙庭兵败 ……………………………………（280）
朱温大开杀戒　唐王朝结束 …………………………（282）

五代十国

朱温死于儿子的屠刀下 …………………………………（288）
李存勖接过三支箭 ………………………………………（290）
储氏明敏为夫释疑 ………………………………………（291）
郭威推功及人 ……………………………………………（291）
"儿皇帝"石敬瑭 …………………………………………（292）
李昪怒逐宠妃 ……………………………………………（294）
柴荣南征北讨统一全国 …………………………………（294）
赵匡胤剑砍皮笠 …………………………………………（297）

北宋（辽、西夏）

赵匡胤黄袍加身 …………………………………………（301）
宋太祖杯酒释兵权 ………………………………………（303）
赵匡胤千里送貂裘 ………………………………………（305）
郭进治军奖罚分明 ………………………………………（305）
杨无敌忠心报国 …………………………………………（306）
吕端大事不糊涂 …………………………………………（308）
宋太宗为公主舔目 ………………………………………（309）
丁谓一箭三雕 ……………………………………………（310）
王旦保护名将 ……………………………………………（310）
寇准抗辽与"澶渊之盟" …………………………………（311）
北宋奇案狸猫换太子 ……………………………………（313）
包拯为民请命 ……………………………………………（315）
富弼冒祸救饥民 …………………………………………（316）
文彦博出帛平市 …………………………………………（317）
寇准闻过则喜 ……………………………………………（317）
杨时虚心求学"程门立雪" ………………………………（318）
先天下之忧而忧　后天下之乐而乐 ……………………（318）
欧阳修与"唐宋八大家" …………………………………（320）

⑦

包拯判案铁面无私 …………………………………… (322)
沈括画地图 …………………………………………… (324)
王安石计还藤床 ……………………………………… (325)
宋神宗严惩诬告 ……………………………………… (326)
司马光和《资治通鉴》 ……………………………… (327)
苏东坡官场失意游赤壁 ……………………………… (328)
米芾拜石为兄 ………………………………………… (330)
石工安民爱惜名誉 …………………………………… (331)
宋徽宗的文墨雅好 …………………………………… (331)
赵开化害为利 ………………………………………… (332)
梁山泊和宋江领导的农民起义 ……………………… (333)
方腊聚众起义 ………………………………………… (334)
李纲临危不惧誓死抗金 ……………………………… (335)
两个皇帝当俘虏 ……………………………………… (338)

南宋（金）

杨邦乂慷慨赴义 ……………………………………… (344)
宗泽用降将协谋剿敌 ………………………………… (344)
宗泽破格用将才 ……………………………………… (345)
韩世忠带兵有方 ……………………………………… (345)
女词人李清照的遭遇 ………………………………… (347)
岳家军大破金兀术 …………………………………… (349)
岳飞斗智废刘豫 ……………………………………… (353)
张浚设计擒范琼 ……………………………………… (354)
张孝纯置稻夺马计 …………………………………… (354)
罪名就叫"莫须有" …………………………………… (355)
陈阜卿选贤黜不肖 …………………………………… (357)
完颜襄以火攻火 ……………………………………… (358)
赵葵一语平乱 ………………………………………… (358)
成吉思汗统一蒙古 …………………………………… (358)
也速干智救成吉思汗 ………………………………… (361)
成吉思汗临终授借道灭金计 ………………………… (361)
知县买饭鼓士气 ……………………………………… (362)

谏君戒酒有高招	(362)
赵璧依法治豪强	(362)
文天祥临危不惧	(363)

卷 四

冉氏兄弟献御敌守蜀之策	(367)
张世杰死守厓山	(368)

元

元世祖问治世之法	(374)
廉希宪礼贤下士	(374)
赛典赤·赡思丁开发云南	(375)
郭守敬修订历法	(376)
不忽木严惩权贵	(378)
欧洲来客马可·波罗	(378)
《窦娥冤》感天动地	(380)
黄道婆家乡传技艺	(382)
张思明冒罪赈饥	(383)
韩山童、刘福通起义	(383)
和尚从军当元帅	(386)
朱元璋以才服人	(388)
金玉其外　败絮其中	(389)
潘泽巧以指纹断案	(390)

明

朱元璋称帝建明	(394)
朱元璋建学校定科举	(394)
洪武"四狱"	(395)
刘伯温论相	(395)
宋濂巧论治国	(396)
建文帝改制削藩	(397)

靖难之役 …………………………………………（397）
朱棣创内阁制 …………………………………（399）
明成祖修大典通运河 …………………………（399）
郑和下西洋 ……………………………………（400）
王璋巧妙施计息叛乱 …………………………（402）
解缙巧言称帝意 ………………………………（403）
李时勉廷辱明仁宗 ……………………………（403）
明宣宗"德廉仁厚"谕群臣 ……………………（404）
土木堡之变　皇帝当俘虏 ……………………（404）
于谦保卫北京 …………………………………（407）
杨一清设计除刘瑾 ……………………………（410）
青词宰相严嵩 …………………………………（412）
河套之议 ………………………………………（414）
海瑞骂皇帝 ……………………………………（415）
嘉靖庚戌之变 …………………………………（416）
王守仁用计平叛乱 ……………………………（417）
戚继光抗倭卫国 ………………………………（418）
俞大猷精忠报国 ………………………………（419）
李时珍上山采药 ………………………………（419）
梃击案 …………………………………………（421）
努尔哈赤建立后金 ……………………………（422）
萨尔浒大战 ……………………………………（423）
徐霞客游天下 …………………………………（425）
魏忠贤专权 ……………………………………（427）
袁崇焕宁远大捷 ………………………………（430）
抗清英雄袁崇焕被害 …………………………（432）
闯王李自成 ……………………………………（434）
皇太极征服朝鲜 ………………………………（436）
吴三桂借清兵入关 ……………………………（437）
李自成建大顺政权 ……………………………（439）
崇祯煤山自缢　明朝灭亡 ……………………（440）
宋应星著成《天工开物》………………………（440）

清

清兵入关建都北京	(444)
南明弘光政权建立	(444)
清廷册封班禅与达赖	(445)
郑成功起兵	(446)
多尔衮病卒　顺治亲政	(447)
郑成功收复台湾	(448)
智擒鳌拜　康熙亲政	(448)
雍正夺嫡继位	(449)
出征青海	(450)
改土归流	(450)
大兴文字狱	(451)
《西藏善后章程》拟定	(453)
乾隆南巡	(453)
曹雪芹著成《红楼梦》	(454)
土尔扈特回归祖国	(455)
乾隆编修《四库全书》	(455)
纪晓岚巧讽和珅	(457)
乾隆帝退位　嘉庆帝即位	(457)
纪昀哑谜传意	(458)
全国性大禁教	(460)
英军进攻澳门炮台	(460)
癸酉之变	(461)
道光帝平定张格尔叛乱	(461)
林则徐禁烟	(462)
第一次鸦片战争与《南京条约》	(462)
三元里人民抗英	(463)
洪秀全创立拜上帝教	(464)
《望厦条约》与《黄埔条约》	(464)
魏源"师夷长技以制夷"	(465)
金田起义　永安建制	(466)
捻军起义	(467)
太平天国定都颁制	(467)

曾国藩创建湘军	(469)
太平天国北伐与西征	(470)
天京事变	(471)
第二次鸦片战争和《北京条约》	(471)
《资政新篇》	(472)
火烧圆明园	(473)
中俄《瑷珲条约》	(473)
热河与京师之争	(474)
慈禧行苦肉计夺权	(475)
辛酉政变	(476)
左宗棠西征	(476)
洋务运动	(477)
天津教案	(479)
郑观应高呼《盛世危言》	(479)
日军入侵台湾	(481)
马嘉理事件	(481)
中法战争	(482)
北洋水师的覆灭	(483)
《马关条约》	(484)
公车上书和戊戌变法	(484)
义和团运动	(485)
八国联军侵华	(486)
清末新政	(487)
中国同盟会成立	(488)
黄花岗起义	(488)
武昌起义	(489)
袁世凯逼宫计	(490)

史 前

(170 万年前~公元前 21 世纪)

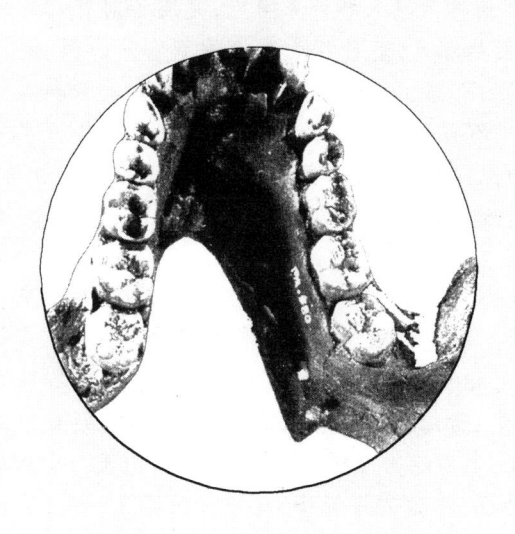

史前历史背景介绍

　　人为万物之灵,步履蹒跚地从史前期走来,脚印越走越清晰。黄河长江流域的脚印格外让人心醉。这是中国人的老祖先留下的印痕,这是小小地球上四分之一人类走出的最原始轨迹。早年的足迹是稚拙的,显示着文明起步的艰难。但也分明越来越坚定和深刻了,印证着这一族类生命创造力量的坚韧和顽强。从800万年前的云南腊玛古猿化石,直到170万年前的元谋人化石,证明着中国这块土地上早期人类进化的遗迹。此后170万年的时间里,由旧石器时代,到中石器时代,再到新石器时代,丰富多彩的石器文明遗迹勾画出夏王朝以前中国先民的文明化过程。

　　80万年前的陕西蓝田人是最早的直立起来行走的人类。50万年前北京周口店猿人,已经具备蒙古人种的体质特点。旧石器时代靠采撷植物的果实来喂养自己的生命,就这样茹毛饮血地创造出最初的文明。从周口店到天安门,这是一个多么耐人寻味的宇宙奇迹和文明硕果!我们华夏文明的初蕾,就是这样萌动成长的。10万年前的大荔人和许家窑人,完成了向智人的过渡。到了眼眶低扁、鼻孔宽阔的广西柳江人,就已经是晚期的智人。山西、河北、内蒙古、宁夏都出土了旧石器时代的石器,山西丁村的三棱尖状器,是最典型的旧石器文化的代表。细小石器,是中石器时代的象征,时间约在公元前1万年到公元前5500年。比起旧石器时代的直接打击法,细小石器的特殊间接打击和琢磨法,是一大历史进步。山西怀仁出土的最早的农具,标志着人类正从采撷和渔猎生活向农耕和畜牧生活过渡。

　　新石器时代从公元前6000年开始到公元前2000年结束。农耕畜牧比渔猎采撷变得更为重要。而花纹斑斓的彩陶和黑陶成为文明前进的符号。仰韶文化和龙山文化,像黄河和长江一样成为贯穿中国史前文化的两大干流。仰韶文化东到河南,西达甘肃、青海,南到湖北,北达河套地区,到处发掘出美丽的手制泥质红陶和夹砂红陶,上面绘画着植物、动物与几何图案。山东和江苏地区的龙山文化则以黑陶为特征,精致的蛋壳陶,乌漆一般亮光闪烁,上面有巧妙的花纹图样,标志着一个新的文明高度。中华文明的早期基础,在母系氏族社会为主调的新石器时代,已经逐渐奠定。房屋建构的规制,墓葬的方法仪式,鬼魂、祖先和生殖崇拜的原始宗教萌芽,各种工具的制造,逐渐勾勒出中华文明的粗线条轮廓。构木为巢,钻木取火,伏羲女娲、炎帝、黄帝,种种神话传说都是文明前进的象征。炎黄子孙,即将创造出光辉灿烂的华夏文明。

盘古开天地与人类的进化

古时候流传着一个盘古开天地的神话。说的是在天地开辟之前，宇宙不过是混混沌沌的一团气，里面没有光，没有声音。这时候，出了一个盘古氏，用大斧把这一团混沌劈了开来。轻的气往上浮，就成了天，重的气往下沉，就成了地。

以后，天每天高出一丈，地每天加厚一丈，盘古氏本人也每天长高了一丈。这样过了一万八千年，天就很高很高，地就很厚很厚，盘古氏当然也成了顶天立地的巨人。后来，盘古氏死了，他的身体的各个部分就变成了太阳、月亮、星星、高山、河流、草木等等。

这就是我国开天辟地的神话。

那么，人类历史究竟应该从哪儿说起呢？后来，科学发达了，人们从地下发掘出来的化石，证明人类最早的祖先是一种从古猿进化而来的猿人。

我国科学工作者在祖国各地先后发掘了许多猿人的遗骨和遗物的化石，可以看到我们祖国境内最早的原始人，已经有一百万年以上的历史。像云南发现的元谋猿人，大约有一百七十万年历史；陕西出土的蓝田猿人，大约有八十万年历史；拿有名的北京猿人来说，也有四五十万年的历史了。

这里，我们就从北京猿人说起。北京猿人生活在周口店一带。那时候，中国北方的气候比现在温和湿润。山上山下，生长着树林、灌木和丰茂的野草。在树林和山野中，有大象、犀牛、梅花鹿，凶猛的虎、豹、狼、熊等野兽。

猿人的力气比不上这些凶猛的野兽，但是他们和别的动物根本不同的地方，就是能够制造和使用工具。这种工具十分简单，一件是木棒，一件是石头。木棒，树林里多的是，但它是经过人砍削的；石头呢，是经过人工砸打过的，虽然很粗糙，但毕竟是人制造的工具。

他们就是用这种简单的工具来采集果子，挖植物的根茎吃。他们还用木棒、石器来同野兽作斗争，猎取食物。但是，这种工具毕竟太简陋了，他们获取的食物是很有限的，靠单个人的力量，没法生活下去，只好过着群居的生活，共同劳动，共同对付猛兽的侵袭。这种人群就叫原始人群。

几十万年过去了，猿人在艰苦的斗争中进化了。在北京周口店龙骨山的山顶洞穴里，发现另一种原始人的遗迹。这种原始人的样子，已经和现代人没有什么两样。我们把他们叫做"山顶洞人"。

山顶洞人的劳动工具有了很大的改进,他们不但能够把石头砸成石斧、石锤,而且还把野兽的骨头磨制成骨针。别看这一枚小小的骨针,在那时候,人们能磨制骨针可不是一件简单的事。有了骨针,人们可以把兽皮缝成衣服,不像北京猿人时期那样赤身裸体。

山顶洞人过的也是群居生活。但他们的群居生活已经按照血统关系固定下来。一个集体的成员都是共同祖先生下来的,也就是同一氏族的人。这样,人类社会就进入了氏族公社时期了。

女娲揉土造人

女娲氏,亦风姓,蛇身人首,有神圣之德。当天地开辟了以后,大地上已经有了山川草木,也有了鸟兽虫鱼,但世间仍旧荒凉且寂寞。行走在这一片荒寂的土地上的大神女娲,她的心里感受着极度的孤独,她觉得在这天地之间,应当添一点什么东西进去,让它生气蓬勃起来才好。

她想了一想,就在一处水池旁边蹲下身子来,掘了池边地上的黄泥,掺和了水,仿照水里自己的形貌,揉捏出第一个娃娃样的小东西。刚一放到地面上,说也奇怪,这小东西就活了起来,呱呱地叫着,欢喜地跳着了。她给起了个名字叫做"人"。人的身体虽然渺小,但因为是神亲手创造的,和飞的鸟、爬的兽都不相同,看来似乎就有管领宇宙的气概。女娲对于她这优美的创造品是相当满意的,便又继续用手揉捏掺和了水的黄泥,造出许多男男女女的人。赤裸的人们都围绕着女娲跳跃、欢呼,然后或单独、或成群地走散了。

心里面充满了惊讶和安慰的女娲,继续着她的工作,于是随时有活生生的人从她手里降到地面,随时可听到周围人们笑叫的声音,她再也不感到寂寞和孤独了,因为世间已经有了她所创造的儿女。

她想用这些灵敏的小生物来充满大地,但是大地毕竟太大了,她工作了许久,还没有达到她的志愿,而她却已经疲倦不堪了。最后,她只得拿了一条绳子——想来就是顺手从山崖壁上拉下的一条藤,伸入泥潭里,搅混了浑黄的泥浆,向地面上一挥,泥点溅落的地方,居然也还是成了呱呱地叫着、欢喜地跳着的一些小小的人。这方法果然省事得多,藤条一挥,就有好些活动的人出现,大地上不久就布满了人类的踪迹。

　　大地上既然已经有人类,女娲的工作似乎可以终止了。但是她又考虑着,怎么才能使他们继续生存下去呢?人类是要死亡的,死亡一批又再造一批么,太麻烦了。于是她就把男人们和女人们配合起来,叫他们自己去创造后代,担负婴儿的养育责任,人类的种子就这样地绵延下来,并且一天比一天加多了。

　　女娲因为替人类建立了婚姻制度,使男女们互相配合,做了人类最早的媒人,所以后世的人把女娲奉为高,高就是神媒,也就是婚姻之神的意思。人们祭祀这位婚姻之神,典礼非常隆重,在郊野筑了坛,建立了神庙,用"太牢"的礼节(就是猪牛羊三牲齐备)来供奉她。每年到了春二月,就在神庙附近举行盛会,会合国中的青年男女,让他们欢游作乐。只要双方都玩得情投意合了,就可以不必举行什么仪式,自由地去结婚;把星月交辉的天空做帐子,把青草如茵的大地做床榻,任何人也不能干涉他们这种行动。这大概就叫做"天作之合"。在盛会的期间,还有祀神的美妙的音乐、舞蹈,让男女们可以尽情地欢乐。至于那些结了婚却没有儿女的,也纷纷来到神庙,求神赐给他们儿女,于是这婚姻之神又兼了送子娘娘的职务。各国祀高的地方不同,或在山林,例如宋国的桑林;或在水泽,例如楚国的云梦;总之是风景优美的地方。在神坛上面,总要竖上一块石头,人们对于这块石头非常尊敬。它的含义我们还不十分明白,大约是原始时代人类崇拜生殖机能的一种风俗的遗留吧。

伏羲是雷神的儿子

　　据说在中国西北几千万里的地方,有一个极乐的国土,叫做"华胥氏之国"。那个国家之远,不管是走路,还是坐车、坐船,都是去不了的,只好是"心向往之"罢了。那个国家没有政府、首领,一般人民也都没有欲望和嗜好,一切听其自然,所以每个人的寿命都很长,生活得美满而快乐。他们能够走进水里面不怕水淹,走进火里面不怕火烧,在天空中往来如履平地,云雾障碍不了他们的视线,雷霆也搅乱不了他们的听闻。这个国家的人民,是介乎人和神之间,可以说就是地上的神仙。

　　在这极乐的国土上,有个叫做"华胥氏"的姑娘。有一次,她到东方的一个林木翁翳、风景美好、名叫"雷泽"的大沼泽去游玩,偶然看见一个巨人的足印出现在沼泽边,觉得又奇怪又好玩,就用自己的脚去踩一踩这巨人的足印,刚踩下去,仿佛有了什么感动,后来就怀了孕,生下一个儿子,叫做"伏羲"。

雷泽边上出现的这个巨人的足印,究竟是谁的足印呢?古书上没有记载。但雷泽的主神,我们却是知道的,那就是雷神,是一个人头龙身的半人半兽的天神。这足印除了雷神不会再是谁的了。从传说中伏羲"人面蛇身"或"龙身人首"这类的形貌看,也可以见到伏羲和雷神之间的血统渊源,伏羲实际上就是雷神的儿子。

在古代的神话传说里,伏羲是东方的天帝,辅佐他的是木神句芒。句芒手里拿着一个圆规,和东方天帝伏羲共同管理着春天。这句芒,是人的脸,鸟的身子,脸是方敦敦的,穿一件白颜色衣裳,驾了两条龙。据说,他是西方天帝少昊金天氏的儿子,名字叫做"重",却来做了东方天帝的辅佐。人们叫他"句芒",意思就是说,春天草木生长,是弯弯曲曲、角角杈杈的,"句芒"两个字就成了春天和生命的象征。

伏羲对于人民的贡献很大,史传上这么记载着:说他曾经画过八卦,把(乾)这种符号来代表天,(坤)这种符号来代表地,(坎)代表水,(离)代表火,(艮)代表山,(震)代表雷,(巽)代表风,(兑)代表泽。这几种符号,包括了天地万物的种种情况,人民就拿它来记载生活上发生的各种事情。史传上又说,伏羲把绳子编织起来,做成渔网,教人民捕鱼;他的臣子芒氏(恐怕就是句芒),又仿照他的办法,做成鸟网,教人民捕鸟;这对于改善人民的生活,更是有很大的帮助。

伏羲对人民贡献最大的,恐怕是把火种带给人民,让人民都能吃到烧熟的动物肉,以免使大家生胃病、闹肚子吧。取火这件事,史传上有的记载到燧人名下,也有的记载到伏羲名下,更有的记载到黄帝名下,可见取火原无定说。伏羲又叫"庖羲"或叫"炮牺"那含义就是"取牺牲以充庖厨"(《帝王世纪》),"变茹腥之食"(《拾遗记》)的意思,要想达到上述的目的,一定得有火才成,所以"炮牺"(烧动物肉)的发明,其实也就是取火的发明。燧人钻木取火,其目的也正是为了"炮牺"。伏羲在神话上是雷神的儿子,他又是管理春天的东方的天帝,和树木的生长很有关系,我们想想:雷碰着树木将会发生怎样的景象?那毫无疑问,将会燃烧起来,发生炎炎的大火。将伏羲的出生和他的神职联想起来,很容易得到火的概念。所以说我们把取火的发明,归之于伏羲,似乎更为妥当。当然,伏羲取得的火,大约就是大雷雨之后山林里燃烧起来的天然火,后来才有燧人发明钻木取火,钻木取火应该后于从山林里携带出来的天然的雷火。

黄帝涿鹿战蚩尤

约五千年以前,我国黄河、长江流域居住着许多氏族和部落。以黄帝为首的部落,最早住在我国西北方的姬水附近。后来,搬到涿鹿一带(今河北省涿鹿、怀来)定居下来。他们在这里发展畜牧业、种庄稼,繁衍后代。黄帝重视与奖励耕织,这个部落安居乐业,渐渐兴盛起来。炎帝族此时住在我国西北姜水附近,他的部落的发展远不如黄帝族。

就在这时,有一个九黎族的首领名叫蚩尤,十分勇猛强悍。传说蚩尤有81个兄弟,他们个个凶猛无比,全是猛兽的身体,铜头铁额,侵占掠夺其他部落,他们渐渐强盛起来,使周围的部落无不叫苦连天。

后来,蚩尤侵占了炎帝的地盘,炎帝带兵奋力抵抗,但被蚩尤弟兄杀得一败涂地。炎帝只好求助于黄帝。蚩尤带领弟兄到处掠夺,骚扰各个部落,黄帝早有耳闻,一心想除去这个祸根。听炎帝一说,立即联合各部落,准备人马,欲与其决一死战。

这次大决战,主战场就是涿鹿的田野上。据说蚩尤平时还驯养了熊、罴、貔貅、虎等野兽,打仗时,放出这些野兽助战。蚩尤的兵士也十分凶猛,双方一交战,便杀得天昏地暗。蚩尤的部落,兵士虽凶猛异常,但遇到训练有素的黄帝的部队,即使用上这一群凶兽猛虎,也抵挡不住,纷纷夺路而逃。黄帝指挥部队乘胜追击。在追杀中,双方使尽了招数。据说蚩尤请来了"风伯雨师"帮忙,于是忽然狂风大作,天色昏暗,雷电交加,浓雾迷漫,使得黄帝的兵士无法追赶。但黄帝不甘示弱,立即请来天女相助,驱散了风雨。顷刻,雨止风息,晴空万里。黄帝指挥士兵一鼓作气,奋勇拼杀,终于大败蚩尤。

黄帝与蚩尤之战,是正义与邪恶的较量,正义战胜了邪恶。此后,许多部落都纷纷归顺了黄帝,黄帝受到诸部落的拥护。但炎帝不服气,带兵与黄帝交战,双方在阪泉(今河北涿鹿县东南)一带打了一仗,炎帝失败。从此,黄帝成了中原地区最受拥戴的部落首领。

中国历史传说中的黄帝时代,有许多发明创造,像建造宫室,制造车和船,制作五色衣裳等,人民安居乐业。当然,历史是人民创造的,这是永恒的真理。功劳不应记在黄帝一人身上,只不过中国古代的传说都十分推崇黄帝,后代的人都认为黄帝是华族的始祖,自己是黄帝的子孙。前面已谈及,因为炎帝族和黄帝族是近亲,后来又融合在一起,成为黄河流域最强大的部落,构成以后华夏族的主干。长期以来,中华民族便自称为炎黄子孙。

夸父追日　渴死途中

传说夸父是炎帝的后裔。耳垂两条黄蛇,手持两条黄蛇。他一心想追上西沉的太阳,期望阻止太阳落山。到达禹谷之后,由于长途奔走,十分口渴,可是河的水量不足,他只好北去大泽,最后渴死在途中。临死时他扔出的手杖,化为一片树林,名曰邓林。

尧把首领职位让给舜

传说黄帝以后,先后出了三个很出名的部落联盟首领,名叫尧、舜和禹。他们原来都是一个部落的首领,后来被推选为部落联盟的首领。那时候,做部落联盟首领的,有什么大事,都要找各部落首领一起商量。

尧年纪老了,想找一个继承他职位的人。有一次,他召集四方部落首领来商议。

尧说出他的打算后,有个名叫放齐的说:"你的儿子丹朱是个开明的人,继承你的位子很合适。"

尧严肃地说:"不行,这小子品德不好,专爱跟人争吵。"另一个叫讙兜的说:"管水利的共工,工作倒做得挺不错。"

尧摇摇头说:"共工能说会道,表面恭谨,心里另是一套。用这号人,我不放心。"

这次讨论没有结果,尧继续物色他的继承人。有一次,他又把四方部落首领找来商量,要大家推荐。到会的一致推荐舜。

尧点点头说:"哦!我也听到这个人挺好。你们能不能把他的事迹详细说说?"

大家便把舜的情况说开了:舜的父亲是个糊涂透顶的人,人们叫他瞽叟。舜的生母早死了,后母很坏。后母生的弟弟名叫象,傲慢得没法说,瞽叟却很宠他。舜生活在这样一个家庭里,待他的父母、弟弟挺好。所以,大家认为舜是个德行好的人。

尧听了挺高兴,决定先对舜考察一番。他把自己的两个女儿娥皇、女英嫁给舜,还替舜筑了粮仓,分给他很多牛羊。那后母和弟弟见了,又是羡慕,又是妒忌,和瞽叟一起用计,三番二次想暗害舜。

有一回,瞽叟叫舜修补粮仓的顶。当舜用梯子爬上仓顶的时候,瞽叟就在下面放起火来,想把舜烧死。舜在仓顶上一见起火,想找梯子,梯子已经不知去向。幸好舜随身带着两顶遮太阳用的笠帽。他双手拿着笠帽,像鸟张翅膀一样跳下来。笠帽随风飘荡,舜轻轻地落在地上,一点也没受伤。

舜画像

瞽叟和象并不甘心,他们又叫舜去淘井。舜跳下井去后,瞽叟和象就在地面上把一块块土石丢下去,把井填没,想把舜活活埋在里面,没想到舜下井后,在井边掘了一个孔道,钻了出来,又安全地回家了。

象不知道舜早已脱险,得意洋洋地回到家里,跟瞽叟说:"这一回哥哥准死了,这个妙计是我想出来的。现在我们可以把哥哥的财产分一分了。"说完,他向舜住的屋子走去。哪知道,他一进屋子,舜正坐在床边弹琴呢。象心里暗暗吃惊,很不好意思地说:"哎,我多么想念您呀!"

舜也装作若无其事,说:"你来得正好,我的事情多,正需要你帮助我来料理呢。"

以后,舜还是像过去一样和和气气对待他的父母和弟弟,瞽叟和象也不敢再暗害舜了。

尧听了大家介绍的舜的事迹,又经过考察,认为舜确是个品德好又挺能干的人,就把首领的位子让给了舜。这种让位,历史上称作"禅让"。其实,在氏族公社时期,部落首领老了,用选举的办法推选新的首领,并不是什么稀罕事儿。

舜接位后,也是又勤劳,又俭朴,跟老百姓一样劳动,受到大家的信任。过了几年,尧死了,舜还想把部落联盟首领的位子让给尧的儿子丹朱,可是大家都不赞成。舜才正式当上了首领。

大禹治水　三过家门而不入

尧在位的时候，黄河流域发生了很大的水灾，庄稼被淹了，房子被毁了，老百姓只好往高处搬。不少地方还有毒蛇猛兽，伤害人和牲口，叫人们过不了日子。

尧召开部落联盟会议，商量治水的问题。他征求四方部落首领的意见：派谁去治理洪水呢？首领们都推荐鲧。

尧对鲧不大信任。首领们说："现在没有比鲧更强的人才啦，你试一下吧！"尧才勉强同意。

鲧花了9年时间治水，没有把洪水制服。因为他只懂得水来土掩，造堤筑坝，结果洪水冲塌了堤坝，水灾反而闹得更凶了。

舜接替尧当部落联盟首领以后，亲自到治水的地方去考察。他发现鲧办事不力，就把鲧杀了，又让鲧的儿子禹去治水。

禹改变了他父亲的做法，用开渠排水、疏通河道的办法，把洪水引到大海中去。他和老百姓一起劳动，戴着箬帽，拿着锹子，带头挖土、挑土，累得磨光了小腿上的毛。

经过13年的努力，终于把洪水引到大海里去了，地面上又可以供人种庄稼了。

禹新婚不久，为了治水，到处奔波，多次经过自己的家门，都没有进去。有一次，他妻子涂山氏生下了儿子启，婴儿正在哇哇地哭，禹在门外经过，听见哭声，也狠下心没进去探望。

当时，黄河中游有一座大山，叫龙门山（在今山西河津县西北）。它堵塞了河水的去路，把河水挤得十分狭窄。奔腾东下的河水受到龙门山的阻挡，常常溢出河道，闹起水灾来。禹到了那里，观察好地形，带领人们开凿龙门，把这座大山凿开了一个大口子。这样，河水就畅通无阻了。

后代的人都称颂禹治水的功绩，尊称他是大禹。

舜年老以后，也像尧一样，物色继承人。因为禹治水有功，大家都推选禹。到舜一死，禹就继任了部落联盟首领。

夏

(公元前 21 世纪 ~ 公元前 16 世纪)

夏历史背景介绍

公元前2033年，禹接任了鲧的职位，放弃了鲧"堵"的治水方略，改为以疏导为主的办法治理洪水。这标志着禹的时代开始。因为禹受封于夏，所以他的部落就称为夏。禹建树了伟大的功勋，他不仅治理了危害多年的洪水，而且征讨三苗，南巡东狩，会诸侯，划九州，用铜制作兵器和传国的宝器。这样，禹就为他的儿子启奠定了雄厚的基础。禹死后，启就打破尧和舜的禅让制度，开创了子承父位的世袭王朝制度，这就出现了中国历史上第一个王朝——夏朝。夏朝的政治中心在今河南省偃师、禹州、登封等一带地区，是从陕西、甘肃、河南一带的仰韶文化东移而来。

夏王朝的政治组织制度还比较简单，设有负责观察天体四时的羲氏、和氏，管理政事的牧正、车正、庖正，有专门囚禁犯人的地方"夏台"。羲氏与和氏制订了"夏小正"的历法，把一年分为12个月，就是最原始的夏历。掌管政事的牧正、车正、庖正负责领导人民制造石器、木器、蚌器等工具并组织生产活动。

在偃师二里头夏王朝遗址中，发掘出不少石镰刀、石斧头、蚌刀、木耒等农具，也有一些小型的青铜制的兵器和工具。陶器则有爵、觚、鼎、豆、罐等器物。

夏代的农业很发达，考古发现在夏代已经有谷、稻、麦、菽、糜、瓜等多种农产品。历史记载禹"卑宫室而尽力乎沟洫"，大力发展农业灌溉系统，并且"身执耒锸以为民先"，亲自躬耕以为表率。各部落都要按收入的一定比例向中央政府纳税。夏还制定了环境保护政策，在春季"山林不登斧，以成草木之长"，"川泽入网罟，以成鱼鳖之长"。后世的井田制度在夏代也已经存在，只是还没有大规模推广而已。

夏王朝传了一共17世，时间约在公元前21世纪到前16世纪之间，到桀时，被新起的商王朝所取代。

大禹出兵征服三苗

由于大禹制服了洪水,给广大人民带来了生活的安宁,因而得到了各氏族、部落的拥戴,在这些氏族、部落中享有很高的威信。此后,不仅中原地区有更多的氏族、部落加入华夏集团的部落联盟,就是东南方的东夷集团、南方的苗蛮集团和西北方的羌戎集团中的一些氏族、部落,也先后加入了华夏集团的部落联盟。这无疑为中国历史上第一个王朝夏朝的建立奠定了基础。

尧、舜、禹三代"禅让"时,我国正处于夏族建立国家和华夏族形成的前夕,各个地区性的氏族、部落联盟之间的兼并战争日益加剧。禹作了华夏部落联盟领袖之后,又经过几十年的斗争,终于在华夏部落联盟的基础上建立起了以中原地区为中心的夏王朝。(一说夏朝由禹的儿子启正式建立。)当时,华夏部落联盟是中原地区最大最强的一个,而活动在长江中游以南的三苗部落联盟则是南方各部落联盟中势力最强的一个。华夏部落联盟要向南扩展势力,必然受到三苗部落联盟的阻挡;而三苗部落联盟要向北越过长江扩展势力,也必然与中原地区的华夏部落联盟发生冲突。因此,在尧舜禹先后担

夏禹像

任部落联盟领袖时,双方进行了长达100年的争夺战。

三苗,传说为颛顼的后代,在大禹治水时,也参加了治水大会战。但是治水成功后,各氏族、部落论功行赏,却不及三苗。三苗因此不服而反叛。禹准备用兵征伐,但当时舜还在位,他不同意动武,主张以德感化,于是"修教三年,执干戚舞,有苗乃服"。当禹作了华夏部落联盟领袖后,三苗又起兵向禹发动进攻,挑起了更大的战争。这时的禹已掌握了领导中原地区各氏族、部落的大权,而且形成了以夏族为中心的一个领导集团。为了进一步扩大统治地区,统一长江流域,禹决心对三苗的反叛进行讨伐,进行一次大规模的兼并战争。

禹在出兵之前举行了祭天仪式及誓师大会,然后率领约五千人南下。在南下途中,又联合了一些氏族、部落的兵力,直捣三苗活动的根据地——江汉流域。禹所率领的军队是有严格组织的,并经过"执干戚舞"的训练,因而战斗力极强。双方一交战,三苗便溃不成军。禹一举击败三苗,其势力迅速达到了江汉流域。这时,北方和东夷的许多氏族、部落,也都纷纷向禹表示愿意归顺。这些氏族、部落的人民后来成了夏王朝的国民。禹伐三苗的胜利,成了夏王朝诞生的前奏。

少康中兴

帝少康是帝相的遗腹子,相被杀时,后缗正有身孕,

自帝丘逃归母家有虞氏处,生子名少康。少康长大后,英武贤明,做了有虞氏的庖政,他有田一成,有众一旅,一心想恢复国土,就与夏的遗臣(伯靡)联合起来,起兵复仇,灭了寒浞父子,恢复了旧有的地位,再造夏朝,史称"少康中兴"。

夏桀拒纳忠言

夏桀的暴行,遭到人民的激烈反对,也时常受到忠臣直官的劝谏,但夏桀一

意孤行,拒不采纳。太史令终古曾经劝诫他节俭一些,夏桀听了一笑:"我有天下,好比天上有太阳,太阳会没有吗?"终古知道夏桀无道,自忖夏朝必亡,便带领全家老小逃到商国去了。

　　大夫关龙逢见夏桀不听终古劝谏,就想了一个办法。一天,他捧了一卷黄图进宫求见,图上画的都是古代帝王勤俭工作的情形。他展开黄图对夏桀说:"古代人君,都是爱民节用,勤恳工作。我夏始祖大禹跋山涉水,栉风沐雨,13年胼手胝足地受尽艰辛;到了身为天子,仍是薄衣恶食,爱惜民力,方才得到四海爱戴。现在我王继位,应念祖先的艰难,继续前王的事业。而你却用财好像用不完地一味乱花,杀人好像来不及地一味乱杀。如不马上改过,国家很快就会灭亡。"夏桀听他这般说话,十分厌恶,又听他把从前帝王的事迹一一评说,好像句句都在骂自己,勃然大怒,说:"从前是从前的事,现在是现在的事。我自有我的道理,为什么要学前人的样子? 这些古老的东西,留有何用。"喝令左右将黄图拿去烧了,并挥手让他退下。关龙逢一见,哭着谏道:"我王若不听劝阻,一定要弄到国家败亡,那时后悔就晚了!"夏桀更加动怒,指着关龙逢说:"你造作妖言,诅咒国家。若不杀你,将来臣下个个都像你这般聒噪,我的耳根何时能够清静?"说罢,喝令左右将他推出斩首了。

商

（公元前 16 世纪~公元前 1066 年）

商代历史背景介绍

殷商的历史,约从公元前1562到前1066年,长达五百年左右。如果说夏朝是中华民族文明史的开始,商朝就是中华文明史的继续。

商朝的疆域很难确定。直到最后的君主纣王,商朝还在拓展疆土。一般来说,商朝相对固定的疆土,向北到达山西河北一带,向东则到达大海,向南延伸到了长江,而向西则进入了陕西。

商朝的政治制度很有特色。商朝虽然也是疆域内许多邦国或首邦的联邦制的国家,但这种联邦,与原始的部落联盟不可同日而语。这种联邦通过一系列的征服性战争而形成,最后建立起了封建制。作为联邦中心的殷人,占有明显的主导地位。商王的权力虽然不及后世的皇帝,也是天下权力的中心。各诸侯邦国,要奉商王之命出征,还要定期向商王朝纳贡,甚至还要帮助商王进行农业生产。不过,由于王国地域辽阔,而交通联络手段却相当落后,商王控制各邦国的经济手段也不得力,王权还是受到了各邦国权力的限制。商朝初期,君位的传弟、传侄与传子共存。从二十六帝康丁开始,子承父位的制度才确定下来。王位传承上的混乱,加剧了王朝内部权力的争夺。

商朝前期的经常迁都,说明经济发展水平还很低下,抵御自然灾害的能力相当有限。至中后期定都在殷地之后,经济上才有了长足发展。特别是殷地的自然条件,据研究优于当今,对于农业发展相当有利。由于农业生产颇受重视,就带动了其他方面的进步。比如逐渐产生了一些促进生产力的农业技术:水利工程、畜耕、施肥等;同时,相关农具的发明和制造也进步很快。殷人的农作物主要有小麦、高粱、大米和小米等;从殷人嗜酒的记载来看,商代的文化成就是多方面的。殷人不仅有高超的制造业的成就,同时在制造器物的过程中也融入了他们的艺术创造才能。从青铜器的纹饰到玉器的雕琢,从大理石雕像到陶器制品,从木器骨器的造型到乐器的使用,都体现了他们的艺术想象力和鉴赏力。

商朝是中国有文字记载的历史的开端。商朝的文字主要是金文和甲骨文。所谓金文,就是铸造在金属器物上的文字。一件器物上的金文一般不多,通常在10字以下,超过20字的则相当罕见。对金文的研究,起于宋代,而到清朝臻于大盛。这门学问,被称为金文学。商代的文化是帝王文化,而这种帝王文化的主要特征就是"鬼文化"。在殷人的心目中,一切都有各自的神,而天帝则是万物的主宰。天帝既安排了种种自然秩序,也决定了种种自然现象。为了向这些神灵祈福,殷人绞尽脑汁,用一切可能的方法祭祀神灵。天帝在人间的代理人是世俗的帝王——人间的神。同时,一般有地位的殷人,也把自己的祖先,特别是有过丰功伟绩的先人加以神化。与此相关的是宗庙的建筑和厚葬的风俗,都反映出殷商民族的强烈鬼神崇拜意识。

成汤灭夏建商

黄河下游有个部落叫商。传说商的祖先契在尧舜时期，跟禹一起治过洪水，是个有功的人。后来，商部落因为畜牧业发展得快，到了夏朝末年，汤做了首领的时候，已经成为一个强大的部落了。汤又名成汤，甲骨文称他为大乙。

夏王朝统治了大约四百多年，到了公元前16世纪，夏朝最后的一个王夏桀在位。夏桀是个有名的暴君，他和奴隶主贵族残酷压迫人民，对奴隶镇压更狠。夏桀还大兴土木，建造宫殿，过着荒淫奢侈的生活。百姓恨透了夏桀，诅咒说："这个太阳什么时候才会灭亡，我们宁愿跟你同归于尽。"

商汤看到夏桀十分残暴，决心消灭夏朝。他表面上对桀服从，暗地里不断扩大自己的势力。

那时候，部落的贵族都是迷信鬼神的，把祭祀天地祖宗看作最要紧的事。商部落附近有一个部落叫葛，他们的首领葛伯不按时祭祀。汤派人去责问葛伯。葛伯回答说："我们这儿穷，没有牲口作祭品。"

汤送了一批牛羊给葛伯作祭品。葛伯把牛羊杀掉吃了，又不祭祀。汤又派人去责问，葛伯说："我没有粮食，拿什么来祭呢？"

汤又派人帮助葛伯耕田，还派一些老弱的人给耕作的人送酒送饭，不料在半路上，葛伯把那些酒饭都抢走，还杀了一个送饭的小孩。

葛伯这样做，激起了大家的公愤。汤抓住这件事，就出兵把葛先消灭了。接着，又连续攻取了附近几个部落。商汤的势力渐渐发展了，但是并没引起昏庸的夏桀注意。

商汤妻子带来的陪嫁奴隶中，有一个名叫伊尹。传说伊尹开始到商汤家的时候，做了厨司，服侍商汤。后来，商汤渐渐发现伊尹跟一般奴隶不一样，商汤和他交谈以后，才知道他是有心装扮作陪嫁奴隶来找汤的。伊尹向汤谈了许多治国的道理，汤马上把伊尹提拔做他的助手。

商汤和伊尹商量讨伐夏桀的事。伊尹说："现在夏桀还有力量，我们先不去朝贡，试探一下，看他怎么样。"

商汤按照伊尹的计策,停止了对夏桀的进贡。夏桀果然大怒,命令九夷发兵攻打商汤。伊尹一看夷族还服从夏桀的指挥,赶快向夏桀请罪,恢复了进贡。

过了一年,九夷中一些部落忍受不了夏朝的压榨勒索,逐渐叛离夏朝,汤和伊尹才决定大举进攻。

自从夏启以来,同姓相传已经四百多年,要把夏王朝推翻,也不是一件简单的事。汤和伊尹商量了一番,决定召集商军将士,由汤亲自向大家誓师。

汤说:"我不是敢进行叛乱,实在是夏桀作恶多端,上天的意旨要我消灭他,我不敢不听从天命啊!"他接着又宣布了赏罚的纪律。

商汤借上帝的意旨来动员将士,再加上将士恨不得夏桀早早灭亡,因此,作战非常勇敢。夏、商两军在鸣条(今山西运城安邑镇北)打了一仗,夏桀的军队被打败了。

最后,夏桀逃到南巢(今安徽巢县西南),汤追到那里,把桀流放在南巢,一直到他死去。

名臣伊尹囚禁商王太甲

约公元前1541年,商老臣伊尹立太丁之子、成汤嫡长孙太甲继位。太甲即位后,"不明,暴虐,不遵汤法,乱德",伊尹屡谏不止。太甲三年,伊尹将太甲囚禁在王都郊外的桐宫(今河南偃师),自己则摄政当国,代行天子职权,太甲居桐宫三年,在伊尹的耐心开导下,悔过反省,开始弃恶从善,施行仁义。伊尹便迎太甲归朝当政。太甲复位后,果然政通人和,诸侯归顺,百姓安居乐业,大有成汤之风。传说太甲死后,伊尹作《太甲训》三篇,颂扬太甲,并尊他为太宗。伊尹为商王朝开国功臣,曾辅佐成汤推翻夏桀。建立政权,又辅佐外丙、仲壬、太甲三王,立下汗马功劳。有传说,伊尹名阿衡,地位卑

伊尹像

贱,看到汤是个有作为的人,便乘有莘氏嫁女之机,以陪嫁奴仆身份来到商。伊尹善烹调,到商后为汤掌厨,他利用侍奉汤进食的机会,给汤分析天下形势,历数夏桀暴政,进献灭夏建国的大计。后来,他得到汤的信任,并被任命为"尹",即右相,从此跟随成汤灭夏立商,成为商政权中的赫赫元老。太甲之后,沃丁继位,伊尹自觉年老,不再参与朝政。沃丁八年,伊尹病死,相传已有百年之寿。沃丁以天子之礼隆重地安葬伊尹,用牛羊豕三牲祭祀,并亲自临丧三年,报答他对商王朝的贡献。伊尹的名字见于甲骨文,记载他历享后代商王的隆重祭祀。他是中国历史上第一位名臣形象,在商王朝的建立和巩固中起了不可估量的作用,特别是他的政治主张对整个商代都起了决定性的作用。

商王武丁请奴隶傅说当宰相

约公元前1274年,商王武丁冲破各种阻碍,破格重用奴隶出身的傅说为相。武丁此举,不仅找到了辅佐自己成就一代伟业的贤才,也因此造就了与伊尹齐名的商代名臣傅说。武丁即位前,很留心访求贤才。一次,他来到傅险,见一批犯刑后罚做苦工的奴隶正在修路。武丁与一位名叫傅说的奴隶交谈,发现他对国事及治国计划说得头头是道,了如指掌,十分惊服,便有心请他帮助自己治理国家。武丁自称梦见圣人,名叫说,派人到处去找,最终在刑徒中找到了。殷俗信鬼,傅说做宰相,贵族们不敢反对。当时贵族已经腐败不中用,武丁举傅说做相,政治有些改善,借以缓和奴隶对抗,商因此而复兴起来。

商纣王众叛亲离

纣为帝乙少子,帝乙正妻所生,得立为太子。纣天资聪敏,体格魁伟,勇力过人,能赤手与猛兽搏斗,能言善辩,恃才傲物。帝乙死后,纣继位为王。纣王好酒色,喜淫乐,广建苑囿台榭,宠爱美女妲己,唯妇言是听,厚敛赋税,高筑"鹿台",

命乐师师涓作"北里之舞"、"靡靡之乐"等淫声怪舞,又"以酒为池,悬肉为林",通宵达旦地饮酒作乐,不理朝政,不祭鬼神。纣王昏淫无道,致使百姓怨恨、诸侯离异。为重振自己天子威风,纣王作"炮烙之法":用青铜制成空心铜柱,中间燃以木炭,将铜柱烧红,凡有敢于议论他是非的人,一律绑在铜柱上,活活烙死。后纣又因九侯之女厌恶宫中生活而肉醢九侯。纣王肉醢九侯的举动,激怒了朝臣,但大家只是敢怒不敢言。鄂侯仗着自己是王朝三公的身份,与纣王激烈争辩,指责纣无道,纣当即将他处死,并制成干尸示众。纣王淫乱日甚一日,他的庶兄微子不忍坐视国家灭亡,苦劝纣王而不得,只好逃离王朝,隐居民间。纣的叔父箕子对纣的暴政早有不满,他装成疯子,混在奴隶之中。纣发现后,命武士将其囚禁。纣的叔父比干亲眼见微子逃隐,箕子佯狂为奴,非常伤感,又觉得他们未能尽到人臣责任,认为人主有过错而不劝谏,就是不忠;怕死而不敢进谏,就是不勇。于是他以死相争,接连三日苦苦劝谏纣王,不肯离开一步。纣恼羞成怒,下令杀死比干,剖腹取心,声称要看圣人的九窍之心。纣王昏乱暴虐,愈演愈烈,人民的不满无以复加,连太师、少师都抱着乐器奔周。纣王已众叛亲离,彻底孤立,最终为周所灭。商朝历经17代30王,历时496年。

姜太公钓鱼　愿者上钩

　　姜太公钓鱼,愿者上钩,是说周文王主动求贤的故事。西周前的商朝,末代王是纣。据说纣是从盘庚开始的第12个王。纣聪明有勇力并且很有军事才能,因此他最后平定了东夷,把商朝的文化带到了淮水和长江流域一带,对历史的发展起了一定的作用,但是因战事频繁,人民负担过重,导致怨声载道。

　　商纣王和夏桀一样,不管人民死活,只顾自己享乐,荒淫无度,无节制地建造宫殿,搜刮钱财,过着穷奢极欲的生活。不管是百姓还是诸侯,谁反对他,就遭到残酷的镇压。纣的残暴行为,加速了商朝的灭亡。这时,在西部(现陕西西安西南,岐山县东北部),一个部落一天天兴盛起来,这就是周。

　　周部落是姬姓,此时期的周王就是周文王,名字叫姬昌。周文王精明强干,善理朝政,后人说他是个能干的政治家。他的生活与纣正相反。纣王喜欢喝酒,打猎,对人民滥施刑罚;而周文王禁止喝酒,不准贵族打猎,不许残害百姓,不许糟蹋庄稼。他鼓励人民耕作畜牧,还礼贤下士,因此,当时有才能的人都来投奔他。周部落迅速强大起来,威胁着商朝。

商朝见周部落日渐强大,有的大臣就对纣王说周文王的坏话,于是纣王就下令捉拿周文王,后来就将周文王关在羑里(今河南汤阴县)这个地方。周部落为救回文王,准备了许多美女、珍宝和马匹,献给纣王。纣王见了美女珍宝,眉开眼笑,什么都没说就地把周文王释放了。

周文王见纣王如此昏庸残暴,丧失民心,就决定讨伐商朝。可是他缺少一个真正有才能的人辅佐他,于是他千方百计物色人才。

他虽不喜打猎,但为求贤才常常出游。一天,周文王坐着车,带着他儿子和兵士来到渭水北岸,说是去打猎。来到渭水边,他远远看见一个老者在河岸上坐着钓鱼。周文王的大队人马走过,那个老者丝毫不动声色,佯装没看见,仍安安静静钓他的鱼。文王的随从见此很生气,认为这老者对文王太傲慢无礼,正想前去质问。文王忙制止。他觉得奇怪,就下了车,走到老者眼前,跟他聊起来。传说中姜太公用的是直钩,所以,谈话中,文王问这老者:"如何能钓上大鱼?"老者说:"愿者上钩啊。"

岸边钓鱼的老者就是后人常说的姜太公。但这时他叫吕尚,是一个精通兵法的人。他有才能,怀抱负,听说周文王求贤安邦治国,这次是他故意在这里装钓鱼,想考察周文王其人。见周文王果然不凡,真心实意求贤才,他倾诉了自己的抱负。

经过一番谈话,周文王了解到吕尚是一个精通兵法的人,便很高兴。他说:"我祖父在世时曾对我说过,将来一定会有个了不起的人帮助你把周族兴盛起来。您正是这样的人。"说罢,请吕尚上车,一起回宫。

因为吕尚是文王的祖父所盼望的人,所以就叫他太公望;又因他姓姜,后来传说中都叫他姜太公。太公望辅佐周文王,提倡生产,操练兵马。周族的实力蒸蒸日上,国泰民安。几年后,周族逐渐占领了大部分商朝统治的地区,归附文王的部落越来越多。不幸的是,在他打算征伐纣王的时候,因病逝世。伐纣的大事落在他儿子武王的肩上了。

周武王决战牧野灭商纣

周文王死了以后,他儿子姬发即位,就是周武王。周武王拜太公望为师,并且要他的兄弟周公旦、召公奭做他的助手,继续整顿内政,扩充兵力,准备讨伐商纣。

次年,周武王把军队开到盟津(今河南孟津东北)那里,举行一次检阅,有800多个小国诸侯,不约而同地来到盟津会师。大家都向武王提出,要他带领大家伐商。但是武王认为时机未到,检阅结束后又回到丰京。

这时候,纣的暴政越来越厉害了。商朝的贵族王子比干和箕子、微子非常担心,苦苦地劝说他别这样胡闹下去。纣不但不听,反而发起火来,把比干杀了,还惨无人道地叫人剖开比干的胸膛,把他的心掏出来,说要看看比干长的是什么心眼儿。箕子装作发疯,总算免了一死,被罚做奴隶,囚禁起来。微子看见商朝已经没有希望,就离开商都朝歌出走了。

大约在公元前11世纪的一年,武王听到探子的报告,知道纣已经到了众叛亲离的地步,认为时机已经成熟,就发兵5万,请精通兵法的太公望做元帅,渡过黄河东进。到了盟津,八百诸侯又重新会师在一起。周武王在盟津

周武王

举行一次誓师大会,宣布了纣残害人民的罪状,鼓励大家同心伐纣。纣听到这个消息,立刻拼凑了70万人马,由他亲自率领,到牧野迎战。他想,武王的兵力不过5万人,70万人还打不过5万吗?

可是，那70万商军有一大半是临时武装起来的奴隶和从东夷抓来的俘虏。他们平日受尽纣的压迫和虐待，早就对纣恨透了，谁也不想为纣卖命。在牧野战场上，当周军勇猛进攻的时候，他们就掉转矛头，纷纷倒戈，大批奴隶配合周军一起攻打商军。70万商军，一下子就土崩瓦解。太公望指挥周军，趁势追击，一直追到商都朝歌。

商纣逃回朝歌，眼看大势已去，当夜，就躲进鹿台，放了一把火，跳到火堆里自杀了。

周武王灭了商朝，把国都从丰搬到镐京(今陕西西安市西)，建立了周王朝。

西 周

（公元前1066~公元前771年）

西周历史背景介绍

西周时代是以封建的政治制度而知名的。严格说来,在中国的政治制度史上,只有西周是完整意义上的封建制度。所谓封建,就是国家政权封而建之,通过封王、封地来治理一个国家。封建制度是以宗法制度为基础的。西周的宗法制度很有特色,一般来说,它是由相对而言的大宗和小宗的树形结构组成的。这种树形结构,以血缘关系为基础,最大限度地保证了各个权力阶层嫡长子式的世袭制度。从社会生活的角度来看,各宗的宗主是中心,而从政治生活的角度来看,天子和各国的君主则是中心。封建制度与宗法制度相辅相成,保证了权力的存在和运作。

西周的国家机器也有着比较周密的设计。周天子是国家的至高无上的统治者,天子之下的各级机构和各种官职,都是为天子个人服务的。天子的主要左右手有太师、太傅和太保"三公"。三公之下是负责日常政务的百官司。其中比较重要的是司徒、司马、司寇和司空等,负责农业、军事、刑律和文化等。封建宗法制的重要特征是等级制。西周统治者为了维护这种等级制,不得不使用一支庞大的军队,称为"六师"。各诸侯国也按规定拥有小于"王师"的不同数量的武装,在必要时要随周王出征。在王权兴盛的时候,王室的法制是一种主权性很强的仲裁体制。贵族间在发生利益冲突的时候,他们求助的是上级的裁决而不是依靠什么法律条文。在周公所制定的《周礼》中,也主要强调了人的修养和自觉性,这是与当时中央的权威和周天子的威严相配合的。可是,随着这种权威和威严的衰落,在穆王的时代,统治者不得不使用强制的手段,《吕刑》便应运而生。

与殷商相比,西周的经济发展的水平要高出许多。与井田制相一致的集体劳动是农业生产的主要特征之一。周人本身就是以农业起家的,因此,农业发展一直是西周经济的重中之重。农业工具、农作物品种和初步的农业技术相结合,使西周的农业发展强盛一时。同时,以纺织、染织、酿造、烧制和冶炼为主的手工业得到了长足的进步。而在商业贸易方面,虽然说货币交易还处在萌芽阶段,但以货易货的贸易方式却十分流行。这一切,不仅使西周的经济发展水平远胜前人,而且比周边民族也高出了几筹。经济的发达,也为社会生活的多样化提供了物质保障。

伯夷叔齐不食周粟饿死首阳山

伯夷、叔齐均为殷代孤竹国(今河北卢龙南)国君之子。国君欲传位于幼子叔齐,叔齐认为应该由长兄伯夷即位方合于礼,便将君位相让。伯夷认为叔齐即位是父亲之命,为人子者应该顺从父命,执意不肯即位,不久出逃回避。叔齐依然不肯即位,也出逃避位。国人只得立国君中子为主。伯夷、叔齐听说西伯姬昌敬老尊长,相携投奔。入周时,西伯已死,武王正用车载着西伯牌位,率师征伐殷纣,他们拦住武王,叩马进谏,认为父死不葬而大动干戈,就是不孝;周为殷之臣,以臣伐君,就是不仁。因此,他们坚决反对伐纣。武王左右随从要杀他们,太公望说这是仁义之人,命人将他们扶走。武王灭商后,天下都拥戴周的统治。伯夷、叔齐觉得周不仁不义,再食其粮是耻辱,遂隐居于首阳山(今山西永济南),以采食野菜为生,不久饿死。临死前,他们仍然认为,武王伐纣是以暴易暴而不知其非,嗟叹自己命运衰薄,不遇神农、虞、夏的大道时代,而遭逢这君臣争夺的乱世,以至找不到归宿。

周公辅佐成王尽心尽意

周武王建立了周王朝以后,过了两年就病死了。他的儿子姬诵继承王位,这就是周成王。那时候,周成王才13岁,刚建立的周王朝还不大稳固。于是由武王的弟弟周公旦辅助成王掌管国家大事,实际上是代理天子的职权。历史上通常不称周公旦的名字,只叫他周公。

周公的封地在鲁国,因为他要留在京城处理政事,不能到封地去,等他的儿子伯禽长大了,就派伯禽代他到鲁国去做国君。

伯禽临走的时候,问他父亲有什么嘱咐。周公说:"我是文王的儿子,武王的弟弟,当今天子的叔叔,你说我的地位怎么样?"

伯禽说:"那自然是很高的了。"

周公说："对呀！我的地位确实很高，但是我每次洗头发的时候，一碰到急事，就马上停止洗发，把头发握在手里去办事；每次吃饭的时候，听说有人求见，我就把来不及咽下的饭菜吐出来，去接见那些求见的人。我这样做，还怕天下的人才不肯到我这儿来吗？你到了鲁国，不过是个国君，可不能骄傲啊！"

伯禽连连点头，表示一定记住父亲的教导。

周公尽心尽意辅助成王，管理国事，可是他的弟弟管叔、蔡叔却在外面造谣，说周公有野心，想要篡夺王位啦！

纣王的儿子武庚虽然被封为殷侯，但是受到周朝的监视，觉得很不自由，巴不得周朝发生内乱，重新恢复他的殷商的王位，就和管叔、蔡叔串通一气，联络了一批殷商的旧贵族，还煽动东夷中几个部落，闹起叛乱来。

武庚和管叔等人制造的谣言，闹得镐京也沸沸扬扬，连召公听了也怀疑起来。成王年小不大懂事，更闹不清是真是假，对这位辅助他的叔父也有点信不过。

周公心里很难过，他首先向召公奭披肝沥胆地谈了一次话，告诉召公，他绝没有野心，要他顾全大局，不要轻信谣言。召公被他这番诚恳的话感动，消除了误会，重新和周公合作。周公在安定了内部之后，毅然调动大军，亲自率领大军东征。

这时候，东方有几个部落像淮夷、徐戎等，都配合武庚，蠢蠢欲动。周公下命令给太公望，授权给他，各国诸侯，有不服周朝的，都由太公望征讨。这样，由太公望控制了东方，他自己全力对付武庚。

费了3年的时间，周公终于平定了武庚的叛乱，把带头叛乱的武庚杀了。管叔一看武庚失败，自己觉得没有脸面见他的哥哥和侄儿，上吊自杀了。周公平定了叛乱，革了霍叔的职，对蔡叔办了一个充军的罪。

在周公东征的过程中，一大批商朝的贵族成了俘虏。因为他们反抗周朝，所以叫他们是"顽民"。周公觉得让这批人留在原来的地方不大放心，同时，又觉得镐京在西边，要控制东部的广大中原地区很不方便，就在东面新建一座都城，叫做洛邑（今河南洛阳市），把殷朝的"顽民"都迁到那里，派兵监视他们。

打那以后，周朝就有了两座都城。西部是镐京，又叫宗周；东部是洛邑，又叫成周。

周公辅助成王执政了7年，总算把周王朝的统治巩固下来，他还制订了周朝一套典章制度。到周成王满20岁的时候，周公把政权交给成王管理。

从周成王到他的儿子康王两代，前后约50多年，是周朝强盛和统一的时期，历史上叫做"成康之治"。

周穆王出兵犬戎与穆王西行

昭王死后,他的儿子满继承了王位,这就是历史上著名的旅行家周穆王。昭王伐楚全军覆灭,使周王朝军事力量受到了很大削弱。穆王时,立国100多年的西周王朝已是"王道衰弱",一些少数民族纷纷拒绝向周王朝纳贡,周王朝开始从全盛时期走向下坡路。

西方一个少数民族犬戎的力量逐渐强大起来,穆王想以犬戎不按四时供应贡品为理由,对他们进行征伐。但他手下的大臣祭公谋父对他进行劝阻。祭公对穆王说:"大王不能随随便便就去征伐犬戎。我们的先王历来是以德行劝导人而不是以兵器吓唬人的原则行事的。兵器这东西不用则已,一用就要有威严。经常用它吓唬人,人们就会习以为常,再也没人怕它了。由于商纣王民怨太深,武王才接受了商朝老百姓的请求,在牧野与商王朝动了武。但先王使用兵器是万不得已的,只不过是为了为民除害,救民于水深火热之中而已。先王用这一套正确的办法处理与各国诸侯的关系,所以无论远近都听从周王朝的命令。现在您滥用武力,不按祖先留下的这套行之有效的办法去做,恐怕对您不利。此外,我听说犬戎族民风淳厚,他们对您的无端征伐,一定会全力抵抗的!"

穆王不听祭公的劝告,坚持出兵西征犬戎,侥幸取得了胜利,得到了犬戎"进贡"的4只白狼和4只白鹿,还得到了一把宝刀。据说这把刀锋利无比,用它割玉,如同切泥团一样容易。为了加强对犬戎的控制,周穆王把犬戎族的5个王也抓回当作俘虏,还把他们的一部分迁到了太原附近。虽然穆王取得了胜利,但自此以后"荒服者不至"。

穆王打败了戎狄,扫除了通往西方道路上的障碍。善于驾车的造父为穆王驾驭着八匹骏马拉着的车子,日行千里,车辙马迹遍天下。在充满神话色彩的穆王西行的故事中,据说穆王向东走过的路程有二亿零二千五百里,向西的路程有一亿零九万里,向南的路程达一亿零七百多里,向北的路程有二亿多里。其中特别富有传奇性的是穆王西行的故事。

据《穆天子传》一书的记述,穆王带了大批人马和财宝从成周出发,进入河南沿着太行山西侧,渡黄河,越磐石(现山西平度)。又沿滹沱河北岸西行,通过现在的雁门关一带到达了河宗部落(今内蒙河套以北)居住的地方。河宗部落的伯絮派人前来迎接,先用10张珍贵的豹皮和26匹好马做见面礼献给了穆王。周天子在这里住下以后,又是到黄河边上去钓鱼,又是到渗泽去打猎取乐。为了对河宗部落的友好接待表示感谢,穆王把猎到的白狐和黑貂作为祭品特意去祭祀河宗部落的祖先。

穆王又继续西行,经地乐都、积石等地(甘肃兰州附近),到达了昆仑。穆王登上昆仑之巅,瞻仰了这里的名胜黄帝之宫以后,还举行了隆重的祭山典礼。然后北上到了珠泽。穆王在珠泽得到了当地部落贡献的白玉、酒和供食用的300匹马、3 000只牛羊,穆王也把黄金之环、朱带贝饰、布匹、种牛等许多礼物赠送给当地人民。

根据《穆天子传》记载,穆王的这次西行,经历了现在河南、山西、内蒙、甘肃等省区直到新疆的田河、叶尔羌河一带。而西王母之邦还远离这一带有三千里之遥。穆王最后又从此到达了西北两千多里的"飞鸟所解羽"的地方。据学者们研究,这一带应是现在中亚一带。我们可以看出,穆王西行所走过的地方。与后来汉代张骞通西域所经历的地区基本上是一致的。

穆王晚年,还对东南和南方的淮夷、群舒发动了连年的战争。周王朝曾动员了九师的兵力,东到安徽的九江一带;徐夷也曾纠合九夷进攻周王朝一直打到了黄河边上,引起了穆王的极大恐惧。不得已采取"以夷制夷"的政策,命令徐偃王为他管理这些夷人部落。

国人暴动　周召共和

约公元前858年,周厉王即位。他在位期间,灾荒频繁,庄稼枯萎,民不聊生,贵族们却依然沉湎于酒色。约公元前844年,为了聚敛更多的财富以供挥霍,厉王任用虢公长父和荣夷公实行"专利":强行宣布山林川泽为王有,不许平民入内樵采渔猎。从而触犯了社会各阶层的利益,怨言四起。厉王又拒绝接受芮良夫的忠告,提拔荣夷公为卿士,继续实行专利。于是举国怨怒,街头巷尾,到处都有人发泄不满。厉王从卫国找来巫师,让他用巫术监视发表"谤言"的怨恨者,并告谕国中,有私议朝政者,杀无赦。卫巫假托神灵,肆意陷害无辜,不少人死于非命。于是,人们不敢再在公开场合言语,路途相见也只能以目示意。厉王认为他已消除人民诽谤。召穆公认为:"防民之口,甚于防川",一旦决口就无法收拾。他主张广开言路,让上至公卿大夫,下至百工庶人的各种人士都有发表意见的机会。厉王充耳不闻,一意孤行。不到3年,广大国人实在无法忍受下去了,公元前841年,国人大规模暴动,厉王被迫出逃到彘(今山西霍州)。厉王逃亡在彘,朝中由召公(召穆公虎)、周公(周定公)共同执政处理国事,号为"共和"(一说由诸侯共伯和摄行政事)。共和元年,即公元前841年,是我国现存史料中有确切纪年的开始。公元前828年,周厉王死于彘。次年,太子静即位,是为周宣王,共和时代结束。

周幽王烽火戏诸侯

周宣王死了以后,儿子姬宫涅即位,就是周幽王。周幽王什么国家大事都不管,光知道吃喝玩乐,打发人到处找美女。有个大臣名褒珦劝谏幽王,周幽王不但不听,反把褒珦关进监狱。

褒珦在监狱里被关了3年。褒家的人千方百计要把褒珦救出来。他们在乡下买了一个挺漂亮的姑娘,教会她唱歌跳舞,把她打扮起来,献给幽王,替褒珦赎罪。这个姑娘算是褒家人,叫褒姒。

幽王得了褒姒,高兴得不得了,就把褒珦释放了。他十分宠爱褒姒,可是褒姒自从进宫以后,心情闷闷不乐,没有开过一次笑脸。幽王想尽办法叫她笑,她却怎么也笑不出来。

周幽王出了一个赏格:有谁能让王妃娘娘笑一下,就赏他一千两金子。

有个马屁精叫虢石父,替周幽王想了一个鬼主意。原来,周王朝为了防备犬戎的进攻,在骊山(在今陕西临潼东南)一带造了二十多座烽火台,每隔几里地就是一座。如果犬戎打过来,把守第一道关的兵士就把烽火烧起来,第二道关上的兵士见到烟火,也把烽火烧起来。这样一个接一个烧着烽火,附近的诸侯见到了,就会发兵来救。虢石父对周幽王说:"现在天下太平,烽火台长久没有使用了。我想请大王跟娘娘上骊山去玩几天。到了晚上,咱们把烽火点起来,让附近的诸侯见了赶来,上个大当。娘娘见了这许多兵马扑了个空,保管会笑起来。"

周幽王拍着手说:"好极了,就这么办吧!"

他们上了骊山,真的在骊山上把烽火点了起来。临近的诸侯得了这个警报,以为犬戎打过来了,赶快带领兵马来救。没想到赶到那儿,连一个犬戎兵的影儿也没有,只听到山上一阵阵奏乐和唱歌的声音,大伙儿都愣了。

幽王派人告诉他们说,辛苦了大家,这儿没什么事,不过是大王和王妃放烟火玩儿,你们回去吧!

诸侯知道上了当,憋了一肚子气回去了。

褒姒不知道他们闹的是什么玩意,看见骊山脚下来了好几路兵马,乱哄哄的样子,就问幽王是怎么回事。幽王一五一十告诉了她。褒姒真的笑了一下。

幽王见褒姒开了笑脸,就赏给虢石父一千两金子。

幽王宠着褒姒,后来干脆把王后和太子废了,立褒姒为王后,立褒姒生的儿子伯服为太子。原来王后的父亲是申国的诸侯,得到这个消息,就连结犬戎进攻镐京。

幽王听到犬戎进攻的消息,惊慌失措,连忙下命令把骊山的烽火点起来。烽火倒是烧起来了,可是诸侯因为上次上了当,谁也不来理会他们。

烽火台上白天冒着浓烟,夜里火光冲天,可就是没有一个救兵到来。

犬戎兵一到,镐京的兵马不多,勉强抵挡了一阵,被犬戎兵打得落花流水。犬戎的人马像潮水一样涌进城来,把周幽王、虢石父以及褒姒生的伯服杀了。那个不开笑脸的褒姒,也被抢走了。

到这时候,诸侯们知道犬戎真的打进了镐京,这才联合起来,带着大队人马来救。犬戎的首领看到诸侯的大军到了,就命令手下的人把周朝多少年聚敛起来的宝贝财物一抢而空,放了一把火才退走。

中原诸侯打退了犬戎,立原来的太子姬宜臼为天子,就是周平王。诸侯也回到各自的封地去了。

没想到诸侯一走,犬戎又打过来,周朝西边大多土地都被犬戎占了去。平王恐怕镐京保不住,打定主意,把国都搬到洛邑去。

公元前770年,周平王迁都洛邑。因为镐京在西边,洛邑在东边,所以历史上把周朝在镐京做国都的时期,称为西周;迁都洛邑以后,称为东周。

东 周

(公元前770~公元前256年)

东周历史背景介绍

东周被史家分为春秋和战国两个时期,因为这一时期的政治中心逐渐从周室转移到了诸侯各国。

公元前770年周平王东迁之后,王室的权力大受削弱,但在新的权力中心形成之前,它还是天下集权的象征,在周天子势力下降的同时,诸侯的势力却在上升。

春秋中期的和平过后,是大混乱的年代。晋、秦和晋、楚之间的战争,断断续续打了近百年。中原地区的中小国家被裹挟其中,吃尽了苦头。在大家都感到精疲力竭之时,前546年的"向戍弭兵",又为中原地区带来了半个世纪的和平。在中原各大国势均力敌之际,东南地区的吴国和越国发展成了强有力的军事大国。先是吴国向楚国挑战,并在前506年一度占领了楚国的都城。10年之后,吴国又击败了越国,并表现出了称霸中原的图谋。

春秋时代政治取向的基本特点有两点。一是所谓的霸主政治;二是由集权向分权的逐步转化。所谓霸主,通常有春秋"五霸"的说法。其实,从正统意义上讲,由周王封赐的"盟主",只有齐桓公和晋文公;而从实际成就上讲,只有在齐桓公的鼎盛时代,诸侯对会盟才有相当的主动性。其他如秦穆公、宋襄公、楚庄王、晋悼公、吴王阖闾等,不排除他们均有称霸天下的野心,但是实际号召力方面,均逊色于齐桓公、晋文公。

军事对抗是权力转移的主要手段,而战争的需要最能促进新旧制度的更替。其中最明显的是土地制度和法律制度的更易,而这两方面的不断改进则提高了劳动者的生产积极性,最终推动了生产力的发展。

生产力的提高和战争带来的痛苦动摇了神灵的地位,实用主义的思想开始深入人心,并预示着百家争鸣时代的到来。

严格说来,战国与春秋时代没有本质区别。这两个时代的划分,根据的多半是一些形式上的东西。诸侯的争霸,在战国时代照常进行,只是某些旧势力退出了历史舞台,而新势力开始扮演主要角色。真正的新生力量是偏居西部、忍辱负重的秦国。在战国初中期,由于强大的魏国只能向西部拓展,秦国几乎被压得喘不过气来。在秦国进行彻底改革的同时,山东六国却在不停地厮杀。这样一来,进入战国末期,秦国形成一枝独秀之势,统一天下只是一个时间问题了。

各国的军事实力是以经济实力为后盾的,而战国时期的经济发展,在战争的促动下,也获得了长足的进步。这一时期的经济发展有两大支柱,一是铁器的广泛使用,使大面积开垦荒地和深耕细作成为可能;二是国家通过没收贵族田产和鼓励垦荒,获得了大量公田,使无地的贫民成为最有劳动积极性的自耕农。另外,兴修水利也促进了农业的发展,而这方面依然是秦国走在各国的前头。

然而,从历史发展的角度来看,最能代表战国时代的,是它文化上的"百家争鸣"。尽管百家争鸣源于政治需求,而各家各派的思想也都得落脚在治国之道上,但是,在思想家那里,任何高明的政治思想都得有它在文化上的支撑点,这就在客观上促进了文化事业的长足进展。

不计前仇任用管仲

周平王东迁洛邑以后的东周,又分"春秋"和"战国"两个时期。春秋时期,周王室衰落,周天子名义上是各国共同的君主,实际上他的地位只相当一个中等国的诸侯。一些比较强大的诸侯国家用武力兼并小国,大国之间也互相争夺土地,经常打仗。战胜的大国诸侯,可以号令其他诸侯。这种人称做霸主。

春秋时期第一个称霸的是齐国(都城临淄,在今山东淄博)。齐国是周武王的大功臣太公望的封国,本来是个大国,再加上它利用沿海的资源,生产比较发达,国力就比较强。

公元前686年,齐国发生了一次内乱。国君齐襄公被杀。襄公有两个兄弟,一个叫公子纠,当时在鲁国(都城在今山东曲阜);一个叫公子小白,当时在莒国(都城在今山东莒县)。两个人身边都有个师傅,公子纠的师傅叫管仲,公子小白的师傅叫鲍叔牙。两个公子听到齐襄公被杀的消息,都急着要回齐国争夺君位。

鲁国国君鲁庄公决定亲自护送公子纠回齐国。管仲对鲁庄公说:"公子小白在莒国,离齐国很近。万一让他先进齐国,事情就麻烦了。让我先带一支人马去截住他。"

不出管仲所料,公子小白正在莒国的护送下赶回齐国,路上,遇到管仲的拦截。管仲拈弓搭箭,对准小白射去。只见小白大叫一声,倒在车里。

管仲以为小白已经死了,就不慌不忙护送公子纠回到齐国去。哪里知道,他射中的不过是公子小白衣带的钩子,公子小白大叫倒下,原来是他的计策。等到公子纠和管仲进入齐国国境,小白和鲍叔牙早已抄小道抢先到了国都临淄,小白当上了齐国国君,这就是齐桓公。

齐桓公即位以后,立即发兵打败鲁国,并且通知鲁庄公,一定要鲁国杀了公子纠,把管仲送回齐国办罪。鲁庄公没有办法,只好照办。

管仲被关在囚车里送到齐国。鲍叔牙立即向齐桓公推荐管仲。

齐桓公气愤地说:"管仲拿箭射我,要我的命,我还能用他吗?"

鲍叔牙说:"那回他是公子纠的师傅,他用箭射您,正是他对公子纠的忠心。论本领,他比我强得多。主公如果要干一番大事业,管仲可是个用得着的人。"

齐桓公也是个豁达大度的人,听了鲍叔牙的话,不但不办管仲的罪,还立刻任命他为相,让他管理国政。

管仲帮着齐桓公整顿内政,开发富源,大开铁矿,多制农具,提高耕种技术,又大规模拿海水煮盐,鼓励老百姓入海捕鱼。离海比较远的诸侯国不得不依靠齐国供应食盐和海产。别的东西可以不买,盐是非吃不可的。齐国就越来越富强了。

齐桓公一心想当诸侯的霸主,做了霸主就能够发号施令,别的诸侯就得向他进贡,听他的指挥。他对管仲说:"现在咱们兵精粮足,是不是可以会合诸侯,共同订立个盟约呢?"

管仲说:"咱们凭什么去会合诸侯呢?大家都是周天子下面的诸侯,谁能服谁呢?天子虽说失了势,毕竟是天子,比谁都大。如果主公能够奉天子的命令,会合诸侯,订立盟约,共同尊重天子,抵抗别的部落,往后谁有难处,大伙儿帮他,谁不讲理,大伙儿管他。到了那时候,主公就是自己不要做霸主,别人也得推举您。"

齐桓公说:"你说得对,可是怎么着手呢?"

管仲说:"办法倒有一个。这回新天子才即位。主公可以派个使者向天子朝贺,顺便帮他出个主意,说宋国(都城在今商丘南)现在正发生内乱,新国君位子不稳,国内很不安定。请天子下命令,明确宣布宋国国君的地位。主公拿到天子的命令,就可以用天子的命令来召集诸侯了。这样做,谁也不能反对。"

齐桓公听了,连连点头,决定照着管仲的意见办。

这时候,周朝的天子早已没有实权了。列国诸侯只知道抢夺地盘,兼并土地,已经全忘记还有朝见天子这回事。周釐王刚刚即位,居然有齐国这样一个大国打发使臣来朝贺,打心眼里喜欢。他就请齐桓公去宣布宋君的君位。

公元前681年,齐桓公奉了周釐王的命令,通知各国诸侯到齐国西南边境上北杏(今山东东阿县北)开会。

这时候,齐桓公的威望还不高。发出通知以后,一共只来了宋、陈、蔡、邾四个国家。还有几个诸侯国,像鲁、卫、曹、郑(都城在今河南新郑)等国,想瞧瞧风头再说,没有来。

39

在北杏会议上,大家公推齐桓公当盟主,订立了盟约。盟约上主要的是三条:一是尊重天子,扶助王室;二是抵御别的部落,不让他们进入中原;第三是帮助弱小的和有困难的诸侯。

曹刿抗击齐军有谋略

齐桓公即位后,依靠管仲的帮助,争取霸主的地位。但是,在他对鲁国的战争中,却遭到一次不小的挫折。

在齐桓公即位的第二年,也就是公元前684年,齐桓公派兵进攻鲁国。鲁庄公认为齐国一再欺负他们,忍无可忍,决心跟齐国拼死一战。

齐国进攻鲁国,也激起鲁国人民的愤慨。有个鲁国人曹刿,准备去见鲁庄公,要求参加抗齐的战争。有人劝曹刿说:"国家大事,有当大官的操心,您何必去插手呢?"

曹刿说:"当大官的目光短浅,未必有好办法。眼看国家危急,哪能不管呢?"说完,他一直到宫门前求见鲁庄公。鲁庄公正在为没有个谋士发愁,听说曹刿求见,连忙把他请进来。

曹刿见了鲁庄公提出了自己的要求,并且问:"请问主公凭什么去抵抗齐军?"

鲁庄公说:"平时有什么好吃好穿的,我没敢独占,总是分给大家一起享用。凭这一点,我想大家会支持我。"

曹刿听了直摇头,说:"这种小恩小惠,得到好处的人不多,百姓不会为这个支持您。"

鲁庄公说:"我在祭祀的时候,倒是挺虔诚的。"

曹刿笑笑说:"这种虔诚也算不了

鲁侯鼎

什么,神帮不了您的忙。"

鲁庄公想了一下,说:"遇到百姓吃官司的时候,我虽然不能一件件查得很清楚,但是尽可能处理得合情合理。"曹刿才点头说:"这倒是件得民心的事,我看凭这一点可以和齐国打上一仗。"

曹刿请求跟鲁庄公一起上阵,鲁庄公看曹刿这种胸有成竹的样子,也巴不得他一起去。两个人坐着一辆兵车,带领人马出发了。

齐鲁两军在长勺(今山东莱芜东北)摆开阵势。齐军依仗人多,一开始就擂响了战鼓,发动进攻。鲁庄公也准备下令反击,曹刿连忙阻止,说:"且慢,还不到时候呢!"

当齐军擂响第二通战鼓的时候,曹刿还是叫鲁庄公按兵不动。鲁军将士看到齐军张牙舞爪的样子,气得摩拳擦掌,但是没有主帅的命令,只好憋着气等待。

齐军主帅看鲁军毫无动静,又下令打第三通鼓。齐军兵士以为鲁军胆怯怕战,耀武扬威地杀过来。

曹刿到这才对鲁庄公说:"现在可以下令反攻了。"

鲁军阵地上响起了进军鼓,兵士士气高涨,像猛虎下山般扑了过去。齐军兵士没防到这一着,招架不住鲁军的凌厉攻势,败下阵来。

鲁庄公看到齐军败退,忙不迭要下令追击,曹刿又拉住他说:"别着急!"说着,他跳下战车,低下头观察齐军战车留下的车辙;接着,又上车爬到车横杆上,望了望敌方撤退的队形,才说:"请主公下令追去吧!"

鲁军兵士听到追击的命令,个个奋勇当先,乘胜追击,终于把齐军赶出鲁国国境。

鲁军取得反攻的胜利,鲁庄公对曹刿镇静自若的指挥,暗暗佩服,但是心里总还有个没打开的闷葫芦。回到宫里,他先向曹刿慰劳了几句,就问:"头两回齐军击鼓,你为什么不让我反击?"

曹刿说:"打仗这件事,全凭士气。对方擂第一通鼓的时候,士气最足,第二通鼓,气就松了一些,到第三通鼓,气已经泄了。对方泄气的时候,我们的兵士却鼓足士气,哪有不打赢的道理?"

鲁庄公接着又问为什么不立刻追击。曹刿说:"齐军虽然败退,但它是个大国,兵力强大,说不定他们假装败退,在什么地方设下埋伏,我们不能不防着点儿。后来我看到他们的旗帜东倒西歪,车辙也乱七八糟,才相信他们阵势全乱了,所以才请您下令追击。"

鲁庄公这才恍然大悟,称赞曹刿想得周到。

在曹刿指挥下,鲁国击退了齐军,局势才稳定了下来。

齐桓公南征北战九合诸侯

齐国虽然在长勺打了一次败仗,但是这并没有影响齐桓公后来的霸主地位。过了十多年,北方的燕国(都城在今北京)派使者来讨救兵,说燕国被附近的一个部落山戎侵犯,打了败仗。齐桓公就决定率领大军去救燕国。

公元前663年,齐国大军到了燕国,山戎已经抢了一批百姓和财宝逃回去了。

齐国和燕国的军队联合起来,一直向北追去。没想到他们被敌人引进了一个迷谷。那迷谷就像大海一样,没边没沿,怎么也找不到原来的道儿。

还是管仲想出一个主意来。他对齐桓公说:"马也许能认得路,不如找几匹当地的老马,让它们在头里走,也许能走出这个地方。"

齐桓公叫人挑了几匹老马,让它们领路。这几匹老马果然领着人马出了迷谷。

齐桓公帮助燕国打败山戎以后,邢国也遭到另一个部落狄人的侵犯。齐桓公又带着人马去赶跑了狄人,帮助邢国重筑了城墙。接着,狄人又侵犯卫国,齐桓公帮助卫国在黄河南岸重建国都。因为这几件事,齐桓公的威望提高了。

只有南方的楚国(都城在今湖北江陵西北),不但不服齐国,还跟齐国对立起来,要跟齐国比个高低。

楚国在中国南部,向来不和中原诸侯来往。那时候,中原诸侯把楚国当做"蛮子"看待。但是,楚国人开垦南方的土地,逐步收服了附近的一些部落,慢慢地变成了大国。后来,干脆自称楚王,不把周朝的天子放在眼里。

公元前656年,齐桓公约会了宋、鲁、陈、卫、郑、曹、许七国军队,联合进攻楚国。

楚成王得知消息,也集合了人马准备抵抗。他派了使者去见齐桓公,说:

"我们大王叫我来请问,齐国在北面,楚国的南面,两国素不往来,真叫做风马牛不相及。为什么你们的兵马要跑到这儿来呢?"

管仲责问说:"我们两国虽然相隔很远,但都是周天子封的。当初齐国太公受封的时候,曾经接受一个命令:谁要是不服从天子,齐国有权征讨。你们楚国本来每年向天子进贡包茅(用来滤酒的一种青茅),为什么现在不进贡呢?"使者说:"没进贡包茅,这是我们的不是,以后一定进贡。"使者走后,齐国和诸侯联军又拔营前进,一直到达召陵(今河南郾城县)。

楚成王又派屈完去探问。齐桓公为了显示自己的军威,请屈完一起坐上车去看中原来的各路兵马。屈完一看,果然军容整齐,兵强马壮。

齐桓公趾高气扬地对屈完说:"你瞧瞧,这样强大的兵马,谁能抵挡得了?"

屈完淡淡地笑了笑,说:"君侯协助天子,讲道义,扶助弱小,人家才佩服你。要是光凭武力的话,那么,我们国力虽不强,但是用方城(楚国所筑的长城,在今河南方城北至泌阳东北)作城墙,用汉水作壕沟。您就是再多带些人马来,也未必能打得进去。"

齐桓公听屈完说得挺强硬,估计也未必能轻易打败楚国,而且楚国既然已经认了错,答应进贡包茅,也算有了面子。就这样,中原八国诸侯和楚国一起在召陵订立了盟约,各自回国去了。

后来,周王室发生纠纷,齐桓公又帮助太子姬郑巩固了地位。太子即位后,就是周襄王。周襄王为了报答齐桓公,特地派使者把祭祀太庙的祭肉送给齐桓公,算是一份厚礼。齐桓公趁此机会,又在宋国的葵丘(今河南兰考东)会合诸侯,招待天子使者。并且订立了一个盟约,主要内容是:修水利,防水患,不准把邻国作为水坑;邻国有灾荒来买粮食,不应该禁止;凡是同盟的诸侯,在订立盟约以后,都要友好相待。

这是齐桓公最后一次会合诸侯。像这样大的会合,一共有许多次,历史上称做"九合诸侯"。

晋文公信守诺言 退避三舍

公元前655年,晋国因争夺王位继承权,发生了内乱。结果太子申生被杀,其弟重耳出逃流亡在外。公元前637年,重耳到了楚国。楚成王预见到重耳将来有可能回国当国君,因此,楚成王不仅不歧视重耳,而且热情招待。

一天,楚成王举行宴会,招待重耳,气氛热烈、融洽。席间,楚成王乘着重耳酒酣耳热的时候,问道:"公子,如果您能返回晋国,主持国政,将用什么报答我呢?"重耳未料及楚王会提出这样的问题。但是,他毕竟是个富于政治经验的人,稍加思索便说:"你们楚国,美女侍从多得数不胜数,金玉多得堆成山,色彩鲜艳的羽毛,洁白细润的象牙,坚固耐用的皮革,样样都有。我们晋国所有的,连一个零头也及不上。"这时,重耳显出很抱歉的样子,停了停又说:"这叫我拿什么来报答大王呢?"楚成王笑着说:"您总得用什么报答我吧?"重耳听后,语气舒缓而有力地说:"如果托您大王的福,我能够返回晋国,登上王位,那一定不会忘记大王对我的恩情。要说报答,吃的用的,您应有尽有。我只想到将来,如果晋楚两国在中原发生战争,那我一定命令晋军先'退避三舍'。要是这样还得不到大王的谅解,我才敢跟楚国较量。"

后来,重耳返回晋国,终于当了国君。他就是历史上有名的晋文公。他即位以后,整顿内政,发展生产,晋国渐渐强盛起来。其实,晋文公也想像齐桓公那样,做中原的霸主。他早就看出,要当中原霸主,就得打败楚国。

不久,因为楚国攻打宋国,宋国向晋国求救,晋文公认为应该扶助有困难的国家,于是率兵先打下了归附楚国的两个小国(曹国和卫国)。以此为导火索,晋楚两国在城濮地方发生了战争。

楚军一进军,晋文公立刻命令自己的部队后撤三舍。当时有些将士不理解,辅佐晋文公的大臣狐偃便说:"打仗先要凭个理,理直气就壮。当初主公在楚王面前曾允诺双方要交战,我们先退避三舍。今天后撤,就是信守诺言,否则,我们就理亏了。如果我们退了兵,他们还不肯罢休,那就是他们输了理,我们再与他们交兵不迟。"于是晋军上下一条心,一气后撤了90里。但是楚将仍然不肯罢休,一步一步追击晋军。结果,大战展开了。最后晋军打败了楚军。

烛之武劝退秦穆公

晋文公打败了楚国,会合诸侯,连一向归附楚国的陈、蔡、郑三国的国君也都来了。郑国虽然跟晋国订了盟约,但是因为害怕楚国,暗地里又跟楚国结了盟。

晋文公知道这件事,打算再一次会合诸侯去征伐郑国。大臣们说:"会合诸侯已经好几次了。咱们本国兵马已足够对付郑国,何必去麻烦人家呢?"

晋文公说:"也好,不过秦国跟我们约定,有事一起出兵,不可能不去请他。"

秦穆公正想向东扩张势力,就亲自带着兵马到了郑国。晋国的兵马驻扎在西边,秦国的兵马驻扎在东边。声势十分浩大。郑国的国君慌了神,派了个能说会道的烛之武去劝说秦穆公退兵。

烛之武对秦穆公说:"秦晋两国一起攻打郑国,郑国准得亡国了。但是郑国和秦国相隔很远,郑国一亡,土地全归了晋国,晋国的势力就更大了。它今天在东边灭了郑国,明天也可能向西侵犯秦国,对您有什么好处呢?再说,要是秦国和我们讲和,以后你们有什么使者来往,经过郑国,我们还可以当个东道主接待使者,对您也没有坏处。您瞧着办吧。"

秦穆公考虑到自己的利害关系,答应跟郑国单独讲和,还派了3位将军带了2 000人马,替郑国守卫北门,自己带领其余的兵马回国了。

晋国人一瞧秦军走了,都很生气。有的主张追上去打一阵子,有的说把留在北门外的2 000秦兵消灭掉。

晋文公说:"我要是没有秦君的帮助,怎么能回国呢?"他不同意攻打秦军,却想办法把郑国拉到晋国一边,订了盟约,撤兵回去了。

留在郑国的3位秦国将军听到郑国又投靠了晋国,气得吹胡子瞪眼睛,连忙派人向秦穆公报告,要求再讨伐郑国。秦穆公得到消息,虽然很不痛快,但是他不愿跟晋文公扯破脸,只好暂时忍着。

弦高智退秦军

公元前628年,晋文公病死,他的儿子襄公即位。有人再一次劝说秦穆公讨伐郑国。他们说:"晋国国君重耳刚死去,还没举行丧礼。趁这个机会攻打郑国,晋国决不会插手。"

留在郑国的将军也送信给秦穆公说:"郑国北门的防守掌握在我们手里,要是秘密派兵来偷袭,保准成功。"

秦穆公召集大臣们商量怎样攻打郑国。两个经验丰富的老臣蹇叔和百里奚都反对。蹇叔说:"调动大军想偷袭这么远的国家,我们赶得精疲力乏,对方早就有了准备,怎么能够取胜。而且行军路线这样长,还能瞒得了谁?"

秦穆公不听,派百里奚的儿子孟明视为大将,蹇叔的两个儿子西乞术、白乙丙为副将,率领300辆兵车,偷偷地去打郑国。

次年2月,秦国的大军进入滑国地界(在今河南省)。忽然有人拦住去路,说是郑国派来的使臣,求见秦国主将。

孟明视大吃一惊,亲自接见那个自称使臣的人,并问他前来干什么。那"使臣"说:"我叫弦高。我们的国君听到3位将军要到郑国来,特地派我送上一份微薄的礼物,慰劳贵军将士,表示我们一点心意。"接着,他献上4张熟牛皮和12头肥牛。

孟明视原来打算在郑国毫无准备的时候,进行突然袭击。现在郑国使臣老远地跑来犒劳军队,这说明郑国早已有了准备,要偷袭就不可能了。

他收下了弦高送给他们的礼物,对弦高说:"我们并不是到贵国去的,你们何必这么费心。你就回去吧。"

弦高走了以后,孟明视对他手下的将军说:"郑国有了准备,偷袭没有成功的希望。我们还是回国吧。"说罢,就灭掉滑国,回国了。

其实,孟明视上了弦高的当。弦高是个牛贩子。他赶了牛到洛邑去做买卖,正好碰到秦军。他看出了秦军的来意,要向郑国报告已经来不及。他急中生智,冒充郑国使臣骗了孟明视,一面派人连夜赶回郑国向国君报告。

郑国的国君接到弦高的信,急忙叫人到北门去观察秦军的动静。果然发现秦军把刀枪磨擦得雪亮,马匹喂得饱饱的,正在作打仗的准备。他很不客气地向秦国的三个将军下了逐客令,说:"各位在郑国住得太久,我们实在供应不起。听说你们就要离开,就请便吧。"

3位将军知道已经泄露了机密,眼看待不下去,只好连夜把人马带走。

三年不鸣 一鸣惊人

公元前614年,楚穆王死,他的儿子侣继位,就是楚庄王。年轻的楚庄王继位之后,只顾纵情享受,或者带领王宫的警卫士卒到云梦泽畔围猎游乐;或者在宫中观看姬妾侍女歌舞狂欢。他酗酒滥饮,浑浑噩噩,无日无夜沉湎于声色之中。大臣们仍然照例进宫朝见、报告工作,但是他既不愿意过问国事,也不发布任何号令,军国大事任凭大夫们处理,仿佛自己不会当国君。从他的那副样子看,也根本就不像一个国君。

朝中的许多大臣看到这个样子,都忧心如焚,担心着楚国的命运,纷纷进宫去劝谏他。可是楚庄王压根儿不理睬这一套,反而责怪这些人多事,妨碍了自己玩乐的兴致。到后来他干脆下道命令:"谁敢再来多嘴,我一定要杀他的头,决不赦免!"果然一般人不敢再去劝谏他,害怕遭到杀身之祸。

3个年头过去了,楚庄王仍然没有丝毫悔改之意,朝廷里的政事乱成一团,公子燮与公子仪曾经乘机叛乱,幸亏庐戢黎与叔麋两位大夫平息了这次叛乱。公元前613年,晋与鲁、宋、郑、陈、许、曹、卫等国在宋国的新城结成联盟,原来依附于楚国的陈、郑、宋等国又倒向晋国。任这样发展下去,楚国的江山社稷就难保了。

大夫伍参实在忍受不下去了,便冒死进宫来见楚庄王。在金碧辉煌的宫殿里,钟鼓齐鸣,楚庄王左手抱着从郑国娶来的姬妾,右手抱着来自越国的美女,面前的几案上满陈佳肴醇酒,他醉眼蒙眬地正在欣赏一队队舞伎们的轻歌曼舞。伍参走到他的面前,跪拜行礼,楚庄王瞟了他一眼说道:"又来找我的麻烦,你难道不怕死吗?"伍参笑眯眯地回答说:"臣下怎敢找君王的麻烦!只是有个谜语猜不出来,特来求教于大王,为大王酒后助兴。"楚庄王说:"那么你就说吧!"伍参说:"高高的山上有只鸟,3年不飞又不鸣,是何鸟?"楚庄王略一沉思说:"三年不飞,一飞冲天;三年不鸣,一鸣惊人。此鸟非凡鸟。你下去吧,我知道了!"伍参连忙磕头说:"是!还是大王的见识高!不过依臣下愚见,此鸟不飞不鸣,就怕猎人暗中射箭哪!"楚庄王听了这话,似乎微微一震。伍参觉察到楚庄王话中有话,满以为他会有所转变,把这个情况告诉了大夫苏从,两人都感到高兴。数月以后,苏从再进宫去,不料却看见楚庄王还是在和一群美女调笑戏谑,越发不成体统。于是苏从正颜厉色地批评楚庄王说:"大王身为楚国国君,继位3年,不问朝政,长此以往,恐怕只会像夏桀、商纣一样,招致身亡国灭之祸啊!"楚庄王一听这话,真是怒气冲天,立即抽出宝剑,直指苏从的心窝,大声吼道:"你难道没听到我的命令,想找死!"这时大厅里歌舞骤停,空气顿时紧张起来。只见苏从仍然挺身而立,面不改色,一字一句、沉着有力地回答说:"如果我死了能对大王有好处,能使大王从此以社稷为重,振奋精神,能使我们楚国日益繁荣昌盛,那就是我的心愿,即使是死了也毫无怨言,请大王处死我吧!"楚庄王圆睁怒眼,逼视苏从。几分钟后,他猛然抽回宝剑,丢在地上,双手紧紧按住苏从的肩头,激动地说:"好啊!苏从大夫,你正是我要物色的社稷之臣!"他回转身,一挥手,让那些惊呆了的艳姬美妾、歌女舞伎统统下去。招呼苏从坐下,两人亲切地谈了起来。

苏从这才知道,别看楚庄王3年不理朝政,可他对朝中大夫们的情况相当熟悉,忠奸分明;对于各诸侯国的动向,也了如指掌,胸有良策。苏从真是大吃一惊,万分激动。原来这是楚庄王的策略。他即位时年纪还很轻,需要有一个磨练世事、增长阅历的过程,三年不飞正是为了增长羽翼,而三年不鸣,则是为了考察群臣的忠奸。这是因为当时朝中情况很复杂,谁好谁坏、谁忠谁奸一时还分不清,特别是贵族若敖氏的势力强大,专横跋扈,仗势欺人,他们究竟要干什么,还得让他们充分表演一下。因此,楚庄王在表面上装糊涂,不闻不问,而实际上是在默默地考察群臣的忠奸,以定取舍。他宣布"有敢谏者死无赦"的命令,是为了能够发现那些敢冒杀头危险、犯颜进谏、真正忠于自己的有胆有识之士,也发现了一些不顾国家的安危,只会阿谀奉承、谋求飞黄腾达的小人。这是一种"考察"臣下的绝妙方法。所以,楚庄王不是什么荒淫无道的昏君,而是治国安邦、寻求人才的有心人。

次日,他召集满朝百官开会,任命了伍参、苏从等一批德才兼备的大臣担任朝中的重要职务,削弱了若敖氏的势力,同时还杀了几个为非作歹、证据确凿的坏蛋。从此,楚庄王节制声色淫欲,专心治理国家,把楚国的内政着实整顿了一番。这样一来,楚国人都很高兴。

齐相晏婴的故事

晏婴是春秋时期齐国人,字平仲,历任灵公、庄公、景公三朝的相国。他能言善辩,机智、果敢,为齐国的霸业建立了不朽的功勋。为后世称道传颂的有下面几个故事。

晏婴身材矮小,其貌不扬。一次,他奉命出使楚国,楚王见其个头太矮,就戏弄他说:"堂堂齐国为何派个矮子出使我国,难道齐国没有更好的人了吗?"晏婴灵机一动,厉声回答:"我们齐国派人出访有个规矩,那就是:有贤才的人出使上等国,不才的人出使下等国;大人出使大国,小人出使小国。我晏婴是小人,又最不才,因此,我只能出使楚国。"楚王听了很尴尬,只好自我解嘲地说:"我本来要戏弄他,反而被他耍笑了。"于是,楚国上下都不敢轻视晏婴,处处对其以礼相待。

楚王虽已知道晏婴的厉害,但他从心底总不服气。晏子又一次出使到楚国,楚王与其左右想要羞辱他一顿,所以故意与晏子在前庭站着说话。

说话间,一个小吏绑着一个人从楚王面前走过。这时,楚王故作不知,问道:"绑的是什么人,竟从这里走?"押解的小吏回答说:"是个齐国人。"楚王瞅了一眼晏子,又问:"他犯了什么罪?"小吏回答说:"是个盗贼。"楚王接着大有挑衅之意地说到:"难道齐国人生来就是盗贼吗?"晏子听了,已明白其意,针锋相对地说道:"江南有桔树,把它移栽到江北,就变为枳树,之所以如此,是因其地域不同而发生了变化。现在的齐国人,在齐国安分守己,没有盗窃行为;而到了楚国就犯盗窃罪,这大概是楚国的习俗影响的吧。"楚王与其左右,面面相觑,无言以对。最后楚王又只好自我解嘲地说:"晏子确是贤人啊,贤人怎么可以戏弄,戏弄不成,反倒自讨没趣。"

晏婴为齐相,无论出使到哪个诸侯国,都不辱使命。

一次,他出使到吴国。吴王对身边的大臣说:"晏婴很有辩才,辞令娴熟,合于礼节。"停了一下,他下令说:"晏婴来见,就说天子召见他。用这个试探一下,看他如何?"

第二天,晏婴果然有事要见吴王。负责的官员对他说:"天子召见。"晏婴机

49

智地说:"臣晏婴奉齐君之命出使到吴国,见的是吴王。没想到啊,事情会如此令人不解,怎么一变而为见天子呢?"停了停,他接着又说:"我还是要见吴王,吴王现在在哪儿?"负责的官员见事情有点不妙,心想,晏子果然厉害,于是急忙改口说:"吴王夫差请见。"这样,晏婴仍以诸侯之礼与吴王相见。

晏婴为齐相期间,诸侯国不敢轻易对齐施威。他对内处理朝政,刚直不阿,秉公执法。有一次,身边的一个人不小心,得罪了齐景公。齐景公非常生气,怒气难消,便叫人把那个人绑到殿下,命令左右把他大卸八块,以消心中之气。

大臣们见大王如此动怒,无人敢前来劝谏。这时晏子走过来,问明怎

晏婴像

么回事,他走到被绑的人面前,只见他举起左手扯着那个人的头发,右手霍霍磨刀,仰着头问道:"古代的圣明之王肢解罪人的刑罚,不知是从何时开始的?"齐景公听了,马上离开坐席并说:"把那人放了吧,罪过在寡人这里。"一句话,使景公怒气全消,茅塞顿开。

晏婴善于辞令,以能言善辩著称,刚直不阿,秉公执法也为人称颂。后人推崇他,还因其平素一般不参与酒席之事。即使是国君,他也婉言谢绝。

齐景公饮酒作乐常常是通宵达旦。一次,齐景公和他的宠姬美妾饮酒作乐,虽已酒过三巡,可景公仍未能尽兴。宠姬美妾一个个娇姿百媚,你让我劝,景公总觉不够欢畅。忽然,他想起相国晏子来,心想若是与他一起开怀畅饮,那才痛快。随即命令手下人去叫晏子,有人说这不太好,于是就叫人备车,并把酒具佳肴全部移动到晏子那里。报信的人只说大王光临,要晏子接驾。晏子不知有何事竟然惊动国王驾临。他穿上朝服,束好腰带,手持笏板,恭候在门旁。

片刻,景公驾到,晏子忙迎上前去并问道:"大王有什么事吗?"景公说,"没有啊!"晏子不解地说:"若无事,为何烦劳大王深夜屈尊来到臣舍?"景公兴冲冲地说:"相国政务繁忙,日理万机,难得消闲。寡人今夜带来美味佳肴,还有动听的音乐,优美的舞蹈,愿与相国一起痛饮,共享欢乐。"不料晏子回答说:"若是安邦治国之事,臣当为之谋划,在所不辞;若是宴饮尽欢的酒席之事,大王左右之人尽可与大王同欢,我不敢参与其间啊。还望大王见谅。"

景公万没想到,竟然碰了钉子。但想到晏子勤于政事,一身正气以及他的贡献,没有发怒。只好兴味索然地回驾了。

孙武演阵斩美姬

吴国本来是附属于楚国的一个弱小国家。由于采取了一些变革图强的措施,国家力量增强了。吴王阖闾为了灭楚称雄,除了奖励耕战外,还注重访求各种人材。他先访求到了伍子胥。伍子胥又给他介绍了不少有为之士,孙武就是其中之一。经伍子胥推荐,吴王亲自到孙武的馆舍中去访求。孙武拿出自己的兵法著作给吴王看。吴王看过之后说:"您的13篇论述用兵作战的文章我看过了,很好。只是不知道是不是适合我国的情况?"孙武说:"操练兵法的原理是一样的,用之于贵族、平民、男人、女人都可以。"阖闾说:"我想请您作一个小型的操练演习,行吗?"孙武说:"可以。"吴王又说:"我想请您操练妇女,行吗?"孙武说:"可以。不过操练很艰苦,军法无情。操练的时候必须完全按军法办事。"吴王答应了。于是阖闾便把自己身边的宫女都叫了出来,大约有180人,交给孙武去指挥。他自己坐在台上看孙武操练女兵。孙武把这些宫女分为两队,让阖闾最宠爱的两个宫女分别担任两队的队长,命令所有的宫女每人都拿一支戟。孙武问:"你们知道自己的心、后背、左手、右手吗?"宫女们齐声回答:"知道!"孙武说:"好。现在,我命令你们向前,你们就看心所对的方向;命令你们向左,就看左手所对的方向;命令你们向右,就看右手的方向;命令你们向后,你们就朝背后转过身去,大家能够做到吗?"众宫女都应声说:"能!"孙武把号令交代清楚之后,便让人把斧钺等兵器摆在宫廷当中,并且三令五申:如果不听号令,就要受到

兵圣孙武雕塑

军法的处分。随后击鼓传令向右，宫女们习惯于轻歌曼舞，哪里受过这种约束？听到号令，七扭八歪，乱哄哄地笑个不停。孙武说："号令说得不清楚，动作讲得不明白，所以你们操练不好。这不能怪你们，是我这做主将的责任。"说完又把规定的号令反复讲了几遍，然后击鼓传令向左。宫女们照旧乱七八糟，又是格格地一阵大笑。孙武说："先前，没有把号令讲清楚，你们不熟练，那是我做主将的责任；现在，号令既然已经交代清楚了，你们却不按照号令去做，那就是你们的责任了。依据军法，应该处罚你们的队长！"说完就要将左右两个队长斩首。吴王阖闾从台上看到孙武要斩那两个最宠爱的宫女，大吃一惊，连忙派人传下令来，说："我已经知道将军是善于用兵的了。但是这两个美女可万万斩不得！没有她们两个陪伴，我连饭也吃不下啊！"孙武说："我已经接受了大王的任命，当了主将，将在军，君命有所不受。"于是下令立即把两个女队长斩首。紧接着又指派了另外两个人做队长，重新击鼓操练起来。这一下，那些宫女们不用说不敢笑，连粗气儿也不敢出了。一个个聚精会神地按着鼓声操练了起来，不管是向左向右，向前向后，或者是跪下起立，完全符合号令，一点差错也没有。

训练完毕，孙武派人报告阖闾："女兵已经操练好了，大王可以下来到阵前看，随便大王下什么命令，她们都能服从，即使赴汤蹈火也不会退缩。"阖闾这时候还在为失去两个心爱的美女难受呢，哪有心思去看女兵操练呢！只好顺口敷衍道："将军去休息吧，我可不愿意下去看啦。"孙武听了，叹口气说："唉，看来大王只是喜欢看我写的兵书，并不想让我发挥真实的本领啊！"听了孙武这句话，吴王这才振作起来，他仔细一想，怎么能够因为两个美女丢掉一位大将呢？于是转怒为喜，正式任命孙武为大将。

后来吴国能够西破强楚,攻入郢都;北威齐、晋,名震诸侯,这当中,孙武起了很大的作用。

孔子仕鲁 周游列国碰钉子

鲁定公八年,即公元前502年,季氏家臣公山不狃在费(山东费县西北)反叛季氏,派人召孔子,孔子准备应召,然而弟子子路劝阻了孔子。名声在外的孔子,终被鲁定公所用,先任孔子为中都主管,为时不过一年,政绩显著,四方效仿,遂被升迁为司空,后又升迁为大司寇。孔子前半生用心于政治,力图复礼,在为鲁国任用的一段时间里曾全力施展其抱负和才能,在司法、教育和打击三桓势力上作过不少努力,虽然见效不大,但也显示了他的政治见解。后因与鲁国君臣政见不合,孔子于55岁时离开鲁国,开始了他周游列国的阶段。但他周游了14年,先后到了卫、陈、曹、宋、郑、蔡六个诸侯国,始终没有找到一个可以任用他推行"仁政德治"主张的理想国君。有一回,孔子在陈、蔡一带,楚昭王打发人请他。陈、蔡的大夫怕孔子到了楚国,对他们不利,发兵在半路上把孔子截住。孔子被围困在那里,断了粮,几天都没吃上饭。后来,楚国派了兵来,才给他解了围。

孔子在列国奔波了好多年,碰了许多钉子,年纪也老了。后来,他还是回到鲁国,把精力放到整理古代文化典籍和教育学生上面。

孔子归鲁 致力于讲学与著述

鲁哀公十一年即公元前484年,孔子应鲁大夫季康之召,返回鲁国。孔子虽满怀改良时政、复兴周礼的政治抱负,然而终不获重用。孔子初归鲁时,鲁哀公、季康曾先后问政于孔子,但终究没有重新起用他。孔子眼见自己的政治理想无以施展,于是转而致力于讲学与著述,以求得自己的理想、思想、学识流播于后世。

孔子有感于当时周室衰微,礼乐皆废,说:"不学礼,无以立"。"礼"指周礼,包括奴隶制的等级世袭制度,道德标准和仪节。孔子又强调"礼"必须以"仁"的思想感情为基础,"仁"与"礼"相辅相成。孔子又相当重视"乐"的陶冶情感作用,乐指音乐,因"诗"为歌词,合而言之,"乐"也包涵诗。孔子主张"礼"以修外,"乐"以修内。以为"移风易俗,莫善于乐;安上治民,莫善于礼。"从西周开始至春秋中期,传下古诗三千多篇,孔子去其重复,取可施于礼义者,删定为305篇,并分为"风"、"雅"、"颂"三类,这就是流传下来的《诗经》。孔子说"诗"的作用有四:激发道德情感;观察风俗盛衰;增进相互情谊;批评政治得失。与此同时,孔子开办私学,弟子先后达3 000多人,身通六艺者70余人。

周敬王四十一年,即公元前479年四月十一日,孔子逝世,卒年73岁。鲁哀公作诔文悼念孔子,开后世诔文之先河。孔子的门徒服丧3年,而子贡则在墓冢旁建房而居,6年之后才离去。因为孔子弟子及鲁国人在孔子墓附近聚居,所以墓地一带就叫孔里。孔子晚年自称"不怨天,不尤人,下学而上达",闭门治学,潜心研究礼义。他与弟子整理古籍,评论时事人物。传说他作《书传》《礼传》为《易》作《彖辞》《象辞》《系辞》《序卦》《说卦》《杂卦》《文言》,人称《十翼》;删减《诗》3 000多篇为305篇;整理《春秋》,使文辞简约而内寓褒贬;正乐,成六艺以备王道。孔子的主张虽然不被当时的君主所采用,影响却很是深远。孔子是中国传统文化的巨人,正是他揭开了中国系统思想的序幕。他以道德作为政治、行为的规范,从个人角度规范了仁、义、忠、信,完善了春秋道德思想,他的大同精神、日新精神和存而不问但求进取的精神成为了战国文明的主导精神。他一生跨越了"六十耳顺,七十而从心所欲不逾矩"的精神境界。他的儒学思想,不但为世界人民所尊崇,更是维系中华民族的象征。直至今天,孔子的思想仍然是世界思想史上一颗瑰丽的明珠。

勾践卧薪尝胆

吴王阖闾打败楚国,成了南方霸主。吴国跟附近的越国(都城在今浙江绍兴)素来不和。公元前496年,越国国王勾践即位。吴王趁越国刚刚遭到丧事,就发兵打越国,吴越两国在槜李(今浙江嘉兴西南)地方,发生一场大战。

吴王阖闾满以为可以打赢,没想到打了个败仗,自己又中箭受了重伤,再加上上了年纪,回到吴国,就咽了气。吴王阖闾死后,儿子夫差即位。阖闾临死时对夫差说:"不要忘记报越国的仇。"夫差记住这个嘱咐,叫人经常提醒他。他经过宫门,手下的人就扯开了嗓子喊:"夫差!你忘了越王杀你父亲的仇吗?"夫差流着眼泪说:"不,不敢忘。"他叫伍子胥和另一个大臣伯嚭操练兵马,准备攻打越国。

过了两年,吴王夫差亲自率领大军去打越国。越国有两个很能干的大夫,一个叫文种,一个叫范蠡。范蠡对勾践说:"吴国练兵快三年了。这回决心报仇,来势凶猛。咱们不如守住城,不要跟他们作战。"

勾践不同意,也发大军去跟吴国人拼个死活。两国的军队在太湖一带打上了。越军果然大败。

越王勾践带了五千个残兵败将逃到会稽,被吴军围困起来。勾践弄得一点办法都没有了。他跟范蠡说:"懊悔没有听你的话,弄到这步田地。现在该怎么办?"范蠡说:"咱们赶快去求和吧。"勾践派文种到吴王营里去求和。文种在夫差面前把勾践愿意投降的意思说了一遍。吴王夫差想同意,可是伍子胥坚决反对。

文种回去后,打听到吴国的伯嚭是个贪财好色的小人,就把一批美女和珍宝,私下送给伯嚭,请伯嚭在夫差面前讲好话。经过伯嚭在夫差面前一番劝说,吴王夫差不顾伍子胥的反对,答应了越国的求和,但是要勾践亲自到吴国去。文种回去向勾践报告了。勾践把国家大事托付给文种,自己带着夫人和范蠡到吴国去。

勾践到了吴国,夫差让他们夫妇俩住在阖闾的大坟旁边一间石屋里,叫勾践给他喂马。范蠡跟着做奴仆的工作。夫差每次坐车出去,勾践就给他拉

越王勾践剑

马,这样过了两年,夫差认为勾践真心归顺了他,就放勾践回国。

勾践回到越国后,立志报仇雪耻。他惟恐眼前的安逸消磨了志气,在吃饭的地方挂上一个苦胆,每逢吃饭的时候,就先尝一尝苦味,还自己问:"你忘了会稽的耻辱吗?"他还把席子撤去,用柴草当作褥子。这就是后来人传诵的"卧薪尝胆"。

勾践决定要使越国富强起来,他亲自参加耕种,叫他的夫人自己织布,来鼓励生产。因为越国遭到亡国的灾难,人口大大减少,他订出奖励生育的制度。他叫文种管理国家大事,叫范蠡训练人马,自己虚心听从别人的意见,救济贫苦的百姓。全国的老百姓都巴不得多加一把劲,好叫这个受欺压的国家改变成为强国。

魏文侯以诚信得贤才

公元前403年,韩、赵、魏三家瓜分了晋国,历史上称为"三晋"。在"三晋"之中,魏国最强盛。

魏文侯是一个贤明的君王,他把搜寻人才当作最重要的政事,牢牢记住。他以诚实、守信用为立身之本,以朋友的身份和贤人相处,从来不摆国君的架子。

魏成子知道段干木是位贤才,推荐给魏文侯。魏文侯听魏成子说,段干木才能出众,是位贤者,平生不为利禄权势所引诱,隐居在西河乡下,不愿意出来做官,就亲自带着随从前去求见。

魏文侯乘坐着高头大马拉着的华丽的车子,随从们骑着骏马,举着鲜明的旌旗,浩浩荡荡地开进了西河这个小地方,一直找到段干木的门前。魏文侯亲自叩门。

段干木看到魏文侯车子驶向自己门前,赶快跳过后墙躲避起来。

第二天早晨,魏文侯又来到西河把车子停在村边,下车步行到段干木的门前求见。段干木又躲起来不见。魏文侯叹息:"此人真是不为名利的高士呀!"

从此,整整一个月,魏文侯每天都亲自前往求见。乡下的老百姓都骂段干木端臭架子。段干木看到魏文侯这样诚心实意,很受感动,只好出来相见。魏文侯又请他一同乘车回都城共商国事。此后,魏文侯以客礼待段干木,以师事之。

四方贤士听说这件事,都前来投奔。魏文侯量才录用,贤士高人济济在朝。秦国屡次想发兵打魏国,都畏惧魏文侯手下多贤人,不敢轻举妄动。

魏文侯和贤人相处,最讲究信用。有一天暴雨骤降,魏文侯在宫中宴请群臣,时至中午,君臣酒兴未艾,暴雨还是下个不停。魏文侯问:"现在到了什么时间?"

左右侍从回答:"已经到了中午!"

魏文侯毫不迟疑地站起来,催促随从快去备马车,要出去打猎。

大臣们劝说:"天下着大雨,不能打猎,不要去空跑一趟!"

魏文侯说:"寡人已经和旁人约好,今天中午一块去打猎,他一定是在郊外等着我了,虽然雨天不能打猎,但是怎么能不去赴约!"说完,他就带着随从登上马车,很快就消失在白茫茫的雨帘之中。

大臣们感慨道:"君王这样守信用,国家怎么能够治理不好呢?"

魏文侯以诚信得贤才,卜子夏、田子方之属,吴起、乐羊、西门豹之徒皆聚于魏。魏文侯还在丰收年份把粮食由国家平价买进,荒年时再平价卖给老百姓,实行这种办法之后,老百姓生活安定,努力发展生产,魏国很快就富强起来,成为战国初期的一大强国。

秦孝公求贤用商鞅

公元前361年秦献公死,他的儿子渠梁即位。渠梁即秦孝公。他是一个有作为的人,继位时年方21岁。他看到东方国家,在经过不同程度的改革后,国力都加强了。特别是当时的齐威王、魏惠王,是当时七雄中力量最强大的两霸。孝公在东方各国的影响下,为势所迫,决心继承献公的事业,要使秦国很快地强盛起来,以恢复春秋时代秦穆公的霸业。于是,秦孝公广泛地收揽人才。他下了一道求贤的诏令。

这个求贤诏令的大意是说,过去在秦穆公之时,实行德政,加强武装力量,平定了晋国的内乱,东边国土直达黄河,西边征服了戎狄少数民族,开拓了上千里的大片国土,天子和诸侯都来祝贺,为后世开创了基业,好不荣耀!只是到了厉公、躁公、简公和出子之世,由于内部扰乱,没有力量抵御外患,才把先君开辟的国土河西地方丢失了(被三晋中的魏国所夺),诸侯都瞧不起秦国,想到这里,感到脸上很不光彩,非常痛心。如今要下决心光复穆公之业。在宾客和群臣中,如果有谁能出奇计使秦国富强起来,就封他的官职,赏给他土地。孝公一面下令求贤,一面又在国内赈济孤寡,募集战士,严明赏罚,设法使国富民强。

就在这时,有个叫做商鞅的人,从魏国来到秦国。这个人原是卫国的贵族子弟(所以又叫卫鞅),他从小就好"刑名之学",曾受过法家李悝、吴起的影响。当他还在魏惠王的相国公叔痤手下做小官时,公叔痤见他很有才能,在临死前,曾推荐给魏惠王,要惠王委之以国政,用他为相。并说,如果不用就把他杀掉,不能让卫鞅离开魏国。魏惠王还以为公叔痤病重在说胡话,因而没有用卫鞅。公叔痤死后,商鞅听说秦孝公正下令求贤,就到了秦国。

商鞅到秦国后,先住在孝公的亲信景监家里,并通过景监的关系得与秦孝公3次相见。头两次游说孝公要学尧舜禹汤的仁义,行所谓帝王之道。秦孝公听得直打瞌睡。孝公生气地对景监说:你的客人简直太迂腐了,我哪能用他呢!景监告诉商鞅,孝公对他的谈话很不满意,商鞅要求再和孝公谈一次话。过了不久,孝公第三次接见商鞅。这次因为他前两次已经摸透了孝公的心里是迫切要求使秦国富强起来,不愿意慢慢顺着平常人的想法去实行王道。于是就大谈其富国图霸之术。这一下可把秦孝公的心给打动了。孝公听得津津有味,越听越爱听,高兴地对景监说:你的客人果然是好样的!一连和商鞅谈了好几天。于是秦孝公就决定要重用商鞅,准备实行变法图强。

商鞅变法　立木为信

秦国是战国七雄之一。初期,秦国在政治、经济、文化等各方面都较落后。公元前361年,秦孝公即位。两年后,孝公的君位稳了,他就拜商鞅为左庶长,并说国家改革的事,从今往后,全由左庶长负责。于是,商鞅开始推行新法。首先,他起草了一个改革的法令,但怕老百姓不相信,就先叫人在都城的南门竖了一根木头,并下令说:"谁能把这根木头扛到北门去,就赏他 10 两金子。"不一会,很多人都围过来,议论纷纷。有的摇头说:"这根木头谁都扛得动,哪儿用得着 10 两赏金?"还有的说:"这大概是跟我们开玩笑吧。"总之,没有人相信是真事。商鞅等了一个时辰,没有一个人去扛木头。

商鞅知道,秦朝廷自始以来很少讲信义,老百姓还是不相信他的命令。他想了想,就把赏金提到 50 两。正在大伙议论的时候,有一个人跑出来,走到商鞅面前,说:"我来试试。"商鞅点点头,那人说着,真的把木头扛起来就走,直奔北门。

商鞅立刻传出话来,赏金 50 两,一分也不能少。

这件事,像疾风一样,立即传开去,轰动了整个秦国。老百姓称赞说:"左庶长的命令真不含糊。"

商鞅知道,老百姓已经相信了他,这是他的命令起了作用。于是,他就把起草的新法令公布了出去。秦国自商鞅变法以后,军事力量强大了,农业生产发展了。

秦孝公见商鞅的改革措施成功了,更加重视他,信任他。公元前 350 年,商鞅又实行了第二次改革。主要内容是:废井田,开阡陌;建立县的组织,加强国家的权力,迁都咸阳等。第二次大规模的改革,引起上层社会激烈的反对。一次,秦国的太子犯了法,商鞅对秦孝公说:"国家的法令必须上下一律遵守,要是上头的人不遵守,下面的人就不信任朝廷了。太子犯了法,他的师傅应当受罚。"孝公无法,只有依从了商鞅。商鞅将太子的两个老师,一个割掉了鼻子,一个在脸上刺了字。这样,其他贵族、大臣都不敢反对和触犯新法了。

商秋变法推行了 10 年,秦国越来越强盛。中原的诸侯国纷纷向秦国道贺,有的就与秦国交好,连周天子也打发使者送祭肉给秦国,封孝公为"方伯"。商鞅变法所以得以实施,与他当初立木为信有很大关系。

孙膑庞涓斗智

魏惠王也学秦孝公的样,要找一个商鞅式的人才。他花了好些金钱招徕天下豪杰。当时有个魏国人叫庞涓的来求见,向他讲了些富国强兵的道理。魏惠王听了挺高兴,就拜庞涓为大将。

庞涓真有点本领。他天天操练兵马,先从附近几个小国下手,一连打了几个胜仗,后来连齐国也给他打败了。打那时候起,魏惠王更加信任庞涓。

庞涓自以为是了不起的能人。可是他知道,他有一个同学齐国人孙膑,本领比他强。据说孙膑是吴国大将孙武的后代,只有他知道祖传的《孙子兵法》。

魏惠王也听到孙膑的名声,有一次跟庞涓说起孙膑。庞涓派人把孙膑请来,跟他一起在魏国共事。哪知道庞涓存心不良,背后在魏惠王面前诬陷孙膑私通齐国。魏惠王十分恼怒,把孙膑办了罪,在孙膑的脸上刺了字,还剜掉了他的两块膝盖骨。

幸好齐国有一个使臣到魏国访问,偷偷地把孙膑救了出来,带回齐国。

齐国大将田忌听说孙膑是个将才,把他推荐给齐威王。齐威王也正在改革图强。他跟孙膑谈论兵法后,大为赏识,只恨没早点见面。

公元前354年,魏惠王派庞涓进攻赵国,围了赵国的国都邯郸(今河北邯郸西南)。第二年,赵国向齐威王求救。齐威王想拜孙膑为大将,孙膑忙推辞说:"不行。我是个受过刑的残废人,当了大将,会给人笑话。大王还是请拜田大夫为大将吧。"

齐威王就拜田忌为大将,孙膑为军师,发兵去救赵国。孙膑坐在一辆有篷帐的车子里,帮助田忌出主意。

战国·髹皮甲胄

孙膑对田忌说:"现在魏国把精锐的兵力都拿去攻赵国,国内大多是些老弱残兵,十分空虚。咱们不如去攻魏国大梁。庞涓听到了,一定会放弃邯郸,往回跑。我们在半路上等着,迎头痛击他一顿,准能把他打败。"

田忌就按照这个计策去做。果不出孙膑所料,庞涓听说齐国打大梁去了,立刻吩咐退兵。刚退到桂陵(今河南长垣西北)地方,正碰上齐国兵马。两下里一开仗,庞涓大败。

齐国大军得胜而归,邯郸之围也解除了。

公元前341年,魏国又派兵攻打韩国。韩国也向齐国求救。那时候,齐威王已经死了。他的儿子齐宣王派田忌、孙膑带兵救韩国。孙膑又使出他的老法子,不去救韩,却直接去攻魏国。

庞涓得到本国的告急文书,只好退兵赶回去,齐国的兵马已经进魏国了。

魏国发动大量兵力,由太子申率领,抵抗齐军。这时候,齐军已经退了。庞涓察看一下齐军扎过营的地方,发现齐军的营盘占了很大的地方。他叫人数了数做饭的炉灶,足够10万人吃饭用的。庞涓吓得说不出话来。

第二天,庞涓带领大军赶到齐国军队第二回扎营的地方,数了数炉灶,只有能够供5万人用的了。

第三天,他们追到齐国军队第三回扎营的地方,仔细数了数炉灶,只剩了2万人用的了。庞涓这才放了心,笑着说:"我早知道齐军都是胆小鬼。10万大军到了魏国,才3天工夫,就逃散了一大半。"他吩咐魏军没日没夜地按着齐国军队走过的路线追上去。

一直追到马陵(今河北大名县东南),正是天快黑的时候。马陵道十分狭窄,路旁边都是障碍物。庞涓恨不得一步赶上齐国的军队,就吩咐大军摸黑往前赶去。忽然前面的兵士回来报告说:"前面的路给木头堵住啦!"

庞涓上前一看,果然见道旁的树全砍倒了,只留下一棵最大的没砍,细细瞧去,那棵树的一面还刮去了树皮,露出一条树瓢来,上面影影绰绰还写着几个大字,因为天色昏暗,看不清楚。

庞涓叫兵士拿火来照。有几个兵士点起火把来。趁着火光一瞧,那树瓢上面写的是:"庞涓死于此树下。"

庞涓大吃一惊,连忙吩咐将士撤退,已经晚了。四周不知道有多少箭,像飞蝗似的冲魏军射来,一时间,马陵道两旁杀声震天,到处是齐国的兵士。

原来这是孙膑设下的计策,他故意天天减少炉灶的数目,引诱庞涓追上来。他算准魏兵在这时辰到达马陵,预先埋伏着一批弓箭手,吩咐他们只等树下有火光,就一齐放箭。庞涓走投无路,只得拔剑自杀。

齐军乘胜大破魏军,把魏国的太子申也俘虏了。

打这以后,孙膑的名气传遍了各诸侯国。他写的《孙膑兵法》一直流传到现在。

蔺相如完璧归赵

公元前283年,秦昭襄王派使者带着国书去见赵惠文王,说秦王情愿让出15座城来换赵国收藏的一块珍贵的"和氏璧",希望赵王答应。

赵惠文王就跟大臣们商量,要不要答应。要想答应,怕上秦国的当,丢了和氏璧,拿不到城,要不答应,又怕得罪秦国。议论了半天,还不能决定该怎么办。

当时有人推荐蔺相如,说他是个挺有见识的人。赵惠文王就把蔺相如召来,要他出个主意。

蔺相如说:"秦国强,赵国弱,不答应不行。"

赵惠文王说:"要是把和氏璧送了去,秦国取了璧,不给城,怎么办呢?"

蔺相如说:"秦国拿出15座城来换一块璧玉,这个价值是够高的了。要是赵国不答应,错在赵国。大王把和氏璧送了去,要是秦国不交出城来,那么错在秦国。宁可答应,叫秦国担这个错儿。"

赵惠文王说:"那么就请先生到秦国去一趟吧。可是万一秦国不守信用,怎么办呢?"

蔺相如说:"秦国交了城,我就把和氏璧留在秦国;要不然,我一定把璧完好地带回赵国。"蔺相如带着和氏璧到了咸阳。秦昭襄王得意地在别宫里接见他。蔺相如把和氏璧献上去。

秦昭襄王接过璧,看了看,挺高兴。他把璧递给美人和左右侍臣,让大伙儿传着看。大臣们都向秦昭襄王庆贺。

蔺相如站在朝堂上等了老半天,也不见秦王提换城的事。他知道秦昭襄王不是真心拿城来换璧。可是璧已落到别人手里,怎么才能拿回来呢?

他急中生智,上前对秦昭襄王说:"这块璧虽说挺名贵,可是也有点小毛病,不容易瞧出来,让我来指给大王看。"秦昭襄王信以为真,就吩咐侍从把和氏璧递给蔺相如。

　　蔺相如一拿到璧,往后退了几步,靠着宫殿上的一根大柱子,瞪着眼睛,怒气冲冲地说:"大王派使者到赵国来,说是情愿用15座城来换赵国的璧。赵王诚心诚意派我把璧送来。可是,大王并没有交换的诚意。如今璧在我手里。大王要是逼我的话,我宁可把我的脑袋和这块璧在这柱子上一同砸碎!"

　　说着,他真的拿着和氏璧,对着柱子做出要砸的样子。秦昭襄王怕他真的砸坏了璧,连忙向他赔不是,说:"先生别误会,我哪儿能说了不算呢?"

　　他就命令大臣拿上地图来,并且把准备换给赵国的15座城指给蔺相如看。

　　蔺相如想,可别再上他的当,就说:"赵王送璧到秦国来之前,斋戒了5天,还在朝堂上举行了一个很隆重的仪式。大王如果诚意换璧,也应当斋戒5天,然后再举行一个接受璧的仪式,我才敢把璧奉上。"

　　秦昭襄王想,反正你也跑不了,就说:"好,就这么办吧。"他吩咐人把蔺相如送到宾馆去歇息。

　　蔺相如回到宾馆,叫一个随从的人打扮成买卖人的模样,把璧贴身藏着,偷偷地从小道跑回赵国去了。

　　过了5天,秦昭襄王召集大臣们和别国在咸阳的使臣,在朝堂举行接受和氏璧的仪式,叫蔺相如上朝。蔺相如不慌不忙地走上殿去,向秦昭襄王行了礼。

　　秦昭襄王说:"我已经斋戒五天,现在你把璧拿出来吧。"

　　蔺相如说:"秦国自秦穆公以来,前后二十几位君主,没有一个讲信义的。我怕受欺骗,丢了璧,对不起赵王,所以把璧送回赵国去了。请大王治我的罪吧。"

　　秦昭襄王听到这里,大发雷霆。说:"是你欺骗了我,还是我欺骗你?"

　　蔺相如镇静地说:"请大王别发怒,让我把话说完。天下诸侯都知道秦是强国,赵是弱国。天下只有强国欺负弱国,决没有弱国欺压强国的道理。大王真要那块璧的话,请先把那十五座城割让给赵国,然后打发使者跟我一起到赵国去取璧。赵国得到了15座城以后,决不敢不把璧交出来。"

　　秦昭襄王听蔺相如说得振振有词,不好翻脸,只得说:"不过是一块璧,不应该为这件事伤了两国的和气。"

　　结果,还是让蔺相如回赵国去了。

　　蔺相如回到赵国,赵惠文王认为他完成了使命,就提拔他为上大夫。秦昭襄王本来也不存心想用15座城去换和氏璧,不过想借这件事试探一下赵国的态度和力量。蔺相如完璧归赵后,他也没再提交换的事。

廉颇负荆请罪

秦昭襄王一心要使赵国屈服,接连侵入赵国边境,占了一些地方。公元前279年,他又耍了个花招,请赵惠文王到秦地渑池(今河南渑池县西)去会晤。赵惠文王开始怕被秦国扣留,不敢去。大将廉颇和蔺相如都认为如果不去,反倒向秦国示弱。

赵惠文王决定硬着头皮去冒一趟险。他叫蔺相如随同他一块儿去,让廉颇留在本国辅助太子留守。

为了防备意外,赵惠文王又派大将李牧带兵5 000人护送,相国平原君带兵几万人,在边境接应。

到了预定会见的日期,秦王和赵王在渑池相会,并且举行了宴会,高兴地喝酒谈天。

秦昭襄王喝了几盅酒,带着醉意对赵惠文王说:"听说赵王弹得一手好瑟。请赵王弹个曲儿,给大伙儿凑个热闹。"说罢,真的吩咐左右把瑟拿上来。

赵惠文王不好推辞,只好勉强弹一个曲儿。

秦国的史官当场就把这事记了下来,并且念着说:"某年某月某日,秦王和赵王在渑池相会,秦王令赵王弹瑟。"

赵惠文王气得脸都发紫了。正在这时候,蔺相如拿了一个缶,突然跪到秦昭襄王跟前,说:"赵王听说秦王挺会弹奏秦国的乐器。我这里有个瓦盆,也请大王赏脸敲几下助兴吧。"

秦昭襄王勃然变色,不去理他。

蔺相如的眼睛射出愤怒的光,说:"大王未免太欺负人了。秦国的兵力虽然强大,可是在这五步之内,我可以把我的血溅到大王身上去!"

秦昭襄王见蔺相如这股势头,十分吃惊,只好拿起击棒在台上把缶乱敲了几下。

蔺相如回过头来叫赵国的史官也把这件事记下来,说:"某年某月某日,赵王和秦王在渑池相会。秦王给赵王击缶。"

秦国的大臣见蔺相如竟敢这样伤秦王的体面,很不服气。有人站起来说:"请赵王割让十五座城给秦王上寿。"

蔺相如也站起来说:"请秦王把咸阳城割让给赵国,为赵王上寿。"

秦昭襄王眼看这个局面十分紧张。他事先已探知赵国派大军驻扎在临近地方,真的动起武来,恐怕也得不到便宜,就喝住秦国大臣,说:"今天是两国君王欢会的日子,诸位不必多说。"

这样,两国渑池之会总算圆满而散。

蔺相如两次出使,保全赵国不受屈辱,立了大功。赵惠文王十分信任蔺相如,拜他为上聊,地位在大将廉颇之上。

廉颇很不服气,私下对自己的门客说:"我是赵国大将,立了多少汗马功劳。蔺相如有什么了不起?倒爬到我头上来了。哼!我见到蔺相如,总要给他点颜色看看。"

这句话传到蔺相如耳朵里,蔺相如就装病不去上朝。

有一天,蔺相如带着门客坐车出门,真是冤家路窄,老远就瞧见廉颇的车马迎面而来。他叫赶车的退到小巷里去躲一躲,让廉颇的车马先过去。

这件事可把蔺相如手下的门客气坏了,他们责怪蔺相如不该这样胆小怕事。

蔺相如对他们说:"你们看廉将军跟秦王比,哪一个势力大?"

他们说:"当然是秦王势力大。"

蔺相如说:"对呀!天下的诸侯都怕秦王。为了保卫赵国,我就敢当面责备他。怎么我见了廉将军倒反怕了呢。因为我想过,强大的秦国不敢来侵犯赵国,就因为有我和廉将军两人在。要是我们两人不和,秦国知道了,就会乘机来侵犯赵国。就为了这个,我宁愿容让点儿。"

有人把这件事传给廉颇听,廉颇感到十分惭愧。他就裸着上身,背着荆条,跑到蔺相如的家里去请罪。他见了蔺相如说:"我是个粗鲁人,见识少,气量窄。哪儿知

战国·冰鉴

道您竟这么容让我,我实在没脸来见您。请您责打我吧。"

蔺相如连忙扶起廉颇,说:"咱们两个人都是赵国的大臣。将军能体谅我,我已经万分感激了,怎么还来给我赔礼呢。"

两个人都激动得流了眼泪。打这以后,两人就做了知心朋友。

孟尝君门客三千

秦昭襄王为了拆散齐楚联盟,他使用两种手段。对楚国他用的是硬手段,对齐国他用的是软手段。他听说齐国最有势力的大臣是孟尝君,就邀请孟尝君上咸阳来,说是要拜他为丞相。

孟尝君是齐国的贵族,名叫田文。他为了巩固自己的地位,专门招收人才。凡是投奔到他门下来的,他都收留下来,供养他们。这种人叫做门客,也叫做食客。据说,孟尝君门下一共养了3 000个食客,其中有许多人其实没有什么本领,只是混口饭吃。

孟尝君上咸阳去的时候,随身带了一大帮门客。秦昭襄王亲自欢迎他。孟尝君献上一件纯白的狐狸皮的袍子作见面礼。秦昭襄王知道这是很名贵的银狐皮,很高兴地把它藏在内库里。

秦昭襄王本来打算请孟尝君当丞相,有人对他说:"田文是齐国的贵族,手下人又多。他当了丞相,一定先替齐国打算,秦国不就危险了吗?"

秦昭襄王说:"那么,还是把他送回去吧。"

他们说:"他在这儿已经住了不少日子,秦国的情况他差不多全知道,哪儿能轻易放他回去呢?"秦昭襄王就把孟尝君软禁起来。

孟尝君十分着急,他打听到秦王身边有个宠爱的妃子,就托人向她求救。那个妃子叫人传话说:"叫我跟大王说句话并不难,我只要一件银狐皮袍。"

孟尝君和手下的门客商量,说:"我就这么一件,已经送给秦王了,哪里还能要得回来呢?"

其中有个门客说:"我有办法。"

当天夜里,这个门客就摸黑进王宫,找到了内库,把银狐皮袍偷了出来。

孟尝君把银狐皮袍子送给秦昭襄王的宠妃。那个妃子得了皮袍,就向秦昭襄王劝说把孟尝君释放回去。秦昭襄王果然同意了,发下过关文书,让孟尝君他们回去。

孟尝君得到文书,急急忙忙地往函谷关跑去。他怕秦王反悔,还改名换姓,把文书上的名字也改了。到了关上,正赶上半夜里。依照秦国的规矩,每天早晨,关上要到鸡叫的时候才许放人。大伙儿正在愁眉苦脸盼天亮的时候,忽然有个门客捏着鼻子学起公鸡叫来。一声跟着一声,附近的公鸡全都叫起来了。

守关的人听到鸡叫,开了城门,验过过关文书,让孟尝君出了关。

秦昭襄王果然后悔,派人赶到函谷关,孟尝君已经走远了。孟尝君回到齐国,当了齐国的相国。他们下的食客就更多了。他把门客分为几等:头等的门客出去有车马,一般的门客吃的有鱼肉,至于下等的门客,就只能吃粗茶淡饭了。

有个名叫冯驩的老头子,穷苦得活不下去,投到孟尝君门下来作食客。孟尝君问管事的:"这个人有什么本领?"

管事的回答说:"他说没有什么本领。"

孟尝君笑着说:"把他留下吧。"

管事的懂得孟尝君的意思,就把冯驩当作下等门客对待。

过了几天,冯驩靠着柱子敲敲他的剑哼起歌来:"长剑呀,咱们回去吧,吃饭没有鱼呀!"

管事的报告孟尝君,孟尝君说:"给他鱼吃,照一般门客的伙食办吧!"

又过了五天,冯驩又敲打他的剑唱起来:"长剑呀,咱们回去吧,出门没有车呀!"

孟尝君听到这个情况,又对管事的说:"给他备车,照上等门客一样对待。"

又过了五天,孟尝君又问管事的,那位冯驩先生还有什么意见。管事的回答说:"他又在唱歌了,说什么没有钱养家呢。"

孟尝君问了一下,知道冯驩家里有个老娘,就派人给他老娘送了些吃的穿的。这一来,冯驩果然不再唱歌了。

孟尝君养了这么多的门客,管吃管住,光靠他的俸禄是远远不够花的。他就在自己的封地薛城(今山东滕县东南)向老百姓放债收利息,来维持他家的巨大的耗费。

有一天,孟尝君派冯驩到薛城去收债。冯驩临走的时候,向孟尝君告别,问:

"回来的时候,要买点什么东西来?"

孟尝君说:"你瞧着办吧,看我家缺什么就买什么。"

冯驩到了薛城,把欠债的百姓都召集拢来,叫他们把债券拿出来核对。老百姓正在发愁还不出这些债,冯驩却当众假传孟尝君的决定:还不出债的,一概免了。

老百姓听了将信将疑,冯驩干脆点起一把火,把债券烧掉。冯驩赶回临淄,把收债的情况原原本本告诉孟尝君。孟尝君听了十分生气:"你把债券都烧了,我这里三千人吃什么!"

冯驩不慌不忙地说:"我临走的时候您不是说过,这儿缺什么就买什么吗?我觉得您这儿别的不缺少,缺少的是老百姓的情义,所以我把'情义'买回来了。"

孟尝君很不高兴地说:"算了吧!"

后来,孟尝君的声望越来越大。秦昭襄王听到齐国重用孟尝君,很担心,暗中打发人到齐国去散播谣言,说孟尝君收买民心,眼看就要当上齐王了。齐湣王听信这些话,认为孟尝君名声太大,威胁他的地位,决定收回孟尝君的相印。孟尝君被革了职,只好回到他的封地薛城去。

这时候,三千多门客大都散了,只有冯驩跟着他,替他驾车上薛城。当他的车马离薛城还差一百里的时候,只见薛城的百姓,扶老携幼,都来迎接。

孟尝君看到这番情景,十分感触。对冯驩说:"你过去给我买的'情义',我今天才看到了。"

孟母择邻

孟母择邻是我国老幼皆知的历史典故。战国时期,我国有一位杰出的思想家和教育家,他就是孟子。孟子,名轲,是战国时期邹国(即现在山东省邹县东南一带)人。孟子3岁时父亲就去世了,此后,仅靠母亲艰难地抚养他。

孟子所以能学有所成,继承孔子的思想、学说,与孟母严格的教育有很大关系。孔子和他的思想,即孔孟之道,对后世影响很大。他的文献成为儒家的经典;他开办私学,向弟子讲授儒家的学说,打破了"学在官府"的贵族垄断教育的传统。在中国历史上,自汉武帝以后,将儒家的理论作为封建王朝统治的精神支柱,延续了几千年。

这样一代大家,并非出在名门望族,而是一位普普通通的家庭妇女培养出来的。

孟家附近有一片松林,松林旁边有一块墓地,只要谁家死了人,送葬的就从他家门口过。那时候,谁家死了人,都要办丧事,尤其大户人家,出殡、送葬非常热闹,队伍很长。送葬人的啼哭声和吹鼓手乐队的吹吹打打声混在一起,往往招来许多观看的人,其中小孩子最多。

小孟轲和小伙伴们看了以后,常模仿出殡、送葬,做游戏,也挖坑,埋假死人,堆土堆,之后,大家一起跪在土堆前哭哭啼啼。有的装成吹鼓手,拾个小木棍也学那吹吹打打的样子,他们玩个痛快,场面好不热闹。

孩子们经常做埋葬死人的游戏,被孟母知道了,她很生气。一天小孟轲刚回家,孟母将他叫到屋内,严肃地对他说:"孩子,你记住,咱们家的祖先,是鲁国的富贵人家,后来衰落了,才搬迁到邹国来。你父亲是读书人,很有学识,可惜死得早。现在,我们家境贫寒,才住到这城外的荒野之地。可你不好好在家读书,却经常与那些淘气的孩子一起玩耍,在坟墓间埋死人,哭哭啼啼的,这成什么样子,这样怎么会有出息呢?你要争气啊!"

孟母说完,小孟轲表示坚决悔改。为给孩子找个好的学习环境,孟母决定改变环境,不久把家迁到了城里。为此,孟母将辛勤劳动节俭下来的积蓄,全用光了。孟母还取出收藏的孔子的学生整理出来的《论语》找出来,要儿子好好地读,学作孔子那样的人。

从此,小孟轲天天在家里认真读书,也没有伙伴来找他。可是,没有多久,小孟轲就坐不住了,总想到外边去看看。一天,孟母不在家,他偷偷跑到外边,一看,好热闹。因为,这个新家位居闹市,摊主的叫卖声,附近还有打铁匠,终日叮当叮当的打铁声,人来人往。不久,小孟轲又结识了新的一群小伙伴。他们在一起玩耍,有时玩得高兴忘记回家吃饭。孩子们玩得有滋有味,有的模仿卖东西,高声叫卖,还有的当顾客。也真有趣。

小孟轲与伙伴一起尽情玩耍,常常忘记学习,这时,孟母很生气。孟母想,住在这闹市,对孩子学习影响太大。于是,她历尽艰辛,又搬了一次家。这次,搬到城东的学宫的对面去了。这里和闹市大不相同,没有嘈杂的闹市声,没有来来往往的人群。而是经常听到学宫里传出的琅琅的读书声。小孟轲也常常在墙外听那读书声,不由地跟着诵读。时间久了,小孟轲的心安定下来了,喜欢读书了。有时坐在家中一读就是一整天。孟母也很高兴。

孟轲小时很聪明,对诵读过的全能熟记。别人做什么只要他见过的,就能模仿去做。例如,他常常到学宫门前往里面张望,看那里的孩子们怎样读书,怎样跟老师演习周礼。周礼就是周代传下来的关于祭祀、朝拜方面的礼仪。这是当时官学规定的必学内容。

孟轲看见学生们跟老师学习周礼时的低头、弯腰、抱拳等的动作很好奇,回家自己就学着做,孟母见了,又以为是玩耍,心里有点不高兴。一问,才知这是在学作周礼。这下可使孟母高兴极了。

不多久,孟母就求人将儿子送进学宫。让儿子开始系统地接受封建礼仪的教育。开始学习"六艺"。就是礼、乐、射、御、书、数(礼节、音乐、射箭、驾车、汉字、算术)。孟轲学习努力勤奋,常常下学回家接着学习,他进步很快。

总之,孟母为教育好幼小的儿子,不仅严格要求,而且为孩子学习创造好的学习环境,不畏劳苦,曾三次搬迁,让儿子安心学习。孟轲后来果然学有所成。因此,后世人们就以"孟母择邻"来表示慈母严格要求子女,教育有方。

纸上谈兵的赵括

公元前262年,秦昭襄王派大将白起进攻韩国,占领了野王(今河南沁阳)。截断了上党郡(治所在今山西长治)和韩都的联系,上党形势危急。上党的韩军将领不愿意投降秦国,打发使者带着地图把上党献给赵国。

赵孝成王派军队接收了上党。过了两年,秦国又派王龁围住上党。

赵孝成王听到消息,连忙派廉颇率领20多万大军去救上党。他们才到长平(今山西高平县西北),上党已经被秦军攻占了。

王龁还想向长平进攻。廉颇连忙守住阵地,叫兵士们修筑堡垒,深挖壕沟,跟远来的秦军对峙,准备作长期抵抗的打算。

王龁几次三番向赵军挑战,廉颇说什么也不跟他们交战。王龁想不出什么法子,只好派人回报秦昭襄王,说:"廉颇是个富有经验的老将,不轻易出来交战。我军老远到这儿,长期下去,就怕粮草接济不上,怎么好呢?"

秦昭襄王请范雎出主意。范雎说:"要打败赵国,必须先叫赵国把廉颇调回去。"

秦昭襄王说;"这哪儿办得到呢?"

范雎说:"让我来想办法。"

过了几天,赵孝成王听到左右纷纷议论,说:"秦国就是怕让年轻力强的赵括带兵;廉颇不中用,眼看就快投降啦!"

他们所说的赵括,是赵国名将赵奢的儿子。赵括小时爱学兵法,谈起用兵的道理来,头头是道,自以为天下无敌,连他父亲也不在他眼里。

赵王听信了左右的议论,立刻把赵括找来,问他能不能打退秦军。赵括说:"要是秦国派白起来,我还得考虑对付一下。如今来的是王龁,他不过是廉颇的对手。要是换上我,打败他不在话下。"

赵王听了很高兴,就拜赵括为大将,去接替廉颇。

蔺相如对赵王说:"赵括只懂得读父亲的兵书,不会临阵应变,不能派他做大将。"可是赵王对蔺相如的劝告听不进去。赵括的母亲也向赵王上了一道奏章,请求赵王别派他儿子去。赵王把她召了来,问她什么理由。赵母说:"他父亲临终的时候再三嘱咐我说,'赵括这孩子把用兵打仗看作儿戏似的,谈起兵法来,就眼空四海,目中无人。将来大王不用他还好,如果用他为大将的话,只怕赵军断送在他手里。'所以我请求大王千万别让他当大将。"

赵王说:"我已经决定了,你就别管了。"

公元前260年,赵括领兵20万到了长平,请廉颇验过兵符。廉颇办了移交,回邯郸去了。

赵括统率着40万大军,声势十分浩大。他把廉颇规定的一套制度全部废除,下了个命令说:"秦国再来挑战,必须迎头打回去。敌人打败了,就得追下去,非杀得他们片甲不留不算完。"

那边范雎得到赵括替换廉颇的消息,知道自己的反间计成功,就秘密派白起为上将军,去指挥秦军。白起一到长平,布置好埋伏,故意打了几阵败仗。赵括不知是计,拼命追赶。白起把赵军引到预先埋伏好的地区,派出精兵25 000人,切断赵军的后路;另派5 000骑兵,直冲赵军大营,把40万赵军切成两段。赵括这才知道秦军的厉害,只好筑起营垒坚守,等待救兵。秦国又发兵把赵国救兵和运粮的道路切断了。

赵括的军队,内无粮草,外无救兵,守了40多天,兵士都叫苦连天,无心作战。赵括带兵想冲出重围,秦军万箭齐发,把赵括射死了。赵军听到主将被杀,也纷纷扔了武器投降。40万赵军,就在纸上谈兵的主帅赵括手里全部覆没了。

毛遂自荐

公元前259年,赵国在长平遭到惨败,40万大军全部覆没。秦国乘胜追击,赵国已无力量抵抗。赵国危在旦夕,赵孝成王要平原君向楚国求救。

平原君想到自己的国都邯郸十分危急,他决心亲自到楚国与楚王商谈联合抗秦的事。他打算带20名文武全才与他同行。于是在3 000门客中挑选这20人。挑来挑去,只选中19个。

他正在为此事着急,有个门客,自我举荐说:"我能否算个数呢?"平原君抬头一看,并不熟悉,有点吃惊地说:"先生叫什么名字?来到我门下多长时间了?"那个门客高声说:"我叫毛遂,到这儿已经3年了。"平原君听了直摇头,说:"有才能的人活在世上,就像一把锥子放在口袋里,它的尖很快就冒出来了。先生来到我这儿已3年了,可我没听说你有什么本领啊。"

毛遂是个有智谋有胆略的人,在平原君家里呆了3年,一直默默无闻。他的才能始终无机会表现出来,因此平原君不认识他。这次平原君挑选20名文武双全的人去楚国谈判,毛遂认为是个好机会。因此,当平原君挑选到19人时,他果断地站出来自荐。

当他听到平原君怀疑他的才能的问话时,他从容不迫而又无可辩驳地回答说:"几年来,我从来就没有能像锥子那样放进您的袋里呀,要是早就放进您的袋里,我敢说,不只是尖头露出来,整个锥子就会像禾穗一样挺出来。"

平原君觉得毛遂的话不无道理,再说缺的一个人也还没找出来呢。于是,平原君点头同意了。他心里很佩服毛遂的胆量和口才。

已挑出来的那19个门客,一边听一边交头接耳。有的还用轻蔑的眼光看他。平原君带着挑出的20人出发到楚国。一路上,大家交谈着。开始有人还在轻视毛遂。说他说大话。但谈着谈着,发觉他不是一个平庸之辈。

平原君一行到楚国后,就跟楚王商谈出兵助赵的事。可是谈了半天,没有一点动静。他的随员们个个心急如焚,等得实在不耐烦了。但是,他们你看看我,我瞧瞧你,谁也没什么办法。这时有人想起毛遂在赵国时说的大话,便怂恿他上台,对他说:"毛先生,这回看你的啦!"

毛遂想到自己的国家正处在危急之中,加上同行的鼓励,他不慌不忙,手按着宝剑,大步登上台,对着平原君高声说:"楚国与赵国联合抗秦,三言两语就可决定了。怎么从早晨说到现在,太阳当头了,还不见效果?"

楚王见毛遂没有命令擅自走上台来,心中不快,又听到这番话,很生气。于是,怒气冲冲地问平原君:"这是什么人?"平原君答道:"是我的门下食客。"

楚王一听毛遂是个地位低微的人,便大声呵斥:"我跟你主人商量国家大事,你上来干什么?还不赶快下去!"

毛遂毫不畏惧,接着剑,从容不迫地跨前一步,对楚王说:"你所以敢当众呵斥我,是凭着楚国的强大。可现在,你我之间只相距10步,楚国纵然人多势众,你也靠不上了。现在,你的性命掌握在我的手里。"说话时,他手按宝剑,正气凛然。

这时的楚王被吓呆了。哆哆嗦嗦地说:"您有什么高见呢?"毛遂继续说:"堂堂的楚国,方圆五千里,士卒百万,应该做霸主。可是,在秦国面前,胆小如鼠。以前,秦将白起只带领几万军队攻打楚国,一战就攻下了你们的国都。再战,就烧掉了你们的坟墓,这是何等的奇耻大辱,连我们赵国也感到羞愧。可是你这个国王竟若无其事,不想报仇。说实在话,楚赵联合抗秦,并非单单为了我们赵国,重要的是为了你们楚国。"

毛遂这一席话,理直气壮,铿锵有力,像一把锋利的锥子一样,句句刺痛楚王的心。说得楚王频频点头,红着脸,连声说:"说得对,说得对。"

毛遂紧紧盯了一句:"那么,我们合纵的事就这样定了?"

楚王点着头。

楚王和平原君当场结盟订约。不久,赵国在楚国和魏国的帮助下,解了围。

事后,平原君感慨地对人说:"我发现的人才也算不少了,但竟看错了毛先生。从此以后,我再也不敢随意评价人了。"

后来,毛遂自荐的事广为流传。至今,人们还以"毛遂自荐"形容自我推荐。毛遂自荐的精神应提倡,它体现了自信,体现了自我价值的实现。

秦王灭六国　全国归一统

秦王政杀了荆轲,当下就命令大将王翦加紧攻打燕国。燕太子丹带着兵马抵抗,哪里是秦军对手,马上给秦军打得稀里哗啦。燕王喜和太子丹逃到辽东。秦王政又派兵追击,非把太子丹拿住不肯罢休。燕王喜逼得没有办法,只好杀了太子丹,向秦国谢罪求和。

秦王政又向尉缭讨主意。尉缭说:"韩国已经被咱们兼并,赵国只剩下一座代城(今河北蔚县),燕王已逃到辽东,他们都快完了。目前天冷,不如先去收服南方的魏国和楚国。"

秦王政听从尉缭的计策,就派王翦的儿子王贲带兵十万人先攻魏国。魏王派人向齐国求救,齐王建没有理他。

公元前225年,王贲灭了魏国,把魏王和大臣都拿住,押到咸阳。

接着,秦王政就打算去打楚国。他召集将领们议论了一下,先问青年将领李信,打楚国要多少人马。李信说:"不过20万吧。"

他又问老将军王翦。王翦回答说:"楚国是个大国,用20万人去打楚国是不够的。依臣的估计,非60万不可。"

秦王政很不高兴,说:"王将军老了,怎么这样胆小?我看还是李将军说得对。"就派李信带兵20万往南方去。

王翦见秦王不听他的意见,就告病回老家去了。

李信带了20万人马到了楚国,不出王翦所料,打了个大败仗,兵士死伤无数,将领也死了7个,只好逃了回来。

秦王政大怒,把李信革了职,亲自跑到王翦的家乡,请他出来带兵,说:"上回是我错了,没听将军的话。李信果然误事。这回非请将军出马不可。"

王翦说:"大王一定要我带兵,还是非60万人不可。楚国地广人多,他们要发动100万人马也不难。我说我们要出兵60万,还怕不大够呢。再要少,那就不行了。"

秦王政陪笑说:"这回听将军的啦!"就给王翦60万人马。出兵那天,还亲自到灞上给王翦摆酒送行。

王翦大将率兵浩浩荡荡向楚国进攻。楚国也出动全国兵力抵抗。

王翦到了前方,要兵士修筑壁垒,不让出战。楚国大将项燕一再挑战,他也不去理睬。

过了一段时间,项燕想:"王翦原来是上这儿驻防的。"他就不怎么把秦国的军队放在心上了。没想到在项燕不防备的时候,秦军突然发起攻势,60万人马像排山倒海似地冲杀过去。楚国的将士好像在梦里被人家当头一棍子,晕头转向地抵抗了一阵,各自逃命。楚国的兵马越打越少,地方越失越多。秦军一直打到寿春(今安徽寿县西)俘虏了楚王负刍。

项燕得知楚王被俘的消息,渡过长江,想继续抵抗。王翦造了不少战船,训练了水军,渡江追击。项燕觉得大势已去,叹了口气,拔剑自杀。

王翦灭楚之后,回到咸阳。由他的儿子王贲接替做大将,再去收拾燕国。燕国本来已经十分虚弱,哪里抵挡得住秦军的进攻。

公元前222年,王贲灭掉燕国,还攻占了赵国最后留下的代城。

到这时候,剩下的只有一个齐国啦。齐国大臣早已被秦国重金收买过去。齐王建向来是不敢得罪秦国的。每回逢到诸侯向他求救,他总是拒绝。他满以为齐国离秦国远,只要死心塌地听秦国的话,就不用担心秦国的进攻。到了其他五国一一被秦国并吞掉,他才着急起来,派兵去守西面的边界。可是已经晚了。

公元前221年,王贲带了几十万秦兵像泰山压顶一样,从燕国南部直扑临淄。这时候,齐王建才觉得自己势孤力单,可是其他诸侯国已经完了,往哪儿去讨救兵呢?没有几天,秦军就进了临淄,齐王建没说的,投降了。

六国诸侯只想保持自己的地位,彼此之间互相攻打,想拿别国的土地来补偿自己的损失,企图维持小规模割据的局面,给秦国以各个击破的机会。秦国当时不但在政治、经济上和军事上占了优势,更重要的是符合统一的历史趋势,所以在不到10年的时间,把六国一个一个灭掉了。

自从公元前475年进入战国时期起,各诸侯国经过250多年的纷争,终于结束了长期的诸侯割据的局面,建立了一个统一的多民族的封建国家——秦王朝。

秦

(公元前221~公元前206年)

秦历史背景介绍

秦朝是中国历史上最显赫一时的王朝,也是最短命的帝国,从兴迄灭,前后不过15年。秦始皇统一六国,正式称帝,在位也只有12年。暴政加腐败,偌大的一个帝国,竟被陈胜、吴广一拳击垮。不过,帝国的短命,并不能减损他在中国历史进程中的地位和作用。从秦朝开始,中国历史发生了不可更易的转向,其中最重要的,是集权政治的牢不可破。秦朝速生速灭,原因大约有以下几项。其一是"轻罪重罚",力图把大罪消灭在萌芽状态。但是,刚从成年累月的战争中挣脱出来的人们,很难一下子成为奉公守法的良民。所以,秦律的暴虐,马上就暴露出来,并且愈演愈烈,一发不可收拾,以至于上演了"焚书坑儒"这样的千古惨剧。其二是日甚一日的政治腐败。在秦始皇的时代,由于他个人的威势,朝政还比较整肃。但是,在他死后,赵高利用二世的无能和腐化,轻易地专擅朝政,致使君臣上下相欺。同时,大臣之间也开始勾心斗角,并最终演化成相互残杀。其三是过分沉重的经济负担。统一并没有给本已赤贫的人们以休养生息的机会。称帝的第二年,秦始皇就开始四方巡游,给人民加上了额外的摊派。而随后的北伐匈奴,南征百越,共动用80万大军,军费支出浩大,最终还得转嫁到老百姓头上。至于修筑长城、修建阿房宫和骊山陵墓,即使在今天看来,这也是耗资巨大的工程。赋税加徭役,耗费了普通人全年的大半收入和精力。最后还有秦始皇个人的责任。秦始皇的好大喜功和权力欲,是南征北伐的主要原因,更是建宫修墓的直接导因。为了长生不死,他又大兴迷信,耗费巨大,最终把一个烂摊子留给了才能和威势远不如他的秦二世,导致王朝的覆灭。

中国第一个皇帝秦始皇

秦王政兼并了六国，结束了战国割据的局面，统一了中国。他觉得自己的功绩比古代传说中的三皇五帝还要大，不能再用"王"的称号，应该用一个更加尊贵的称号才配得上他的功绩，就决定采用了"皇帝"的称号。他是中国第一个皇帝，就自称是始皇帝。他还规定：子孙接替他皇位的按照次序排列，第二代叫二世皇帝，第三代叫三世皇帝，这样一代一代传下去，一直传到千世万世。

在一次朝会上，丞相王绾等对秦始皇说："现在诸侯刚刚消灭，特别是燕、楚、齐三国离咸阳很远，不在那里封几个王不行，请皇上把几位皇子封到那里去。"

秦始皇要大臣议论一下，许多大臣都赞成王绾的意见，只有李斯反对。他说："周武王建立周朝的时候，封了不少诸侯。到后来，像冤家一样互相残杀，周天子也没法禁止。可见分封的办法不好，不如在全国设立郡县。"

李斯的意见正合秦始皇的心意。他决定废除分封的办法，改用郡县制，把全国分为36个郡，郡下面再分县。郡的长官都由朝廷直接任命。国家的政事，不论大小，都由皇帝决定。据说秦始皇每天看下面送来的奏章，要看120斤（那时的奏章都是刻在竹简上的），不看完不休息。可见他的权力是多么集中了。

在秦始皇统一中原之前，列国

秦始皇像

向来是没有统一的制度的,就拿交通来说,各地的车辆大小就不一样,因此车道也有宽有窄。国家统一了,车辆要在不同的车道上行走,多不方便。从那时候起,规定车辆上两个轮子的距离一律改为6尺,使车轮的轨道相同。这样,全国各地车辆往来就方便了。这叫做"车同轨"。

在秦始皇统一中原之前,列国的文字也很不统一。就是一样的文字,也有好几种写法。从那时候起,采用了比较方便的书法,规定了统一的文字。这样,各地的文化交流也方便多了。这叫做"书同文"。

各地交通便利,商业也发达起来,但是原来列国的尺寸、升斗、斤两的标准全不一样。从那时候起,又规定了全国用统一的度、量、衡制。这样,各地的买卖交换也没有困难了。

秦始皇正在从事国内的改革,没想到北方的匈奴打了进来。匈奴本来是我国北部一个古老的少数民族。战国后期,匈奴贵族趁北方的燕国、赵国衰落,一步步向南侵犯,黄河河套一带大片土地夺了过去。秦始皇统一中原以后,派大将蒙恬带领30万大军去抵抗,河套一带地区都收了回来,设置了44个县。

为了防御匈奴的侵犯,秦始皇又征用民伕,把原来燕、赵、秦王国北方的城墙连接起来,又新造了不少城墙。这样从西面的临洮(今甘肃岷县)到东面的辽东(今辽宁辽阳西北),连成一条万里长城。这座举世闻名的古建筑,一直成为我们中华民族古老悠久文明的象征。

后来,秦始皇又派出大军50万人,平定南方,添设了3个郡;第二年,蒙恬打败了匈奴,又添了一个郡。这样,全国总共有40个郡。

公元前213年,秦始皇因为开辟了国土,在咸阳宫里举行了一个庆祝宴会,许多大臣都赞颂秦始皇统一国家的功绩。博士淳于越却重新提出分封制度不能废除,他认为不按照古代的规矩办事是行不通的。

这时候,李斯已经做了丞相。秦始皇要听听他的意见。

李斯说:"现在天下已经安定,法令统一。但是有一批读书人不学现在,却去学古代,对国家大事乱发议论,在百姓中制造混乱。如果不加禁止,会影响朝廷的威信。"

秦始皇采用了李斯的主张,立刻下了一道"焚书"的命令。

第二年,有两个方士(一种用求神仙、炼仙丹骗钱的人)叫做卢生、侯生,在背后议论秦始皇的不是。

秦始皇大为恼火,再一查,又发现咸阳有一些儒生也一起议论过他。秦始皇把那些儒生抓来审问。并且把那些犯禁严重的460多个儒生都埋了。

这就是历史上所说的"焚书坑儒"事件。

始皇病死　赵高计杀扶苏

公元前210年,秦始皇到东南一带去巡视。随他一起去的,有丞相李斯、宦官赵高。他的小儿子胡亥要求一起去。秦始皇平时挺喜欢他小儿子,当然答应了。

秦始皇渡过钱塘江,到了会稽郡,再向北到了琅玡(今山东胶南县)。从冬季出发,一直到夏天才回来。回来的路上,他感到身子不舒服,在平原津(今山东平原县南)病倒了。随从的医官给他看病、进药,都不见效。

到了沙丘(今河北广宗县西)的时候,秦始皇病势越来越重。他知道病好不了,吩咐赵高说:"快写信给扶苏,叫他赶快回咸阳去。万一我好不了,叫他主办丧事。"

信写好了,还没来得及交给使者送出,秦始皇已经咽了气。

丞相李斯跟赵高商量说:"这儿离咸阳还很远,不是一两天能赶到。万一皇上去世的消息传了开去,恐怕里里外外都会发生混乱;倒不如暂时保密,不要发丧,赶回咸阳再作道理。"

他们把秦始皇的尸体安放在车里,关上车门,放下窗帷子,外面什么人也看不见。随从的人除了胡亥、李斯、赵高和五六个内侍外,别的大臣全不知道秦始皇已经死了。车队照常向咸阳进发,每到一个地方,文武百官都照常在车外奏事。

李斯叫赵高赶快派人把信送出去,叫公子扶苏赶回咸阳。赵高是胡亥的心腹,跟蒙恬一家有冤仇。他偷偷地跟胡亥商量,准备假传秦始皇的遗嘱,杀害扶苏,让胡亥继承皇位。胡亥当然求之不得,完全同意。

赵高知道要干这样的事,非跟李斯商量不可,就去找李斯说:"现在皇上的遗诏和玉玺都在胡亥手里,要决定哪个接替皇位,全凭我们两人一句话。您看怎么办？"

李斯吃了一惊，说："您怎么说出这种亡国的话来？这可不是我们做臣子该议论的事啊！"

赵高说："您别急。我先问您，您的才能比得上蒙恬吗？您的功劳比得上蒙恬吗？您跟扶苏的关系比得上蒙恬吗？"

李斯愣了一会，才说："我比不上他。"

赵高说："要是扶苏做了皇帝，他一定拜蒙恬做丞相。到那时候，您只好回老家。这是明摆的事儿。公子胡亥心眼好，待人厚道。要是他做了皇帝，您我就一辈子受用不尽。您好好考虑考虑吧。"

经过赵高连哄带吓地说了一通，李斯怕让扶苏继承皇位以后，自己保不住丞相位置，就和赵高、胡亥合谋，假造了一份诏书给扶苏，说他在外不能立功，反而怨恨父皇；又说将军蒙恬和扶苏同谋，都该自杀，把兵权交给副将王离。

扶苏接到这封假诏书，哭泣着想自杀。蒙恬怀疑这封诏书是伪造的，要扶苏向秦始皇申诉。扶苏是个老实人，说："既然父皇要我死，哪里还能再申诉？"就这样自杀了。

赵高和李斯急急忙忙催着人马赶路。那时候，正是夏末秋初，天气还很炎热，没有多少日子，尸体已经腐烂，车子里散发出一阵阵臭味。赵高派人去买了一大批咸鱼，叫大臣们在每辆车上放上一筐。车队的周围的咸鱼气味，把秦始皇尸体的臭味掩盖过去了。

他们到了咸阳，才宣布秦始皇死去的消息，举行丧葬，并且假传秦始皇的遗诏，由胡亥继承皇位。这就是秦二世。

大泽乡农民起义

秦始皇为了抵抗匈奴，建造长城，发兵30万，征集了民伕几十万；为了开发南方，动员了军民30万。他又用70万囚犯，动工建造一座巨大豪华的阿房宫。到了二世即位，从各地征调了几十万囚犯和民伕，大规模修造秦始皇的陵墓。这座坟开得很大很深，把大量的铜熔化了灌下去铸地基，上面盖了石室、墓道和墓穴。二世又叫工匠在大坟里挖成江河湖海的样子，灌上了水银。然后把秦始皇葬在那里。

安葬完了，为了防备将来可能有人盗坟，还叫工匠在墓穴里装了杀人的设备，最后竟残酷地把所有造坟的工匠全都埋在墓道里，不让一个人出来。

大坟没完工，二世和赵高又继续建造阿房宫。那时候，全中国人口不过2 000万，前前后后被征发去筑长城、守岭南、修阿房宫、造大坟和别的劳役合起来差不多有二三百万人，耗费了不知多少人力财力，逼得百姓怨声载道。

公元前209年，阳城（今河南登封东南）的地方官派了两个军官，押着900名民伕送到渔阳（今北京市密云西南）去防守。军官从这批壮丁当中挑了两个个儿大、办事能干的人当屯长，叫他们管理其他的人。这两个人一个叫陈胜，阳城人，是个给人当长工的；一个叫吴广，阳夏（今河南太康县）人，是个贫苦农民。

陈胜年轻时候，就是个有志气的人。他跟别的长工一块儿给地主种田，心里常常想，我年轻力壮，为什么这样成年累月地给别人做牛做马呢，总有一天，我也要干点大事业出来。

有一次，他跟伙伴们在田边休息，对伙伴们说："咱们将来富贵了，可别忘了老朋友啊！"

大伙儿听了好笑，说："你给人家卖力气种地，打哪儿来的富贵？"

陈胜叹口气，自言自语说："唉，燕雀怎么会懂得鸿雁的志向呢！"

陈胜和吴广本来不相识，后来当了民伕，碰在一块儿，同病相怜，很快就成了朋友。他们只怕误了日期，天天急着往北赶路。

到大泽乡（今安徽宿县东南）的时候，正赶上连天大雨，水淹了道，没法通行。他们只好扎了营，停留下来，准备天一放晴再上路。

秦朝的法令很严酷，被征发的民伕如果误了期，就要被杀头。大伙儿看看雨下个不停，急得真像热锅上的蚂蚁似的，不知道怎么办才好。

陈胜偷偷跟吴广商量："这儿离渔阳还有几千里，怎么也赶不上限期了，难道我们就白白地去送死吗？"

吴广说："那怎么行，咱们开小差逃吧。"

陈胜说："开小差被抓回来是死，起来造反也是死，一样是死，不如起来造反，就是死了也比送死强。老百姓吃秦朝的苦也吃够了。听说二世是个小儿子，本来就挨不到他做皇帝，该登基的是扶苏，大家都同情他；还有，楚国的大将项燕,立过大功,大家都知道他是条好汉,现在也不知道是死了还是活着。要是咱们借着扶苏和项燕的名义,号召天下,楚地的人一定会来响应我们。"

吴广完全赞成陈胜的主张。为了让大伙儿相信他们,他们利用当时人大多迷信鬼神,想出了一些计策。他们拿了一块白绸条,用朱砂在上面写上"陈胜王"三个大字,把它塞在一条人家网起来的鱼肚子里。兵士们买了鱼回去,剖开了鱼,发现了这块绸子上面的字,十分惊奇。

到了半夜,吴广又偷偷地跑到营房附近的一座破庙里,点起篝火,先装作狐狸叫,接着喊道:"大楚兴,陈胜王。"全营的兵士听了,更是又惊又害怕。

第二天,大伙儿看到陈胜,都在背后点点戳戳地议论着这些奇怪的事,加上陈胜平日待人和气,就更加尊敬陈胜了。

有一天,两个军官喝醉了酒。吴广故意跑去激怒军官,跟他们说,反正误了期,还是让大家散伙回去吧。那军官果然大怒,拿起军棍责打吴广,还拔出宝剑来威吓他。吴广夺过剑来顺手砍倒了一个军官。陈胜也赶上去,把另一个军官杀了。

陈胜把兵士们召集起来说:"男子汉大丈夫不能白白去送死,死也要死得有个名堂。王侯将相,难道是命里注定的吗!"

大伙儿一齐高喊说:"对呀,我们听您的!"

陈胜叫弟兄们搭个台,做了一面大旗。旗上写了一个斗大的"楚"字。大伙对天起誓,同心协力,推翻秦朝。他们公推陈胜、吴广为首领。900条好汉一下子就把大泽乡占领了。临近的农民听到这个消息,都拿出粮食来慰劳他们,青年们纷纷拿着锄头、铁耙到营里来投军。人多了,没有刀枪和旗子,他们就砍了许多木棒做刀枪,削了竹子做旗竿。就这样,陈胜、吴广建立了历史上第一支农民起义军。历史上把这件事称作"揭竿而起"。

起义军打下了陈县(今河南淮阳)。陈胜召集陈县父老商量。大家说:"将军替天下百姓报仇,征伐暴虐的秦国。这样大的功劳,应该称王。"

陈胜就被拥戴称了王,国号叫做"张楚"。

巨鹿大战　项羽破釜沉舟

项梁在整顿了军队以后,接连打了几个胜仗,打败了秦朝大将章邯。项羽、刘邦带领另一支队伍,杀了秦将李由。项梁骄傲起来,认为秦军没有什么了不起,放松了警惕。章邯重新补充了兵力,趁项梁不防备,发动了猛烈的反扑。项梁在战斗中被杀了。项羽、刘邦也只好退守彭城。

章邯打败项梁,认为楚军大伤元气,就暂时撇开黄河以南这一头,带领秦军北上进攻赵国(这个赵国不是战国时代的赵国,而是新建立起来的一个政权),很快就攻下了赵国都城邯郸,赵王歇逃到巨鹿(今河北平乡西南)。

章邯派秦将王离把巨鹿包围起来,自己带领大军驻扎在巨鹿南面的棘原。他还在棘原和巨鹿之间修筑了一条粮道,给王离军运送粮草。赵王歇几次三番派人向楚怀王求救。当时,楚怀王正想派人往西进攻咸阳。项羽急于想为叔父报仇,要求带兵进关。

怀王身边有几个老臣暗地对怀王说:"项羽性子太暴躁,杀人太多;刘邦倒是个忠厚人,不如派他去。"正好赵国来讨救兵。楚怀王就派刘邦打咸阳,另派宋义为上将军,项羽为副将,带领20万大军到巨鹿去救赵国。

宋义带领的大军到了安阳(今河南安阳东南),听说秦军声势浩大,就命令楚军停了下来,想等秦军和赵军打上一阵,让秦军消耗掉一部分兵力,再进攻过去。

宋义按兵不动,在安阳一停就是46天。项羽耐不住性子,去跟宋义说:"秦军包围了巨鹿,形势这样紧急,咱们赶快渡河过去,跟赵军里外夹击,一定能够打败秦军。"

宋义说:"我们还是等秦军和赵军决战以后再说。"他又对项羽说:"上阵跟敌人交锋,我比不上你;要说坐在帐篷里出个计策,你就比不上我了。"

他还下了一道命令:"将士中如有不服从指挥的,就得按军法砍头!"

这道命令明明是针对项羽的,项羽气得要命。这时候已经是十一月的天气,北方天冷,又碰着大雨。楚营里军粮接济不上,兵士们受冻挨饿,都抱怨起来。

项羽说:"现在军营里没有粮食,但是上将军却按兵不动,自己喝酒作乐,这样不顾国家,不体谅兵士,哪里像个大将的样子。"

第二天,项羽趁朝会的时候,拔出剑来把宋义杀了。他提了宋义的头,对将士说:"宋义背叛大王(指楚怀王),我奉大王的命令,已经把他处死了。"

将士们大多是项梁的老部下,宋义在将士中本来没有什么威望。大伙见项羽把他杀了,都表示愿意听项羽指挥。

项羽把宋义被处死的事,派人报告了楚怀王。楚怀王虽然很不满,也只好封项羽为上将军。

项羽杀了宋义以后,先派部将英布、蒲将军率领两万人做先锋,渡过漳水,切断秦军运粮的道,把章邯和王离的军队分割开来。然后,项羽率领主力渡河。

渡过了河,项羽命令将士,每人带3天的干粮,把军队里做饭的锅子全砸了,把渡河的船只全凿沉了,对将士说:"咱们这次打仗,有进无退,3天之内,一定要把秦兵打退。"

项羽的决心和勇气,对将士起了很大的鼓舞作用。楚军把王离的军队包围起来,个个士气振奋,越打越勇。1个人抵得上10个秦兵,10个就可以抵上100个。经过9次激烈战斗,活捉了王离,其他的秦军将士有被杀的,也有逃走的,围巨鹿的秦军就这样瓦解了。

当时,各路将领来救赵国的有十几路人马。可是他们害怕秦军强大,都扎下营寨,不敢跟秦军交锋。这会儿,听到楚军震天动地的喊杀声,挤在壁垒上看。他们瞧见楚军横冲直撞杀进秦营的情景,吓得伸着舌头,屏住了气。等到项羽打垮了秦军,请他们到军营来相见的时候,他们都跪在地下爬着进去,连头也不敢抬起来。

大家颂扬项羽说:"上将军的神威真了不起,自古到今没有第二个。我们情愿听从您的指挥。"

打那时候起,项羽实际上成了各路反秦军的首领。

赵高指鹿为马大施淫威

公元前207年巨鹿之战以后,胡亥意识到局势日益严重,他不时召宰相赵高。有时也不免大发脾气，这使赵高胆颤心惊。他害怕有一天胡亥真发起怒来，连自己也会被杀掉。于是他动了杀心，要赶在胡亥前头杀掉胡亥，重新立一个能随意掌握的傀儡。为了测试一下自己在大臣中的威严，有一天，他把一头鹿拉上朝廷，对二世说："这里有匹好马，献给陛下。"胡亥以为赵高又出什么主意逗自己乐，笑着说："丞相搞错了吧，把鹿说成马。"赵高却板着脸孔说："是匹好马，不信陛下可以问问大家。"胡亥笑着把脸转向大家，让群臣鉴。许多人看透了赵高的心机，默默不语，一些阿顺赵高的人则大声说是好马，一些正直不阿的臣下则直言说是鹿。退朝之后，赵高暗暗地给那些直言的大臣罗织罪名，逮捕下狱。从此以后，再也没有大臣敢反对赵高，赵高看看时机已到，于是与他的弟弟郎中令赵成、女婿咸阳令阎乐在一起，密谋了杀胡亥、立公子婴的计划。他们乘胡亥移居望夷宫（在今陕西咸阳市东北泾河南岸），守备不严的时候，由赵成为内应，阎乐率兵闯入宫中，阎乐杀掉卫令濮射和警卫士兵，直逼胡亥的卧室，胡亥在慌乱中指挥左右反击，但没有一个人敢出战，卫侍纷纷逃散。只有一个宦者跟着他没有离去，胡亥焦急地说："你何不早告诉我赵高要谋反，以至有今天？"宦者惶恐地说："正是因为臣下不敢说，才能活到今天，倘若臣下早说了，现在已经不能跟随陛下到这里了。"阎乐提着剑闯了进来，指着胡亥说："你骄恣无道，诛杀无辜，天下人都反对你，你自己看着怎么办吧！"胡亥对赵高还存有一线希望，拱手问阎乐："可以让我见见丞相吗？"阎乐回答："不行！"胡亥又说："我愿让出天下，给我一个郡为王，可以吗？"阎乐理也不理，胡亥又上前一步，接着请求："那么万户侯？或者让我与妻子同诸公子一样，做个老百姓可以吗？"阎乐厉声喝道："你休要废话，我受命于丞相，为天下人杀你，你说的再多，我也不敢回报。"胡亥这才意识到末日来临，在阎乐的威逼下，抽剑自杀。时年24岁，做了3年皇帝。

　　胡亥死后，赵高立子婴为帝，以庶人之礼葬胡亥于咸阳附近杜南宜春苑中。

　　不久子婴杀掉赵高，刘邦入关，子婴素车白马迎降于灞上（今西安东30里）。只有15年历史的秦王朝灭亡了。

子婴投降　刘邦进驻咸阳城

公元前206年9月，子婴杀了赵高，派了5万兵马守住峣关（今陕西商县西北)。刘邦用张良的计策,派兵在峣关左右的山头插上无数的旗子,作为疑兵;另派将军周勃带领全部人马绕过峣关正面,从东南侧面打进去,杀死守将,消灭了这支秦军。

刘邦的军队进了关,到了灞上(今陕西西安市东)。秦王子婴带着秦朝的大臣来投降了。子婴脖子上套着带子(表示请罪),手里拿着秦皇的玉玺、兵符和节杖,哈着腰等在路旁。

刘邦手下的将军主张把子婴杀了,但是刘邦说:"楚怀王派我攻咸阳,就因为相信我能待人宽厚;再说,人家已经投降,再杀他不好。"说完,他收了玉玺,把子婴交给将士看管起来。

这样,秦始皇建立起来的强大的王朝,仅仅维持了15年,就在农民起义的浪潮中灭亡了。

刘邦的军队进了咸阳,将士们纷纷争着去找皇宫的仓库,各人都拣值钱的金银财宝拿,闹得乱哄哄的。只有萧何不希罕这些东西,他先跑到秦朝的丞相府,把有关户口、地图等文书档案都收了起来,保管好。

刘邦在将士陪同下,来到了豪华的阿房宫。他看见宫殿这么富丽,幔帐、摆设儿好看得叫人睁不开眼睛,还有许许多多的美丽的宫女。他在宫里呆了一会,心里迷迷糊糊的简直不想离开了。

这时候,他的部将樊哙闯了进来,说:"沛公要打天下,还是要当个富翁呀?这些奢侈华丽的东西,使秦朝亡了,您还要这些干吗?还是赶快回到军营里去吧!"

刘邦不听他的话,说:"让我歇歇吧。"

恰巧张良也进来了,听到樊哙的话,对刘邦说:"俗话说:忠言逆耳利于行,良药苦口利于病,樊哙的话说得很对呀,希望您听从他的劝告。"

刘邦是一向很信任张良的,听了他的话,马上醒悟过来,吩咐将士封了仓库,带着将士仍旧回到灞上。

接着,刘邦召集了咸阳附近各县的父老,对他们说:"你们被秦朝的残酷的法令害苦了。今天,我跟诸位父老约定三条法令:第一,杀人的偿命;第二,打伤人的办罪;第三,偷盗的办罪。除了这三条,其他秦国的法律、禁令,一律废除。父老百姓可以安居乐业,不必惊慌。"

刘邦还叫各县父老和原来秦国的官吏到咸阳附近的各县去宣布这三条

法令。

百姓听到了刘邦的约法三章,高兴得了不得。大伙儿争先恐后地拿着牛肉、羊肉、酒和粮食来慰劳刘邦的将士,刘邦好言好语地劝他们把这些东西拿回去,他说:"粮仓里有的是粮食,不要再让你们费心了。"

打那时候起,刘邦的军队在关中的百姓中留下了好的印象,人们都巴不得刘邦能留在关中做王。

刘邦项羽划定"楚河汉界"

汉王刘邦拜韩信为大将、萧何为丞相,整顿后方,训练人马。公元前206年8月,汉王和韩信率领汉军攻打关中。关中的百姓对"约法三章"的汉王本来有好感,汉军一到,大多不愿抵抗。不到三个月工夫,汉王消灭了原来秦国降将章邯等的兵力,关中地区就成了汉王的地盘。

这一来,可把西楚霸王项羽气坏了。项羽打算发兵往西打刘邦,可是东边也出了事,齐国的田荣轰走了项羽所封的齐王,自立为王,情况比西边更严重。项羽只好先去对付齐国。

汉王刘邦趁项羽和齐国相持不下的时候,一直向东打过来,攻下了西楚霸王的都城彭城。项羽又不得不扔了齐国那一头,赶回来在睢水上跟汉军打了一仗。

汉军大败,掉在水里淹死的不知道有多少,被俘的也不少,汉王的父亲太公和妻子吕后也被楚军俘虏了。

汉王退到荥阳、成皋(都在今河南荥阳县)一带,收集散兵。这时候,萧何从关中调来一支人马,韩信也带着军队来见汉王,汉军才又振作起来。

汉王采取以攻为守的办法,一面守住荥阳,用少数兵力拖住项羽的军队;一面派韩信带领兵马,向北边收服魏国、燕国和赵国。

项羽的谋士范增劝项羽把荥阳迅速攻下来。汉王十分着急。他的谋士陈平原来是从项羽那边投奔过来的,献了一条计策,离间项羽和范增的关系。

项羽是个猜忌心很重的人,中了反间计,真的对范增怀疑起来。范增十分气愤,对项羽说:"天下的大局已经定了,大王自己好好干吧。我年老体衰,该回老家了。"

范增离开荥阳,一路上又气又伤心,就害了病,没有回到彭城,脊梁上长了毒疮死去。

范增一死,楚营里再没人替霸王出主意。汉军受的压力也减轻了。汉王用少数兵力在荥阳、成皋一带牵制项羽的兵力,让韩信继续攻取北边东边,又叫将军彭越在楚军后方截断楚军的运粮道儿,使项羽的军队不得不来回作战。

楚汉双方就这样对峙了两年多。

公元前203年,项羽自己去攻打彭越,把手下将军曹咎留下来守住成皋,再三嘱咐他千万不要跟汉军交战。

汉王见项羽一走,就向曹咎挑战。一开始,曹咎说什么也不出来交战。汉王就叫兵士成天隔着汜水(流经荥阳西)朝着楚营辱骂。一连骂了几天,曹咎实在沉不住气了,就决定渡过汜水,和汉军拼一死战。

楚军兵多船少,只好分批渡河。汉军趁楚兵刚渡过一半的时候,把楚军的前军打败,后军乱了阵,自相践踏。曹咎觉得没有脸再见项羽,在汜水边自杀了。

项羽在东边正打了胜仗,一听成皋失守,又赶到了西边对付汉王。在广武(今河南荥阳县东北)地方,楚汉两军又对峙起来。

日子一久,楚军的粮食接应不上。项羽没法子,就把汉王的父亲绑了起来,放在宰猪的案上搁着,派人大声吆喝:"刘邦还不快投降,就把你父亲宰了。"

汉王知道项羽吓唬他,也大声回答说:"我跟你曾经结为兄弟,我的父亲也就是你的父亲。你要是把父亲杀了煮成肉羹,请分给我一碗尝尝。"

项羽恨得咬牙切齿,真的想把太公杀了,又是项伯劝住了他。

项羽派使者跟汉王说:"现在天下闹得乱纷纷的,无非是你我两个人相持不下,你敢不敢出来跟我比个上下高低。"

汉王要使者回话说:"我可以跟你斗智,不跟你比力气。"

项羽又叫汉王出来,在阵前对话。汉王当面数落项羽的十大罪状,说他不讲信义,杀害义帝,屠杀百姓等等。项羽听得发火了,用戟向前一指,后面的弓箭手一齐放起箭来。汉王赶快回马,胸口已经中了一箭,受了重伤。

他忍住疼,故意弓着腰摸摸脚,骂着说:"贼人射中了我的脚趾。"

左右把汉王扶进了营帐。汉军听说汉王受伤,都着了慌。张良恐怕军心动摇,劝汉王勉强起来,到各军营巡视了一遍,大家才安定下来。项羽听说汉王没有死,大失所望。接着,韩信在齐地大败楚军,楚军的运粮道又被彭越截断,粮草越来越少。

汉王趁项羽正在为难的时候,派人跟项羽讲和,要求把太公、吕后放回来,并且建议楚汉双方以鸿沟(在荥阳东南)为界,鸿沟以东归楚,鸿沟以西归汉。

项羽认为这样划定"楚河汉界"还不错,就同意了,放了太公、吕后,接着把自己的人马带回彭城。

其实,汉王这次讲和,只是一个缓兵之计。汉王用了张良、陈平的计策,不出两个月,组织了韩信、彭越、英布三路人马一齐会合,由韩信统领,追击项羽。楚、汉双方一场最后决战就开始了。

楚霸王自刎乌江

公元前202年,韩信布置十面埋伏,把项羽围困在垓下(今安徽灵壁县东南)。项羽的人马少,粮食也快完了。他想带领一支人马冲杀出去。但是汉军和诸侯的人马把楚军包围得重重叠叠。项羽打退一批,又来一批;杀出一层,还有一层;这儿还没杀出去,那儿的汉兵又围了上来。

项羽没法突围,只好仍回到垓下大营,盼咐将士小心防守,准备瞅个机会再出战。

这天夜里,项羽进了营帐,愁眉不展。他身边有个宠爱的美人名叫虞姬,看见他闷闷不乐,陪伴他喝酒解闷。

到了定更的时候,只听得一阵阵西风吹得呼呼直响,风声里还夹着唱歌的声音。项羽仔细一听,歌声是由汉营里传出来的,唱的净是楚人的歌,唱的人还真不少。

项羽听到四面到处是楚歌声,不觉愣住了。他失神地说:"完了!难道刘邦已经打下西楚了吗?怎么汉营里有这么多的楚人呢。"项羽再也忍不住了,随口唱起一曲悲凉的歌来:

　　力拔山兮气盖世,
　　时不利兮骓不逝。

　　　　骓不逝兮可奈何,

　　　　虞兮虞兮奈若何?

　　(这首歌的意思是:"力气拔得一座山,气魄能压倒天下好汉,时运不利,乌骓马不肯跑。马儿不肯跑有什么办法?虞姬呀虞姬,我拿你怎么办?")

　　项羽一连唱了几遍,虞姬也跟着唱起来。霸王唱着唱着,禁不住流下了眼泪。旁边的侍从也都伤心得抬不起头。

　　当夜,项羽跨上乌骓马,带了800个子弟兵冲过汉营,马不停蹄地往前跑去。到了天蒙蒙亮,汉军才发现项羽已经突围,连忙派了5 000骑兵紧紧追赶。项羽一路奔跑,等到他渡过淮河,跟着他的只剩下一百多人了。又跑了一程,迷了路儿。

　　项羽来到一个三岔路口,瞧见一个庄稼人,就问他哪条道儿可以到彭城。那个庄稼人知道他是霸王,不愿给他指路,哄骗他说:"往左边走。"

　　项羽和100多个人往左跑下去,越跑越不对头,跑到后来,只见前面是一片沼泽地带,连道儿都没有了。项羽这才知道是受了骗,赶快拉转马头,再绕出这个沼泽地,汉兵已经追上了。

　　项羽又往东南跑,一路上,随从的兵士死的死,伤的伤。到了东城(今安徽定远县东南),再点了点人数,只有28个骑兵。但是汉军的几千名追兵却密密麻麻地围了上来。

　　项羽料想没法脱身,但是他仍旧不肯服输,对跟随他的兵士们说:"我起兵到现在已经8年,经历过70多次战斗,从来没打过一次败仗,才当上了天下霸王。今天在这里被围,这是天叫我灭亡,并不是我打不过他们啊!"

　　他把仅有的28人分为四队,对他们说:"看我先斩他们一员大将,你们可以分四路跑开去,大家在东山下集合。"

　　说着,他猛喝一声,向汉军冲过去。汉兵抵挡不住,纷纷散开,当场被项羽杀死了一名汉将。

　　项羽到了东山下,那四队人马也到齐了。项羽又把他们分成三队,分三处把守。汉军也分兵三路,把楚军围住。项羽来往冲杀,又杀了汉军一名都尉和几百名兵士。最后,他又把三处人马会合在一起,点了一下人数,28名骑兵只损失了两名。

　　项羽对部下说:"你们看怎么样?"

部下都说:"大王说的一点不错。"

项羽杀出汉兵的包围,带着26个人一直往南跑去,到了乌江(在今安徽和县东北)。恰巧乌江的亭长有一条小船停在岸边。

亭长劝项羽马上渡江,说:"江东虽然小,可还有一千多里土地,几十万人口。大王过了江,还可以在那边称王。"

项羽苦笑了一下说:"我在会稽郡起兵后,带了八千子弟渡江。到今天他们没有一个能回去,只有我一个人回到江东。即使江东父老同情我,立我为王,我还有什么脸再见他们呢。"

他把乌骓马送给了亭长,也叫兵士们都跳下马。他和26个兵士都拿着短刀,跟追上来的汉兵肉搏起来。他们杀了几百名汉兵,楚兵也一个个倒下。项羽受了十几处创伤,最后在乌江边拔剑自杀。

西 汉

(公元前206~公元25年)

西汉历史背景介绍

汉代刘氏的政权,分为西汉和东汉两大部分,中间夹着灭亡了西汉的新莽朝。西汉与东汉之分,除了时间上的不同之外,主要是由于西汉建都于西部的长安,东汉建都在东部的洛阳。西汉与东汉相比较,西汉的地位在历史上重于东汉。这是因为,在西汉的200余年间,中国以后近2 000年的专制政治制度得以确立,而我们的民族得以称为汉族,也与西汉政权对天下政治形势的基本确定有关。

西汉号称"马上得天下"。在各专制王朝的历史中,马上得天下的朝代相对来讲能维持更长久的政治安定。这是因为,在长期的王朝征战中,创业一代君臣更能体会天下的来之不易,更能了解民情和民意。在西汉,政治的繁荣和安定也主要集中在前四五代帝王的在位时期。汉高祖在位时,由于与异姓封王的矛盾不断加剧,战争一直未能彻底停息。到汉文帝和景帝在位时,随着异姓王和同姓王的相继被去除,国家才逐渐走向了安定和繁荣,以至于出现了所谓的"文景之治"。景帝之后的汉武帝,是汉朝最有作为的君主,但由于一生与匈奴作战,并由此引发了朝廷内部不同意见的政治派别,终使西汉政权由极盛转向衰败。后来虽然有"宣帝中兴"的努力,但毕竟元气大伤,无法恢复到武帝之前的盛势。从昭帝、宣帝时代出现的外戚专权的风气,最终发展到王氏独掌朝政,并在王莽当政时,将刘氏政权灭亡,西汉随之宣告结束。

西汉时期,实行郡国并行制。到武帝时,封国和王侯被彻底铲除,才实现了彻底的郡县制。在郡县制下,中央政府完全实现了对地方政权的控制,但在武帝末年,由于武帝本人喜欢独揽大权,丞相的权力大受限制。武帝将朝官分为内朝和外朝,内朝由皇帝控制,负责制定政策;外朝的丞相,只能奉内朝之旨行事。这种制度,看上去皇帝的权力增大了,但实际上却更容易被架空。失去了丞相的制衡作用,外戚得以乘机掌权。

西汉是个重农业的时代。与前几朝相比,由于社会安定的时间比较长,使得农业得到了长足的发展。无论是在农业工具、生产方法,还是在农业生产的范围和实际收获等方面,都有明显的发展。在工业方面,取得首要地位的是冶铁业和制盐业的发展,其次是纺织业和酿造的进步。与工业发展相呼应的,是商业的空前繁荣。由于商业利益颇为可观,国家对商人和商业的重视,与秦以前相比,大为改观,大商人做官已经不算鲜见。工商促进了科学的进步,西汉最有名的科技成果,当属纸的发明和造纸术的改进。最终,工商业的发展,不仅支持了国家经济,也丰富了人民的生活。

西汉政权的一大特色,是对文化事业的扶持和重视。在文景时代,汉代就开始设立经学博士,并以此为从仕的途径之一。在逐级任用官吏的同时,汉代一直重视举荐贤良方正之士,这也为取仕拓宽了范围。随着对经学的提倡,出现了灾异之学和谶纬之学,同时,汉代的文学也得到了高度的发展,先后出现了有名的汉赋和乐府诗。这些都使汉代在我国文化史上占有举足轻重的地位。

汉高祖高唱大风歌

垓下决战后,汉王刘邦得到了最后的胜利,建立了一个比秦朝更强大的汉王朝。公元前202年,汉王刘邦正式即了皇帝位,这就是汉高祖(西汉纪年从公元前206年刘邦称汉王时算起)。

汉高祖建都洛阳,后来迁都到长安(今陕西西安)。从那时候开始的210年,汉朝的都城一直在长安。历史上把这个时期称为"西汉",也叫"前汉"。

汉高祖即位不久,在洛阳南宫开了一个庆功宴会。他对大臣们说:"咱们今天欢聚在一起,大家说话不用顾忌。你们说说,我是怎么得天下的?项羽又是怎样失天下的?"

大臣王陵等说:"皇上派将士打下城池,有封有赏,所以大家肯为皇上效劳;项羽对有功的和有才能的人猜疑、妒忌,打了胜仗,不记人家的功劳,所以失去了天下。"

汉高祖笑了笑说:"你们只知其一,不知其二。要知道成功失败,全在用人。坐在帐帷里定计划,算得准千里以外的胜利,这一点我不如张良;治理国家,安抚百姓,给前方运送军粮,这一点我比不上萧何;统领百万大军,开战就打胜仗,攻城就能拿下来,这一点我怎么也赶不上韩信。这三个人都是当代的豪杰。我能够重用他们,这就是我得天下的原因。项羽连一个范增都不能用,所以被我灭了。"

大家都佩服汉高祖说得有道理。后来,人们就把萧何、张良、韩信称做"汉初三杰"。

在楚汉战争中,有些带兵的大将立过大功,汉高祖不得不封他们为王。这些诸侯王有的虽然不是旧六国贵族,但是都想割据一块土地,不听汉朝政府的指挥。其中楚王韩信、梁王彭越、淮南王英布,功劳最大,兵力也最强。汉高祖对他们确实不放心。

有个原来在项羽手下的将军叫钟离眛,汉高祖正在缉拿他,韩信却把他收留下来。

第二年,有人向汉高祖告发韩信想谋反。汉高祖问大臣该怎么办,许多人主张发兵消灭韩信,只有陈平反对。陈平说:"韩信的兵比咱们精,他手下的将军又比咱们强,用武力去对付他,是很危险的。"

后来,汉高祖采用了陈平的计策,假装巡视云梦泽,命令受封的王侯到陈地相见。韩信接到命令,不能不去。到了陈地,汉高祖就叫武士把韩信绑了起来,要办他的罪。

有人劝汉高祖看在韩信过去的功劳份上,从宽处罚。汉高祖才免了他的罪,消取他的楚王封号,改封为淮阴侯。

韩信被降职以后,心里闷闷不乐,常常推说有病,不去朝见。

过了几年,有一个将军陈豨造反,自称代王,一下子就占领了二十多座城。

汉高祖要淮阴侯韩信和梁王彭越一起讨伐陈豨。可是两个人都推说有病,不肯出兵。汉高祖只好自己去讨伐陈豨。

汉高祖带兵离开长安后,有人向吕后告发,说韩信和陈豨是同谋,他们还想里应外合,发动叛乱。吕后跟丞相萧何商量了一个计策,故意传出消息,说陈豨已经被高祖抓到,要大臣们进宫祝贺。韩信一进宫门,就被预先埋伏好的武士拿住杀了。

韩信被杀不到三月,汉高祖灭了陈豨,回到洛阳,又有彭越的手下人告发彭越谋反。汉高祖听到这个消息,派人把彭越逮住,下了监狱。后来因为没有查到彭越谋反的真凭实据,就把他罚做平民,遣送到蜀中去。

彭越在到蜀中去的路上,正好遇到吕后,就向吕后哭诉他实在没有罪,苦苦央告吕后在汉高祖面前替他说句好话,让他回自己的老家。吕后一口答应,把彭越带回洛阳。

吕后到了洛阳,对汉高祖说:"彭越是个壮士,把他送到蜀中,这不是放虎归山,自找麻烦吗?"

汉高祖刘邦像

汉高祖听了吕后的话,就把彭越处死。

淮南王英布一听到韩信、彭越都被杀,干脆也起兵反了。他对部下说:"皇上已经老了,自己一定不能来。大将中只有韩信、彭越最有能耐,但他们都已经死了,别的将军不是我的对手,没什么可怕的。"

英布一出兵,果然打了几个胜仗,把荆楚一带土地都占领了。汉高祖只好亲自发兵去对敌。

他在阵前骂英布说:"我已经封你为王,你何苦造反?"

英布直言不讳地说:"想做皇帝啰!"

汉高祖指挥大军猛击英布。英布手下兵士弓箭齐发,汉高祖当胸中了一箭。幸亏箭伤还不太重,他忍住创痛,继续进攻。英布大败逃走,在半路上被人杀了。

汉高祖平定了英布,路过他的故乡沛县住了几天,邀集了故乡的父老子弟和以前熟悉的人,举行了一次宴会,请他们一起喝酒,无拘无束地快乐几天。

他在快乐当中,想起过去自己怎样战胜了项羽,又想到以后要治理好国家,可真不容易。别说一些诸侯不肯安分守己,就是边境上也常常发生麻烦,哪儿去找勇士帮他守卫呢?想到这里,十分感慨,情不自禁地唱起歌来:

　　大风起兮云飞扬,

　　威加海内兮归故乡,

　　安得猛士兮守四方。

儒生不可轻视

汉高祖刘邦,出身于农村一个普通农民家庭,从小好吃懒做,游荡成性,从不读诗书文章。在楚汉战争中,虽经文武大臣们给他推荐了几个读书人,也是必须经过实践,亲眼看到确有才学方受重用的。就刘邦本性而言,他是不喜欢读书人的。他常常用"我以布衣提三尺剑取得天下"为口头禅,轻视儒生。为此,当秦朝博士叔孙通投靠刘邦时,因他素知高祖不喜儒生,便改着短衣,装扮成武士,进见高祖,取得高祖欢心才被受封为博士的。楚人陆贾,对刘邦轻视儒生很不以为然,便常常乘进见刘邦时,谈诗论书,引经据典,津津有味。每到此时,刘邦听后,心中十分讨厌,但又不便发作,便佯装熟睡,呼声充耳。有一次,正值高祖心中烦躁,陆贾来到面前,引经据典,滔滔不绝。高祖一听便恼,高声向陆贾怒骂:"我是在马上取得天下的,你整天谈诗论书有什么屁用?"陆贾并不惧怕,反而正色答道:"马上夺得天下,难道马上还能治天下么?据臣所了解,商汤、周武都是用武力夺取天下的,后来治理国家,却是以加强文化思想教育,才达到长治久安的。相反,秦朝统一六国取得天下之后,仍然任性好杀,便有焚书坑儒,草菅人命,才引起民愤,群起而攻之,最后导致灭亡。陛下不妨想想看,假如秦朝以武力夺取天下之后,施行仁义,效法周、汤,您又怎么能达到灭秦亡楚而取得皇帝的位子呢?"一席话,说得刘邦默言无语,慢慢低下头来,暗自生愧。他又想到,南粤赵佗,自中原大乱以来,多年称王,至今未能平服。前一段又听说赵佗想称皇帝,与刘邦抗衡。高祖心感不安,便派陆贾前去安抚。陆贾去南粤,一刀一枪未动,只凭三寸不烂之舌,陈述利害,晓之以理,使得一个蛮横猖獗的赵佗,五体投地,备受感动,自愿称臣,遵奉汉约,并取出越中珍宝,价值千金,作为贽仪。这是何等的能耐?看来,武略文治,还是有一定道理的。刘邦想到这里,慢慢抬起头来,很是抱歉地说:"爱卿说得极是。请你为朕办一件事好吗?"陆贾道:"陛下请讲。"刘邦道:"你可将秦是如何失天下,我是如何得天下,分条解释,并用周汤以来治、乱、兴、衰的经验教训加以证明,找出真切的原因,著成一书,使子孙们代代相传,引为借鉴。"陆贾奉命出朝,认真写作,辑成12篇,尔后呈高祖过目。高祖看后,篇篇叫妙,并把该书命名为《新语》。从此,高祖刘邦对文治的作用加深了认识,也不像以前那样轻视儒生了。

汉高祖被困白登山

自从秦始皇打败匈奴以后,北方平静了十几年。到秦灭亡之后,中原发生了楚汉相争,匈奴就乘机一步一步向南打过来。

汉高祖的时候,匈奴的冒顿单于,带领了40万人马包围了韩王信的封地马邑(今山西朔县)。韩王信抵挡不了,向冒顿求和。汉高祖得到这个消息,派使者责备韩王信。韩王信害怕汉高祖办他的罪,向匈奴投降了。

冒顿占领了马邑,又继续向南进攻,围住晋阳。汉高祖亲自赶到晋阳,和匈奴对敌。

公元前200年冬天,天空下着大雪,气候特别冷。中原的兵士没碰到过这样冷的天气,冻坏了不少人,有的人竟冻得掉下了手指。但是,汉朝的军队和匈奴兵一接触,匈奴兵就败走。一连打赢了几阵。后来,听说冒顿单于逃到代谷(今山西代县西北)。

汉高祖进了晋阳,派出兵士去侦察,回来的人都说冒顿的部下全是一些老弱残兵,连他们的马都是挺瘦的。如果趁势打过去,准能打胜仗。

汉高祖还怕这些兵士的侦察不可靠,又派刘敬到匈奴营地去刺探。

刘敬回来说:"我们看到的匈奴人马的确都是些老弱残兵,但我认为冒顿一定是把精兵埋伏起来,陛下千万不能上这个当。"

汉高祖大怒,说:"你胆敢胡说八道,想阻拦我进军。"说着,就把刘敬关押起来。

汉高祖率领一队人马刚到平城(今山西大同市东北),突然四下里涌出无数匈奴兵来,个个人强马壮,原来的老弱残兵全不见了。汉高祖拼命杀出一条血路,退到平城东面的白登山。

冒顿单于派出40万精兵,把汉高租围困在白登山。周围的汉军没法救援,汉高祖的一部分人马在白登,整整被围了7天,没法脱身。

高祖身边的谋士陈平打发了一个使者带着黄金、珠宝去见冒顿的阏氏,请她在单于面前说些好话。阏氏一见这么多的礼物,心里挺高兴。

当天晚上,阏氏对冒顿说:"我们占领了汉朝地方,没法长期住下来,再说,汉朝皇帝也有人会来救他。咱们不如早点撤兵回去吧!"

冒顿听了阏氏的话,第二天一清早,就下令将包围网撤开一角,放汉兵出去。

第二天清早,天正下着浓雾,汉高祖悄悄地撤离了白登。陈平还不放心,叫弓箭手朝着左右两旁拉满了弓,保护汉高祖下山。

汉高祖提心吊胆走出了匈奴的包围圈,快马加鞭,一口气逃到广武。他定了定神,首先把刘敬放出来,说:"我没听你的话,弄得在白登山被匈奴围了起来,差点儿不能和你见面了。"

汉高祖逃出了虎口,自己知道没有力量再去征服匈奴,只好回到长安。以后,匈奴一直侵犯北方,叫汉高祖大伤脑筋。他问刘敬该怎么办?刘敬说:"最好采用'和亲'的办法,大家讲和,结为亲戚,彼此可以和和平平地过日子。"

汉高祖同意刘敬的意见,派刘敬到匈奴去说亲,冒顿同意了。汉高祖挑了一个宫女所生的女儿,称作大公主,送到匈奴去,冒顿就把她立为阏氏。

打那时候起,汉朝开始采取"和亲"的政策,跟匈奴的关系暂时缓和了下来。

周勃夺军还政刘氏

汉惠帝没有儿子,吕太后从外面找了一个婴儿冒充是惠帝生的,立为太子。公元前188年,惠帝一死,由这个婴儿接替皇位,吕太后就名正言顺地临朝执政。

吕太后为了巩固自己的权力,要立吕家的人为王,问问大臣们可不可以。

右丞相王陵是直筒子,说:"高皇帝宰白马立下盟约,不是姓刘的不应该封王。"

吕太后听了挺不高兴,又问左丞相陈平和太尉周勃。

陈平、周勃说:"高祖平定天下,分封自己的子弟为王,这当然是对的;现在太后临朝,封自己的子弟为王,也没有什么不可以。"

吕太后才高兴地点点头。

散朝以后,王陵批评陈平和周勃说:"当初在先帝跟前宣誓的时候,你们不是都在场吗?现在你们违背了誓言,怎么对得起先帝?"

陈平和周勃说:"您别着急。当面在朝廷上和太后争论,我们比不上您;将来保全刘家天下,您可比不上我们了。"

打这以后,吕太后就陆续把她的内侄、侄孙,像吕台、吕产、吕禄、吕嘉、吕通等一个个都封了王,还让他们掌握了军权。整个朝廷大权几乎全落在吕家的手里了。

吕后一家夺了刘家的权,大臣中不服气的人不少,只是大多数人敢怒而不敢言罢了。

汉高祖有个孙儿刘章,封号叫朱虚侯,他的妻子是吕禄的女儿。有一次,吕太后举行宴会,指定刘章进行监督。刘章对太后说:"我是将门的后代,请允许我按军法来监督酒宴。"吕太后答应了。

刘章瞧见大伙儿喝酒喝得热闹。他提出要给吕太后唱个《耕田歌》助助兴,吕太后说:"你就唱吧!"

刘章放开嗓子唱了起来:

深耕穊种,立苗欲疏;

非其种者,锄而去之。

(这首歌的意思是:田要耕得深,苗要栽得疏;不是好种子,就把它锄掉)

吕太后听了,很不痛快。

不一会,有个吕家子弟喝醉了酒,不告而别。刘章追了上去,借口他违犯宴会规矩,把他杀了。刘章回来向太后报告的时候,左右大臣吓得什么似的。吕太后因为已经允许他按军法办事,也拿他没有办法。

吕太后临朝的第八年,得了重病。临死前封赵王吕产为相国,统领北军;吕禄为上将军,率领南军;并且叮嘱他们说:"现在吕氏掌权,大臣们都不服。我死了以后,你们一定要带领军队保卫宫廷,不要出去送殡,免得被人暗算。"

吕太后死后,兵权都在吕产、吕禄手里。他们想发动叛乱,但是一时不敢动手。

刘章从妻子那里知道了吕家的阴谋,就派人去告诉他哥哥齐王刘襄,约他从外面发兵打进长安来。

齐王刘襄向西进兵,吕产得到这个消息,立刻派将军灌婴带领兵马去对付。灌婴一到荥阳,就跟部将们商量说:"吕氏统率大军,想夺取刘家天下。如果我们向齐王进攻,岂不是帮助吕氏叛乱吗?"

大家商量下来,决定按兵不动,还暗地里通知齐王,要他联络诸侯,等待时机成熟,一起起兵讨伐吕氏。齐王接到通知,也就暂时按兵不动。

周勃、陈平知道吕氏要发动叛乱,他们想先发制人,但是兵权在吕氏手里,怎么办呢?

他们想到大臣郦商的儿子郦寄和吕禄是好朋友,就派人要郦寄去劝说吕禄:

"太后死了,皇帝年纪又小,您身为赵王,却留在长安带兵,大臣诸侯都怀疑您,对您不利。如果您能把兵权交给太尉,回到自己封地,齐国的兵就会撤退,大臣们也心安了。"

吕禄相信了郦寄的话,把北军交给太尉周勃掌管。

周勃拿了将军的大印,迅速跑到北军军营中去。向将士下了一道命令:"现在吕氏想夺刘氏的权,你们看怎么办?帮助吕家的袒露右臂,帮助刘家的袒露左臂。"

北军中的将士本来都是向着刘家的。命令一传下去,一下子全脱下左衣袖,露出左臂来。周勃顺利地接管了北军,把吕禄的兵权夺了过来。

吕产还不知道吕禄的北军已落在周勃手里,他跑到未央宫想要发动叛乱。周勃派朱虚侯刘章带了1 000多个兵士赶来,把吕产杀了。接着,周勃带领北军,把吕氏的势力消灭了。

到这时候,大臣们胆子就大了。他们说:"从前吕太后所立皇上不是惠帝的孩子。现在我们灭了吕氏,让这种冒充的太子当皇帝,长大了不是吕氏一党吗?我们不如再在刘氏诸王中推一个最贤明的立为皇帝。"

大臣们商议的结果,认为代王刘恒在高祖的几个儿子中,年龄最大,品格又好,就派人到代郡把刘恒迎到长安,立为皇帝,这就是汉文帝。

崇尚节俭的汉文帝

汉文帝刘恒是中国历史上一个著名的节俭皇帝。他是汉高祖刘邦的第四个儿子,母亲为薄太后。

薄太后出身贫苦。母亲魏媪在秦末农民战争期间,将她送给自立为魏王的魏豹。魏豹被刘邦败后,薄姬(薄太后)被掳至长安,在织室织布。一天,刘邦到织室视察,见薄姬美貌动人,便召入后宫。不久,薄姬生下刘恒。公元前197年,代相陈豨勾结匈奴叛汉,自立为代王,刘邦亲率大军平定了叛乱,便立刘恒为代王,刘恒时仅8岁。

薄姬为人温和厚道，从不得罪人，也不大与人接触，更没有权力欲，只是一心照看孩子，过着与世无争的生活。因此，在高祖死后，吕后并没有难为她，让她随儿子刘恒到代地，做了代太后。

在吕后执政的16年间，刘恒母子一直提心吊胆，处处小心谨慎，生怕遭到吕后暗算，又担心汉室倾颓，他们将失去现在的地位。长期的逆境生活，养成了刘恒谨慎、宽和的性格和节俭、善良的品质，为他日后的大有作为打下了基础。

汉文帝像

汉文帝在位23年，一直过着节俭的生活，宫室、苑囿、车骑、服饰等衣食住行必需的设备和物品，仍和过去一样，没有什么增加。发现有对百姓不便的事情，就立即改正，务求有利于民众。他曾想建造一个露台，召开工匠一核算，需花费一百斤黄金。文帝说："百斤黄金，相当于中等人户十家的财产。我继承先帝的宫室，常常感到恐惧和羞愧，为什么还要修建露台呢？"按当时的条件，修建这样一个露台是不成问题的，造价也不高，不会产生什么不良结果，而文帝却认为过于破费，竟放弃了这个想法。他经常身穿用黑色粗丝绸缝制的衣服；连他最宠爱的慎夫人，穿的衣裙也不许拖地；所用的帷帐都不得用绣花装饰；用自己的纯朴为天下人做出表率。在为自己修造陵墓霸陵时，他命令都用瓦器，不准用金、银、铜、锡等贵重金属为装饰；还命令顺着山势建造，不准堆积高大的坟墓。他临死前还留下遗嘱说："当今之世，咸嘉生恶死，厚葬以破业，重服以伤生，吾甚不取。"并一再叮嘱丧事从简。

汉文帝的节俭为群臣树立了榜样，从而使当时的社会风气崇俭尚德，为"文景之治"的形成奠定了基础。

晁错削地与"七国之乱"

汉文帝之子汉景帝也像文帝一样,采用休养生息的政策,决心把国家治理好。景帝当太子的时候,有个官员叫晁错,大家把他叫做"智囊"。汉景帝即位以后,把他提升为御史大夫。

汉朝实行的是郡县制,但是同时又有22个诸侯国。这些诸侯都是汉高祖的子孙,也就是所谓同姓王。到了汉景帝那时候,诸侯的势力很大,土地又多,像齐国有70多座城,吴国有50多座城,楚国有40多座城。有些诸侯不受朝廷的约束,特别是吴王刘濞,更是骄横。他的封国靠海,还有铜矿,自己煮盐采铜,跟汉皇帝一样富有。他自己从来不到长安朝见皇帝,简直使吴国成为一个独立王国。

晁错眼看这样下去,对巩固中央集权不利,就对汉景帝说:"吴王一直不来朝见,按理早该把他办罪。先帝在世时对他很宽大,他反倒越来越狂妄自大。他还私自开铜山铸钱,煮海水产盐,招兵买马,准备叛乱。不如趁早削减他们的封地。"

汉景帝还有点犹豫,说:"好是好,只怕削地会激起他们造反。"

晁错说:"诸侯存心造反的话,削地要反,不削地将来也要造反。现在造反,祸患还小;将来他们势力雄厚了,再反起来,祸患就更大了。"

汉景帝觉得晁错的话很有道理,决心削减诸侯的封地。诸侯大多不是荒淫无度,就是横行不法,要抓住他们的罪恶,作为削减封地的理由,还不容易!过了不久,有的被削去一个郡,有的被削掉几个县。

晁错的父亲听到这个消息,从家乡颍川(今河南禹县)特地赶了过来。他对晁错说:"你当了御史大夫,地位已经够高的了。怎么不安分守己,硬管闲事?你想想,诸侯王都是皇室的骨肉至亲,你管得着?你把他们的封地削了,他们哪一个不怨你,恨你,你这样做究竟是为的什么?"

晁错说:"不这样做,皇上就没法行使权力,国家也一定要乱起来。"

他父亲叹了口气说:"你这样做,刘家的天下安定,我们晁家却危险了。我老了,不愿意看到大祸临头。"

晁错又劝了他父亲一阵。可是老人不体贴晁错的心意,回到颍川老家,服毒自杀了。

晁错正跟汉景帝商议要削吴王濞的封地,吴王濞先造起反来了。他打着"惩办奸臣晁错,救护刘氏天下"的幌子,煽动别的诸侯一同起兵叛乱。

公元前154年,吴、楚、赵、胶西、胶东、甾川、济南等7个诸侯王发动叛乱。历史上称为"七国之乱"。

叛军声势很大,汉景帝有点害怕了。他想起汉文帝临终的嘱咐,拜善于治军的周亚夫为太尉,统率36名将军去讨伐叛军。

那时候,朝廷上有个妒忌晁错的人就说七国发兵完全是晁错引起的。他劝汉景帝说:"只要答应七国的要求。杀了晁错,免了诸侯起兵的罪,恢复他们原来的封地,他们就会撤兵回去。"

汉景帝听信了这番话,说:"如果他们真能够撤兵,我又何必舍不得晁错一个人呢。"

接着,就有一批大臣上奏章弹劾晁错,说他大逆不道,应该腰斩。汉景帝为了保住自己的皇位,竟昧着良心,批准了这个奏章。

一天,中尉来到晁错家,传达皇帝的命令,要他上朝议事。晁错还完全蒙在鼓里,立刻穿上朝服,跟着中尉上车走了。

车马经过长安东市,中尉忽然拿出诏书,要晁错下车听诏。中尉宣布了汉景帝的命令,后面一群武士就一拥而上,把晁错绑起来。这个一心想维护汉家天下的晁错,竟这样莫名其妙地被腰斩了。

汉景帝杀了晁错,派人下诏书要七国退兵。这时候吴王濞已经打了几个胜仗,夺得了不少地盘。他听说要他拜受汉景帝的诏书,冷笑说:"现在我也是个皇帝,为什么要下拜?"

汉军营里有个官员名叫邓公,到长安向景帝报告军事情况。汉景帝问他说:"你从军营里来,知不知道晁错已经死了?吴楚愿不愿意退兵?"

邓公说:"吴王为了造反已经准备了几十年了。这次借削地的借口发兵,哪里是为了晁错呢?陛下把晁错错杀了,恐怕以后谁也不敢替朝廷出主意了。"

汉景帝这才知道自己做错了事,但后悔已来不及。亏得周亚夫很能用兵。

他先不跟吴、楚两国的叛军正面作战,却派一队轻骑兵抄了他们的后路,断绝了叛军的粮道。吴、楚两国军队没有粮食,自己先乱起来。周亚夫才发动精兵出击,把吴、楚两国的兵马打得一败涂地。

吴、楚两国是带头叛乱的,两国一败,其余五个国家也很快地垮了。不到三个月时间,汉军就把七国的叛乱平定了。

汉景帝平定了叛乱,虽然仍旧封了七国的后代继承王位,但是打那以后,诸侯王只能在自己的封国里征收租税,不许干预地方的行政,权力大大削弱,汉朝的中央政权才巩固下来。

张骞开通"丝绸之路"

汉武帝初年的时候,匈奴中有人投降了汉朝。汉武帝从他们的谈话中知道一点西域(今新疆和新疆以西一带)的情况。他们说有一个月氏国,被匈奴打败,向西逃去,定居在西域一带。他们跟匈奴有仇,想要报复,就是没有人帮助他们。

汉武帝想,月氏既然在匈奴西边。汉朝如果能跟月氏联合起来,切断匈奴跟西域各国的联系,这不是等于切断了匈奴的右胳膊吗?

于是,他下了一道诏书,征求能干的人到月氏去联络。当时,谁也不知道月氏国在哪儿,也不知道有多远。要担负这个任务,可得有很大的勇气。

有个年轻的郎中张骞,觉得这是一件有意义的事,首先应征。有他一带头,别的人胆子也大了,有100名勇士应了征。有个在长安的匈奴族人叫堂邑父,也愿意跟张骞一块儿去找月氏国。

公元前138年,汉武帝就派张骞带着100多人出发去找月氏。但是要到月氏,一定要经过匈奴占领的地界。张骞他们小心地走了几天,还是被匈奴兵发现围住了,全都做了俘虏。

匈奴人没有杀他们,只是派人把他们分散开来管住,只有堂邑父跟张骞住在一起,一住就是10多年。

日子久了,匈奴对他们管得不那么严。张骞跟堂邑父商量了一下,瞅匈奴人不防备,骑上两匹快马逃了。

他们一直向西跑了几十天,吃尽苦头,逃出了匈奴地界,没找到月氏,却闯进了另一个国家叫大宛(在今中亚细亚)。

大宛和匈奴是近邻,当地人懂得匈奴话。张骞和堂邑父都能说匈奴话,交谈起来很方便。他们见了大宛王,大宛王早就听说汉朝是个富饶强盛的大国,这回儿听到汉朝的使者到了,很欢迎他们,并且派人护送他们到康居(约在今巴尔喀什湖和咸海之间),再由康居到了月氏。

月氏被匈奴打败了以后,迁到大夏(今阿富汗北部)附近建立了大月氏国,不想再跟匈奴作战。大月氏国王听了张骞的话,不感兴趣,但是因为张骞是个汉朝的使者,也很有礼貌地接待他。

张骞和堂邑父在大月氏住了一年多,还到大夏去了一次,看到了许多从未见到过的东西。但是他们没能说服大月氏国共同对付匈奴,只好回来。经过匈奴地界,又被扣押了一段时间,幸好匈奴发生了内乱,才逃出来回到长安。

张骞在外面足足过了13年才回来。汉武帝认为他立了大功,封他做太中大夫。

张骞向汉武帝详细报告了西域各国的情况。他说:"我在大夏看见邛山(在今四川省)出产的竹杖和蜀地(今四川成都)出产的细布。当地的人说这些东西是商人从天竺(就是现在的印度)贩来的。"他认为既然天竺可以买到蜀地的东西,一定离开蜀地不远。

汉武帝就派张骞为使者,带着礼物从蜀地出发,去结交天竺。张骞把人马分为四队,分头去找天竺。四路人马各走了两千里地,都没有找到。有的被当地的部族打回来了。

往南走的一队人马到了昆明,也给挡住了。汉朝的使者绕过昆明,到了滇越(在今云南东部)。滇越国王的上代原是楚国人,已经有好几代跟中原隔绝了。他愿意帮助张骞找道去天竺,可是昆明在中间挡住,没能过去。

张骞回到长安,汉武帝认为他虽然没有找到天竺,但是结交了一个一直没有联系过的滇越,也很满意。

到了卫青、霍去病消灭了匈奴兵主力,匈奴逃往大沙漠北面以后,西域一带许多部族看到匈奴失了势,都不愿意向匈奴进贡纳税。汉武帝趁这个机会再派张骞去通西域。

公元前119年,张骞和他的几个副手,拿着汉朝的旌节,带着300个勇士,每人两匹马,还带着一万多头牛羊和黄金、钱币、绸缎、布帛等礼物去结交西域。

张骞到了乌孙(在新疆境内),乌孙王出来迎接。张骞送了他一份厚礼,建议两国结为亲戚,共同对付匈奴。乌孙王只知道汉朝离乌孙很远,可不知道汉朝的兵力有多少强。他想得到汉朝的帮助,又不敢得罪匈奴,因此乌孙君臣对共同对付匈奴这件事商议了几天,还是决定不下来。

张骞恐怕耽误日子,打发他的副手们带着礼物,分别去联络大宛、大月氏、于阗(在今新疆和田一带)等国。乌孙王还派了几个翻译帮助他们。

这许多副手去了好些日子还没回来。乌孙王先送张骞回到长安,他派了几十个人跟张骞一起到长安参观,还带了几十匹高头大马送给汉朝。

汉武帝见了他们已经很高兴了,又瞧见了乌孙王送的大马,格外优待乌孙使者。

过了一年,张骞害病死了。张骞派到西域各国去的副手也陆续回到长安。副手们把到过的地方合起一算,总共到过36国。

打那以后,汉武帝每年都派使节去访问西域各国,汉朝和西域各国建立了友好交往。西域派来的使节和商人也络绎不绝。中国的丝和丝织品,经过西城运到西亚,再转运到欧洲,后来人们把这条路线称作"丝绸之路"。

卫青、霍去病大破匈奴

卫青出身低微,他的父亲是平阳侯曹寿家里当差的。卫青长大以后,在平阳侯家当了一名骑奴。后来,因为卫青的姐姐卫子夫进宫,受到汉武帝的宠幸,卫青的地位才渐渐显贵起来。

就在李广在战斗中被匈奴兵俘虏后又逃回的那年,汉军四路人马,三路都失败了,只有卫青打了个胜仗,被封为关内侯;以后,又接二连三地打败匈奴兵,立了战功。

公元前124年,卫青率领骑兵3万,追到长城外。匈奴右贤王以为汉军还离得很远,一点也没防备,在兵营里喝酒作乐,喝得酩酊大醉。

卫青在夜色的掩护下,急行军六七百里,包围了右贤王。汉兵从四面八方冲进匈奴营地,打得匈奴部队四面逃窜,乱成一团。右贤王的酒刚刚惊醒,要抵抗已来不及了,只好带着他的几百个亲信脱身逃走。

这一仗,卫青的人马一共俘获了一万五千多个俘虏,其中匈奴的小王10多人。

匈奴的左右贤王,只比单于低一级。这次战争,右贤王全军覆没,对匈奴单于是一个很大打击。

汉武帝得到捷报,立刻派使者拿着大将军印,送到军营,宣布卫青为大将军,连他的三个还没有成年的儿子也封为侯。

卫青推辞说:"我几次打胜仗,都是部下将士的功劳。我那三个孩子还都是娃娃,什么事都没干过。要是皇上封他们为侯,怎么能够勉励战士立功呢!"

汉武帝经他一提醒,就封了卫青部下的七名将军为侯。

第二年,匈奴又来进攻。汉武帝又派卫青率领6个将军和大队人马去对付匈奴。

卫青有一个外甥,叫霍去病,那时候才18岁,非常勇敢,又会骑马射箭,这次也跟着卫青一道去打匈奴。

匈奴听到汉军大批人马来进攻,立即往后逃走。卫青派四路人马分头去追赶匈奴部队,一定要把匈奴主力打败。卫青自己坐镇大营,等候消息。

到了晚上,四路兵马都回来了,没有找到匈奴主力,有的杀了几百个兵士,有的连一个敌人也没有找到,空着手回来了。

霍去病还是第一次出来打仗的小伙子,才做了个校尉。他带领了800名壮士,组成一个小队,去找匈奴部队。他们向北跑了一阵,一路上没瞧见匈奴兵士,一直赶了几百里路,才远远望见匈奴兵的营帐。

他们偷偷地绕道抄过去,瞅准一个最大的帐篷,猛然冲了进去。霍去病眼明手快,一刀杀了一个匈奴贵族。他手下的壮士又活捉了两个。

匈奴兵没有了头儿,四处奔逃,800个壮士追上去又杀了2 000多匈奴兵,才赶回大营。

卫青在大营正等得着急,只见霍去病提了一个人头回来,后面的兵士还押了两个俘虏。经过审问,才知道这两个俘虏,一个是单于的叔叔,一个是单于的相国,那个被霍去病杀了的还是单于爷爷一辈的王。

18岁的霍去病第一次参加作战,就逮住了匈奴的两个将官,这功劳可真不小。战斗结束,被封为冠军侯。

公元前121年,汉武帝又封霍去病为骠骑将军,率领一万骑兵,从陇西出发,进攻匈奴。霍去病的兵马跟匈奴接连打了6天,匈奴兵抵挡不住,向后败退。霍去病和他的骑兵越过了燕支山(在今甘肃永昌县西),追击了一千多里地。那边还有不少是匈奴的属国,像浑邪(在今甘肃省境)、休屠(在今甘肃武威县北)。汉兵到了那里,俘虏了浑邪王的王子和相国,把休屠王祭天的金人也拿来了。

汉武帝为了慰劳霍去病,要替他盖一座住宅。霍去病推辞了。他说:"匈奴还没消灭,哪儿顾得上安家呢!"

为了根除匈奴的侵犯,到了公元前119年,汉武帝经过充分准备之后,再次派卫青、霍去病各带5万精兵,分两路合击匈奴。

卫青从定襄郡出塞,穿过大沙漠,行军一千多里,匈奴的伊穉邪单于亲自率领精兵严阵对抗。双方展开了一场大会战。激战到夜幕降临的时候,沙漠上突然刮起一阵狂风,夹着砂砾,吹得天昏地黑。卫青顶着狂风,冒着扑面的砂砾,命令骑兵分左右两翼夹攻。伊穉邪单于招架不了,带了几百骑兵向北突围逃去。卫青一直追到颜山(古山名,今蒙古高原杭爱山南面的一支)下的赵信城,匈奴兵已经逃空,城里贮存了不少粮草。卫青让兵士们饱餐了一顿,把多余的积粮烧了,才胜利回师。

另一路,霍去病也横越大沙漠,前进两千多里,大破匈奴左贤王的兵马,一直追到狼居胥山(在今内蒙古自治区五原西北黄河北岸;一说在今蒙古人民共和国境内)下,在那里立了一块石碑留作纪念。

这是汉朝规模最大、进军最远的一次追击。打那以后,匈奴撤退到大沙漠以北,沙漠南面就没有匈奴的王庭了。

【国学精粹珍藏版】

◎尽览中国古典文化的博大精深 ◎读传世典籍，赢智慧人生

中华典故

李志敏⊙主编

——受益终生的传世经典

卷二

民主与建设出版社

苏武牧羊鸿雁传书

汉武帝天汉元年,即公元前100年,匈奴新首领单于,害怕汉朝出兵攻打他,派使者到汉朝来求和,并将以往扣留的汉朝使者全部送回来。

汉武帝觉得这个新即位的单于挺讲道理,便决定与匈奴友好往来,于是派苏武为正使,出使匈奴。

苏武接受任务以后,带着使团及丰厚的礼物出发到匈奴。不料,匈奴单于反复无常,他见汉朝送去那么多礼物,不但不感谢,反而骄横起来了。对汉朝使者不讲礼节,态度冷淡。苏武为了维护双方的和好,小心谨慎地与单于打交道,以极大的耐心对待单于,准备完成任务迅速返回汉朝。

就在苏武准备回来的时候,突然发生了意外。原来,在苏武出使匈奴之前,有个汉朝使者名叫卫律的已投降了匈奴,为单于出谋划策,死心塌地为单于服务,干尽有损汉朝的坏事。卫律原来的助手,有个叫虞常的,他忠于汉朝,对卫律的不义行为早就记恨在心,总想找机会收拾卫律。这样,虞常便与苏武的副使(名叫张胜),暗中商量,如何除掉卫律。没想到,虞常办事不谨慎,暗杀卫律的计谋被泄露,他被单于逮捕下狱,并交给卫律审理。

虞常在残酷的刑罚面前,讲了事情经过供出了张胜。因为张胜是苏武的副使,就关系到汉朝使团。苏武想到,我出使匈奴,是为汉朝与匈奴和好,现在突然出现这桩事,单于定让我出庭受审,这要使汉朝蒙受侮辱,太丢脸了,我虽活着,还有什么脸面回到汉朝?倒不如自杀了事。想到此,他拔出佩刀向自己身上砍去,旁边的人急忙夺下刀,但他已受了重伤。

单于对苏武视死如归的气节,暗暗佩服,他很希望苏武能投降,为他效力。

在为苏武治疗时,单于早晚都派人问候,想软化苏武。看望他的人,受单于之命,好言相劝,让苏武投降匈奴。苏武对此只是冷冷一笑。

苏武恢复健康以后,单于叫卫律审讯虞常和张胜,并叫苏武旁听。在审问中,卫律当场将虞常杀死。接着审讯和威胁张胜。张胜经不起威胁,害怕被杀,也请求投降了。于是,卫律就威胁苏武。但苏武义正辞严,大义凛然,面对宝剑,苏武从容地驳斥卫律的胡言乱语。卫律恬不知耻地劝苏武投降匈奴,与他共同为匈奴做事。苏武被激怒了,他指着卫律的鼻子骂道:"你身为汉朝使臣,如今为匈奴打仗,厚颜无耻,忘恩负义,给汉朝丢尽了脸,还想挑动汉朝与匈奴打仗,你这个奸贼,真是罪大恶极!你今天若杀了我,总有一天有人来杀了你这个恶棍!"

单于与卫律,软硬兼施,都不能使苏武投降,这使单于更加希望苏武投降,他认为苏武是条汉子。劝降不成,就想用冻饿来折服他,他们把苏武囚禁在阴山的一个大冰窖中,不给吃,不给喝。苏武以顽强的毅力,渡过难关。饿了,就捕捉田鼠为食;渴了,就抓块冰雪解渴。他丝毫不动摇,坚决不投降。

对这样的硬汉子,匈奴单于实在无法可想,无计可施,就只好下命令,将苏武送到北海边上(现在的西伯利亚贝加尔湖一带)去牧羊。并且单于对苏武说:"等公羊何时生了小羊,就送你回汉朝去!"公羊如何能生小羊?用意十分明白,单于是坚决不放苏武回汉朝了。

北海一带,荒无人烟,终年白雪皑皑。在这里,苏武就掘食野鼠洞里的草籽充饥。每天,苏武一面牧羊,一面抚弄着出使时汉武帝亲手交给他的"使节",心中深深地怀念着自己的父母之邦。夜晚睡觉时,他将使节紧紧抱在胸前。就这样,日复一日,艰苦地度过了漫长的岁月。

汉武帝死后,汉昭帝即位,匈奴又与汉朝进行和议。汉朝要求匈奴放还苏武,匈奴单于欺骗汉朝,说苏武已经死了。

过了一段时间,汉昭帝派使者来到匈奴,当年苏武的助手常惠还在,他听说汉朝使者来了,千方百计见到了汉朝使者,把苏武的情况详详细细地告诉了使者,还为使者想出了一个要回苏武的妙计。

第二天,汉朝使者去见单于,又提出放苏武回汉朝的要求。单于仍回答说:"苏武早已死了。"

汉朝使者按照常惠的对策说:"你们匈奴既然要诚心跟汉朝结好,就不该再欺骗我们。苏武明明没有死。有一天,我们皇上在上林苑里射猎,射下一只大雁,大雁的脚上系着一条绸子,那是苏武写给皇上的一封信。信里说他在寒冷的北海地方牧羊,你们怎么说他死了?大雁能带信,这是天意,你们怎么可以欺骗上天呢?"

单于听了,不觉大吃一惊,只好承认自己说了谎话,而后又颤抖着说:"苏武的忠心都感动了飞鸟,难道我们还不如大雁吗?"

说完,他立即向汉朝使者道歉,并答应赶快派人把苏武从北海地方找回来。汉朝使者听了也很高兴,又说道:"你既然同意放回苏武,那就请把当时与苏武一起来的助手常惠等人一起放回吧。"单于频频点头答应。

汉昭帝始元六年,即公元前81年的春天,苏武、常惠等9个汉使团的人回到了阔别已久的京城长安,汉昭帝接见了他们。当时,汉昭帝还下令为苏武准备了牛羊等祭品,叫他到先帝庙里去拜见汉武帝的灵位,并把那根光秃秃的使节交还到汉武帝灵前。

苏武出使匈奴的时候,是个年富力强的40岁的壮汉子,回国时已快60岁了。他那坚强不屈,不怕磨难,永不失节的非凡事迹,轰动了朝野上下,上至宰相,下至百姓,无不感动,提起苏武的名字,没有一个不表示钦佩的。

司马迁发愤写《史记》

苏武出使匈奴的第二年,汉武帝派将军李广利带兵3万,攻打匈奴,打了个大败仗,几乎全军覆没,李广利逃了回来。李广利的孙子李陵当时担任骑都尉,带着5 000名步兵跟匈奴作战。单于亲自率领3万骑兵把李陵的步兵围困住。尽管李陵的箭法十分好,兵士也十分勇敢,5 000步兵杀了五六千名匈奴骑兵,但是匈奴兵越来越多,汉军寡不敌众,后面又没救兵,最后只剩了400多汉兵突围出来。李陵被匈奴逮住,投降了。

李陵投降匈奴的消息震动了朝廷。汉武帝把李陵的母亲和妻儿都下了监狱,并且召集大臣,要他们商议李陵的罪行。

大臣们都谴责李陵不该贪生怕死,向匈奴投降。汉武帝问太史令司马迁,听听他的意见。

司马迁说:"李陵带去的步兵不满5 000,他深入到敌人的腹地,打击了几万敌人。他虽然打了败仗,可是杀了这么多的敌人,也可以向天下人交代了。李陵不肯马上去死,准有他的主意。他一定还想将功赎罪来报答皇上。"

汉武帝听了,认为司马迁这样为李陵辩护,是有意贬低李广利(李广利是汉武帝宠妃的哥哥),勃然大怒,说:"你这样替投降敌人的人强辩,不是存心反对朝廷吗?"他吆喝一声,就把司马迁下了监狱,交给廷尉审问。

审问下来,把司马迁定了罪,应该受腐刑(一种肉刑)。司马迁拿不出钱赎罪,只好受了刑罚,关在监狱里。

司马迁认为受腐刑是一件很丢脸的事,他几乎想自杀。但他想到自己有一件极重要的工作没有完成,不应该死。他当时正在用全部精力写一部书,这就是我国古代最伟大的历史著作——《史记》。

原来,司马迁的祖上好几辈都担任史官,父亲司马谈也是汉朝的太史令。司马迁10岁的时候,就跟随父亲到了长安,从小就读了不少书籍。

为了搜集史料,开阔眼界,司马迁从20岁开始,就游历祖国各地。他到过浙江会稽,看了传说中大禹召集部落首领开会的地方;到过长沙,在汨罗江边凭吊爱国诗人屈原;他到过曲阜,考察孔子讲学的遗址;他到过汉高祖的故乡,听取沛县父老讲述刘邦起兵的情况……这种游览和考察,使司马迁获得了大量的知识,又从民间语言中汲取了丰富的养料,给司马迁的写作打下了重要的基础。

以后,司马迁当了汉武帝的侍从官,又跟随皇帝巡行各地,还奉命到巴、蜀、昆明一带视察。

司马谈死后,司马迁继承父亲的职务,做了太史令,他阅读和搜集的史料就更多了。

在他正准备着手写作的时候,就为了替李陵辩护得罪武帝,下了监狱,受了刑。他痛苦地想:这是我自己的过错呀。现在受了刑,身子毁了,没有用了。

但是他又想:从前周文王被关在牢狱里,写了《周易》;孔子周游列国的路上被困在陈蔡,后来编了一部《春秋》;屈原遭到放逐,写了《离骚》;左丘

司马迁像

明眼睛瞎了,写了《国语》;孙膑被剜掉膝盖骨,写了《兵法》。还有《诗经》300篇,大都是古人在心情忧愤的情况下写的。这些著名的著作,都是作者心里有郁闷,或者理想行不通的时候,才写出来的。我为什么不利用这个时候把这部史书写好呢?

于是,他把从传说中的黄帝时代开始,一直到汉武帝太始二年(公元前95年)为止的这段时期的历史,编写成130篇、52万字的《史记》。

司马迁在他的《史记》中,对古代一些著名人物的事迹都作了详细的叙述。他对于农民起义的领袖陈胜、吴广,给予高度的评价;对被压迫的下层人物往往表示同情的态度。他还把古代文献中过于艰深的文字改写成当时比较浅近的文字。人物描写和情节描述,形象鲜明,语言生动活泼。因此,《史纪》既是一部伟大的历史著作,又是一部杰出的文学著作。

司马迁出了监狱以后,担任中书令。后来,终于郁郁不乐地死去。但他和他的著作《史记》在我国的史学史、文学史上都享有很高的地位。

王昭君出塞

汉宣帝在位的时候,汉朝又强盛了一个时期。那时候,匈奴由于贵族争夺权力,势力越来越衰落,后来,匈奴发生分裂,五个单于分立,互相攻打不休。

其中一个单于名叫呼韩邪,被他的哥哥郅支单于打败了,死伤了不少人马。呼韩邪和大臣商量以后,决心跟汉朝和好,亲自带着部下来朝见汉宣帝。

呼韩邪是第一个到中原来朝见的单于,汉宣帝像招待贵宾一样招待他,亲自到长安郊外去迎接他,为他举行了盛大的宴会。

呼韩邪单于在长安住了一个多月。他要求汉宣帝帮助他回去。汉宣帝答应了,派了两个将军带领1万名骑兵护送他到了漠南。这时候,匈奴正缺少粮食,汉朝还送去3万斛粮食。

呼韩邪单于十分感激,一心和汉朝和好。西域各国听到匈奴和汉朝和好了,也都争先恐后地同汉朝打交道。

汉宣帝死了后,他的儿子刘奭即位,就是汉元帝。没几年,匈奴的郅支单于侵犯西域各国,还杀了汉朝派去的使者。汉朝派兵打到康居,打败了郅支单于,把郅支单于杀了。

郅支单于一死,呼韩邪单于的地位稳定了。公元前33年,呼韩邪单于再一次到长安,要求同汉朝和亲。汉元帝同意了。

以前,汉朝和匈奴和亲,都得挑个公主或者宗室的女儿。这回,汉元帝决定挑个宫女给他,他吩咐人到后宫去传话:"谁愿意到匈奴去的,皇上就把她当公主看待。"

后宫的宫女都是从民间选来的,她们一进了皇宫,就像鸟儿被关进笼里一样,都巴望有一天能把她们放出宫去。但是听说要离开本国到匈奴去,却又不乐意。

有个宫女叫王嫱,也叫王昭君,长得十分美丽,又很有见识。为了自己的终身,她毅然报名,自愿到匈奴去和亲。

管事的大臣正在为没人应征焦急,听到王昭君肯去,就把她的名字上报汉元帝。汉元帝吩咐办事的大臣择个日子,让呼韩邪单于和王昭君在长安成亲。

呼韩邪单于得到这样一个年轻美貌的妻子,高兴和感激的心情是不用说的了。

呼韩邪单于和王昭君向汉元帝谢恩的时候,汉元帝看到昭君又美丽又大方,多少有点舍不得。他想把王昭君留下,可是已经晚了。

传说汉元帝回到内宫,越想越懊恼。他再叫人从宫女的画像中拿出昭君的像来看。模样虽有点像,但完全没有昭君本人那样可爱。

原来宫女进宫后,一般都是见不到皇帝的,而是由画工画了像,送到皇帝那里去听候挑选。有个画工名叫毛延寿,给宫女画像的时候,宫女们送点礼物给他,他就画得美一点。王昭君不愿意送礼物,所以毛延寿没有把王昭君的美貌如实地画出来。

汉元帝一气之下,把毛延寿杀了。

王昭君在汉朝和匈奴官员的护送下,离开了长安。她骑着马,冒着刺骨的寒风,千里迢迢地到了匈奴,做了呼韩邪单于的阏氏。日子一久,她慢慢地也就生活惯了,和匈奴人相处得很好。匈奴人都喜欢她,尊敬她。

王昭君远离自己的家乡,长期定居在匈奴。她劝呼韩邪单于不要去发动战争,还把中原的文化传给匈奴。打这以后,匈奴和汉朝和睦相处,有六十多年没有发生战争。

王昭君离开长安没有多久,汉元帝死去。他的儿子刘骜即位,就是汉成帝。

王莽复古改制

汉成帝是个荒淫的皇帝,即位以后,朝廷的大权逐渐落在外戚手里。成帝的母亲、皇太后王政君有8个兄弟,除了一个早死去外,其他7个都被封为侯。其中最大的王凤还被封为大司马、大将军。

王凤掌了大权,他的几个兄弟、侄儿都十分骄横奢侈。只有一个侄儿王莽,因为他父亲死得早,没有那种骄奢的习气。他像平常的读书人一样,做事谨慎小心,生活也比较节俭。人们都说王家子弟数王莽最好。

王凤死后,他的两个兄弟前后接替他做了大司马,后来又让王莽做了大司马。王莽很注意招揽人才,有些读书人慕他的名气来投奔,他都收留了。

汉成帝死了后,不出10年,换了两个皇帝——哀帝和平帝。汉平帝即位的时候,年纪才9岁,国家大事都由大司马王莽做主。有些吹捧王莽的人都说王莽是安定汉朝的大功臣,请太皇太后王政君封王莽为安汉公。王莽说什么也不肯接受封号和封地。后来,经大臣们一再劝说,他只接受了封号,把封地退了。

公元前24年,中原发生了旱灾和蝗灾。由于多少年来,贵族、豪强不断兼并土地,剥削农民,逢到灾荒,老百姓没法活下去,都骚动起来。

为了缓和老百姓对朝廷和官吏的愤恨,王莽建议公家节约粮食和布帛。他自己先拿出100万钱,30顷地,当作救济灾民的费用。他这样一起头,有些贵族、大臣也只好拿出一些土地和钱来。

太皇太后把新野(今河南新野)的二万多顷地赏给王莽,王莽又推辞了。

王莽还派8个心腹大臣分头到各地方去观察风土人情。他们把王莽不肯接受新野封地这件事到处宣扬,说王莽怎么虚心,怎样谦让。当时,中小地主都恨透了兼并土地的豪强,一听王莽连封给他的土地都不要,就觉得他是个了不起的好人。

王莽越是不肯受封,越是有人要求太皇太后封他。据说,朝廷里的大臣和地方上的官吏、平民上书请求加封王莽的人共有48万多人。有人还收集了各种各样歌颂王莽的文字,一共有3万多字。王莽的威望就越来越高。

别人越是吹捧王莽,汉平帝就越觉得王莽怕、可恨。因为王莽不准平帝的母亲留在身边,还把他舅家的人杀光。汉平帝渐渐大了,免不得背地说了些抱怨的话。

有一天,大臣们给汉平帝上寿。王莽亲自献上一杯毒酒,汉平帝没有怀疑,接过来喝了。

第二天,宫里传出话来,汉平帝得了重病,没有几天就死了。王莽还假惺惺哭了一场。汉平帝死的时候才14岁,当然没有儿子。王莽从刘家的宗室里找了一个2岁的幼孩为皇太子,叫做孺子婴。王莽自称"假皇帝"(假是代理的意思)。

有些文武官员想做开国元勋,劝王莽即位做皇帝。王莽也觉得做代理皇帝不如做真皇帝。于是,有一批吹捧的人纷纷制造出许多迷信的东西来骗人。什么"王莽是真命天子"的图书也发现啦,什么在汉高祖庙里还发现"汉高祖让位给王莽"的铜匣子啦。

一直以推让出名的王莽这会儿不再推让了,王莽向太皇太后去讨汉朝皇帝的玉玺。王政君这才大吃一惊,不肯把玉玺交出来。后来被逼得没法子,只好气愤地把玉玺扔在地上。

公元前16年,王莽正式即位称皇帝,改国号叫新,都城仍在长安。从汉高祖称帝开始的西汉王朝,统治了210年,到这时候就结束了。

王莽做了皇帝,打着复古改制的幌子,下令变法。第一,把全国土地改为"王田",不准买卖;第二,把奴婢称为"私属",不准买卖;第三,评定物价,改革币制。

这些改革,听起来都是好事情。可是没有一件不是办得挺糟糕的。土地改制和奴婢私属,在贵族、豪强的反对下,一开始就没法实行;评定物价的权掌握在贵族官僚手里,他们正好利用职权投机倒把、贪污勒索,反倒增加了人民的痛苦。币制改了好几次,钱越改越小,价越作越大,无形之中又刮了老百姓的一笔钱。

这种复古改制,不但受到农民反对,许多中小地主也不支持他。3年后,王莽又下了命令,王田、奴婢又可以买卖了。

王莽还想借对外战争来缓和国内的矛盾,这一来又引起了匈奴、西域、西南各部族的反对。王莽又征用民伕,加重捐税,纵容残酷的官吏,对老百姓加重刑罚。这样,就逼得农民不得不起来反抗了。

绿林赤眉起义

王莽的残酷压榨,加上一连串的天灾,逼得农民走投无路,纷纷起义。东方和南方都有大批的农民起来反抗官兵。

公元前17年,南方荆州闹饥荒,老百姓不得不到沼泽地区挖野荸荠充饥。人多野荸荠少,引起了争夺。新市(今湖北京山东北)有两个有名望的人,一个叫王匡,一个叫王凤,出来给农民调解,受到农民的拥护。大家就公推他们当首领。

王匡、王凤就把这批饥民组织起来起义,一下子就聚集了好几百人,还有一些逃亡的犯人也来投奔他们。

王匡他们占领了绿林山(今湖北大洪山)作为根据地,攻占附近的乡村。不到几个月工夫,这支起义军发展到七八千人。

王莽派了两万官兵去围剿绿林军,被绿林军打得大败而逃。绿林军趁势攻下了几座县城,打开监狱,放出囚犯;把官家粮仓里的粮食,一部分分给当地穷人,大部分搬到绿林山。投奔绿林山的穷人越来越多,起义军增加到5万多人。

第二年,绿林山上不幸发生了疫病,5万人差不多死了一半。还有一半只好离开绿林山,后来分作三路人马——新市兵、平林(在今湖北随县东北)兵和下江(长江在湖北西部以下叫下江)兵。这三路人马各自占领一块地盘,队伍又强大起

赤眉军无盐大捷

来了。

当南方的绿林军在荆州一带打击官兵的时候,东方的起义军也壮大起来。琅琊海曲(今山东日照县)有个姓吕的老大娘,儿子是县里的一个公差,因为没肯依县官的命令毒打没钱付税的穷人,被县官杀害了。这一来激起了公愤,有上百个穷苦农民起来替吕母的儿子报仇,杀了县官,跟着吕母逃到黄海,一有机会就上岸打官兵。

这时候,另一个起义领袖樊崇带领几百个人占领了泰山。吕母死后,她手下的人投奔樊崇起义军。不到一年工夫,就发展到一万多人,在青州和徐州之间来往打击官府、地主。

樊崇的起义军很讲纪律,规定谁杀死老百姓就要被处死,谁伤害老百姓就要受罚。所以,百姓能拥护他们。

公元22年,王莽派太师王匡和将军廉丹率领十万大军去镇压樊崇起义军。樊崇作好准备,跟官兵大战。为了避免起义兵士跟王莽的兵士混杂,樊崇叫他的部下都在自己的眉毛上涂上红颜色,作为识别的记号。这样,樊崇的起义军得了一个别名,叫"赤眉军。"

王莽的军队和赤眉军打了一仗。结果,官兵打了败仗,逃散了一大半。太师王匡的大腿被樊崇扎了一枪,逃了回去,将军廉丹在乱军之中被杀了。赤眉军越打越强,发展到了十多万人。

绿林、赤眉两支起义大军分别在南方和东方打败王莽军的消息一传开,别地方的农民也都活跃起来,黄河两岸的大平原上大大小小起义军有几十路。有一批没落的贵族和地主、豪强也乘机起兵,反对王莽。

南阳郡舂陵(今湖南宁远北)乡的豪强刘縯、刘秀兄弟两人,因为王莽废除汉朝宗室的封号,不许刘姓人做官,心里怨恨,发动族人和宾客七八千人在舂陵乡起兵。他们和绿林军三路人马联合起来,接连打败了几名王莽的大将,声势就强大起来了。

绿林军的几支队伍没有统一的指挥,将士们认为人马多了,必须有个首领,才能统一号令。一些贵族地主出身的将军,利用当时有些人的正统观念,认为一定要找一个姓刘的人当首领,才能符合人心。

绿林军里姓刘的人很多,该谁做首领呢?舂陵兵想推刘縯,可是新市和平林兵的将领怕刘縯势力太大,一定要立一个破落的贵族刘玄做皇帝。刘縯又提出等消灭了王莽、收服赤眉军以后,再立皇帝,也遭到反对。刘縯觉得自己力量不够,也只好同意了。

23年,绿林军各路将士就正式立刘玄做皇帝,恢复汉朝国号,年号"更始",所以刘玄又称更始帝。更始帝拜王匡、王凤为上公,刘縯为大司徒,刘秀为太常偏将军,其他将领也各有各的封号。

打那时候起,绿林军又称为汉军。

昆阳大战王莽军土崩瓦解

更始帝刘玄即位后,派王凤、王常、刘秀进攻昆阳(今河南叶县)。他们很快地打下昆阳,接着又打下了临近的郾城(今河南聊城县)和定陵(今河南郾城县西北)。

王莽听到起义军立刘玄为皇帝,已经坐立不安,如今连失了几座城池,更是着急,立即派大将王寻、王邑率领43万人,从洛阳出发,直奔昆阳。

为了虚张声势,王莽军不知从哪儿去物色了一个巨人,名叫巨毋霸,巨毋霸长得个子特别高,身子又像牛那样粗大。他还有一个本领,就是能够驯养一批老虎、豹、犀牛、大象。王莽派他为校尉,让他带了一批猛兽上阵助威。

驻守在昆阳的汉军只有八九千人。有的将领在昆阳城上望见王莽的军队人马众多,怕对付不了,主张放弃昆阳,回到原来的据点去。

刘秀对大家说:"现在我们兵马和粮草都缺少,全靠大家同心协力打击敌人;如果大家散伙,昆阳一失守,汉军各部也马上被消灭,那就什么都完了。"

大家觉得刘秀说得有道理,但是又觉得王莽军兵力强大,死守在昆阳也不是个办法。商量的结果,就决定由王凤、王常留守昆阳,派刘秀带一支人马突围出去,到定陵和郾城去调救兵。

当天晚上,刘秀带着12个勇士,骑着快马,趁黑夜冲杀出见阳城南门。王莽军没有防备,就给他们冲出了重围。

昆阳城虽然不大,但是挺坚固。王莽军凭着人多武器精,认为攻下昆阳不在话下。他们制造一座座10多丈的楼车,在楼车上不断地向城里射箭,箭像雨点一样向城里射来。城里的人到井边打水,也不得不背着门板挡箭。王莽军又用橦车撞城,还挖掘地道想打进城里去。但是昆阳城里的汉军,防守得也很严密,城始终没被王莽军攻破。

刘秀到了定陵,想把定陵和郾城的人马全部调到昆阳去。但是有些汉军将领贪图财产,不愿意离开这两座城。刘秀劝他们说:"现在咱们到昆阳去,把所有的人马集中起来,打败了敌人,可以成大事,立大功。要是死守在这里,敌人打来了,咱们打了败仗,连性命都保不住,还谈得上财物吗?"

将领们被刘秀说服了,才带着所有人马跟着刘秀上昆阳来。

刘秀亲自带着步兵、骑兵1 000多人组织一支先锋部队,赶到昆阳,他们在离王莽军四五里的地方摆开了阵势。王寻、王邑一瞧汉军人少,只派了几千兵士对付。刘秀趁敌军还没有站稳阵脚,先发制人,亲自指挥先锋部队冲杀过去,一连杀了几十个敌人。

汉军前来救援的大队人马赶到,见刘秀的先锋部队打得猛烈,也鼓起了勇气,几路人马一齐赶杀过去,王寻、王邑被迫后退。汉兵乘胜猛击,越战越勇,1个人抵得上敌人100个。

刘秀带着3 000名敢死队,向王莽军的中坚部队冲杀过去。王寻一看汉军人少,不放在眼里。他亲自带着1万人马跟刘秀交战。但是1万人不敌刘秀的敢死队。打了一阵,王寻的军队开始乱了起来。汉兵越打越有劲儿,大家看准王寻,围上去乱砍乱杀,结果了王寻的性命。

昆阳城里的汉军王凤、王常,一见外面的援军打了胜仗,就打开城门冲了出去,两下夹攻,喊杀的声音震天动地。王莽军一听主将被杀,全都惊了神,乱奔乱逃,自相践踏,沿路一百多里,丢下大批王莽军的尸首。

这时候,天空突然暗了下来,响起了一声大霹雳,接着狂风呼啸,大雨像倾盆一样地直倒下来。巨毋霸带来助威的猛兽,也吓得直打哆嗦,不但不往前冲,反而往后面乱窜。汉军一股劲儿往前追杀,王莽军好像决了口子的大水一样直往水(在今河南鲁山,现名沙河)那边逃奔,兵士掉在水里淹死的成千上万,把水也堵塞了。

当王莽军大将王邑逃回洛阳的时候,43万大军只剩下几千人。

汉军打扫战场,战场上到处都是王莽军丢下的兵器、军车、粮草。汉军搬了一个多月,都没有搬完,最后放了把火,把剩下的烧了。

昆阳大战消灭了王莽的主力的消息,鼓舞了各地人民,纷纷起来响应汉军。有不少人杀了当地的官员,自称将军,等待汉军的命令。

更始帝派大将申屠建、李松率领汉军乘胜进攻长安。王莽惊慌失措,把关在监狱里的囚犯都放出来,拼凑一支军队,抵抗汉军。但是这样的军队怎么肯替王莽打仗,还没有接触,就陆续逃散了。

不久,汉军攻进长安城,城里的居民纷纷响应,放火烧掉未央宫的大门。大伙儿高声吆喝,要王莽出来投降。王莽走投无路,带了少数将士逃进了宫里的一座渐台。那座渐台,四面是水,火烧不到那里。

汉军把渐台一层层围起来,一直围上几百层,等渐台上的兵士把箭都射完了,汉兵冲上台去,结果了王莽的性命。

王莽新朝维持了15年,结果土崩瓦解。

东 汉

(公元25年~公元220元)

东汉历史背景介绍

25年夏,刘秀正式称帝,重新建立起汉朝的统治。后又用十年左右时间,逐步消灭了彭宠、窦融、隗嚣、公孙述、卢芳等地方割据势力,基本完成了全国的统一。因为他建都洛阳,史家称他的汉朝为东汉。

东汉王朝所依恃的核心力量是以南阳豪强为基干的豪强地主。对于这些开国功臣,刘秀采取了在政治上限制,经济上优待的政策。他先后两次大封功臣将士,给他们优厚的封土和食邑,使他们享有尊崇的地位,但削除了他们的兵权,不让他们典兵预政,在不妨碍豪强利益的限度内对他们行使着一定程度的控制权。为了巩固自己的统治,刘秀多次下诏释放官私奴婢,限制奴婢主暴虐和允许奴婢有自卫权,并下诏检查垦田与户口实数,使西汉后期极其紧张的土地问题和奴隶问题得到部分解决。刘秀还改革官僚制度,罢郡都尉官,裁撤地方武装,注意招揽人才,严厉抑制诸侯王势力,从而有力地加强了中央集权制度。同时,刘秀还不断调整经济政策,发展生产,与民休息,后代的明帝、章帝都继承了刘秀的做法,使东汉的社会经济得到较大的发展。比起西汉时期,东汉的社会生产,无论是农业还是手工业,都有一定程度的提高。科学技术也有了发展,造纸术的改进,水车等农机的出现,数学、天文学、医学的进步,不仅促进了当时经济文化的发展,还给予后代以深刻的影响。为加强思想统治,东汉王朝大力提倡儒学,前期主要是今文学,到了后期,今文学与古文学趋于合流。另外,这时出现了黄老之道,佛教也开始传入并得到统治者提倡。

光武帝和汉明帝在位期间,外戚和宦官还不敢公然横行作恶。汉章帝则一改东汉前期的"严切"政治,开始实行"宽厚"政治。章帝虽然仍对外戚实行抑制政策,但外戚宦官已得到宽厚待遇,开始作起恶来。88年,章帝死,汉和帝因不满窦氏专权,与宦官郑众等密谋,诛除了窦氏集团,宦官开始参与政事。从此,外戚拥立的幼弱的皇帝,便依靠官中的太监夺取政权,又引出宦官对朝政的干预,从而形成了东汉后期外戚与宦官交替执政的局面。正是这两股势力的斗争,使东汉王朝日益衰败下去。

在东汉王朝日益走向衰弱的同时,地方豪强贵族的势力却日益膨胀起来。豪族地主疯狂地兼并土地,在自己的庄园里经营农、牧、手工业、商业,建立坞壁,备有私兵,从而形成了大大小小的割据势力。88年,刚刚临朝的窦氏为了换取豪族对自己政权的默许,宣布废除盐铁专营。盐铁官的废除,标志着中央集权势力的削弱,豪强却拥有坚强的武力,终于酿成东汉末年的军阀大混战。而且,正是这些地方割据势力,将风雨飘摇的东汉王朝彻底推向了灭亡。

  东汉的统治到桓、灵帝时期,腐朽程度达到了无以复加的地步,再加上自然灾害的侵袭,使人民再也无法生活下去。184年终于爆发了张角领导的声势浩大的黄巾起义,给垂死的王朝以致命的一击。188年灵帝死,不久,外戚宦官势力也一起消灭了。继而董卓之乱爆发,皇子刘辩被废,新立的汉献帝成为名副其实的傀儡,东汉实际上已经灭亡。196年曹操迁献帝到许县,挟天子以令诸侯。220年,曹操死后不久,其子曹丕即于10月称帝,汉献帝被废为山阳公,刘氏汉室,终为曹氏所继。

刘秀重建汉王朝

昆阳大战以后,刘縯和刘秀名声越来越大。有人劝更始帝把刘縯除掉。更始帝借口刘縯违抗命令,把他给杀了。

刘秀一听到他哥哥被杀,自己知道力量敌不过更始帝,就立刻赶到宛城(今河南南阳市),向更始帝赔不是。有人问起他昆阳大战的情形,他也一点不居功,说全是将士们的功劳。他也不敢给他哥哥戴孝,照常吃饭喝酒,有说有笑,一点也不流露出他忧伤的心情。

更始帝以为刘秀不记他的仇,反倒有点过意不去,拜刘秀为破虏大将军,但是毕竟不敢重用。后来,长安攻下来了,王莽也给杀了。更始帝到了洛阳,才给刘秀少数兵马,让他到河北去招抚河北郡县。

这时候,各地的豪强大族有了武器,有的自称将军,有的自称为王,也有自称皇帝的,各据一方。更始帝派刘秀到河北去,正好让刘秀得到一个扩大势力的机会。他废除王莽时期的一些苛刻法令,释放一些囚犯,一面消灭了一些割据势力,一面镇压河北各路农民起义军。整个河北差不多全给刘秀占领了。

25年,刘秀和他的随从官员认为时机成熟,在鄗(今河北柏乡县北)自立为皇帝,这就是汉光武帝。

更始帝先建都洛阳,后来又迁到长安。他到了长安以后,认为自己的江山已经坐定,开始腐败起来。他滥封官爵,自己不管政事,成天在皇宫里喝酒作乐,还纵容他手下的兵士抢劫。原来一些绿林军将领,对他十分不满。

赤眉军的首领樊崇眼看更始帝不行了,就率领20万人进攻长安。更始帝派兵抵抗,接连打了几个败仗,急得他不知怎样才好。绿林军中有些将领劝更始帝离开长安,反而遭到更始帝的猜疑、杀害;还有一些起义将领投奔了赤眉军。更始帝内部一乱,赤眉军就顺利地打进了函谷关。

赤眉军决定推翻更始帝,但是樊崇他们不能摆脱汉朝旧贵族正统观念的影响,定要找个姓刘的做皇帝。当时赤眉军姓刘的一共有70多个,其中有个15岁的放牛娃刘盆子,据说跟西汉皇族的血统最近,就硬把刘盆子立为皇帝。

赤眉军打进长安,更始帝逃到城外,樊崇派使者限令更始帝在20天内投降。更始帝没法,只好带着玉玺向赤眉军投降。

赤眉军进了长安,声势浩大。可是几十万将士的口粮发生了困难。富商和地主乘机屯积粮食,长安天天有人饿死。这样一来,长安的混乱局面就没法收拾了。

樊崇带着军队离开长安向西流亡。但是别的地方的粮食也一样困难;到了天水(郡名,在今甘肃)一带,又遭到那里的地主豪强的拦击。樊崇只好又带着大军往东边来。

汉光武帝趁着赤眉军进长安的时候,占领了洛阳。他们一听到赤眉军向东转移,就带领20万大军分两路埋伏在那里。

汉光武帝派大将冯异到华阴,把赤眉兵引向东边来。冯异用计把一队赤眉军包围在崤山下。他下了战书,跟赤眉军约定时间和地点决战。老实的樊崇不知道敌人的计策,派了一万多赤眉军发动进攻。冯异先派出少数兵士对敌。赤眉军看见汉兵人少,就全军出击。没想到冯异的伏兵上来了,打扮得和赤眉军一模一样,双方混战在一起,分不出谁是赤眉兵,谁是汉兵。

赤眉军正在为难的时候,打扮成赤眉军的汉兵高声叫嚷着"投降!投降!"赤眉军兵士一看有那么多人喊投降,没了主意。军心一乱,这一支赤眉军就被缴了武器。

27年1月,樊崇带着剩下的赤眉军向宜阳(今河南宜阳县)方向转移。冯异火速派人报告汉光武帝。汉光武帝亲自率领预先布置好的两路人马截击,把赤眉军围困起来。到了这步田地,樊崇只好派人向汉光武帝求和。

汉光武帝把刘盆子他们带回洛阳,给他们田地房屋,让他们留在洛阳。但是不到几个月,就加上谋反的罪名,把樊崇杀害。

名将马援马革裹尸

东汉初年。有一位名将叫马援,英勇善战,驰骋沙场,为东汉王朝的建立立下汗马功劳。因其屡建战功,深得刘秀器重。后来,南方边远少数民族发生动乱,朝廷又派马援统兵平定了边境的动乱。从此,马援威震南方。不久,他被朝廷封为伏波大将军。

一般人都认为马援劳苦功高,应该得到封赏。在这些人看来,得到封赏是求之不得的。但马援被刘秀封为伏波大将军以后,心里很不踏实,总认为自己功劳没有那么大,他所想的是要继续为朝廷建奇功。

44年,马援又从西南边境打了胜仗班师回京城洛阳,城中百姓及家人、朋友都来向他表示祝贺。其中有个以有智谋韬略而知名的朋友,名叫孟冀,他也向马援表示祝贺,说了几句恭维的话。这下可使马援不高兴了。

只见马援皱着眉头对他说:"我很想听先生能说几句指教我的话,不曾想,先生竟也随波逐流,一味地捧我。"

孟冀听了一愣,没料到马援不喜欢别人戴高帽听奉承,不善听好话,这使他一时不知所措,找不到更合适的话说。

马援见此,接着说:"原来的伏波将军路博德,开拓了7个郡那么多的土地,可是,他得到的封地才数百户。我与其比较,功劳要算小得多了,却也被封为伏波将军,况且,我的封地多达3 000户。我以为,赏过于功,这让我怎么长久保持下去呢?对此,先生为何不指教我呢?"

孟冀虽智谋过人,但对马援的问题实在无法回答。不过,他从心里很佩服马援。

只见马援很激动,拉着孟冀坐下,他又接着说:"如今,咱们的天下还很不安定,北方的匈奴和乌桓不断侵扰,我打算向朝廷请战,担任先头部队,做一个治国安邦建奇功的好男儿,好男儿志在疆场,为国家征战沙场,战死荒野,不用棺材殓尸,而只用马的皮革裹着尸体回来埋葬就行了,怎么能躺在床上,死在儿女身边呢?"

孟冀听着,不断点头,深深为马援忠贞报国的豪迈热情所感动,用力握着马援的手由衷地说道:"马将军志在报国,真不愧是大丈夫啊!"

马援是一个言行一致的人,是这样说,也是这样做的。从西南方得胜回京城仅仅三十多天,北方边防传来急报,匈奴等少数民族又对汉朝发起进攻,烧、杀、抢、掠,百姓无法生活。马援主动请战,又率兵出征,为保卫边疆再立新功。真是南征北战啊!

48年,武陵的少数民族首领又发动叛乱,光武帝派兵出征,结果全军覆没。

年已62岁的马援痛心不已,他急国家之所急,又再三主动请求出征武陵。光武帝考虑马将军年纪大,有些不放心,犹豫不决。这时,马援又亲自找到皇上,他对光武帝说:"我还能披甲骑马,驰骋疆场,请皇上放心,让我带兵去吧。"

光武帝见他意志坚决,身体强壮,精神矍铄,勇武不减当年,便同意他的请求。

马援带兵出征平定叛军,又立下功劳。但因长期辛劳,他在疆场患了重病,死在军中。这也真正是实现了他"马革裹尸"的夙愿。

朝廷文武百官,京城百姓,无不为老将军死于疆场而感动。

西域五十国完全归汉

公元80年,班超上书给汉章帝,报告西域的形势,认为只要击败龟兹,西域可服。汉章帝觉得班超计划可行,便派平陵人徐干为假司马,率1 000人支援班超。班超和徐干首先击破叛乱的番辰,稳住局面。84年,东汉政府又派假司马和恭率800士兵援班超。班超依靠这部分基本武装,联合亲汉诸国,在西域开始反攻。三年以后,生缚疏勒王忠。89年、90年、91年,东汉政府3次派窦宪等人,千里远征,彻底击溃了北匈奴势力。90二年,班超又以少胜多击败了大月氏。北匈奴及大月氏的失败,使西域的反汉势力失去靠山。91三年,龟兹、姑墨、温宿都向班超投降。东汉朝廷重建西域都护。焉耆、危须、尉犁因以前曾攻杀过都护,不敢降汉。94年,班超发龟兹、鄯善等8国兵共7万人,及汉人吏士1 400多人征讨焉耆。他采取军事打击与诱降相结合的方式,铲除了焉耆王、尉犁王等,使这一地区臣服于汉,至此,西域50余国尽纳东汉版图。西域完全归汉,加强了西域和中原地区的联系,为维护祖国统一起了积极作用。

蔡伦造出"蔡侯纸"

105年,蔡伦在前人造纸术的基础上,改革和推广了造纸技术。在蔡伦造纸术出现之前,在中国,商代用甲骨,西周用青铜器,春秋时用竹简、木牍、缣帛作为记事材料。汉代,农业发达,经济繁荣,国力强盛,文化事业蓬勃发展。笨重的竹简和昂贵的缣帛已不能满足人们的需求,寻求新的书写材料已成为时势所趋,造纸术就因此应运而生。《后汉书·蔡伦传》记载:蔡伦造纸之前,书写记事的纸实际上是丝织物(缣帛),蔡伦用树皮、麻头、破布、鱼网,经过挫、捣、炒、烘等一系列的工艺加工,制造出了植物纤维纸,一种真正意义上的纸。105年蔡伦向汉和帝献纸,受到和帝赞誉。造纸术于是广为天下所知,蔡伦造的纸被称为"蔡侯纸"。至此,105年被普遍认为是造纸术的发明年代。

造纸术的发明是中国古代最伟大的发明之一,也是人类文明史上一项最杰出的成就。纸的出现,是人类文明的基础,它作为一种新的信息载体在中国率先出现,使中国汉代的文明勃兴超过了其他的文明。8世纪左右,阿拉伯人才开始用中国的技术和设备造纸。纸的出现和推广,使汉以后的文化生活出现了崭新的面貌。纸的质量越来越好。但纵观汉代的书写材料占主要地位的仍是简牍和缣帛。直到晋以后,经济发展,造纸术流传到长江流域和江南一带,造纸材料丰富,才出现了较多较好的纸。晋代盛行的读书、抄书和藏书之风都得益于纸的普及和推广。抄经热、藏书热和因传抄左思《三都赋》而出现的洛阳纸贵,都是纸普及后出现的前所未有的景观。

张衡和他的地动仪

汉章帝在位的时期,东汉的政治比较稳定。到汉章帝一死,继承皇位的汉和帝才10岁,窦太后临朝执政,让他的哥哥窦宪掌握了朝政大权,东汉王朝就开始走下坡路了。

在这个时期,出了一位著名的科学家张衡。

张衡是南阳人。17岁那年,他离开家乡,先后到了长安和洛阳,在太学里用功读书。当时洛阳和长安都是很繁华的城市,城里的王公贵族过的是骄奢淫逸的生活。张衡对这些都看不惯。他写了两篇文学作品《西京赋》和《东京赋》(西京就是长安,东京就是洛阳),讽刺这种现象。据说他为了写这两篇作品,经过深思熟虑,反复修改,前后一共花了10年工夫,可见他研究学问的精神是很认真严肃的。

但是张衡的特长还不是文学,他特别爱好数学和天文研究。朝廷听说张衡是个有学问的人,召他到京里做官,先是在宫里做郎中,后来,担任了太史令,叫他负责观察天文。这个工作正好符合他研究的兴趣。

经过他的观察研究,他断定地球是圆的,月亮是借太阳的照射才反射出光来。他还认为天好像鸡蛋壳,包在地的外面,地好像鸡蛋黄,在天的中间。这种学说虽然不完全精确,但在1 800多年以前,能说出这种科学的见解来,不能不使后来的天文学家钦佩。

不光是这样,张衡还用铜制造了一种测量天文的仪器,叫做"浑天仪"。上面刻着日月星辰等天文的现象。他设法利用水力来转动这种仪器。据说什么星从东方升起来,什么星向西方落下去,都能在浑天仪上看得清清楚楚。

那个时期,经常发生地震。有时候一年一次,也有一年两次。发生了一次大地震,就影响到好几十个郡,城墙、房屋发生倒坍,还死伤了许多人畜。

当时的封建帝王和一般人都把地震看作是不吉利的征兆,有的还乘机宣传迷信,欺骗人民。

但是,张衡却不信神、不信邪,他对记录下来的地震现象经过细心的考察和试验,发明了一个测报地震的仪器,叫做"地动仪"。

地动仪是用青铜制造的,形状有点像一个酒坛,四周刻铸着八条龙,龙头向八个方向伸着。每条龙的嘴里含了一颗小铜球;龙头下面,蹲了一个铜制的蛤蟆,对准龙嘴张着嘴。哪个方向发生了地震,朝着那个方向的龙嘴就会自动张开来,把铜球吐出。铜球掉在蛤蟆的嘴里,发出响亮的声音,就给人发出地震的警报。

138年2月的一天,张衡的地动仪正对西方的龙嘴突然张开来,吐出了铜球。按照张衡的设计,这就是报告西部发生了地震。

可是,那一天洛阳一点也没有地震的迹象,也没有听说附近有哪儿发生了地震。因此,大伙儿议论纷纷,都说张衡的地动仪是骗人的玩意儿,甚至有人说他有意造谣生事。

过了几天,有人骑着快马来向朝廷报告,离洛阳一千多里的金城、陇西一带发生了大地震,连山都有崩塌下来的。大伙儿这才信服。

可是在那个时候,朝廷掌权的全是宦官或是外戚,像张衡这样有才能的人不但不被重用,反而被打击排挤。张衡做侍中的时候,因为与皇帝接近,宦官怕张衡在皇帝面前揭他们的短,就在皇帝面前讲张衡的坏话。他被调出了京城,到河间去当国相。

张衡61岁病死。他在我国科学史上留下了光辉的业绩。

汉灵帝卖官鬻爵声色犬马

对士大夫集团与宦官集团的斗争,年少的灵帝有些茫然。宦官曹节等指控"党人"图谋不轨,皇上御览奏章,竟不知道何为"不轨"。后来,他年龄大了些,知道国家的权柄把持在身边的宦官手里,自己不过是个傀儡,但他对此处之泰然。他常常对人说:"张常侍是我爹,赵常侍是我妈。"张常侍者,宦官张让也,赵常侍者,宦官赵忠也。宦官竟成了皇帝老子的衣食父母!他对权柄不感兴趣,心甘情愿地交给宦官把握着。

谁都不会想到,这位荒唐皇帝喜欢的是买田宅。刘宏原是个侯爵,家境不丰。被迎立为皇帝后,富甲天下,人、财、物全是他的。但他觉得还是应当像作解渎亭侯时那样,置买点田地房宅。于是,他把搜刮来的钱财拿回河间老家去买田宅,起第观。还剩下一些,就分别寄存在宦官们的家里,一家存上几千万。有个吕强的宦官觉得堂堂天子还置买田宅,不成体统,就上疏劝谏说"天下的万物都是陛下的,陛下至尊;不宜置买私田、私宅。"灵帝御览了吕强的奏疏后,扔在一边,不予理睬,依然故我。

除了置买田宅外,灵帝还想着法子玩:他用4匹白驴驾车,躬自操辔,在御苑驱驰。达官贵人竞相仿效，一时间驴子备受青睐，身价暴涨，驴价等于马价；他给狗戴上文臣戴的进贤冠，佩上绶带，逗它们玩；他又异想天开地在后宫中设置了一个市肆，让宫女们贩卖物品，互相盗窃争斗。他脱去龙袍，换上商人的服装，在市肆中饮宴取乐。

府库挥霍尽了，灵帝便在西园悬出卖官的公开价格：2000石官，交钱2 000万文；400石官，交钱400万文。县令、县长，当面议价。缺有好坏，价有高低。到富庶地方去的，交现款；贫穷地区，先议好价，到任以后加倍交纳。这是公开的。还有"黑市"交易：三公，1 000万钱；卿，500万钱。除了皇帝这个位子不卖外，其它官位都可以拿钱买。有个名叫崔烈的人，是冀州名士，官至九卿，他通过灵帝的傅母交上500万钱，买得个司徒。在授他司徒那天，百官齐会。灵帝回头对他的一个宠臣小声说："这官卖亏了。当初该要他1 000万！"

黄巾军农民大起义

昏庸透顶的汉灵帝信任宦官，只知道吃喝玩乐。库房里的钱不够用了，他们为了搜刮钱财，在西园开了一个挺特别的铺子。有钱的人可以公开到这里来买官职，买爵位。他们在鸿都门外张贴榜文，标出了买官的价格。买个郡太守定价2000万，买个县令定价400万；一时付不出钱的可以暂时赊欠，等他上任以后加倍付款。这些花了钱买官的官吏，一上任当然更加起劲地搜刮民脂民膏。东汉王朝的黑暗和腐败可算到了家了。

朝廷的腐败，地主豪强的压迫，再加上接二连三的天灾，逼得老百姓没法活下去了，纷纷起来反抗。

先是吴郡一带农民起来攻打县城，杀了官吏。会稽人许生在句章（今浙江慈溪）起兵，数天的工夫，便聚集了1万多人。汉灵帝下令叫扬州刺史和丹阳太守发兵围剿，被起义的农民打败。许生的声势越来越大，还自称"阳明皇帝"。

174年，吴郡司马招募人马，联合州郡官兵打败了许生。吴郡的起义军虽然被镇压下去，但是更大的武装起义却正在酝酿着。

巨鹿郡有弟兄3个，老大名叫张角，老二叫张宝，老三叫张梁。三个人都挺有本事,还乐意帮助老百姓。

张角懂得医道,给穷人治病,从来不要钱,所以穷人都拥护他。

他知道农民受地主豪强的压迫和天灾的折磨,多么盼望有一个太平世界,让他们安安乐乐过日子。他决定利用宗教把群众组织起来,创立一个教门叫太平道,收了一些弟子,跟他一起传教。

相信太平道的人越来越多。张角又派他的兄弟张宝、张梁和弟子周游各地,一面治病,一面传道。大约花了10年工夫,太平道传遍了全国。老百姓不论是信或者不信,没有不知道太平道的。各地的教徒发展到几十万人。

黄巾起义形势图

当时,郡县的官吏也只认为太平道是劝人为善、给人治病的教门,谁也没有认真过问。朝廷里有一两个大臣看出苗头,奏请灵帝下令禁止太平道。汉灵帝正忙着建造他的林园,也没把太平道放在心里。

张角他们把全国8个州几十万农民都组织起来,分为36方,大方1万多人,小方六七千人,每方都推举一个首领,由张角统一指挥。

他们秘密约定36方在"甲子"年,即184年三月初五,京城和全国同时起义,口号是:"苍天当死,黄天当立;岁在甲子,天下大吉。""苍天",就是指东汉王朝;"黄天",就是指太平道。他们还暗暗派人在洛阳的寺庙和各州郡的官府大门上,用白粉写上"甲子"两字,作为起义的暗号。

可是,在离开起义时间还有一个多月的紧要关头,起义军内部出了叛徒,向东汉政权告了密。朝廷立刻在洛阳进行搜查。在洛阳做联络工作的马元义不幸被捕牺牲,和太平道有联系的群众一千多人也遭到杀害。

由于形势突然变化,张角当机立断,决定提前一个月起义。张角自称天公将军,称张宝为地公将军,张梁为人公将军。36方的起义农民,一接到张角的命令,同时起义。所有起义的农民头上都裹着黄巾作为标志,所以称做"黄巾军"。

各地起义军攻打郡县,火烧官府,打开监狱,释放囚犯,没收官家的财物,开放粮仓,惩办官吏、地主豪强。不到10天,全国都响应起来了。各地起义军从四面八方向洛阳涌来,各郡县的告急文书像雪片一样飞向京都洛阳。

汉灵帝慌忙召集大臣,商量镇压措施。

汉灵帝拜外戚何进为大将军,同时派出大批人马,由皇甫嵩、朱儁、卢植率领,分两路去镇压黄巾军。

但是,各地起义军好像大河决了口子一样,官府哪儿抵抗得了。大将军何进不得不叫汉灵帝下了一道诏书,吩咐各州郡自己招募人马,对付黄巾军。这么一来,各地的宗室贵族、州郡长官、地主豪强,都借着打黄巾军的名义,乘机抢夺地盘,扩张势力,把整个国家闹得四分五裂。

黄巾军面对东汉朝廷和各地地主豪强的血腥镇压,坚持了9个月艰苦顽强的战斗。在紧张战斗的关键时刻,黄巾军领袖张角不幸病死。张梁、张宝带领起义军将士和敌人进行殊死搏斗以后,先后在战斗中牺牲。

起义军的主力虽然失败。但是化整为零的黄巾军一直坚持战斗了20年。东汉王朝的腐朽统治,经过这场大规模起义的致命打击,也就奄奄一息了。

董卓乘乱当相国

经过黄巾军起义的冲击,东汉王朝已经摇摇欲坠,到汉灵帝一死,外戚和宦官两个集团闹了一场大火,加速了它的崩溃。

189年,14岁的皇子刘辩即位,这就是汉少帝。按照惯例,由何太后临朝,外戚大将军何进掌权。宦官蹇硕,原是禁卫军头目,想谋杀何进,没有成功。何进掌权以后,把蹇硕抓起来杀了。

何进手下有个中军校尉袁绍,是个大士族的后代。他家祖上四代都做过三公(太尉、司徒、司空)一级的大官,许多朝廷和州郡的官员是袁家的门生或者部下,所以势力特别大。

蹇硕被杀以后,袁绍劝何进把宦官势力彻底除掉。他说:"以前窦武想消灭宦官,由于泄漏了机密,反被宦官杀了。现在将军执掌兵权,应该替天下除害,可别错过了机会。"

何进不敢做主,去跟太后商量。何太后说什么也不答应。

袁绍又替何进出谋划策,劝何进秘密召集各地的兵马进京,迫使太后同意除宦官,何进觉得这是个好办法,决定召各地兵马来吓唬太后。

何进的主簿(管理文书、办理事务的官员)陈琳听了,连忙阻拦说:"将军手里有的是兵马,要消灭几个宦官,还不是像炉火上烧几根毛发那样容易?如果召外兵进京城,这好比拿刀把子交给别人,不闹出乱子来才怪呢。"

何进不听陈琳的劝告。他想了想各州人马中,数并州(今山西大部、内蒙古、河北的一部分)牧董卓的兵力雄厚,找他帮忙错不了,就派人给董卓送了一封信,叫他迅速带兵进洛阳。

这个消息,很快就传到宦官的耳朵里。几个宦官商量说:"再不动手,咱们全完了。"他们就在皇宫里埋伏了几十个武士,假传太后的命令,召何进进宫。

何进一进宫,就被宦官围住杀了。

袁绍得知何进被杀的消息,立刻派他弟弟袁术攻打皇宫。袁术干脆放了一把火,把皇宫的大门烧了。大批的兵士冲进宫里,不分青红皂白,见了宦官就杀。有的人不是宦官,只是因为没有胡须,也被错认为宦官杀了。

经过这场火并,外戚和宦官两败俱伤。何进召来的董卓却带兵进了洛阳。

董卓本来是凉州(约当今甘肃、宁夏和青海、内蒙古一部)的豪强,在凉州结交了一批羌族豪强,称霸一方。黄巾起义以后,他又靠镇压起义军,升到并州(约当今山西大部和内蒙古、河北的一部)牧的职位。他本来有侵占中原的野心。这次趁何进征召的机会,就急急忙忙带了3 000人马来了。

董卓进了洛阳,就想掌握大权。可是人马太少,怕压不住洛阳的官兵。他就玩弄一个花招,在夜深人静的时候,把人马悄悄地开到城外去。到了第二天白天,再让这支人马大张旗鼓地开进来。这样一连几次进出,洛阳的人都闹不清董卓到底调来多少兵马。原来属何进手下的将士看到董卓势力大,也纷纷投靠董卓。这样一来,洛阳的兵权就全落到了董卓手里。

为了独揽大权,董卓决定废掉汉少帝,另立少帝的弟弟陈留王刘协。他知道洛阳城里的世族官员,数袁家的势力大,就请袁绍来商量这件事。

董卓说:"我看陈留王比现在的皇帝强,我打算立他为帝,您看怎么样?"

袁绍回答说:"皇上年纪轻,刚刚即位,也没有听到有什么过失。您要废他,只怕天下的人不服。"

董卓碰了个钉子,威胁说:"大权在我手里。我要这样做,谁敢反对?难道你以为我董卓的刀不够快吗?"

袁绍也气红了脸,说:"天下的好汉难道只有你姓董的一个人!"一面说,一面拔出佩刀,走了出去。他怕董卓不会放过他,就匆忙奔往冀州(约当今河北中、南部,山东西北端和河南北端)去了。袁绍的弟弟袁术听到消息,也逃出洛阳,出奔南阳(在今河南省)。

袁绍兄弟走了以后,董卓就召集文武百官,宣布废立的决定。刘协即了皇位,这就是汉献帝。董卓自己当了相国。

董卓原是极其残忍的。他担任相国之后,纵容兵士残杀无辜的百姓。有一次,洛阳附近的阳城(今河南登封东南)举行庙会。百姓齐集在那里赶集。董卓派兵到那里,竟把集上的男子都杀死,还把掳掠到的妇女和财物,用百姓的牛车装载着,耀武扬威地回到洛阳。一路上高呼万岁,说打了大胜仗回来啦。

董卓的倒行逆施,造成洛阳城一片混乱。一些有见识的官员纷纷离开洛阳,其中包括洛阳的典军校尉曹操。

王允巧计除董卓

董卓看到反对他的那批刺史、太守各有各的打算,没有什么可怕,迁都长安后自称太师,要汉献帝尊称他是"尚父"。他还把他的弟弟、侄儿都封为将军、校尉,连他的刚生下的娃娃也封为侯。

为了寻欢作乐,他在离长安二百多里的地方,建筑了一个城堡,称作郿坞。他把城墙修得又高又厚,把从百姓那里搜刮得来的金银财宝和粮食都贮藏在那里,单是粮食,足足够30年吃的。

郿坞筑成之后,董卓十分得意地对人说:"大事成了,天下就是我的;即使不成功,我就在这里安安稳稳度晚年,谁也别想打进来。"

董卓在洛阳的时候,就杀了一批官员;到了长安以后,更加专横跋扈。文武官员说话一不小心,触犯了他,就丢了脑袋。一些大臣怕保不住自己性命,都暗暗地想除掉这个坏蛋。

董卓手下有一个心腹,名叫吕布,是一个出名的勇士。吕布的力气特别大,射箭骑马的武艺,十分高强。他本来是并州刺史丁原的部下。董卓进洛阳的时候,丁原正带兵驻守洛阳。董卓派人用大批财物去拉拢吕布,要吕布杀死丁原。吕布被董卓收买,背叛了丁原,投靠董卓。

董卓把吕布收作干儿子,叫吕布随身保护他。他走到哪里,吕布就跟到哪儿。人们害怕吕布的勇猛,就不好对董卓下手。

司徒王允决心除掉董卓。他知道要除掉董卓,先要拉拢他身边的吕布。他就常常请吕布到他家里,一起喝酒聊天。日子久了,吕布觉得王允待他好,也就把他跟董卓的关系谈了出来。

原来,吕布跟董卓虽说是父子关系,但是董卓性格暴躁,稍不如他的意,就向吕布发火。有一次,吕布说话顶撞了他,董卓竟将身边的戟扔了过去。幸亏吕布眼明手快,把身子一侧,躲过了飞来的戟,没有被刺着。

后来,吕布向董卓赔了礼,董卓也表示宽恕他。但是,吕布心里很不痛快。他把这件事告诉了王允。王允听了挺高兴,就把自己想杀董卓的打算也告诉了吕布,并且说:"董卓是国贼,我们想为民除害,您能不能帮助我们,做个内应?"

吕布听到真要杀董卓,倒有点犹豫起来,说:"我是他的干儿子,儿子怎么能杀父亲呢?"

王允摇摇头说:"唉,将军真糊涂,您姓吕,他姓董,本来不是骨肉至亲。再说,他向您掷戟的时候,还有一点父子的感情吗?"

吕布听了,觉得王允说得有道理,就答应跟王允一起干。

192年,汉献帝生了一场病刚刚痊愈,在未央宫召见大臣。董卓从郿坞到长安去。为了提防人家暗算,他在朝服里面穿上铁甲。在乘车进宫的大路两旁,派卫兵密密麻麻排成一条夹道。他还叫吕布带着长矛在他身后保卫着。经过这样安排,他认为万无一失了。

他哪儿知道王允和吕布早已商量好了。吕布约了几个心腹勇士扮作卫士混在队伍里,专门在宫门口守着。董卓的座车一进宫门,就有人拿起戟向董卓的胸口刺去。但是戟扎在董卓胸前铁甲上,刺不进去。

董卓用胳膊一挡,被戟刺伤了手臂。他忍着痛跳下车,叫着说:"吕布在哪儿?"

吕布从车后站出来,高声宣布说:"奉皇上诏书,讨伐贼臣董卓!"

董卓见他的干儿子背叛了他,就骂着说:"狗奴才,你敢……"

他的话还没说完,吕布已经举起长矛,一下子戳穿了董卓的喉头。兵士们拥了上去,把董卓的头砍了下来。

吕布从怀里拿出诏书向大家宣布:"皇上有令,只杀董卓,别的人一概不追究。"

董卓的将士们听了,都高兴地呼喊万岁。

长安的百姓受尽了董卓的残酷压迫,听到除了奸贼,成群结队跑到大街上唱着,跳着。许多人还把自己家里的衣服首饰变卖了,换了酒肉带回家大吃一顿,庆祝一番。

恶贯满盈的董卓被消灭了,但是百姓的灾难并没有完。过了不久,董卓的部将李傕、郭汜打进长安,杀死王允,赶跑了吕布,长安百姓又一次遭到烧杀抢掠。

官渡之战袁绍大败

196年,曹操迎接汉献帝迁都到许昌,袁绍才感到曹操是个强大的敌人,决心进攻许都。原来劝他攻打许都的田丰,这时候却不赞成马上进攻。他说:"现在许都已经不是空虚的了,怎么还能去袭击呢!曹操兵马虽然少,但是他善于用兵,变化多端,可不能小看他。我看还是作长期的打算。"

袁绍不听田丰的话,田丰一再劝谏,袁绍反认为他扰乱军心,把他下了监狱,袁绍向各州郡发出文书,声讨曹操。

200年,袁绍集中了10万精兵,派沮授为监军,从邺城出发进兵黎阳(今河南浚县)。他先派大将颜良渡过黄河,进攻白马(今河南滑县)。

这时候,曹操早已率领兵马回到官渡,听到白马被围,准备亲自去救。他的谋士荀攸劝他说:"敌人兵多,我们人少,不能跟他硬拼。不如分一部分人马往西在延津(在今河南延津西北)一带假装渡河,把袁军主力引到西边。我们就派一支轻骑兵到白马,打他个措手不及。"

曹操采纳了荀攸的意见,来个声东击西。袁绍听说曹操要在延津渡河,果然派大军来堵截。哪儿知道曹操已经亲自带领一支轻骑兵袭击白马。包围白马的袁军大将颜良没防备,被曹军杀得大败。颜良被杀,白马之围也解除了。

袁绍听得曹操救了白马,气得直跺脚。监军沮授劝袁绍把主力留在延津南面,分一部分兵力出击。但是袁绍心急火燎,不听沮授劝告,下令全军渡河追击曹军,并且派大将文丑率领五六千骑兵打先锋。这时候,曹操从白马向官渡撤退。听说袁军来追,就把六百名骑兵埋伏在延津南坡,叫兵士解下马鞍,让马在山坡下溜达,把武器盔甲丢得满地都是。

文丑的骑兵赶到南坡,看见这样子,认为曹军已经逃远了,叫兵士收拾那些丢在地上的武器。曹操一声令下,六百名伏兵一齐冲杀出来。袁军来不及抵抗,被杀得七零八落。文丑也糊里糊涂地丢了脑袋。

两场仗打下来,袁绍一连损失了他手下的颜良、文丑两员大将,袁军将士被打得垂头丧气。但是袁绍不肯罢休,一定要追击曹操。监军沮授说:"我们人尽管多,可没像曹军那么勇猛;曹军虽然勇猛,但是粮食没有我们多。所以我们还是坚守在这里,等曹军粮草完了,他们自然会退兵。"

袁绍又不听沮授劝告,命令将士继续进军,一直赶到官渡,才扎下营寨。曹操的人马也早已回到官渡,布置好阵势,坚守营垒。

袁绍看到曹军守住营垒,就吩咐兵士在曹营外面堆起土山,筑起高台,让兵士们在高台上居高临下向曹营射箭。曹军只得用盾牌遮住身子,在军营里走动。

曹操跟谋士们一商量,设计了一种霹雳车。这种车上安装着机纽。兵士们扳动机纽,把十几斤重的石头发出去,打坍了袁军的高台,许多袁军兵士被打得头破血流。

袁绍吃了亏,又想出一个办法。他叫兵士在深夜里偷偷地挖地道,打算从地道里钻到曹营去偷袭。但是他们的行动早被曹军发现。曹操吩咐兵士在兵营前挖了一条又长又深的壕沟,切断地道的出口。袁绍的偷袭计划又失败了。

就这样,双方在官渡相持了一个多月。日子一久,曹军粮食越来越少,兵士疲劳不堪。曹操也有点支持不住,写信到许都告诉荀彧,准备退兵。荀彧回信,劝曹操无论如何要坚持下去。

这时候,袁绍方面的军粮却从邺城源源不断地运来。袁绍派大将淳于琼带领一万人马运送军粮,并把大批军粮囤积在离开官渡四十里的乌巢。

袁绍的谋士许攸探听到曹操缺粮的情报,向袁绍献计,劝袁绍派出一小支人马,绕过官渡,偷袭许都。袁绍很冷淡地说:"不行,我要先打败曹操。"

许攸还想劝他,正好有人从邺城送给袁绍一封信,说许攸家里的人在那里犯法,已经被当地官员逮了起来。袁绍看了信,把许攸狠狠地责骂了一通。

许攸又气又恨,想起曹操是他的老朋友,就连夜逃出袁营,投奔曹操。

曹操在大营里刚脱下靴子想睡,听说许攸来投奔他,高兴得来不及穿靴子,光着脚板跑出来欢迎许攸,说:"好啊!您来了,我的大事就有希望了。"

许攸坐下来后说:"袁绍来势很猛,您打算怎么对付他?现在你们的粮食还有多少?"

曹操说:"还可以支持1年。"

许攸冷冷一笑,说:"没有那么多吧!"

曹操改口说:"对,只能支持半年。"

许攸装出生气的样子说:"您难道不想打败袁绍吗?为什么在老朋友面前还要说假话呢!"

曹操只好实说:"军营里的粮食,只能维持一个月,您看么办?"

许攸说:"我知道您的情况很危急,特地来给您捎个信。现在袁绍有1万多车粮食、军械,全都放在乌巢。淳于琼的防备很松。您只要带一支轻骑兵去袭击,把他的粮草全部烧光,不出3天,他就不战自败。"

曹操得到这个重要情报,立刻把荀攸、曹洪找来,吩咐他们守好官渡大营,自己带领五千骑兵,连夜向乌巢进发。他们打着袁军的旗号,沿路遇到袁军的岗哨查问,就说是袁绍派去增援乌巢的。袁军的岗哨没有怀疑,就放他们过去了。

曹军到了乌巢,就围住乌巢粮屯,放起一把火,把一万车粮食,烧得个一干二净。乌巢的守将淳于琼匆忙应战,也被曹军杀了。

正在官渡的袁军将士听说乌巢起火,都惊慌失措。袁绍手下的两员大将张郃、高览带兵投降。曹军乘势猛攻,袁军四下逃散。袁绍和他的儿子袁谭,连盔甲也来不及穿戴,带着剩下的800多骑兵向北逃走。

经过这场决战,袁绍的主力已经被消灭。过了两年,袁绍病死。曹操又花了7年工夫,扫平了袁绍的残余势力,统一了北方。

孙策占据江东

当曹操和袁绍在北方激烈争夺的时候,南方有一支割据势力逐渐壮大起来,这就是占据江东(今长江下游的江南地区)的孙策、孙权兄弟。

孙策的父亲是长沙太守孙坚,原是袁术的部下。孙坚死后,孙策带兵投靠袁术。袁术看他少年英俊,很喜欢他,对别人说:"要是我能有像孙郎那样的儿子,我死了也安心。"

话虽这样说,袁术可并不重用孙策。孙策曾经想当一个郡太守,袁术没让他做。孙策的舅父吴景在江东丹阳(今安徽宣城)当太守,被扬州刺史刘繇逼走。孙策向袁术要求让他到江东去帮舅父打刘繇。袁术跟刘繇也有矛盾,才拨了1 000人马给孙策。

孙策向南进兵。一路上,有许多人投奔他。到了历阳(今安徽和县)兵力扩充到五六千人。孙策有个从小就很亲密的朋友周瑜,也带了人马来会合,孙策的力量就壮大了。

孙策作战骁勇,再加上他的军队纪律严明,得到百姓的支持。因此,很快就渡过了江,不但打败了刘繇的人马,夺回丹阳,还攻下了吴郡和会稽郡。这样,江东6个郡的大片土地,都被孙策占领了。

孙策占据了江东,还雄心勃勃地想向北发展。他趁曹操和袁绍在官渡相持不下的时候,准备偷袭许都,把汉献帝抓在自己手里。正在调兵遣将,准备粮草的时候,想不到出了一件意外的事。

原来,孙策攻下吴郡的时候,杀了那里的太守许贡。许贡手下的门客跟孙策结下了仇。有一次,趁孙策上山打猎的时候,他们埋伏在树林里,放了一支暗箭,射中了孙策的面颊。

孙策受了重伤,请医生治疗也没有用,病势越来越重。孙策自己知道不行了,就把部下张昭等找来嘱咐,说:"现在我们这里已经有了人马地盘,可以跟人家较量一番,希望你们好好辅助我弟弟。"

孙权那时才19岁。他年纪虽然轻,但是平时喜欢结交朋友,注重人才,在江东官员中,已经很有声誉。孙策把印绶交给孙权,叫他佩带起来,说:"咱们兄弟俩,要论上阵打仗的本领,你不如我;至于选拔人才,任用贤人,我比不上你。希望以后你好好保住江东这份基业。"说着,就咽了气。

孙权倒在床前哭个没完,张昭劝住了他,叫他立刻换上官服,骑着马到军营里去巡视一遍,一面赶快派人通知当时驻扎在巴丘(在今湖南岳阳)的周瑜。周瑜连夜带兵回到吴中,跟张昭两人一起辅助孙权。

那时候,江东六郡虽说都归孙策占了,但是还有不少偏僻的地方,不服他们指挥。有一些人还要看看风向再说。亏得张昭、周瑜两人一心一意帮助孙权,才把局面稳定下来。

孙权记住他哥哥的话,用心搜罗人才。周瑜对孙权说:"我有个好友鲁肃,是个很有见识的人,请他来帮助将军,准没有错。"

孙权派人把鲁肃请了来,两个人一见面,就谈得挺对劲儿。有一次,孙权会见宾客,等别人走完了,把鲁肃单独留下来谈心。

孙权说:"现在汉室衰落,天下扰乱。我想继承父兄的事业,像齐桓公、晋文公一样,来扶助天子,建立霸业,您看怎么样?"

鲁肃说:"我仔细研究过天下大势。汉室已经不能再兴盛起来了。曹操势力已经强大,也除不了他。我替将军打算,还是保住江东这块地方,等待时机。曹操现在正忙着对付北方,顾不到我们这一头。我们可以趁这个机会,讨伐刘表,占领荆州,然后再来平定天下。这倒是汉高祖的事业呢!"

孙权听了这番话,心里豁然开朗,但是嘴里还是谦虚地说:"我哪能做到这些呢。"

由于孙权重用人才,江东地方,文臣武将,人才济济,出现了一片兴旺景象。

曹操听到孙权接替孙策的地位,为了笼络孙权,就用朝廷名义,封孙权为征虏将军,兼会稽太守。从此以后,孙权实际上在江东建立了割据的政权。

诸葛亮隆中对策

官渡大战以后,刘备逃到荆州,投奔刘表。刘表拨给他一些人马,让他驻在新野(今河南新野县)。

刘备在荆州住了几年,刘表一直把他当上等宾客来招待。但是刘备是一个雄心勃勃的人,因为自己的抱负没有能够实现,心里总是闷闷不乐。

有一次,他摸摸自己的大腿,心里有了感触,流下了眼泪。刘表发现了,就问他遇到什么不快活的事。刘备说:"没什么!以前我经常打仗,每天不离开马鞍,大腿上的肉很结实。现在在这儿过着清闲生活,大腿的肉又长肥了。看看日子像流水般地过去,人都快老了,还干不了什么大事业,想起来就感到难过。"

刘表安慰了他一阵。但是刘备心里总在考虑着长远的打算。为了这个,他想寻找个好助手。

他打听到襄阳地方有个名士叫司马徽,就特地去拜访。司马徽很客气地接待他,问他的来意。

刘备说:"不瞒先生说,我是专诚来向您请教天下大势的。"

司马徽听了,呵呵大笑起来,说:"像我这样平凡的人,懂得什么天下大势。要谈天下大势,得靠有才能的俊杰。"

刘备央求他指点说:"往哪里去找这样的俊杰呢?"

司马徽说:"这一带有卧龙,还有凤雏,您能请到其中一位,就可以平定天下了。"

刘备急着问卧龙、凤雏是谁,司马徽告诉他:卧龙名叫诸葛亮,字孔明;凤雏名叫庞统,字士元。

刘备向司马徽道了谢,回到新野。正好有一个读书人来见他。刘备一看他举止大方,以为他不是卧龙,就是凤雏,热情地接待了他。

经过一番谈话,才知道这个人名叫徐庶,也是当地一位名士,因为听到刘备正在招请人才,特地来投奔他。

刘备很高兴,就把徐庶留在部下当谋士。

徐庶说:"我有个老朋友诸葛孔明,人们称他卧龙,将军是不是愿意见见他呢?"

刘备从徐庶那里知道了诸葛亮的情况。原来诸葛亮不是本地人,他的老家在琅琊郡阳都县(今山东沂水县南)。他少年的时候,父亲死了。他叔父诸葛玄跟刘表是朋友,就带着他到荆州来。不久,他叔父也死了,他就在隆中(今湖北襄阳西)定居下来,搭个茅屋,一面耕地种庄稼,一面读书。那时,他年纪只有27

岁,但是学问渊博,见识丰富,朋友们都很钦佩他,他也常常把自己比做古时候的管仲、乐毅。但是他看到天下乱纷纷,当地的刘表也不是能用人才的人,所以他宁愿隐居在隆中,过着他恬淡的生活。

刘备听了徐庶的介绍,说:"既然您跟他这样熟悉,就请您辛苦一趟,把他请来吧!"

徐庶摇摇头说:"这可不行。像这样的人,一定得将军亲自去请他,才能表示您的诚意。"

刘备先后听到司马徽、徐庶这样推重诸葛亮,知道诸葛亮一定是个了不起的人才,就带着关羽、张飞,一起到隆中去找诸葛亮。

诸葛亮得知刘备要来拜访他,故意躲开。刘备到了那里,扑了个空。

跟刘备一起去的关羽、张飞都感到不耐烦。但是刘备却记住徐庶的话,耐着性子去请,一次见不到,第二次再去,两次不见,第三次又去请他。

诸葛亮终于被刘备的诚意感动了,就在自己的草屋里接待刘备。

刘备把关羽、张飞留在外面,自己跟着诸葛亮进了屋子。趁屋里没有人的时候,刘备坦率地说:"如今汉室衰落,大权落在奸臣手里。我自己知道能力差,却很想挽回这个局面,只是想不出好办法。所以特地来请先生指点。"

诸葛亮看到刘备这样虚心请教,也就推心置腹地跟刘备谈了自己的主张。他说:"现在曹操已经战胜袁绍,拥有一百万兵力,而且他又挟持天子发号施令。这就不能光凭武力和他争胜负了。孙权占据江东一带,已经三代。江东地势险要,现在百姓归附他,还有一批有才能的人为他效力。看来,也只能和他联合,不能打他的主意。"

接着,诸葛亮分析了荆州和益州(今四川、云南和陕西、甘肃、湖北、贵州的一部)的形势,认为荆州是一个军事要地,可是刘表是守不住这块地方的。益州土地肥沃广阔,向来称为"天府之国",可是那里的主人刘璋也是个懦弱无能的人,大家都对他不满意。

最后,他说:"将军是皇室的后代,天下闻名,如果您能占领荆、益两州的地方,对外联合孙权,对内整顿内政,一旦有机会,就可以从荆州、益州两路进军,攻击曹操。到那时,有谁不欢迎将军呢?能够这样,功业就可以成就,汉室也可以恢复了。"

刘备听着听着,不禁打心眼里钦佩眼前这个青年人,说:"先生的话真是开

151

了我的窍。我一定照您的意见干。现在就请您一起下山吧。"

诸葛亮看到刘备这样热情诚恳,也就高高兴兴跟着刘备到新野去了。后来,人们把这件事称作"三顾茅庐",把诸葛亮这番谈话称作"隆中对"。

打那以后,刘备把诸葛亮当老师对待,诸葛亮也把刘备当作自己的主人。两人越来越亲密。

关羽和张飞看在眼里,心里很不高兴,背后直嘀咕。他们认为诸葛亮年纪轻轻,未必有多大能耐,怪刘备把他看得太高了。

刘备向他们解释说:"我有了孔明先生,就像鱼得到水一样。以后可不许你们乱发议论。"关羽、张飞听了刘备的话,才没有话说。

周都督火攻赤壁

曹操平定北方以后,208年率领大军南下,进攻刘表。他的人马还没有到荆州,刘表已经病死。他的儿子刘琮听到曹军声势浩大,吓破了胆,先派人求降了。

这时候,刘备在樊城(今湖北襄樊市)驻守。他听到曹操大军南下,决定把人马撤退到江陵(今湖北江陵)。荆州的百姓听说刘备待人好,都宁愿跟着他一决撤退。

曹操赶到襄阳,听说刘备向江陵撤退,又打听到刘表在江陵积了大批军粮,怕被刘备占去,亲自率领5 000轻骑兵追赶刘备。刘备的人马带了兵器、装备,还有十余万百姓跟着他,每天只能行军十几里。曹操的骑兵一天一夜就赶了300多里,很快就在当阳长坂坡(今湖北当阳县东北)追上了刘备。

刘备的人马,被曹操的骑兵冲杀得七零八乱,还亏得张飞在长坂坡抵挡了一阵。刘备、诸葛亮才带着少数人马摆脱追兵。但是往江陵的路已经被曹军截断,只好改道退到夏口(在今湖北武汉市)。

曹操占领了江陵,继续沿江向东进军,很快就要到夏口了。诸葛亮对刘备说:"形势紧急,我们只有向孙权求救一条路了。"

正好孙权怕荆州被曹操占领,派鲁肃来找刘备,劝说他和孙权联合抵抗曹军。诸葛亮就跟鲁肃一起到柴桑(今江西九江西南)去见孙权。

诸葛亮见了孙权,说:"现在曹操攻下了荆州,马上就要进攻东吴了。将军如果决心抵抗,就趁早同曹操断绝关系,跟我们一起抵抗;要不然,干脆向他们投降。如果再犹豫不决,祸到临头就来不及了。"

孙权反问说:"那么,刘将军为什么不投降曹操呢?"

诸葛亮严肃地说:"刘将军是皇室后代,才能盖世,怎么肯低三下四去投降曹操呢?"

孙权听诸葛亮这么一说,也激动地说:"我也不能拿江东土地和10万人马白白地送人。不过刘将军刚打了败仗,怎么还能抵抗曹军呢?"

诸葛亮说:"您放心吧,刘将军虽然败了一阵,但是还有水军2万。曹操兵马虽然多,远道追来,兵士也已经筋疲力尽。再说,北方人不习惯水战,荆州的人对他们不服。只要我们协力同心,一定能够打败曹军。"

孙权听了诸葛亮的一番分析,心里挺高兴,就立刻召集部下将领,讨论抵抗曹操的办法。

正在这时候,曹操派兵士下战书来了。那信上说:"我奉大汉皇帝的命令,领兵南征。现在我准备了水军80万,愿意和将军较量一番。"

孙权把这封信送给部下看,大伙儿看了都刷地变了脸色,说不出话来。

张昭是东吴官员中资格最老的。他说:"曹操用天子的名义来征讨,我们要抵抗他,道理上输了一着。再说,我们本来想靠长江天险,现在也靠不住了。曹军占领了荆州,又有上千艘战船,他们水陆两路一起下来,我们怎么也抵挡不了,我看只好投降。"

张昭这一说,马上有不少人附和。只有鲁肃在旁边冷眼旁观,一声不吭。

孙权听着听着,觉得不是滋味,就走出屋子,鲁肃也跟着出来。

孙权拉着鲁肃的手,说:"你说说,该怎么办呢?"

蒙冲(模型),赤壁之战中周瑜曾用此船直冲曹军舰船,取得火攻胜利。

153

鲁肃说："刚才张昭他们说的话全听不得。要说投降,我鲁肃可以投降,将军就不可以。因为我投降了,大不了回老家去,照样跟名士们交往,有机会还可以当个州郡官员。将军如果投降,那么江东六郡全都落在曹操手里,您上哪儿去?"

孙权叹了口气说："刚刚大家说的,真叫我失望。只有你说的才合我的心意。"

散会以后,鲁肃劝孙权赶快把正在鄱阳的大将周瑜召回来商量。

周瑜一到柴桑,孙权又召集文武官员讨论。周瑜在会上慷慨激昂地说："曹操名为汉朝丞相,其实是汉室奸贼。这次他自己来送死,哪有投降他的道理。"他给大家分析了曹操许多不利条件,认为北方兵士不会水战,而且老远赶到这陌生地方,水土不服,一定会生病。兵马再多,也没有用。

孙权听了周瑜的话,胆也壮了。他站起来拔出宝剑,"豁"的一声,把案几砍去一角。他严厉地说："谁要再提投降曹操,就跟这案桌一样。"

当天晚上,周瑜又单独去找孙权,说："我已经打听清楚。曹操兵马号称八十万,这是虚张声势,其实只不过20多万,其中还有不少是荆州兵士,不一定真心替他打仗。您只要给我五万精兵,我保管把他打败。"

第二天,孙权任命周瑜为都督,拨给他3万水军,叫他同刘备协力抵抗曹操。

周瑜领兵进军,在赤壁(今湖北武昌县西赤矶山)和曹军前哨碰上了。果然不出周瑜所料,曹军兵士很多人不服水土,已经得了疫病。双方一交锋,曹军就打了败仗,被迫撤退到长江的北岸。周瑜率领水军进驻南岸,和曹军隔江遥遥相对。

正像周瑜预料的那样,曹操的北方来的兵士不会水战,他们在战船上,遇到风浪颠簸就受不了。后来,他们把战船用铁索挂在一起,船果然平稳不少。

周瑜的部将黄盖看到这个情况,向周瑜献上计策,说："敌人兵多,我们兵少,拖下去对我们不利。现在曹军把战船都连接在一起,我看可以用火攻的办法来打败他们。"

周瑜觉得黄盖的主意好,两人还商量好,让黄盖派人送了一封信给曹操,表示要脱离东吴,投降曹操。曹操以为东吴将领害怕他,对黄盖的假投降,一点也没怀疑。

黄盖叫兵士偷偷地准备好10艘大船,每艘船上都装着枯枝,浇足了油,外面裹着布幕,插着旗帜,另外又准备一批轻快的小船,拴在大船船尾上,准备在大船起火时转移。

隆冬的11月,天气突然回暖,刮起了东南风。当天晚上,黄盖带领一批兵士分乘10条大船,驶在前面,后面跟随着一批船只。船队到了江心,扯满了风帆,像箭一样驶向江北。

曹军水寨的将士听说东吴的大将来投降,正纷纷挤到船头看热闹。没想到东吴船队离北岸约摸二里光景,前面10条大船突然同时起火。火借风势,风助火威。10条火船,好比10条火龙一样,闯进曹军水寨。那里的船舰,都挤在一起,又躲不开,很快地都延烧起来。一眨眼工夫,已经烧成一片火海。水寨烧了不算,岸上的营寨也着了火,曹军一大批兵士被烧死了;还有不少人被挤到江里,不会泅水,马上淹死了。

周瑜一看北岸起火,马上带领精兵渡江进攻。他们把战鼓擂得震天响。北岸的曹军不知道后面有多少人马进攻,吓得全部崩溃。

曹操拖着残兵败将向华容(今湖北潜江县西南)的小路上逃跑。那条小路全是水洼泥坑,骑兵没法通过。曹操赶忙命令老弱兵士找了一些稻草铺路。他带着骑兵好容易才通过,可是那些填铺稻草的兵士,却被人马踩死了不少。

刘备和周瑜一起,分水陆两路紧紧追赶,一直追到南郡(治所在今湖北江陵),曹操的几十万大军战死的加上得疫病死的,损失了一大半。曹操只好派部将曹仁、徐晃、乐进分别留守江陵和襄阳,自己带兵回到北方去了。

经过这场赤壁大战,三国分立的局面已经基本形成。

曹操大宴铜雀台

建安十五年,即210年冬,曹操在邺城(今河北临漳西南)建了一座高15丈的台子,取名为铜雀台。铜雀台右有金凤台,左有玉龙台,各高10丈,以桥相连,宏伟壮观。曹操一生俭朴,为什么又大兴土木,建造铜雀台呢?这就是本文要讲的一段故事。

那是在铜雀台刚刚修好后的一天,曹操便登台设宴,大会群臣。为了增加宴会的欢快气氛,他让武官当场比武,让文官即席赋诗,各显其才,特别是那些文臣谋士,对曹操的文武韬略,很是敬佩,即席赋诗,无不称颂曹操的功德;更有那些势利之辈,竟在赋诗中建议曹操应该称王称帝。对这些文官写的诗文,曹操一一审阅,不住点头,只称赞其遣词立意如何恰当深妙,而对其称赞曹操功德之词,非但丝毫不动声色,且在阅完之后,还发表了一段自我表白的言辞。他说:

"诸公对我的称誉实在太过分了,曹某实不敢当。我开始作官,年纪很轻,自知不是知名之士,最多想当个郡守,好好从政,为民造福。为此,在济南做官时,除弊去秽,不怕得罪宦官,后来朝廷任命我为典军校尉,当时也只是为国家讨贼立功,当上一名征西将军,死后能在墓碑上写上一句'汉故征西将军曹侯之墓',也就心满意足了,接着,讨董卓,剿黄巾,除袁术,破吕布,取袁绍,击刘表,直至身为丞相,人臣之贵已极,我还有什么不满足的呢?可是,现在竟有人怀疑我有不臣称帝的野心,真是妄加猜度。过去,周文王得到三分之二的天下,还服从商朝,齐桓公、晋文公那么大的势力,仍尊奉周天子。我的祖父、父亲到我们兄弟,三代受到汉室的厚恩,我要像前人一样忠于汉室,这才是我心里的话。我可以说,国家如果没有我这个人,真不知道有多少人要称王称帝呢?"

听了曹操的一番自我表白,文武百官无不感动备至,纷纷称颂:"即使周公,又怎能比得上丞相呢?至于一些人的妄加猜疑,丞相万不可放在心上!"

其实,这正是今天曹操大宴群臣的目的所在。因为当时社会上传言很多,都说他很快就要篡位称帝,自己当皇帝。他修铜雀台,是要人们以为他好像已经厌倦东征西讨,对现在的地位很是满足,开始追求晚年的享乐了,根本无心去篡位称帝,也正是由于这一点,使他获得了更多人的支持和同情,为后来统一北方打下了基础。建安24年,孙权杀了关羽,夺了荆州,怕刘备报复,更怕刘备与曹操联合,便把关羽的头装在木匣子里,派人送到曹操那里,同时写了一封信,表示愿意归顺曹操,并劝曹操顺应天命,趁早即位称帝。曹操见信后,随手递给诸大臣传阅,尔后却笑着说:"是儿欲踞吾著炉火上邪!"意思是说:孙权这小子要把我放在炉上烤呀!

由此表明,曹操对时局、对自己的处境始终头脑十分清醒。他认为,自己称帝,十分容易,但必然要成为众矢之的;孙权劝他称帝,是存心要害他。

三国

(公元220年~公元280年)

三国历史背景介绍

东汉末年的中国,先历黄巾起义,再经董卓之乱,后陷入无休止纷争之中,中原各地到处弥漫着痛苦与绝望。经各路豪杰厮杀征战,最后在传统富庶的中原、在新近兴起的浙东平原、在"天府之国"的成都平原上崛起了三个政权,即曹操建立的魏、孙权建立的吴、刘备建立的蜀。中国历史继秦汉统一之后,再次陷入割据与动乱之中。

三国鼎立的政治分裂,必然带来不断的动乱。每一个政权都以东汉的正统后继者自居,以消灭对方、壮大自己为目标。消灭对方,常攻城掠地,杀人盈野。动乱带给人民的是无尽的苦痛,但壮大自己却显现出经济的发展。于是,曹魏大兴军屯、民屯,在西北、在两淮,凋敝零落的中原又重新恢复生机,蜀本就据有"沃野千里,天府之土"的成都平原,荆州亦有"帝王之资"的美誉,诸葛亮平定南中、屯田汉中,尽掘地力;江东也屡次经营山越,我国东南经济开发史由此揭开。中原经济的恢复,江东农业的发展,四川、云南的开发,为即将来临的大统一奠定了经济基础。

三国时期各政权的制度也对后世产生了重要的影响。东汉以来的强宗大族,活跃于动荡年代。魏国的北方豪强,吴国的江左大族,蜀国的益州著姓,或强或弱地影响着割据政权。而各政权或以九品中正制、或以世袭领兵制等给予大族以优厚的待遇与特权。从中可闻知后世门阀政治的先声。三国时期是我国魏晋南北朝时期民族大融合的起点。中原的混乱,中央集权的衰落,为少数民族提供了一片新的历史舞台;而中原人口的锐减,也为内迁各族人民提供了适宜的生存空间。于是,曹操东征乌桓,迁万余乌桓之民到关中各郡。江左出山越,川蜀定南中,东南、西南诸夷也深深受到汉文化的熏陶与濡染。少数民族的内徙与融合成为一种不可逆转的历史潮流。

割据动荡的时代,往往孕育产生宁静、超然的心灵,面对功名的失落,面对灰色的现实,失去皇权的保护,也失去了皇权的禁锢,超越功利、追求真谛成为可能。思想家往往会摆脱以往的樊篱,艺术家往往会追求更新更异的美,科学家在逃遁俗世喧嚣中探寻真理,文学家会因绝望、无奈、苦痛唤醒内心的冲动,从而进发、凝聚成文学的绚烂之花。儒学原有的影响力大为减弱,礼教的约束被打破,以"竹林七贤"为代表的士人无视礼法,放荡纵情;文学领域的建安风骨,艺术领域的钟繇书风随之产生,曹丕、曹植、曹不兴、刘徽、何晏、王弼等人成为这段黑暗历史中闪烁文化灵光的人物。

三国因各自力量的平衡而暂存,也必将因平衡格局的打破而走向统一,魏已平蜀,而真正的统一大业完成者是代魏而起的西晋。

刘玄德汉中称帝

诸葛亮出山之后，首先设计让刘备占领荆州，结果，两年之后，即209年12月，吴、蜀联姻一个多月后，孙权便让刘备领荆州牧，使刘备有了一个比较固定的地盘。接着，诸葛亮又帮助刘备于214年5月进入成都，领益州牧。刘备取益州之后，诸葛亮等人便决定让刘备尽快夺取汉中，这是关系到刘备能否站稳脚跟，建业称帝关键的一步。汉中是益州（包括今四川省及云南、贵州、湖北、陕西、甘肃各一部分，巴郡、蜀郡即属益州）咽喉，进可以攻关中，退可以守益州。如果迟一步让曹操控制了汉中，那就成了刘备家门之祸，威胁极大。218年，刘备亲率诸将进兵汉中，另派将军吴兰、雷铜等进入武都（今甘肃成县西），但这一支队伍却被曹操的军队消灭了。刘备就把军队驻扎在阳平关（今陕西勉县西北），与曹将夏侯渊、张郃对阵，诸葛亮听说刘备挥军没有取胜，急派老将黄忠统帅两万人马，驰至阳平关往助刘备，219年春天，刘备率军从阳平渡过沔水向南，择得定军山要隘处安营下寨。夏侯渊闻报，当即引军来争。刘备遂命黄忠居高临下，擂鼓呐喊而进。此时，夏侯渊多次欲夺定军山，都被击退，曹军锐气已衰。黄忠乘机跃下山来，一鼓作气，冲入曹军阵中，使敌军闻风丧胆，不战而溃。夏侯渊亲出迎敌，恰与黄忠相遇，还没

蜀汉桓侯张飞像

明白黄忠是怎么进来的,便被一刀劈于马下。赵颙急来援助夏侯渊,也被黄忠斩首。刘备见黄忠已经得手,便策军继进,杀得曹军东奔西逃。

曹操闻报后,决定从长安率军南征,刘备听说后,笑着对诸将预言道:"事到如今,曹操虽然亲自前来,却也无能为力了。汉中,我必能占定了。"果然,曹军到后,刘备只是据险坚守,始终不与曹军交战。曹军连攻数月没有取胜,开小差的士兵越来越多,就在这年的夏天,曹操只好率军北还,刘备也就占了汉中。

刘备据有汉中,群臣便劝刘备称王。219年7月,刘备自立为汉中王。220年10月,曹丕废汉献帝,自立为皇帝。消息传至汉中,诸臣也劝刘备称帝。刘备推辞不从;诸将又援引谶纬,再三怂恿,刘备仍然不从。诸葛亮见刘备迟迟不愿称帝,便尽陈兴灭继绝的大义,联名上书,请其正位。至此,刘备才同意称帝,于今成都武担山南,筑坛登位,受皇帝玺绶,改元章武,国号蜀汉,所以称蜀汉,是表示和后汉有别。

陆逊火烧连营七百里

曹丕称帝后,消息传到蜀汉,一时传说纷纷,说汉献帝已被曹丕杀了。汉中王刘备还真的为献帝举行了丧礼。

刘备对东吴占领荆州、关羽被杀这件事,一直是痛心的。他即位之后,第一件要紧的事就是进攻东吴,报仇雪耻。

大将赵云说,篡夺皇位的是曹丕,不是孙权。如果能灭掉曹魏,东吴自然就会屈服,不该放了曹魏去打东吴。

别的大臣劝谏的也不少,但是刘备说什么也听不进去。

他把诸葛亮留在成都辅佐太子刘禅,亲自率领大军去征伐东吴。

刘备一面准备出兵,一面通知张飞到江州(今重庆)会师。还没有等刘备出兵,张飞的部将叛变,杀了张飞投奔东吴。刘备一连丧失两员猛将,力量大大削弱,但他急于报仇,已经没有冷静考虑的余地了。

警报到了东吴,孙权听说刘备这次出兵声势很大,也有些害怕,派人向刘备求和,但是遭到刘备的拒绝。

161

几天后,蜀汉人马已经攻下巫县(今四川巫山县北),一直打到秭归(今湖北省南部)。孙权知道讲和已经没有希望,就派陆逊为大都督,带领5万人马去抵抗。

刘备出兵数月,就攻占了东吴的土地五六百里地。他从秭归出发,急于向东继续进军。随军官员黄权拦住他说:"东吴人打仗向来很勇猛,千万别小看他们。我们水军顺流而下,前进容易,要退兵可就难了。还是让我当先锋,在前面开路,陛下在后面接应。这样比较稳妥。"

刘备心急火燎,哪儿肯听黄权的话。他要黄权守住江北,防备魏兵;自己率主力沿着长江南岸,翻山越岭一直进军到了猇亭(今湖北宜昌西北)

东吴将士看到蜀军得寸进尺,步步紧逼,都摩拳擦掌,想和蜀军大战一场,可是大都督陆逊却不同意。

陆逊说:"这次刘备带领大军东征,士气旺盛,战斗力强。再说他们在上游,占领险要地方,我们不容易攻破他。

要是跟他们硬拼,万一失利,丢了人马,这是非同小可的事。我们还是积蓄力量,考虑战略。等日子一久,他们疲劳了,我们再找机会出击。"

陆逊部下的将军,有的还是孙策手下的老将,有的是孙氏的贵族,对孙权派年轻的书生陆逊当都督,本来已经不大服气。现在听到陆逊不同意他们出战,认为陆逊胆小怕打仗,更不满意,在背地里愤愤不平。

蜀军从巫县到彝陵(今湖北宜昌东)沿路扎下了数十个大营,又用树木编成栅栏,把大营连成一片,前前后后长达七百里地。刘备以为这样好比布下天罗地网,只等东吴人来攻,就能把他们消灭。

但是陆逊一直按兵不动。从222年一至六月,双方相持了半年。

刘备等得急了,派将军吴班带了数千人从山上下来,在平地上扎营,向吴兵挑战。东吴的将军,耐不住性子,要求马上出击。

陆逊笑笑说:"我观察过地形。蜀兵在平地里扎营的兵士虽然少,可是周围山谷一定有伏兵。他们大声嚷嚷引我们打,我们可不能上他们的当。"

将士们还是不相信。过了几天,刘备看见东吴兵不肯交战,知道陆逊识破他的计策,就把原来埋伏的8 000蜀军陆续从山谷中撤出来。东吴将士这才知道陆逊说的准。

一天,陆逊突然召集将士们,宣布要向蜀军进攻。将士们说:"要打刘备,早该动手了。现在让他进来了五六百里地,主要的关口要道,都让他占了。我们打过去,不会有好处。"

陆逊向他们解释说:"刘备刚来的时候,士气旺盛,我们是不能轻易取胜的。现在,他们在这儿呆了这么多日子,一直占不到便宜,兵士们已经很疲劳了。我们要打胜仗,是时候了。"

他派了一小部分兵力先去攻击蜀军的一个营,刚刚靠近蜀营的木栅栏,蜀兵从左右两旁冲出来厮杀;接着,附近的几个连营里的兵士也出来增援。东吴兵抵挡不住,赶快后退,已经损失不少人马。

将军们抱怨陆逊,陆逊说:"这是我试探一下他们的虚实。现在我已经有了破蜀营的办法了。"

当天晚上,陆逊命令将士每人各带一束茅草和火种,预先埋伏在南岸的密林里,只等三更时候,就直奔江边,火烧连营。

到了三更,东吴四员大将率领几万兵士,冲近蜀营,用茅草点起火把,在蜀营的木栅栏边放起火来。那天晚上,风刮得很大,蜀军的营寨都是连在一起的,点着了一个营,附近的营也就一起燃烧起来。一下子就攻破了刘备的四十多个大营。

等到刘备发现火起,已经无法抵抗。在蜀军将士的保护下,刘备总算冲出了火网,逃上了马鞍山。

陆逊命令各路吴军,围住马鞍山发起猛攻,留在马鞍山上的上万名蜀军一下子全部溃散了,死伤的不计其数。一直战斗到夜里,刘备才带着残兵败将,突围逃走。吴军发现了,紧紧在后面追赶。还亏得沿途的驿站,把丢下的辎重、盔甲堵塞在山口要道上,阻挡住了东吴的追兵,刘备才逃到了白帝城(在今四川奉节县白帝山上)。

这一场大战,蜀军几乎全军覆没,船只、器械和军用物资,全部被吴军缴获。历史上把这场战争称作"彝陵之战"。

刘备失败之后,又悔又恨,说:"我竟被陆逊打败,这岂不是天意吗?"过了一年,他在永安(今四川奉节)病倒了。

诸葛亮七擒孟获

蜀汉先主刘备在永安病势越来越重。他把诸葛亮从成都召到永安,嘱咐后事。他对诸葛亮说:"您的才能比曹丕高出十倍,一定能够把国家治理好。我的孩子阿斗(太子刘禅的小名),您认为可以辅助,就辅助他;如果不行,您就自己来做一国之主吧。"

诸葛亮流着眼泪,哽咽着说:"我怎敢不尽心竭力,报答陛下,一直到死!"

刘备把小儿子刘永叫到身边,叮嘱他说:"我死之后,你们兄弟要像对待父亲一样尊敬丞相。"

刘备死后,诸葛亮回到成都,扶助刘禅即了帝位,历史上称为蜀汉后主。

刘禅即位后,朝廷上的事不论大小,都由诸葛亮来决定。诸葛亮兢兢业业,治理国家,想使蜀汉兴盛起来。没料到南中地区(今四川省大渡河以南和云南、贵州一带)几个郡倒先闹起来了。

益州郡有个豪强雍闿,听说刘备死去,就杀死了益州太守,发动叛变。他一面投靠东吴,一面又拉拢了南中地区一个少数民族首领孟获,叫他去联络西南一些部族起来反抗蜀汉。

经过雍闿的煽动,锜柯(在今贵州遵义一带)太守朱褒、越嶲(今四川西昌县东南)部族酋长高定,也都响应雍闿。这样一来,蜀汉差不多丢了一半土地,怎么不叫诸葛亮着急呢?

可是,当时蜀汉刚遭到猇亭大败和先主死亡,顾不上出兵。诸葛亮一面派人和东吴重新讲和,稳住了这一头;一面奖励生产,兴修水利,积蓄粮食,训练兵马。过了两年,局面稳定了,诸葛亮决定发兵南征。

225年3月,诸葛亮率领大军出发。诸葛亮好友马良的弟弟及参军马谡送诸葛亮出城,一直送了几十里地。

临别的时候,诸葛亮握住马谡的手,诚恳地说:"我们相处好几年了。今天临别,您有什么好主意告诉我吗?"

马谡说:"南中的人依仗地形险要,离开都城又远,早就不服管了。即使我们用大军把他们征服了,以后还是要闹事的。我听说用兵的办法,主要在于攻心,攻城是次要的。丞相这次南征,一定要叫南人心服,才能够一劳永逸呢。"

马谡的话,正合诸葛亮的心意。诸葛亮不禁连连点头说:"谢谢你的建议,我一定这样办。"

诸葛亮率领蜀军向南进军,节节胜利。大军还在半路上,越嶲酋长高定和雍闿已经发生火并。高定的部下杀了雍闿。蜀军打进越嶲,又把高定杀了。

诸葛亮派李恢、马忠两员大将分两路进攻,不到半个月,马忠又攻破锜柯,消灭了那里的叛军。四个郡的叛乱很快就平定了。

但是事情还没有结束。南中酋长孟获收集了雍闿的散兵,继续反抗蜀兵。诸葛亮探听到,知道孟获不但打仗骁勇,而且在南中地区各族群众中很有威望。

诸葛亮想起马谡临别的话,决心把孟获争取过来。他下了一道命令,只许活捉孟获,不能伤害他。

好在诸葛亮善于用计谋,蜀军和孟获军队交锋的时候,蜀军故意败退下来。孟获仗着他人多,一股劲儿追了过去,很快就中了蜀兵的埋伏。南兵被打得四处逃散,孟获本人就被活捉了。

孟获被押到大营,心里想,这回一定没有活路了。没想到进了大营,诸葛亮立刻叫人给他松了绑,好言好语劝说他归降。但是孟获不服气,说:"我自己不小心,中了你的计,怎么能叫人心服?"

诸葛亮也不勉强他,陪着他一起骑着马在大营外兜了一圈,看看蜀军的营垒和阵容。然后又问孟获:"您看我们的人马怎么样?"

孟获傲慢地说:"以前我没弄清楚你们的虚实,所以败了。今天承蒙您给我看了你们的阵势,我看也不过如此。像这样的阵势,要打赢你们也不难。"

诸葛亮爽朗地笑了起来,说:"既然这样,您就回去好好准备一下再打吧!"

孟获被释放以后,逃回自己部落,重整旗鼓。又一次进攻蜀军。但是他本是一个有勇无谋的人,哪里是诸葛亮的对手,第二次又乖乖地被活捉了。

诸葛亮劝他,见孟获还是不服,又放了他。

像这样又放又捉,一次又一次,一直把孟获捉了七次。

到了孟获第七次被捉的时候,诸葛亮还要再放。孟获却不愿意走了。他流着眼泪说:"丞相七擒七纵,待我可说是仁至义尽了。我打心底里敬服。从今以后,不敢再反了。"

孟获回去以后,还说服各部落全部投降,南中地区就重新归蜀汉控制。

诸葛亮平定南中后,命令孟获和各部落的首领照旧管理他们原来的地区。有人对诸葛亮说:"我们好不容易征服了南中,为什么不派官吏来,反倒仍旧让这些头领管呢?"

诸葛亮说:"我们派官吏来,没有好处,只有不方便。因为派官吏,就得留兵。留下大批兵士,粮食接济不上,叫他们吃什么。再说,刚刚打过仗,难免死伤了一些人,如果我们留下官吏统治,一定会发生祸患。现在我们不派官吏,既不要留军队,又不需要运军粮。让各部落自己管理,汉人和各部落相安无事,岂不更好?"

大家听了诸葛亮这番话,都钦佩他想得周到。诸葛亮率领大军回到成都。后主和朝廷大臣都到郊外迎接,大家都为平定南中而感到高兴。

打那以后,诸葛亮一面积蓄财富,一面训练人马,一心一意准备大举北伐。

诸葛亮挥泪斩马谡

为实现先主刘备的遗愿,诸葛亮于228年发动了北伐曹魏的战争。

诸葛亮将赵云、邓芝、马谡等召来,部署停当,亲自率军进军祁山(现甘肃省和县西北一带)。由于诸葛亮设疑兵、虚张声势、声东击西的神奇策略,这次进军,连战连胜,吓得魏主曹睿御驾亲征,赶到长安督战。

蜀军捷报频传,全军上下欢欣鼓舞。就在这对蜀军十分有利的时候,先锋马谡骄傲轻敌。在街亭一战,他不认真研究地势敌情,不听从参军王平的意见,主观武断,违背诸葛亮的战略部署,将大营扎在山上。魏军大将张郃率兵赶到后,察看了地形及蜀军情况,立即将街亭围困起来,这样,蜀军断了汲水通道,山中无水。魏军又采用火攻的策略,让士兵放火烧山。蜀军被火烧烤,无水做饭,因此大多饥渴难忍,已丧失战斗力。魏军乘势进攻,蜀军乱了阵脚,纷纷夺路逃走,马谡只得放弃街亭逃回本营。

街亭的失守,使蜀军的形势由优势转为劣势,处于十分被动的地位。诸葛亮为挽救败局,保存实力,这次只好退兵。

战前，马谡向诸葛亮立下军令状，按军法处置，马谡判了死罪。本来，诸葛亮和马谡的关系很好，交往也深。曾经常在一起谈论军事。马谡为蜀的发展也出了不少好主意，有较大贡献。现在，马谡犯了军法，为了严明赏罚，诸葛亮虽痛心、难过，但还是依法处置了马谡。这就是历史上有名的故事——诸葛亮挥泪斩马谡。

马谡违犯军令，造成街亭失守，诸葛亮认为这和自己用人不当有关系，他自己承担责任，写信给后主刘禅，请求降职三级，还把自己的过错向大家公布。

司马懿智定辽东

魏明帝景初二年(237)7月，辽东太守公孙渊谋反，他自立为燕王，联合鲜卑侵扰北方。次年正月，魏明帝派太尉司马懿从长安率军4万讨伐公孙渊。

6月，司马懿军至辽东。公孙渊派大将卑衍、杨祚率领数万步兵和骑兵赶到辽隧(今辽宁鞍山西)构筑了二十多里长的防御阵地。诸将想进攻叛军阵地，司马懿说："敌人构筑防御阵地，坚壁不出，这是想把我军长期吸引在这里，以疲惫我军的士气。我们若是进攻这里的敌人，正好中了人家的计谋。况且敌人的主力集中在这里，他们的老巢一定空虚，我们如果直攻襄平，一定能出其不意地打败他们。"于是，魏军插出许多旗帜，假装要进攻敌人阵地的南部，敌人把全部精锐部队都调到南部准备迎战。司马懿乘机从敌人阵地北部偷渡辽河，向襄平进发。卑衍等见状率军连夜逃走。当魏军到达首山(今辽宁辽阳西南)时，公孙渊又派卑衍等阻击，结果被打得大败，魏军乘机包围襄平。

当时正值7月，连日大雨，两个多月不停，辽河水猛涨，平地水深数尺。军中普遍恐慌，很多将领请求移营别处。司马懿不同意，传令军中："敢有言移营者斩！"都督令使张静违反军令，被斩首，全军才安定。叛军趁发大水的机会出城打柴放牧，诸将想袭击他们，司马懿坚决不同意。司马陈珪对司马懿说："孟达反叛时您发兵进攻上庸(今湖北竹山县西南)，八里并进，日夜不息；所以只用了15天的时间就攻克坚城，杀掉了孟达。这次长途奔袭，却不慌不忙，慢慢腾腾，我实在是迷惑不解。"司马懿说："那时孟达兵少而粮食够吃1年，我们的部队是孟达的4倍,但粮食却不够吃1个月。想用储备1个月粮食的部队去战胜储备一年粮食的敌人,怎能不速战速决呢？再说,用4倍于敌的优势兵力去攻击敌人,即使损失一半兵力能够取得胜利也是值得的。现在敌人的粮食将尽,而我军尚未合围。如果我们掠夺他们的牛马柴草,就是故意驱使敌人逃跑。用兵打仗人多势众和大雨连绵,所以敌人虽已饥困难耐,仍然不肯束手就擒。我们应该装出无能为力的样子稳住他们,如果因为贪图小利而把敌人惊走,那可不是好计谋。"

双方在雨中相持30天没交战,不久雨过天晴,司马懿令魏军堆起土山使用冲车日夜攻城。强弓劲弩,箭如雨下。这时,城中粮食已吃尽,处境极其困难,甚至发生了人吃人的现象,死者甚多。公孙渊率残部弃城突围,司马懿发兵追击,在梁水斩杀公孙渊父子,平定了辽东地区。

司马昭伐蜀　防邓艾钟会

三国后期,国力最弱的蜀汉政权更加衰弱,蜀汉君臣采取以攻为守的策略,继诸葛亮六出祁山后,姜维又多次进攻大权已落入司马氏的魏国,小说家将此演义为"九伐中原",实际上正史记载只有7次。

蜀汉的不断进攻,骚扰魏国边疆,使掌握魏国大权的司马昭决心大举进攻蜀汉。

朝中诸多大臣反对攻蜀,伐蜀将领成了难产的人选。司马昭选中了邓艾、钟会。

邓艾,字士载,当时官征西将军,都督陇右诸军事,爵邓侯,邓艾虽然长时间在前线与蜀汉大将姜维作战,但要大举灭蜀汉,起初他也认为蜀汉暂时没有亡国的迹象,不同意立即发大军攻灭蜀汉,是司马昭派人去说服了他,他才接受命令。

钟会,字士季,当时官居中郎将,作司马昭的记室,时人称他是当代"子房"(张良)。满朝文武中,钟会是惟一积极主张发兵平灭蜀汉的。司马昭正是看中了钟会的才干和主张灭蜀的积极性,点派他为镇西将军,都督关中军事,率10万大军直取汉中。此时司马昭明知钟会有才干但心术不正,平灭蜀国后可能造反,但他还是任用了钟会,他对一个叫邵悌的人分析道:"蜀为天下作患,使民不得安息,我今伐之如指掌耳,而众人皆言蜀不可伐,夫人心预怯则智勇并竭,智勇并竭而强使之,适为敌擒耳。唯钟会与我意同,今遣会伐蜀,必可灭蜀。灭蜀之后,就如卿所虑,当何所能一办耶?凡败军之将不可与语勇,亡国之大夫不可与图存,心胆以破故也。若蜀以破,遗民震恐,不足与图事,中国将士各自思归,不肯与同也。"

在这里,司马昭将自己胸中权谋自白得纤毫毕露:气势上压倒敌人的人,才能取得战争的胜利;现在许多人都反对伐蜀,只有钟会对灭蜀抱有信心。他又有才智,所以用他挂帅灭蜀必然取胜。先用钟会的才智和灭蜀的信心灭掉蜀国,如果钟会灭蜀后拥兵造反,那是自取灭亡。因为蜀国军民将士心胆已破,不可能跟随钟会造反,即使随钟会造反,也不能有什么作为;而钟会带去的兵将又都是中原人,谁肯背着叛逆的罪名抛舍故园亲人留在蜀地拥戴钟会呢?所以,如果钟会造反,那只是自取灭族之祸,决不会成事的。

司马昭派出的第三路军统帅是诸葛绪。诸葛绪当时为雍州刺史,这次战争所负使命是截断姜维退路,姜维当时带蜀国大军在沓中(今甘肃舟曲以西,岷山以南)。

事情的发展恰如司马昭所料:伐蜀之军虽小有挫折,但总体上来说是节节胜利,最后邓艾偷度阴平(从今甘肃文县穿越岷山至四川境内的艰险捷径),一战成功,先攻下了成都,蜀国君臣投降,蜀汉灭亡。

在对蜀作战过程中,钟会阴怀异志,为独专兵权,先打秘密报告,说诸葛绪临战畏懦不进,被司马昭下令用槛车押回,这一路军的兵权先落到了钟会手中。

接着钟会又着手收拾邓艾。

邓艾先攻占成都,受降蜀汉君臣,被升为太尉。自以为立下大功,张狂起来,主张马上乘胜顺长江而下去攻灭东吴,并

姜维像

提出具体方案。司马昭要监军卫瓘告诫邓艾：要等到朝廷命令才能行事，不可擅自行动。邓艾却忘乎所以，公开扬言：现正是千载难逢的灭吴时机，要事事请示朝廷，就什么事也做不成了。他还表示要遵从《春秋》之义，为国家的根本利益，见机行事，"进不求名，退不避罪"，准备进攻东吴大干一番。

这时钟会的野心已膨胀起来，又经蜀汉降将姜维煽惑，决心造反，而邓艾成了他造反必须克服的障碍。而邓艾"将在外君命有所不受"的言行，恰好给了钟会以口实，他和监军卫瓘秘密上书告邓艾有造反的行为。钟会有一种特殊本领，即善于模仿别人写字。他派人在要道截取邓艾给司马昭的表章和报告，改成傲慢狂悖的言辞再送给司马昭，又截住司马昭给邓艾的信，改成指责怀疑邓艾的内容再送给邓艾，这样一来，既激怒了司马昭，也使邓艾心怀疑惧。

到了灭蜀汉的第二年春天，司马昭果然以朝廷名义下令给钟会，押解邓艾回洛阳。

但司马昭心中有数，他发出命令后，又派自己亲信贾充出兵斜谷（在今陕西终南山中），自己带着魏元帝曹奂从洛阳驾往长安。这时那位邵悌又来问他："钟会统率的军队有邓艾的五六倍，捉拿一个邓艾，何必亲自前往，这么兴师动众？"

司马昭又一次袒露内心想法：你忘了去年说的钟会可能谋反的话了吗？现在怎么又来说我不用亲自动身的话了呢？言下之意，他这次动身统兵，不单为捉拿邓艾，更是为了防备钟会造反！

同时，司马昭还嘱咐邵悌，不要将他此行的真正目的宣露出去，如钟会不造反更好。并且预言，他到达长安时事情就完结了。

果如司马昭所料，钟会接到逮捕邓艾的指令后十分高兴，但又想借刀杀人，先除掉碍手碍脚的监军卫瓘，便命卫瓘到成都城内去具体执行逮捕邓艾事宜。他以为邓艾一定拥兵抗命杀死卫瓘，到那时他更可以大张旗鼓率大兵杀掉邓艾父子了。

没想到卫瓘乖巧，先发檄文镇慑了邓艾部将，顺利驰入邓艾帐中将他捕获。紧接着，钟会据成都，决计造反，他的如意算盘是派姜维通过斜谷入长安，自率大军随后。再从长安到洛阳，只需5天时间，便可夺取天下。

正在这时，钟会接到司马昭手书。这无异一张催命符。

司马昭的信上说："怕邓艾不肯俯首就擒，现已派贾充率领军队万人进屯斜谷，我自率兵10万进屯长安，我们两人相见有日了。"

这封信实际是告诉钟会，你那套在我预料中的出斜谷取长安东夺天下的打算行不通了！

钟会也明白司马昭识破了他的造反企图，便索性决定裹胁部下将领公开打出造反的旗帜，结果被部将杀死。此时邓艾的部将见钟会已死，便去追邓艾的槛车救回邓艾父子，结果被卫瓘派人截住，邓艾被当场杀死。

自称只有他才能打败姜维的邓艾，自称"画无遗策"的钟会，在作为司马昭灭蜀的工具平灭蜀汉后，都死于非命。他们两人一直在司马昭的权术中，实际上一直被司马昭玩弄于股掌之上。

蜀后主为降君乐不思蜀

263年，司马昭派三路大军伐蜀，魏军势如破竹，直逼蜀汉国都——成都。

敌军的突然逼近，使蜀汉朝野一片慌乱。后主急忙召集群臣会商应敌对策，有的主张投奔东吴，有的主张逃往南中七郡（今云贵地区），众议纷纭。光禄大夫谯周对这两种意见都不同意，他说："自古以来，没有投奔他国为天子的，投奔东吴免不了也要称臣，从政治形势看，魏国能吞并吴国，吴国无力吞并魏国，与其称臣于吴，不如现在称臣于魏，免得将来再受一次耻辱。至于撤向南中，应当早做安排，现在大军压境，人心不稳，一旦銮驾南行，恐怕会发生不测之变，更谈不到能安全到达南中了，就是顺利到达南中，外面拒敌和内部需要的一切耗费，都加在一些少数民族身上，必然也会引起他们的反叛。"说来议去，谯周主张马上向曹魏投降，他还对刘禅说："如果陛下称臣于魏，我肯定魏会裂土分封，以礼相待，他们如果不这样做，我就亲自去洛阳以古义同他们相争。"

在谯周等的一再劝说下，懦弱无主见的后主最后同意放弃抵抗，向魏国投降。这时，后主的儿子北地王刘谌竭力反对投降主张，力议拼死抗击到底，刘禅不听。刘谌不愿看到刘氏蜀汉的国破家亡，一气跑到祖庙，对着先主刘备的亡灵痛哭一场，杀死妻、子，然后自杀身亡，以示对投降路线的抗议。后主闻知儿子的尸谏，却无动于衷，仍按议定计划部署降魏。

刘禅派侍中张绍等捧着玺绶去见魏将邓艾求降，邓艾欣然接受；刘禅又派人去前线敕令姜维等将领速速投降，姜维、廖化、张翼等接到皇帝敕令，便到钟会军前投降，但蜀汉将士接到投降的旨令时，不少人拔刀砍石，表示不满和愤慨。后来邓艾大军到达成都，刘禅率领太子、诸王及群臣60多人，按古代国君投降的仪式，反绑着双手，让人抬着棺材，到邓艾军营前投降，邓艾给他松了绑，并命人焚毁了棺材，表示接纳降君。至此，蜀汉政权就宣告灭亡了。

后主一共做了40年皇帝，在三国时期诸国皇帝中，算是在位时间较长的一个，但就其政绩而言，很难说他有多大功业。在他袭位的青年时期，有诸葛亮那样的好宰相全面治理蜀汉，内修农事，外伐曹魏，北进中原虽未大展宏图，但蜀国内政还比较清明，统治也相对比较稳定。就当时三国实力对比的话，蜀汉这一阶段处于上升阶段，后来后主采纳诸葛亮的遗策，以蒋琬、费等贤相为股肱，较重视于内部的稳定，没有轻易出兵攻魏，他的政权也还勉强得以维持。但到惑信宦官黄皓等后，他就由软弱无能完全变成了一个愚昧的昏君，政治昏暗，国力空虚，朝中无将，良才远疏，这就对蜀汉的败亡起了加速作用。

蜀汉亡国之后，后主迁居魏国都城洛阳，被封为安乐县公。有一次司马昭同后主一起宴饮，特意安排让他表演蜀地歌舞来奚落他，在旁的蜀国故臣都因闻家乡曲乐而感伤落泪，但后主却"喜笑自若"。司马昭对左右人说："人之无情，乃至于此，虽使诸葛亮在，也不能辅之久远，何况姜维？"后来，司马昭又问后主说："颇思蜀否？"他竟不假思索地答道："此间乐，不思蜀。"

后主昏聩愚昧，丧失气节到如此程度，自然构成后世人们的千古笑柄。后主平庸苟延地活到晋初271年，才病死于洛阳。

西 晋

(公元265年~公元316年)

西晋历史背景介绍

经过近半个世纪的政治演变、经济发展，三国鼎立的平衡格局被打破了。当战国以来经济繁荣、人文荟萃的黄河流域从战乱中摆脱出来并恢复往昔的生机后，雄踞中原的曹魏政权就以强大的实力于263年平蜀，并为将来灭吴奠定了基础。曹氏政权在为统一南北作出努力的同时，自身的生存却出现了危机。司马懿父子及其党羽的势力如同一股潜流，表面平静，实却汹涌。265年，司马炎终于从幕后走到前台，他登台祭天，受魏"禅让"，一个以晋为国号的新朝代出现了。10余年后，晋平吴成功，汉末近一个世纪以来的分裂局面到此结束。

作为统一的帝国，西晋确立了一整套官僚制度。在这个过渡性时代，司马氏既保留了汉代三公九卿的遗存，设有八公这样的虚衔，又要面对现实，去构建一套全新的官僚机构来满足对一统天下进行统治的要求，于是尚书省、中书省、门下省，成为中央皇帝之下的最高权力机构。三省制在西晋完成了政权运作的任务，并对后世产生了较大的影响。为避免皇室衰落的悲剧发生，西晋开始实行分封制，宗室子弟悉封为王、并实行都督制，以此加强司马氏皇室对地方的控制。但是这些大大小小的封国在晋末成为削弱中央的一种力量。经历魏至晋的和平年代后，许多魏时世家大族，顺利进入晋政权之中，他们居于高官显职，依旧享有经济特权，成为司马氏政权赖以存在的基础。

但西晋文化中却很难表现出一种大一统的高昂激越的格调。思想上玄学盛行，佛教也得到相当的发展。虽然玄学与佛教作为新的思想因子会给没落的儒学注入一些新的活力，但终难掩其腐朽堕落的一面，同时表现于文学作品内容贫乏，只讲形式上的华美。思想文化、精神面貌正是一个时代社会现实的反映。确实，西晋政权从一开始就在统一之中存在着分裂的成份，稳定中蕴含着不安定的因素。世家大族把持朝政，他们排斥庶族，威胁皇权，影响了帝国的政治基础。他们占田荫客，免除赋役，削弱了帝国的经济实力，并使国家的兵源枯竭。自三国时期已开始内徙的少数民族，此时已形成一种强大的潮流，动摇着西晋政权。匈奴人迁入长城以南，羯人生活于汾水河谷，鲜卑各部已遍及辽西、塞北及河西地区。入迁后的各族人民接受着晋政权与部落首领的双重统治。当封建国家剥削加重,王公贵族的掠夺过强时,阶级矛盾与民族矛盾错综复杂地扭结于一起,各族首领也伺机反晋,于是,晋政权遇到了前所未有的民族冲突。

在诸多因素的相互影响之下,西晋几乎从建国之始就潜伏着危机了。面对危机,统治阶级采取的是一种完全消极的态度。他们竞奢斗富、荒淫无度,又崇尚清谈、追逐玄虚,这不仅不能挽救江河日下的西晋政权,而且加速其走向灭亡之路。自291~306年间,司马氏宗室演出一幕接着一幕的骨肉相残、争控朝政的悲剧,结果,引起的是大规模的流民起义与频繁的少数民族的反晋活动。风雨飘摇中的晋政权再也经不起永嘉之乱的打击,317年投降刘曜的晋愍帝被杀,西晋灭亡。

王濬楼船一帆风顺破吴国

司马昭灭了蜀汉之后，还没有来得及攻东吴，就病死了。他的儿子司马炎把挂名的魏元帝曹奂废了，自己做了皇帝，建立了晋朝，这就是晋武帝。从265～316年，晋朝的国都在洛阳，历史上把这个朝代称为西晋。

西晋建立的时候，三国中唯一留下来的东吴早已衰落了。东吴最后一个皇帝孙皓是残暴出了名的。他大修宫殿，尽情享乐不算，还用剥脸皮、挖眼睛等惨无人道的刑罚镇压百姓，上上下下都把他恨透了。

279年，晋朝一些大臣认为时机成熟，劝说晋武帝消灭东吴。晋武帝就决定发兵20多万，分几路进攻东吴国都建业(今江苏南京市)。镇南大将军杜预打中路，向江陵进兵；安东将军王浑打东路，向横江(在今安徽省)进军，还有一路水军，由益州刺史王濬率领，沿着大江，顺流向东进攻。

王濬是个有能耐的将军。他早就作了伐吴的准备，在益州督造大批战船。这种战船很大，能容纳2000多人。船上还造了城墙城楼，人站在上面，可以四面瞭望。所以也称作楼船。

为了不让东吴发觉，造船是秘密进行的。但是日子一久，难免有许多削下的碎木片掉在江里。木片顺水漂流，一直漂到东吴的地界。东吴有个太守吾彦，发现了这件事，连忙向吴主孙皓报告，说："这些木片一定是晋军造船时劈下来的。晋军在上游造船，看来是要进攻东吴，我们要早作防守的准备。"

可是孙皓满不在乎地说："怕什么！我不去打他，他们还敢来侵犯我！"

吾彦没有办法，但是觉得不防备总不放心。他想出一个办法，在江面险要的地方打了不少大木桩，钉上大铁链，把大江拦腰截住，又把一丈多高的铁锥安在水面下，好像无数的暗礁，使晋国水军没法通过。

过了年，打中路的杜预和打东路的王浑两路人马都节节胜利。只有王濬的水军，到了秭归，因为楼船被铁链和铁锥阻拦，不能前进。

王濬也真有办法。他吩咐晋兵造了几十只很大的木筏，每个木筏上面放着一些草人，披上盔甲，手拿刀枪。他又派几个水性好的兵士带领这一队木筏随流而下。这些木筏碰到铁锥,那些铁锥的尖头就扎在木筏子底下,被木筏扫掉了。

还有那一条条拦在江面的铁链怎么办呢？王濬又在木筏上架着一个个很大的火炬。这些火炬都灌足了麻油,一点就着。他让这些装着大火炬的木筏驶在战船前面,遇到铁链,就烧起熊熊大火,时间一长,那些铁链铁锁都被烧断了。

王濬的水军扫除了水底下的铁锥和江面上的铁链,大队战船就顺利地打进东吴地界,很快就和杜预中路的大军会师。

由陆路进攻的杜预大军也取得大胜,攻下了江陵。有人主张暂时休整一下再打。杜预说:"现在我军军威大振,正像劈竹子一样,劈开了几节以后,下面的竹子,就可以迎刃而解,一劈到底了。"他竭力支持王濬带领的水军直扑东吴国都建业。

这时候,东路王浑率领的晋军也逼近了建业。孙皓派丞相张悌率领 3 万吴兵渡江去迎战,被晋军全部消灭。

王濬的楼船顺流东下,声势浩大。吴主孙皓这才着了慌,派将军张象带领水军 1 万人去抵抗。张象的将士一看,满江都是王的战船,无数面的旌旗迎风飘扬,连天空也给遮住了。东吴水军长期没有训练,看到晋军这个来势,吓得没有打就投降了。

有一个东吴将军陶濬,正在这时候去找孙皓。孙皓问他水军的消息。这个陶濬是个糊涂虫,他说:"益州下来的水军情况我知道,他们的船都小得很。陛下只要给我两万水兵,把大号的战船用上,准能够把晋军打败。"

孙皓马上封他为大将,把节杖交给他,叫他指挥水军。陶濬向将士下了命令,第二天一早就出发跟晋军作战。但是将士可不像陶濬那样糊涂,不愿送死。当天晚上,就逃得一干二净。

王濬的水军几乎没有遇到抵抗,一帆风顺地到了建业。建业附近百里江面,全是晋军的战船,王率领水军将士 8 万人上岸,在雷鸣般的鼓噪声中进了建业城。

孙皓到了山穷水尽的田地,只得自己脱下上衣,让人反绑了双手,带领一批东吴大臣,到王濬的军营前投降。

这样,从 220 年曹丕称帝开始的三国鼎立时期宣告结束,晋朝统一了全国。

《三都赋》与"洛阳纸贵"

晋武帝灭吴之后的太康年间,天下太平,人民安居乐业,经济生活有了好转,与此同时,晋武帝还大力发展文化事业,弘扬民族文化,为中华民族古代灿烂的文化做出了一定的贡献。

大约在282年,洛阳的人们争着买纸,原来有一个叫做左思的文人,写了著名的《三都赋》,人们纷纷传抄,引起了纸张奇缺,纸价飞涨,"洛阳纸贵"从此便流传开去。

在晋武帝的关照下,左思这个出身寒门之人,用了整整10年时间,终于写出了《三都赋》。这是由《蜀都赋》《魏都赋》《吴都赋》三篇独立又相联结的赋组成的,赋中有三个假设人物:东吴王孙、西蜀公子、魏国先生,通过他们相互之间的倾诉,写出三个名都的概况、历史、物产、风土人物和各自的政治、军事、经济、文化面貌。《三都赋》一问世,立即轰动整个洛阳城,它不仅在中国文学史上有着一定的地位,而且对于考证、了解三国时期的历史状况,有着十分重要的作用。除此之外,左思的诗也写得非常好,著名的《娇女诗》语言朴素,感情真挚,把对小女儿的疼爱之情跃然纸上,后来的大诗人陶渊明的《责子》、杜甫的《北征》、李商隐的《骄儿诗》等,都受到它的影响。

西晋初年,是人才辈出的时代。在文学艺术方面,除了左思、陆机等一批文学家外,在其他领域还出现了不少杰出人物,他们对中国古代文明也做出了卓越的贡献。而所有这些,与晋武帝司马炎开明的文化政策和保护人才的措施是分不开的。

石崇王恺比富有

晋武帝统一全国后,志满意得,完全沉湎在荒淫生活里。在他带头提倡下,朝廷里的大臣把摆阔气当作体面的事。

在京都洛阳,当时有3个出名的大富豪:一个是掌管禁卫军的中护军羊琇,一个是晋武帝的舅父——后将军王恺,还有一个是散骑常侍石崇。

羊琇、王恺都是外戚,他们的权势比石崇来得大,但是在豪富方面却比不上石崇。石崇的钱到底有多少,谁也说不清。这许多钱是哪儿来的呢?原来石崇当过几年荆州刺史,在这期间,他除了加紧搜刮民脂民膏之外,还干过肮脏的抢劫勾当。有些外国的使臣或商人经过荆州地面,石崇就派部下敲诈勒索,甚至像江洋大盗一样,公开杀人劫货。这样,他就掠夺了无数的钱财、珠宝,成了当时最大的富豪。

石崇到了洛阳,一听说王恺的豪富很出名,有心跟他比一比。他听说王恺家里洗锅子用饴糖水,就命令他家厨房用蜡烛当柴火烧。这件事一传开,人家都说石崇家比王恺家阔气。

王恺为了炫耀自己富,又在他家门前的大路两旁,夹道40里,用紫丝编成屏障。谁要上王恺家,都要经过这40里紫丝屏障。这个奢华的装饰,把洛阳城轰动了。

石崇成心压倒王恺。他用比紫丝贵重的彩缎,铺设了50里屏障,比王恺的屏障更长,更豪华。

王恺又输了一着。但是他还不甘心罢休,向他的外甥晋武帝请求帮忙。晋武帝觉得这样的比赛挺有趣,就把宫里收藏的一株两尺多高的珊瑚树赐给王恺,好让王恺在众人面前夸耀一番。

青釉羊

西晋。羊作跪伏状,昂首,睁目,双口,双角后卷。腹两侧刻划出双翼,胸及背饰散射状刻纹,后面腿点缀一朵卷云纹。体型肥壮,四腿肌肉圆鼓,手法夸张。浅灰白色胎。浅青色釉,施釉匀称,有莹润感。

有了皇帝帮忙,王恺比阔气的劲头更大了。他特地请石崇和一批官员上他家吃饭。

宴席上,王恺得意地对大家说:"我家有一件罕见的珊瑚,请大家观赏一番怎么样?"

大家当然都想看一看。王恺命令侍女把珊瑚树捧了出来。那株珊瑚有两尺高,长得枝条匀称,色泽粉红鲜艳。大家看了赞不绝口,都说真是一件罕见的宝贝。

只有石崇在一边冷笑。他看到案头正好有一支铁如意(一种器物),顺手抓起,朝着大珊瑚树正中,轻轻一砸。"克朗"一声,一株珊瑚被砸得粉碎。

周围的官员们都大惊失色。主人王恺更是满脸通红,气急败坏地责问石崇:"你……你这是干什么!"

石崇嬉皮笑脸地说:"您用不着生气,我还您就是了。"王恺又是痛心,又是生气,连声说:"好,好,你还我来。"

石崇立刻叫他随从的人回家去,把他家的珊瑚树统统搬来让王恺挑选。

不一会,一群随从回来,搬来了几十株珊瑚树。这些珊瑚中,三四尺高的就有六七株,大的竟比王恺的高出一倍。株株条干挺秀,光彩夺目。至于像王恺家那样的珊瑚,那就更多了。

周围的人都看呆了。王恺这才知道石崇家的财富,比他不知多出多少倍,也只好认输。

这场比阔气的闹剧就这样结束了。石崇的豪富就在洛阳出了名。当时有一个大臣傅咸,上了一道奏章给晋武帝。他说,这种严重的奢侈浪费,比天灾还要严重。现在这样比阔气,比奢侈,不但不被责罚,反而被认为是荣耀的事。这样下去怎么了得。

晋武帝看了奏章,根本不理睬。他跟石崇、王恺一样,一面加紧搜刮,一面穷奢极侈。西晋王朝一开始就这样腐败,这就注定要发生大乱了。

八王混战赵王掌权

晋武帝认为魏朝的灭亡,是因为没有给皇族子弟权力,使皇室孤立了。所以,他在即位以后,封了27个同姓王。每个王国都有自己的军队;王国里的文武官员,都由诸侯王自己选用。他以为这样一来,有许多亲属子弟支持皇室,司马氏的统治就可以稳固了。哪里知道这一来,反而种下了祸根。

晋惠帝即位以后,外戚杨骏用阴谋手段,排挤了汝南王司马亮,取得单独辅政的地位。一些诸侯王当然不甘心,只是一时没有机会动手反对他。

晋惠帝不懂事,但是他的妻子贾后却是一个心狠手辣的人。她不愿让杨骏操纵政权,秘密派人跟汝南王司马亮和楚王司马玮联络,要他们带兵进京,讨伐杨骏。

楚王玮从荆州带兵进了洛阳。贾后有了楚王玮的支持,就宣布杨骏谋反,派兵围了杨骏的家,把杨骏杀了。

杨骏被杀之后,汝南王亮进洛阳辅政。他想独揽大权,可是兵权在楚王玮手里。两个人之间就闹起矛盾来。贾后嫌留着汝南王亮也碍事,就假传晋惠帝的密令,派楚王玮把汝南王亮抓起来杀了。

楚王玮本来是贾后的同党,但是贾后怕他连杀两王之后,权力太大。当天晚上,又宣布楚王玮假造皇帝诏书,擅自杀害汝南王,把楚王玮办了死罪。楚王玮知道上了贾后的当,大叫冤枉,已经没有用了。

打那以后,朝廷上没有辅政的大臣,名义上是晋惠帝做皇帝,实际上是贾后专权。

贾后掌权七八年,骄横跋扈,胡作非为,名声坏透了。太子司马遹,不是贾后生的。贾后怕他长大起来,自己的地位保不住,就千方百计想除掉太子。

有一回,贾后事先叫人起草一封用太子口气写的信,内容是逼晋惠帝退位。贾后把太子请来喝酒,把他灌得烂醉,趁太子昏昏沉沉的时候,骗他把那封信抄了一遍。

第二天,贾后叫晋惠帝召集大臣,把太子写的信交给大家传看,宣布太子谋反。大臣们怀疑这封信不是太子写的。贾后要大家核对笔迹。大家一看果然是太子的亲笔，不敢再说，贾后就把太子废了。

朝廷大臣对贾后的凶狠本来十分不满，现在见她废掉太子，背地里十分气愤，议论纷纷。掌握禁军的赵王司马伦觉得这是个好机会，想起兵反对贾后，但他又怕让太子掌了权，也不好对付，就在外面散播谣言，说大臣正在秘密打算扶植太子复位。贾后听到这个谣传，真的害怕起来，派人毒死了太子。这样一来，赵王伦抓住了把柄，派禁军校尉、齐王司马冏带兵进宫逮捕贾后。

专门玩弄阴谋的贾后，这一下也中了别人的计。她一见齐王冏带兵进宫，大吃一惊，说："你们想干什么？"

齐王冏说："奉皇上的诏书，特来逮捕你。"

贾后说："皇上的诏书都是我发的，哪里还有什么别的诏书！"

贾后大叫大闹，指望惠帝来救她。赵王伦把她抓起来杀了。

赵王伦掌握了政权，野心更大。他当了相国还不满足。过了一年，干脆把晋惠帝软禁起来，自己称起皇帝来。他一即位，就把他的同党，不论文官武将，或是侍从、兵士，都封了大大小小的官职。那时候，当官的戴的官帽上面都用貂的尾巴做装饰。赵王伦封的官实在太多太多了，官库里收藏的貂尾不够用，只好找些狗尾巴来凑数。所以，民间就编歌谣来讽刺他们，叫做"貂不足，狗尾续"。

各地的诸侯王听说赵王伦做了皇帝，谁都想夺这个宝座。这样，在他们之间就展开了一场又一场的厮杀。参加这场混战的有赵王司马伦、齐王司马冏、成都王司马颖、河间王司马颙、长沙王司马乂、东海王司马越。加上已经被杀的汝南王亮、楚王玮，一共有八个诸侯王，历史上称为"八王之乱"。

八王之乱前后延续了16年，到了306年，八王中的7个都死了，留下的最后一个东海王越，毒死了晋惠帝，另立了惠帝的弟弟司马炽，这就是晋怀帝。

匈奴人称汉帝

自从西汉末年起，有一部分匈奴人分散居住在北方边远郡县，他们和汉族人相处久了，接受了汉族的文化。匈奴贵族认为上代多次跟汉朝和亲，是汉朝皇室的亲戚，后来就改用汉皇帝的刘姓。曹操统一北方后，把匈奴3万个部落分为5个部，每个部都设部帅，匈奴贵族刘豹是其中一部的部帅。

刘渊是刘豹的儿子，从小读了许多汉族人的书，力气大，武艺高，能够拉300斤重的大弓。刘豹死后，刘渊继承他父亲的职位。后来，在西晋的成都王司马颖（八王之一）部下当将军，留在邺城，专管五部匈奴军队。

八王混战开始后，匈奴部落里一些贵族们在左国城（今山西离石北）开会商量。有个老年贵族说："我们匈奴从汉朝开始跟汉人结为兄弟。经过魏、晋两个朝代，匈奴单于后代虽然有封号，却没有自己的尺寸土地，跟一般百姓没有什么两样。现在晋朝发生内乱，自相残杀。这正是我们匈奴人恢复地位的好时机啊！"

大家都觉得他的主意对，叫谁来带头呢？大家一议论，认为刘渊有才能，威望高，推他当单于挺合适。

贵族们派个使者到邺城，把大伙儿的意思告诉刘渊，请他回来。刘渊很高兴，就借口要回匈奴葬自己的父亲，向司马颖请假。司马颖不同意，刘渊只好让使者先回去，并且要五部匈奴集结兵力，向南移动。

后来，晋朝的并州刺史司马腾、将军王浚联络鲜卑贵族攻打司马颖，司马颖失败了，逃往洛阳。刘渊向司马颖要求回去带匈奴兵马来助战，司马颖才让他走了。

304年，刘渊回到左国城，大伙儿拥戴他做大单于。他集中了5万人马，亲自率领南下，帮助晋军攻打鲜卑兵。有人问他，为什么不趁这个机会把晋朝灭掉，反倒去帮助晋军呢？

刘渊说："要灭掉晋朝，

西晋青瓷兽尊

183

还不是像摧枯拉朽一样容易,但是晋朝的百姓未必会向着我们。我看汉朝立国的年代最长,在百姓中影响大。我们的上代又是汉朝皇室的兄弟。现在汉朝亡了,我们用继承汉朝的名义,也许可以得民心。"大家听了,觉得是一个好主意。刘渊就宣布自己是汉王。

刘渊称汉王后,很快攻下了上党、太原、河东、平原等几个郡,势力越来越大。一些势力比较小的各族反晋力量也都来归附刘渊。

308年,刘渊称汉帝。第二年迁都平阳(今山西临汾西南),集中兵力进攻洛阳。洛阳的老百姓虽然恨透腐朽的西晋王朝,但是也不愿受匈奴贵族的统治。所以刘渊两次进攻,都遭到洛阳军民的猛烈抵抗,不得不退兵。

那时候,八王中最后的一个王——东海王司马越还在和一批大臣互相仇杀。晋朝留下的一点点兵力也消耗得差不多了。

后来刘渊死去,他儿子刘聪接替做汉国皇帝,又派大将刘曜、石勒进攻洛阳。洛阳的军民奋勇抵抗,但是毕竟寡不敌众。311年,洛阳城终于被攻陷,晋怀帝做了俘虏。

刘聪进洛阳后,杀了大批晋朝的官员和百姓,有一次,刘聪举行宴会,让晋怀帝穿着奴仆式的青衣给大家斟酒。

一些晋朝的遗臣看了,禁不住失声痛哭。刘聪看晋朝遗臣还对怀帝这样有感情,一发狠,就把怀帝杀了。

晋怀帝死后,在长安的晋国官员拥立怀帝的侄儿司马邺继承皇位,这就是晋愍帝。

316年,刘聪攻下长安。晋愍帝也遭到了怀帝同样的命运,在受尽侮辱后被杀。西晋王朝维持了52年,终于灭亡。

西晋灭亡之后,北方的各族人民(主要是匈奴、鲜卑、羯、氐、羌五个少数民族)纷纷起义,他们中间的上层分子乘机起兵,像李雄、刘渊一样建立政权,前前后后一共出现16个割据政权,历史上称为"十六国"(旧称五胡十六国,胡是古时候对少数民族的泛称)。

周处勇于改过除三害

这个故事发生在西晋时期。周处,是个勇于改过、胆量过人的人。他身高力气大,从小死了父亲,因无人严格管教他,长大后,很任性,性格暴躁,好打抱不平。但有时他又蛮不讲理,经常跟人争斗,将人打伤,远近乡邻都怕他,因无人打得过他,这更助长了他的蛮横,甚至在乡里为所欲为。久而久之,他的坏名声就传出去了,这样,村里人既惧怕他,又讨厌他,就将他与猛虎、蛟龙一起,合称"三害"。

西晋时期,天下争战较少,也算较太平,人民生活较安定。但是,周处常见人们愁眉苦脸,经常在一起议论、叹息。一日,他外出回来,又见村中父老坐在一起,唉声叹气,还在议论什么。他不由走上前询问:"如今天下太平,我们日子安定,为什么你们还是不高兴呢?"开始,人们谁也不语,周处态度诚恳,再三追问。一位花白胡子的老大爷抬头看了看周处,深深叹了口气,而后不慌不忙地说道:"你不知道啊,人们生活虽安定了,可村里的三害还没除去,谁高兴得起来呢?"周处又问:"您说说,有哪三害呀?"这位大爷见他又问,就索性给他说开了。"南山上有吃人又糟害牲畜的白额大猛虎,常到村里来,你不知道吗?这是一害;咱村外大河里有兴风作浪的蛟龙,它一闹腾,就发大水,淹了咱的庄稼,另外,这蛟龙经常出没咱这河段,谁敢去划船打鱼?这是第二害。"说到这儿,这位大爷头一低不说了。周围的人心里明白怎么回事,也纷纷低下头,不作声。只有周处,不知怎么回事,就急着追问:"您刚说了两害,不是还有第三害吗?您接着说呀。"这位老大爷见他急着追问,又知他性情暴躁,不敢不说,所以只好支支吾吾地低声说道:"你问那第三害呀,村里大人小孩全知道。咱村有个欺压乡邻的人,他常常跟人争斗,无理搅三分,弄得人们不得安宁,大人小孩都怕他。你说这不算一害吗?"又一位老大爷接着说:"是啊,村里人背后都议论他哩,暗暗咒骂他。人们都说,这三害不除,村里百姓不得安宁。"

周处听到这里,劲头来了,他跺着脚,挥着手,然后又拍拍胸脯对周围的人说:"这算得了什么,不就这三害吗,我保证除掉它们!"在座的人几乎异口同声地说:"你能除掉这三害,是村里天大的喜事,全村要好好感谢你的!"

周处要除三害的消息,不胫而走,远近乡邻都传开了。不少人见到周处都朝他伸出大拇指。周处见了,心里高兴,劲头更足了,信心更大了。为除掉三害,周处开始认真作准备。他磨快了钢刀,准备好利箭,就买了张更大的弓,就像要赴战场一样。

一天,他早早起来,带着刀,背着弓箭,雄纠纠向南山进发,去寻找那只吃人的白额猛虎。他到了南山,在树林里转来转去,没见白额猛虎的踪影,正待坐下休息,隐隐听得有响动,他警觉地站起身,张耳静听。说时迟那时快,站起身未听到什么,只觉一阵冷风吹来,紧接着一声响彻山谷的虎啸传来。小动物吓得乱窜,树叶被震得簌簌往下落。他转过身,定睛一看,一只凶恶的白额猛虎张着血盆大口向他扑来。周处急速一闪身,老虎扑个空。周处拈弓搭箭,当老虎再腾身扑向他时,对准老虎喉咙,猛射一箭。老虎疼得翻滚,他对准老虎胸脯又狠狠一箭,这只害人猛虎再也动不了了。

猛虎被除,村人皆喜。周处又去除蛟龙。一天,周处正在家中休息,村人来告,蛟龙来到了长桥下。他带好刀、箭,来不及吃饭,只带点干粮就出发了。他到了长桥,看准蛟龙的去向,纵身跳下水,追赶蛟龙。只见他在水中翻上钻下,与蛟龙搏斗,浪花四溅。时而,蛟龙浮出水面,时而又沉下水底。就这样,打出好几十里外,周处紧追不舍,三天三夜没有上岸回家。村里人以为他被蛟龙吃掉了,奔走相告,有人提议要庆贺一番。

周处凭着他的勇敢与过人的力气,最后将蛟龙杀死了。几天后,他带着胜利的喜悦,兴致勃勃回到村里。进村后,见村人都在庆贺,因为都以为他也死了。这时,他才明白,人们是将他与猛虎、蛟龙一样看待,是人们说的三害之一。这令他痛心不已。经过反复思考,他痛下决心,改正自己的恶习,要重新做个人们喜欢的人。

据说,他为彻底改过自新,还特意求师访友,学习做个百姓欢迎的人。当时的名士陆机、陆云兄弟,就是周处拜过的老师。他虚心学习,勇于改过,后来还被官府任命为无难督(当时官名)。

多少年来,周处除三害的故事,一直被人们传为佳话。赞扬他胆量过人,尤其勇于改过。

囊萤映雪发愤读书

人人们常说的"囊萤映雪",是两个历史故事,并且都发生在晋代。

"囊萤",讲的是晋代南平人车胤的故事,故称"车胤囊萤"。

车胤的曾祖父车浚,在三国时期,曾当过吴国会稽(现浙江省绍兴市)的太守,车浚为官清正,同情百姓。一年,江浙一带闹灾荒,车浚便上书,要求国君开仓救济老百姓。当时吴王是孙皓,孙皓不问青红皂白,下令将车浚处死。其原因是,吴王认为车浚别有用心,想借机在百姓中树立自己的恩威。于是,车胤家里祸从天降,一下子,家里变得一无所有,以后,他们便过着清贫如洗的生活。

车胤从小聪明喜读书,这次家里遭受重大灾难,给他的学习带来很大困难。年少的车胤,没被困难吓倒,从此,他读书更加专心致志,孜孜不倦,常常是废寝忘食。

来他家的亲戚朋友,都称赞车胤年少有志向,将来一定有出息。其中他父亲的一位好朋友对他父亲诚恳地说:"车胤这孩子,年小志大啊,又聪明好学,以后一定能使车家再振兴,你要好好培养他啊!"

家人听了都很高兴,但家境贫寒,无法为他创造良好的学习条件和环境,只能靠他自己。白天,车胤从不敢浪费一分一秒,对他来说,真是分秒必争啊!

他家的日子越来越困苦,有时连点灯用的油都买不起了。这样,天黑下来,车胤就无法读书了。为这,他很苦恼。但这也没把他难倒。晚上不能读书,他就记忆白天学的内容,他常常是晚上背诵白天看的诗文。这年的夏天,他和往常一样,因无灯,就在小院子里背诵诗文,忽然,他抬头看见许多萤火虫在头上飞。一闪一闪的有亮光,周围漆黑一片,可萤火虫的亮光显得很亮。这时他很高兴,他想:"若是能把这些萤火虫捕到放在一起,不就能像灯一样亮了吗?"

第二天,他做了一只囊(相当于现在的袋子)晚上就去抓萤火虫,放在这囊里,这样,晚上就能读书了。这以后,他就一批一批地抓萤火虫,借囊中萤火虫的光又能夜以继日地读书了。

功夫不负苦心人。车胤的刻苦攻读,终于得到了回报。他成了一个学识渊博的人，当过太守、将军、吏部尚书等重要官职。

"映雪"是"孙康映雪"。说的是晋代名叫孙康的少年酷爱读书的故事。

孙康，小时家里很穷，他白天要帮家里干活。有时下地种田有时要上山砍柴，总之，白很少有时间读书，这样，他只能利用早晚多读些书。

每天，他早早起床，一直读到吃早饭去干活。晚上读书是个好机会，安静，时间长。但是，孙康家里很穷，买不起油来点灯。他躺在床上，反反复复地考虑着白天早上看过的内容。但是，这对孙康来说，是很可惜的事。经常是睡了又醒。

一天晚上醒来，他将头侧向窗外一边，突然，他发现窗缝里透进一丝丝亮光。他以为天要亮了，就同往常一样，起来早读。他读着读着，跳下床，走到窗前，推开窗子，只觉一股寒气扑面而来，他伸头向外看，只见茫茫大雪，外面成了银色的世界，处处是白色的，有微微的光亮。这时，他才恍然大悟，并不是天亮了，原来是大雪放出的光亮啊！他关上窗子，揉揉眼睛，借着月光，继续看起书来。看着，看着，他想，我要到外边去读，不是更好吗？

他不顾夜深天寒，带了书，拿了板凳，走到屋外，映着雪光，专心读起书来。因他衣衫单薄，有时冻得难以忍受时，他就起身跳一跳，跑一跑。

这以后，每逢下大雪，孙康都很高兴，因为他能利用大雪映出的光来读书。

他的苦学精神，终于使他学有所成，成了一个学识渊博的人，官至御史大夫。

东 晋

(公元317年～公元420年)

东晋历史背景介绍

从晋室南迁到刘裕建宋的103年中,中国是南北分裂的。由于双方势力的均衡,无论南方祖逖、桓温等人的频繁北伐,还是北方苻坚声势浩大的南侵,均以失败而告终,统一仍需时间。在长江以北,早已涌入内地的少数民族纷纷登场,他们轮番扮演着政治舞台上的各种角色。在长江以南,晋宗室又建立了一个流亡的政权,史称东晋,虽为西晋正统传人,但他们一直没能积累起强大的实力去收复江北,重寻往昔司马氏的辉煌。

晋末八王之乱中,匈奴、鲜卑等少数民族加入不同的阵营,推波助澜中,削弱晋室而发展自己。西晋灭亡以后,匈奴、鲜卑、氐、羯、羌等少数民族先后在中国北方建立起近20个少数民族政权。政权更迭频繁、民族矛盾尖锐、社会动荡不安、经济衰落凋敝。但是这一时期的局部地区或某一阶段,在经济文化发展中还是取得了一些成绩。后赵石勒执政时期,重用汉人张宾,统一除凉州、辽西以外的北方地区。安定的环境之中,经济文化得到恢复与发展。前秦苻坚也是在汉人王猛辅佐下,再次统一北方,并劝课农桑、教以廉耻、选贤与能、崇尚儒学;北方当时在辽西、河西两地也较好地组织生产、传播文化,使西晋尚处于荒芜状态的地区得到有效地开发与发展。

虽然十六国是一段苦难深重的时代,但并不是一段停滞不前的时代,由于各族劳动人民的生产积累,北方的农业经济仍在进步、发展着;由于民族间融合交流的积淀,北方将迎来北魏、北齐、北周三次民族融合的高潮。

西晋末年,晋宗室琅琊王司马睿渡江南下,开始经略江东。永嘉之乱后,洛阳陷落,中原人纷纷南迁。318年,司马睿正式称帝,建立东晋。东晋政权的政治基础是流寓江南的门阀世族,其武力支柱是流亡江南的北来群众。东晋是在王氏的支持下建立并巩固下来的,所谓"王与马共天下"。这种大族与皇权共执朝政的格局一直没有得到改变,大族由东晋初年的琅琊王氏,历颍川庾氏,经谯国桓氏,至陈郡谢氏,从一个家族手中转入另一个家族手中,其间皇权越来越走向衰弱。门阀政治之下的世族,满足于门第的清高、官职的显要,缺乏必要的政治素养与理政能力,渐渐走过其政治上的辉煌,开始衰败。但是,他们享有特权,养尊处优,多有闲暇,对于文化发展有益,东晋在书法、绘画、文学、思想诸多方面成就斐然。

东晋时期,南方的农业生产有了很大的提高,北方农民不断渡江南来,补充了南方不足的劳动力,也带来了比较先进的生产工具和生产技术。南北农民的结合,北方的工具技术同南方水田种植经验的结合,是南方农业发展的重要原因。于是,中国的经济重心从此开始南移。

门阀政治之下,专制主义皇权受到削弱。东晋一朝,不断出现的荆扬之争,正是控制荆州军事重镇的世族人物凭借强大的兵力干涉建康朝政的结果。后来,虚弱的皇权在孙恩、卢循起义的打击下,在桓玄专权的威逼之下,东晋政权奄奄一息,出身寒门的刘裕以挽救朝廷危亡起家,平卢循、反桓玄、取益州、行北伐,最后,他终于成为东晋王朝的掘墓人,代晋自立。几经曲折的司马氏,显赫了几个世纪的门阀世族开始退出了政治舞台。

王马共天下

316年,长安陷落,晋愍帝衔璧出降,西晋灭亡。第二年,司马睿称帝,建立东晋(317~420),定都建邺(今南京市)。愍帝名邺,为避讳,把建邺改成了建康,司马睿即晋元帝。因建康在洛阳以东,故称东晋。

司马睿是司马懿的曾孙,15岁时袭父爵为琅琊王。其祖父司马懿、父司马觐都不曾建树功业,又是远支,故在皇室中的地位并不显要,西晋"八王之乱"时,最后掌握实权的东海王越看到北方局势恶化,策划在江南留下退路,在307年7月,任命司马睿为安东将军,都督扬州江南诸军事,进驻建邺。不久,又署为都督扬江湘交广五州诸军事,成为江南地区最高统治者。

北方刘渊起兵后,战乱频繁,"中原萧条,白骨涂地",处在战乱中的北方大族和流民,大量南下。其中大族的著姓有百家,所以后来江南家谱中有《百家谱》;这百家大族就是东晋政权的支柱。北方大族中最有名的是琅琊王氏,其代表人物王导过去在司马睿镇守下邳时,为其安东司马。司马睿到南方后,以王导为谋主。

司马睿初到建邺时,南方的世家大族并没有把他放在眼里。江南大族自孙吴以来,势力强大,盘根错节。吴郡的朱、张、顾、陆,会稽的虞、魏、孔、贺是著名的大姓。西晋灭吴,他们的势力并没有受到多大损失。西晋末年,义兴大族周玘镇压平定石冰起义、陈敏和钱绘起兵的所谓"三定江南",显示了他们的力量。江南大族看不起北方迁来的人,称他们为"伧夫",意即粗鄙的人。司马睿到江南后一个多月,南方大族中头面人物没有一个去拜见。王导感到问题的严重,就与他的堂兄王敦策划怎样提高司马睿的威望,拉拢南方世家大族。

每年三月初三是江南人民传统的禊节,百姓们都要到水滨河畔去祭祀,求福除灾。307年禊节这一天,司马睿也乘坐着华丽的轿子出来了。仪仗队威武庄严,引人注目。簇拥在轿后面的队伍,为首的是北方世家名士王导和王敦。这长长的皇帝出巡的队伍,立刻惊动了许多人。南方大族都来会聚,他们看到这种局面极为震动,感到司马睿就是北方大族要拥戴的皇帝,不能不刮目相待。于是,南方世家大族中的头面人物顾荣、纪瞻就相继出来,在路旁拜见司马睿。

王导这一招,使司马睿的威望大大提高,接着,王导又劝司马睿道:"古代的圣君,都要招纳俊贤,何况当今天下纷乱、大业草创。顾荣、贺循是南方世族中有名望的人,请他们出来,其他人也都会跟着来报效。"司马睿觉得很有道理,就派王导登门拜访二人,请他们出来做官。江南大族在西晋灭亡后,北方有胡人政权的强大压力,南方有流民暴动,他们感到要稳定江南的统治,必须与北方大族联合,建立一个能代表南北世族共同利益的新政权,因而顾荣、贺循及江南大族也靠拢了司马睿,应命出仕。东晋政权有了南方世族的支持,在江南站稳了脚跟。

由于王导在东晋政权建立过程中起了很大作用,司马睿称王导为"仲父",把他比作汉朝的萧何。东晋开国大典那天,司马睿称皇帝,百官陪列,这时,司马睿硬要拉王导一起坐在御床上接受百官朝拜,这是史无前例的,王导坚持说:"如果太阳与天下万物相同,那老百姓怎么得到阳光的照耀呢?"晋元帝很高兴,封他为侍中、司空、录尚书,领中书监,掌握朝廷大权。又以王敦为江州刺史,控制上游武装。王氏家族子弟大都在朝廷上居官。当时民间谚语说:"王与马,共天下"。马即司马氏的简称。"共"字说明东晋政权离不开世家大族的支持。

祖逖北伐中流击楫

在内乱期间。北方的匈奴左贤王刘渊、羯族人石勒等人先后称王称帝,并大肆进犯中原。晋朝北方的百姓纷纷逃向江南躲避战乱。当时有个名叫祖逖的人,也带着几百户族人渡过黄河,南迁到淮河流域去。

晋人祖逖是一个胸怀大志的人。他小时就胸怀天下,立下为国家做贡献的宏远志向。他在司州(现河南洛阳)任主簿(管理文书)时,工作勤奋,常常天不亮就起来,和他的朋友一起,在月色下挥刀舞剑,练习武艺,准备报效国家。

在这次逃难中,祖逖也总是把车马让给百姓中年老体弱者来乘坐,他带的粮物也拿出来与逃难的人们分用。由于他爱民爱士,又有指挥能力,逃难民众都拥戴他当首领。背井离乡,几经辗转,最后,祖逖与流民来到京口,就是现在江苏省镇江市。

311年，胡人石勒攻陷了西晋的首都洛阳。胡人肆意杀掠，使中原人民蒙受到巨大灾难，祖逖悲愤满腔。这时继惠帝位的怀帝仓皇西逃，在逃往长安（今陕西省西安市）途中，被敌兵抓去，当了俘虏。这消息传到南方，引起爱国将士的无比愤慨和不安。祖逖再也忍受不下去了，他特地跑到建邺（现江苏省南京市），找到驻守在这里的琅琊王司马睿，与他商谈北伐中原，祖逖说："中原的老百姓饱受煎熬，对入侵之敌痛恨不已，人人都有奋力抗击的志向。大王，您应当发兵北伐，把饱受苦难的百姓解救出来。"

司马睿同意了他的请求，任命坚决主张北伐的祖逖为奋威将军兼任豫州刺史，北伐中原。这时司马睿已继位，就是历史上的晋元帝。朝廷只给祖逖少量的粮食与布匹，没有兵器，也不给士兵，让祖逖自己去招兵买马。条件实在太差了！但是困难难不倒抗敌北伐的决心。他千方百计的招募士兵，收集武器，制造战船，组成一支战斗力很强的北伐队伍。

经过集训，战船出发了。船到中流时，祖逖望着滚滚东去的江水，遥望茫茫的江北，不禁心潮澎湃，振奋不已。在船仓里猛地站起，神色庄严，举起手中的船楫（木桨），叩击着船舷，慷慨激昂地起誓道："我祖逖这次北伐如果不能收复中原，决不再过江南来，就像这滔滔江水一样有去无回！"将士们听着他那壮怀激烈的誓言，都非常感动，一致表示跟着他誓死收复中原。他们过江以后，很快收复了黄河以南的大部分地区。

王羲之东床坦腹

书圣王羲之，是东晋人。其书法艺术造诣极深，因此，后世称他为"书圣"。

王羲之是当朝丞相王导的侄儿，年轻时就很俊秀，有风度。王导的其他一些子侄，个个也都很有才能。这是远近闻名的，人们夸赞不已。

当时，朝内有个太傅名叫郗鉴，他有个女儿，生得聪明美丽，善琴、棋、书、画，总想找个好女婿。条件是不仅有才能，还要有风度，要仪表堂堂。

这可难坏了太傅，左一个不中意，右一个无风度。后来，太傅听说王家子弟个个有才能，容貌也俊秀，于是，他就特地选派了一个门生，拿了自己的亲笔信去见王导。他对自己的门生说，在王家子弟中为小姐挑选一个女婿，这个门生带着他家老爷的信，就到了王导家。王导见信，一口答应。他想，这是门当户对的好事啊。于是便对门生说，要太傅派人去挑选。

门生回到家后，把王导的意思告诉了太傅，太傅对门生说："你再去王家一趟吧。这次你要把王家所有子弟仔仔细细看一看，回来把看到的情况如实告诉我"。

这个门生接到任务，又再次到王家，主要是帮太傅选女婿。到了王家，他说明来意。王导也很高兴，便叫人通知子弟们统统到东厢房里。王家子弟听说郗太傅前来挑选女婿，个个很认真地打扮了一番，都穿上了漂亮的衣服，大大方方来到东厢房。王导见所有子弟都来了，便对太傅的门生说："你去任意挑选吧。"

太傅的门生，来到王家的东厢房，见王家子弟一个个端端正正地坐在东厢房里，样子非常严肃、庄重。可他往床上一看，还有一子弟躺在床上，撩起了上衣，袒露着肚腹，手中还拿着一个饼，正在一口一口地吃着，好像没有事一样。这个门生看了不太高兴。

王羲之像

太傅的门生回去后，将其在王家相女婿的事详详细细告诉了太傅。最后他说道："王家的子弟，个个都不错。他们听说太傅前去挑选女婿，都很郑重、拘谨，就只有一人，袒露着肚腹，往床上一躺，仰面朝天，好像没有事似的"。

没想到，太傅听了高兴地说："这个人正好可做我的女婿"。这个人就是王羲之。

郗鉴太傅挑上了王羲之，就把女儿嫁给了他。

以后，这事就像春风一样传开了。渐渐地这个事就成了历史典故，人们常常用"东床袒腹"来借指挑选女婿，或借指女婿。

桓温北伐

陶侃平定了苏峻的叛乱以后，东晋王朝暂时获得了安定的局面。这时候，北边却乱了起来。

后赵国主石虎（石勒的儿子）死了以后，内部发生大乱，后赵大将冉闵称帝，建立了魏国，历史上称为冉魏；鲜卑族贵族慕容建立的前燕又灭了冉魏。352年，氐族贵族苻坚也乘机占领了关中，建立了前秦。

后赵灭亡的时候，东晋的将军桓温向晋穆帝（东晋的第五个皇帝）上书，要求带兵北伐。桓温是个很有军事才能的人，他在当荆州刺史的时候，曾经进兵蜀地，灭掉了成汉，给东晋王朝立了大功。

但是东晋王朝内部矛盾很大。晋穆帝表面上提升了桓温的职位，实际上又猜忌他。桓温要求北伐，晋穆帝没有同意，却另派了一个殷浩带兵北伐。

殷浩是个只有虚名、没有军事才能的文人。他出兵到洛阳，被羌族人打得大败，死伤了1万多人马，连粮草武器也丢光了。

桓温又上了道奏章，要求朝廷把殷浩撤职办罪。晋穆帝没办法，只好把殷浩撤了职，同意桓温带兵北伐。

354年，桓温统率晋军4万，从江陵出发，分兵三路，进攻长安。前秦国主苻健派兵5万在峣关抵抗，被晋军打得落花流水。苻健只好带了6 000名老弱残兵，逃回长安，挖了深沟坚守。

桓温胜利进军，到了灞上。长安附近的郡县官员纷纷向晋军投降。桓温发出告示，要百姓安居乐业。百姓欢天喜地，都牵了牛，备了酒，到军营慰劳。

自从西晋灭亡以后，北方百姓受尽混战的痛苦。他们看到桓温的晋军，都高兴地流着眼泪说："想不到今天还能够重新见到晋军。"

桓温驻兵灞上，想等关中麦子熟了的时候，派兵士抢收麦子，补充军粮。可苻坚也厉害，他料到桓温的打算，就把没有成熟的麦子全部割光，叫桓温收不到一粒麦子。

桓温的军粮断了，待不下去，只好退兵回来。但是这次北伐毕竟打了一个大胜仗，晋穆帝把他提升为征讨大都督。

以后，桓温又进行了两次北伐。最后一次，进攻前燕，一直打到桥头（今河南浚县西南），后来，因为被前燕切断粮道，遭到失败。

桓温长期掌握东晋的军事大权，野心越来越大。有一次，他自言自语地说："男子汉如果不能流芳百世，也应当遗臭万年。"

有个心腹官员知道他的野心，向他献计，说要提高自己的威信，就先得学西汉霍光的办法，把现在的皇帝废了，自己另立一个皇帝。

那时候，晋穆帝已经死去。在位的皇帝是晋废帝司马奕。桓温带兵到建康，把司马奕废了，另立一个司马昱当皇帝，这就是晋简文帝。桓温当了宰相，带兵驻在姑孰（今安徽当涂）。

过了两年，晋简文帝病重，留下遗诏由太子司马曜继承皇位。这就是晋孝武帝。桓温本来以为简文帝会把皇位让给他，听到这个消息十分失望，就带兵进了建康。

桓温到达建康那天，随身带的将士，都是全副盔甲，手里拿着明晃晃的武器。朝廷官员到路边去迎接时，看到这个情景，吓得脸变了色。

桓温请两个最有名望的世族大臣王坦之、谢安到他官邸去会见，王、谢两人早已听说桓温事前在客厅的背后埋伏一批武士，想杀掉他们。所以，王坦之到了相府，浑身出冷汗，连衣服都湿透了。

谢安却十分镇静。进了厅堂坐定之后，他对桓温说："我听说自古以来，讲道义的大将，总是把兵马放在边境去防备外兵入侵。桓公为什么却把兵士藏在壁后呢？"

桓温听了，也有点不好意思，说："我也是不能不防备点儿。"说着，就命令左右把后面埋伏好的兵撤去。

桓温看到建康的世族中反对他的势力还不小，不敢轻易动手。不久，就病死了。

桓温死后，谢安担任了宰相，桓温的弟弟桓冲担任荆州刺史，两人同心协力辅佐晋孝武帝，东晋王朝出现了团结的局面。

从末梢吃甘蔗渐入佳境

东晋著名画家顾恺之,字长康,小名叫虎头,无锡人。他从小非常聪明且好学,兴趣广泛。他常常和谢瞻在一起学作诗。据说谢瞻6岁时就能写出好文章。顾恺之虚心向他学,每做好一首诗,都要拿给谢瞻看,让他提提意见。一天夜里,皓月当空,他俩一起吟诗。开始他们都兴致很浓,时间长了,谢瞻感到累了,要去睡觉,就让别人代替自己和顾恺之一起诵读诗篇,他自己悄悄溜走了。专心致志的顾恺之,直到第二天早上也没发觉谢瞻已不在身边。

顾恺之生活在东晋王朝打败前秦的淝水之战时期。淝水之战,东晋打败了前秦,收复了徐、兖等6州,江南又暂时出现了一派太平景象,人民生活安定。偏安江南的东晋王朝,由于占有优越的地理条件,经济较快发展起来,科学文化也出现了蓬勃向上的气象。其中顾恺之的绘画,攀上了当时艺术的高峰。

由于顾恺之学习专一,锲而不舍,在他20多岁时,已名声大震,被人们称为"三绝",即"才绝、画绝、痴绝"。

"才绝"是指他精通诗文,写了许多优秀作品,被人们传诵。

"痴绝"是说他在生活上表现出一种憨直、爽朗,从不计较得失的性格。他为人正直且诙谐,说话幽默,颇有风趣。有个小故事,充分表明了他的这个性格。顾恺之有不少好画,放在一个小柜橱里。他一次出游,将一橱画寄放在好友桓玄家里。不料,桓玄爱画心切,又贪心,竟把画偷走了。后来,顾恺之知道自己心爱的画没了,而橱门上的封条却完好无损,他不急、不怒、不气,也不责怪桓玄,只是诙谐地说:"我的画显灵了!成仙了!飞上天去了!"人们听了,都笑他天真,笑他太痴。

当然,重要而且突出的还是他在绘画艺术上的成就,达到了艺术上的佳境,这就是人们称道的"画绝"。

他在艺术上的佳境,不是上天赐予的,也不是一夜之间所得,而是经过艰苦的努力渐渐取得的。这里还有个十分有趣的小故事。

顾恺之年轻时,曾经做过桓温的参军。桓温是当时东晋的大司马(最高军事统帅）。顾恺之曾跟随桓温南征北战，讨伐割据势力，他俩结下了深厚的友谊。

就在顾恺之任桓温的参军时，一次，他们乘着大船到江陵去视察军队。到了江陵以后，当地官员都来拜见，并送来了不少当地特产，其中有大甘蔗。

桓温十分高兴地说："这儿的甘蔗可十分有名，来，咱们一起来尝尝。"大家听了，每人拿起一根吃了起来，都说"甜极了，真甜！"

人们品尝着甘蔗，只有顾恺之独自出神地欣赏着江陵的美丽风光，他被那如画的景色吸引住了，竟不知人们在品尝甘蔗。桓温见了，微微一笑，故意挑了一根长长的甘蔗，拿给顾恺之，对他说："你也尝一根。"

顾恺之随手接过甘蔗，可他依然专心致志地欣赏着风景，他看也没看，随着就啃了起来。

桓温强忍住笑，问顾恺之："你这根甘蔗甜吗？"在场的人都忍不住嬉笑着，有的就调皮地说："我们吃的甘蔗甜极了，不知顾参军的甘蔗可甜否？"

顾恺之这才回过神来，看看自己啃的甘蔗，才明白他们为什么嘻笑。原来桓温给他甘蔗时，见他专习欣赏风景，便故意将甘蔗的末梢那一端塞到顾恺之手里，而顾恺之呢，心思仍在看风景，顺势就咬起来。这时才发现咬错了。可他灵机一动，计上心头，举起甘蔗说：

"你们笑什么！看来，你们根本不懂吃甘蔗的学问，这可有大讲究呢！"

在场的人，见他一本正经，又笑着问他："嗅！吃甘蔗还有什么名堂呀？那你就说说为何要从末梢吃起？"

顾恺之也强忍住笑，半真半假地说："你们一开始就吃最甜的那一段，对不对？这样是越吃越不甜，吃着吃着，后来就倒胃口了。而我从末梢吃起，越吃越甜，越吃越有味，越爱吃，这种吃法叫做'渐入佳境'"。

大家听了，一起开怀大笑。顾恺之仍然美美地倒着吃他的甘蔗。

谢安东山再起

公元383年8月，前秦皇帝苻坚亲自带领87万大军从长安出发。向南的大路上，烟尘滚滚，步兵、骑兵，再加上车辆、马匹、辎重，队伍浩浩荡荡，差不多拉了千把里长。

过了一个月,苻坚主力到达项城(在今河南沈丘南),益州的水军也沿江顺流东下,黄河北边来的人马也到了彭城(今江苏徐州市),从东到西一万多里长的战线上,前秦水陆两路进军,向江南逼近。

这个消息传到建康,晋孝武帝和京城的文武官员都着了慌。晋朝军民都不愿让江南陷落在前秦手里,大家都盼望宰相谢安拿主意。

谢安是陈郡阳夏(今河南太康)人,出身世族,年轻的时候,跟王羲之是好朋友,经常在会稽东山游览山水,吟诗谈文。他在当时的士大夫阶层中名望很大,大家都认为他是个挺有才干的人。但是他宁愿隐居在东山,不愿做官。有人推举他做官,他上任一个多月,就不想干了。当时在士大夫中间流传着一句话:"谢安不出来做官,叫百姓怎么办?"

到了40多岁的时候,他才重新出来做官。因为谢安长期隐居在东山,所以后来把他重新出来做官这样的事称为"东山再起"。

苻坚强大起来以后,东晋的北面边境经常遭到秦兵的骚扰。朝廷想找一个文武全才的将军去防守边境。谢安把自己的侄儿谢玄推荐给孝武帝。孝武帝把谢玄封为将军,镇守广陵(今江苏扬州市),掌管江北的各路人马。

谢玄也是个军事人才。他到了广陵以后,就招兵买马,扩大武装。当时有一批从北方逃难到东晋来的人,纷纷应征。他们中间有个彭城人叫刘牢之,从小练得一身武艺,打仗特别勇猛。谢玄派他担任参军,叫他带领一支精锐的人马。这支人马经过谢玄和刘牢之的严格训练,成为百战百胜的军队。由于这支军队经常驻扎在京口(今江苏镇江市),京口又叫"北府",所以把它叫做"北府兵"。

这一回,苻坚率领百万大军进攻东晋,谢安决定自己坐镇建康,派弟弟谢石担任征讨大都督,谢玄担任前锋都督,带领8万军队前往江北抗击秦兵,又派将军胡彬带领水军5 000到寿阳(今安徽寿县)去配合作战。

谢玄手下的北府兵虽然勇猛。但是前秦的兵力比东晋大10倍,谢玄心里到底有点紧张。出发之前,谢玄特地到谢安家去告别,请示一下这个仗怎么打法。

哪儿知道谢安听了像没事一样,轻描淡写地回答说:"我已经有安排了。"

谢玄心里想,谢安也许还会嘱咐些什么话。等了老半天,谢安还是不开腔。

谢玄回到家里,心里总不大踏实。隔了一天,又请他的朋友张玄去看谢安,托他向谢安探问一下。

谢安一见到张玄，也不跟他谈什么军事，马上邀请他到他山里一座别墅去。到了那里，还有许多名士先到了。张玄要想问，也没有机会。

谢安请张玄陪他一起下围棋，还跟张玄开玩笑，说要拿这座别墅做赌注，比一个输赢。张玄是个好棋手。平常跟谢安下棋，他总是赢的。但是，这一天，张玄根本没心思下棋，勉强应付，当然输了。

下完了棋，谢安又请大伙儿一起赏玩山景，整整游玩了一天，到天黑才回家。

这天晚上，他把谢石、谢立等将领，都召集到自己家里，把每个人的任务一件件、一桩桩交代得很清楚。大家看到谢安这样镇定自若，也增强了信心，高高兴兴地回到军营去了。

那时候，桓冲在荆州听到形势危急，专门拨出3 000名精兵到建康来保卫京城。谢安对派来的将士说："我这儿已经安排好了。你们还是回去加强西面的防守吧！"

将士回到荆州告诉桓冲，桓冲很担心。他对将士说："谢公的气度确实叫人钦佩，但是不懂得打仗。眼看敌人就要到了，他还那样悠闲自在；兵力那么少，又派一些没经验的年轻人去指挥。我看我们准要遭难了。"

淝水之战以少胜多

谢安派出的将领胡彬，率领水军沿着淮河向寿阳进发。在路上，他得知寿阳已经被前秦的前锋苻融攻破。胡彬只好退到硖石（今安徽凤台西南），扎下营来，等待谢石、谢玄的大军会合。

苻融占领寿阳以后，又派部将梁成率领5万人马进攻洛涧（在今安徽淮南东），截断了胡彬水军的后路。晋军被围困起来，军粮一天天少下去，情况十分危急。

胡彬派出兵士偷偷送信给谢石告急，说："现在敌人来势很猛，我军粮食快完，恐怕没法跟大军会合了。"

送信的晋兵偷越秦军阵地的时候，被秦军捉住。这封告急信落在苻融手里，苻融立刻派快马到项城去告诉苻坚。

苻坚一连得到秦军前锋的捷报，更加骄傲起来。他把大军留在项城，亲自率领八千名骑兵赶到寿阳，恨不得一口气把晋军吞掉。

他到了寿阳，跟苻融一商量，认为晋军已经不堪一击，就派了一个使者到晋军大营去劝降。

那个被派出的使者不是别人，恰恰是前几年在襄阳坚决抵抗过秦军、后来被俘虏的朱序。

朱序被俘以后，虽然被苻坚收用，在秦国当个尚书，但是心里还是向着晋朝。他到晋营见了谢石、谢玄，像见了亲人一样高兴，不但没按照苻坚的嘱咐劝降，反而向谢石提供了秦军的情报。他说："这次苻坚发动了百万人马攻打晋国，如果全部人马一集中，恐怕晋军没法抵挡。现在趁他们人马还没到齐的时候，你们赶快发起进攻，打败他们的前锋，挫伤他们的士气，就可以击溃秦军了。"

朱序走了以后，谢石再三考虑，认为寿阳的秦军兵力很强，没有把握打胜，还是坚守为好。谢安的儿子谢琰劝说谢石听朱序的话，尽快出兵。

谢石、谢玄经过一番商议，就派北府兵的名将刘牢之率领精兵5 000人，先对洛涧的秦军发起突然袭击。这支北府兵果然名不虚传，他们像插了翅的猛虎一样，强渡洛涧，个个勇猛非凡。守在洛涧的秦军，不是北府兵的对手，勉强抵挡一阵，败了下来，秦将梁成被晋军杀了。秦兵争先恐后渡过淮河逃走，大部分掉在水里淹死。

洛涧大捷，大大鼓舞了晋军的士气。谢石、谢玄一面命令刘牢之继续援救硖石，一面亲自指挥大军，乘胜前进，直到淝水（今淝河，在安徽寿县南）东岸，把人马驻扎在八公山边，和驻扎寿阳的秦军隔岸对峙。

苻坚派出朱序劝降以后，正在洋洋得意，等待晋军的投降，突然听到洛涧失守，像头上挨了一下闷棍一样，有点沉不住气。他要苻融陪着他到寿阳城楼上去看看对岸形势。

苻坚在城楼上一眼望去，只见对岸晋军一座座的营帐排列得整整齐齐，手持刀枪的晋兵来往巡逻，阵容严整威武。再往远处看，对面八公山上，隐隐约约不知道有多少晋兵。其实，八公山上并没有晋兵，不过是苻坚心虚眼花，把八公山上的草木都看作是晋兵了。

苻坚有点害怕了，他转过头对苻融说："这确实是强大的敌人啊！怎么能说他们弱呢？"

打那以后,苻坚命令秦兵严密防守。晋军没能渡过淝水,谢石、谢玄十分着急。如果拖延下去,只怕各路秦军到齐,对晋军不利。

谢玄派人给苻坚送去一封信,说:"你们带了大军深入晋国的阵地,现在却在淝水边摆下阵势,按兵不动,这难道是想打仗的吗?如果你们能把阵地稍稍往后撤一点,腾出一块地方,让我军渡过淝水,双方就在战场上比一比输赢。这才算有胆量呢!"

苻坚一想,要是不答应后撤,不是承认我们害怕晋军吗?他马上召集秦军将领,说:"他们要我们让出一块阵地,我们就撤吧。等他们正在渡河的时候,我们派骑兵冲上去,保管能把他们消灭。"

谢石、谢玄得到苻坚答应后撤的回音,迅速整好人马,准备渡河进攻。

约定渡河的时刻到来了,苻坚一声令下,符融就指挥秦军后撤。他们本来想撤出一个阵地就回过头来总攻。没料到许多秦兵一半由于厌恶战争,一半由于害怕晋军,一听到后撤的命令,撒腿就跑,再也不想停下来了。

谢玄率领8 000多骑兵,趁势飞快渡过淝水,向秦军猛攻。

这时候,朱序在秦军阵后叫喊起来:"秦兵败了!秦兵败了!"后面的兵士不知道前面的情况,只看到前面的秦军往后奔跑,也转过身跟着边叫嚷、边逃跑。

苻融气急败坏地挥舞着剑,想压住阵脚,但秦兵像潮水般地往后涌来,哪里压得住。一群乱兵冲来,把苻融的战马冲倒了。

苻融挣扎着想起来,晋兵已经从后面赶上来,把他一刀砍了。主将一死,秦兵更是像脱了缰绳的惊马一样,四处乱奔。

阵后的苻坚看到情况不妙,只好骑上一匹马拼命逃走。不料一支流箭飞来,正好射中他的肩膀。苻坚顾不得疼痛,继续催马狂奔,一直逃到淮北才歇了口气。

晋军乘胜追击,秦兵没命地溃逃,被挤倒的、踩死的兵士,满山遍野都是。那些逃脱的兵士,一路上听到风声和空中的鹤鸣声,也当作东晋追兵的喊杀声,吓得不敢停下来。

谢石、谢玄收复了寿阳,派飞马往建康送捷报。

这一天,谢安正跟一个客人在家里下棋。他看完了谢石送来的捷报,不露声色,随手把捷报放在床上,照样下棋。

客人知道是前方送来的战报,忍不住问谢安说:"战事情况怎么样?"

谢安慢吞吞地说："孩子们到底把秦人打败了。"

客人听了，高兴得不想再下棋，想赶快把这个好消息告诉别人，就告别走了。

谢安送走客人，回到内宅去，他的兴奋心情再也按捺不住，跨过门槛的时候，跟跟跄跄的，把脚上的木屐的齿也碰断了。

经过这场大战，强大的前秦大丧元气。苻坚逃到洛阳，收拾残兵败将，只剩下十几万。但是慕容垂的兵力却丝毫没受到损失。不出王猛所料，鲜卑族的慕容垂和羌族的姚苌终于背叛了前秦，各自建立了新的国家——后燕和后秦，苻坚本人也被姚苌杀了。

不为五斗米折腰

著名的田园诗人陶潜是个喜欢读书的人，他读书的办法是"好读书，不求甚解"，也就是读得多而不过分地凭自己的主观想象去臆测书籍的内容。可是每当他自己真的有些体会的时候，他会高兴得像小孩子一样，手舞足蹈，甚至连饭也忘记吃。就在这时，往往他也欣然命笔，写诗作文来表达自己的志趣。

陶潜家里很穷，他身上穿的是破旧的短衣，还打着补丁。他为人正直、乐观，虽穷但从不向人叫苦。他喜欢喝酒，但常常买不起。因为他为人直爽朴实，朋友很多，亲朋好友知道他喜欢喝酒，又爱慕他的才学，就常买酒请他喝，陶潜很实在，别人请他喝酒，从不客气，有请必到，到了就喝，喝醉了告辞回家，回家后提笔写诗作文。

一次，他又到朋友家喝酒。这位朋友见他家里实在太穷了，他本人又很有才学，就推荐他去官府做个小官吏。开始陶潜很高兴，可去了没几天就回家不干了。因为，他看不惯官场上那一套恶劣的作风。他对人说，我宁愿回家挨饿，也不与他们同流合污。

后来，他又被朋友推荐去做彭泽县（现在江西省湖口县）的县令。到任以后，他很想干一番大事业。这年，他年仅29岁，风华正茂，血气方刚。

陶潜为官，对上司从不阿谀逢迎。405年的冬天，上边的官府派督邮到彭泽县来督察。这种官虽然职位低，却很有权势，是县令的直接上司的爪牙，在太守面前说好说歹全凭他的那张嘴了。一般的县令,对他们是毕恭毕敬,百般殷勤。这次郡太守派来的督邮是个很粗俗傲慢而又无知的人,刚到彭泽的旅舍,就叫县吏去叫县令来见他。

县吏哪里敢怠慢,赶紧回报陶潜。陶潜到彭泽以前,曾做过几任小官,都因不肯趋炎附势而告退回乡。这次,这个无德无才依附权势的督邮到这里对陶潜发号施令,他怎么看得起!但是,因上下级关系,他又不得不去见一见,县吏说完,他就转身拔腿要去。县吏急忙上前拉住陶潜,并对他说:"大人,且慢,按常礼,参见督邮要穿戴整齐,着朝服,束大带,您要恭恭敬敬地去参见。不然,对您会不利啊!"陶潜听了,长长叹了口气道:"我岂能为五斗米向这等小人折腰!"

说完,他索性回府取出官印,并且写了辞职信,随即离职回家。这次,他只当了80多天的县令。

"五斗米",是当时县令的俸禄,可谓是微薄的收入啊!"折腰",即弯腰,这里指下拜行礼。陶潜多次辞官回乡,他不愿依附权势,更不愿卑躬屈膝地为人为官,这是很有骨气的。他虽穷,但不慕荣华;虽职位低,但不巴结上司。这种高洁的品格是值得后人学习的。

陶潜这次回家以后,在自己家门前种了五棵柳树,自称"五柳先生"。在房后,又开了一片荒地,种上庄稼、蔬菜、花草,决定靠自己的劳动来过活。他一边耕种,一边写诗。因此,他成了我国著名的田园诗人。他的诗自然、纯朴、清新,读了给人身临其境之感,他最出名的作品是《桃花源记》。

"反穿皮袄"迎客人

在五胡十六国的皇帝中,北魏道武帝拓跋珪以尊重知识、重视使用读书人而著称。

402年,东晋大将军刘轨、司马休之、刘敬宣等人占据山阳(今江苏淮安),向篡夺东晋政权的桓玄发起攻击。由于寡不敌众,失败。刘轨、司马休之等人准备渡过淮河投奔北魏。但当他们走到陈留(今河南陈留)时却突然改道,刘轨、司马休之、刘敬宣等人领兵投奔南燕,另一名东晋大将郭恭则改投后秦。

拓跋珪得知这个消息后,十分不解,就派人四处访求司马休之等人的随从人员,最后,终于访到了一个。于是,就把他叫来,问道:"听说司马休之将军等心怀大义,本拟投奔我朝,何以转投南燕、后秦?"

司马休之的那个随从倒也爽快,他对拓跋珪说:"这些人一开始的确是想投效大王,效力北朝的,可他们听说连崔逞这样的有声望的名士都死于大王的刀下,因而为不做刀下之鬼,才转道别投的!"

左右听了这番直来直去的话语,一个个都吓呆了。拓跋珪却表现出少有的宽容,他深深地叹了一口气说:"天意啊,天意!"

不久,拓跋珪亲自下令"士人有过,可以优容。"并在建台省、置百官、封公侯时"刺史、太守、尚书郎以下悉用文人"。

在北魏故地流传着一个"反穿皮袄"的故事:

那是399年,拓跋珪刚刚当上皇帝之后不久。一次退朝之后,拓跋珪召来了国子博士李先,叹息着说:"朕自创业以来,夙兴夜寐,马壮兵强,先败慕容宝于参合陂,再逐慕容垂出华北,声名远著,何以士子文人并不云应而影从,前来军前效力呢?"

李先答道:"三军可夺帅,匹夫不可夺志!士子文人往往吃软不吃硬,他们不像赳赳武夫,崇拜喋血疆场的英雄,而是常常在心里憧憬能有遇上了周文王的姜太公式的际遇!"

"你的意思是说,让朕在礼贤下士上做一番功夫吗?"对中原文化浸染颇深的拓跋珪反问道。"主上圣明!"因为自己也是读书人,为避嫌,李先只说了4个字。

几天以后,拓跋珪出城行猎,傍晚时,他草草地吃了一点东西,就在手下为他临时搭起的行宫中躺下了,他这一天实在是累极了。临躺下之前,他吩咐手下人说,任何人也不准前来打扰。刚刚闭上眼睛,朦朦胧胧中,拓跋珪听见有人在行宫门口高声喧哗,他气极了,怒声问道:"是谁在门口喧哗?"

手下人急匆匆地赶回来:"禀大王,是一个老头子。"

"老头?什么老头这样大胆?竟敢在我休息时前来喧哗?"

"他说他怀有启人神智的珍宝,是专程前来献宝的,而且,而且……"说到这里,那个一向伶牙俐齿的侍从忽然结巴起来。

"而且什么?"

"而且那老头子还口吐狂言,说他是什么'怀揣无价宝,专献帝王家,'只能等一柱香的工夫,过了这个时间就走了。"说到这里,侍卫有些愤愤然了,他恨恨地说:"叵耐那厮,竟让陛下快出去亲自迎接。"

"无价之宝?最能启人神智?"拓跋珪沉吟不语,蓦地,几天前与国子博士李先的那场对话又闪现脑际:

记得那天他问李先"怎样才能使自己聪明起来?"李先答曰:"莫如读书。因为遍观天下之物,惟书最能启人神智。"接着,李又给他讲了许多原本愚笨的人如何靠读书而成为受人称道的人,有多少皇帝靠重用读书人而将国家治理得风调雨顺……

站在一旁的侍卫见他脸上一副阴晴不定的神情,不加思索地说:"我去叫人把那个老头子砍了!"

"慢,去问问他是不是读书人!"

侍卫应声前往,马上又转回来报告:"回陛下,那老头子说'是'!"

话音未落,只听"哗啦"一声,拓跋珪已从床上跃起,趿拉着鞋,往外就跑。

"陛下,你的皮袄!"侍卫见拓跋珪大冷的天连皮袄都穿反了,不由得喊了起来,真是太不雅观了!

南北朝

(公元420年~公元589年)

南北朝历史背景介绍

420年，出身寒门的刘裕取代了名存实亡的东晋，建国称帝，国号为宋。此后半个多世纪齐、梁、陈与刘宋合称南朝。而北方各少数民族政权经过吞并战争，北魏道武帝拓跋焘于439年统一了北方。历史上将北魏与魏末北方暂时统一又分裂的东魏、西魏，继起的北齐、北周合称北朝。

刘裕创宋，利用北府兵，建立皇权政治；注重庶族地主，削弱世族势力等，奠定了南朝各代政治的基本格局。刘宋末年，宗室内战频繁，骨肉相残不断，宋政权仅存50余年即为萧道成所建的齐所取代。萧齐政权在承继刘宋政治制度的同时，其宗室外也效仿刘裕子弟们演出了一幕幕更为惨无人道的内战。24年后，齐亡，由萧衍建立的梁政权禅代。萧衍吸收前期经验与教训，改革制度，提倡文治，但他晚年佞佛，给国家和人民带来极大灾难。侯景之乱，繁华的建康被毁为瓦砾，较强的萧梁政权急转直下。几年之后，陈霸先废梁帝建陈朝。陈时的江南已呈没势。陈名为江南政权，却难以实现对整个江南地区的统治。政权之中一直存在王琳等异己分子，地方上散布有大大小小的豪族割据势力，只因北方暂时的分裂，陈才得以苟延20余年。

刘宋初建时，北方仍是分裂局面，不久鲜卑拓跋氏建立的北魏经过长期的战争，消灭了北方残余的各个政权，再次统一北方，与江南的宋、齐、梁、陈隔江对峙。初入中原的鲜卑人，虽以鲜卑贵族为政权的核心，但对地方的控制，依赖的是宗主督护制，认可汉人世家大族的特权。鲜卑上层与河北世家大族经历矛盾、调整后，开始融洽、合作。鲜卑低层人民在生产实践中，与汉族人民也渐趋融合了。494年孝文帝迁都洛阳并实行改革，将北方民族千百年来的融合大势推向高潮。鲜卑人不仅在典章制度、思想文化方面接受汉文化的影响，而且日常的衣饰、言语、习俗也深受汉文化的濡染。但是鲜卑人中汉化的程度不一，留居六镇地区的鲜卑人汉化进程缓慢，汉化程度较低，他们怨恨汉人，不满现状，逐渐演化为一种离心力。正是这股离心力的作用，北魏末年爆发了北镇暴动与城民起义的浪潮。起义的浪潮淹没了北魏。在北魏的废墟上，先后有过东魏、西魏的并存与北齐、北周的对立，最后北周再次统一北方。

南北朝时期,创造了灿烂的文化,涌现出祖冲之、陶渊明、沈约、贾思勰等等永载史册的科学家、文学家,留下了莫高窟、云冈石窟等这样的精品奇观。对峙之中既有经济、文化的平等交往,也有了政治争夺和军事征战。南北朝前期,无论刘宋的北伐,还是拓跋焘的南侵均难以取得稳固的战果。随着政权的更迭、社会的动荡、宗室的残杀,南方经济更为衰落,政治陷入被动;而北方,经历孝文帝改革,经过民族大融合的进程,国势日盛一日。南北对峙中北方日益取得优势,终为隋代统一大业的完成奠定了基础。

刘裕大摆却月阵

晋朝末年,刘裕掌握了东晋大权。刘裕本来是个出身贫苦的小军官,在世族中没有什么地位。他为了提高自己的威望,决定发动北伐。

409年,刘裕从建康出发,先出兵包围了南燕(十六国之一)的国都广固(今山东益都西北)。南燕的国主慕容超着急了,向后秦讨救兵。

当时,后秦在北方是个比较大的国家。后秦国主姚兴派使者到晋军大营去见刘裕,说:"燕国和我们秦国是友好邻国。我们已派出10万大军驻扎在洛阳。你们一定要逼燕国,我们不会坐视不救。"

使者走了以后,有人对刘裕说:"您这样回答他,只怕激怒了姚兴。如果秦兵真的来攻,我们怎么对付?"

刘裕泰然说:"你就不懂得这个理儿。俗话说:'兵贵神速',他们如果真的要出兵,就会偷偷出兵,何必先派人来通知呢?这完全是姚兴虚张声势,吓唬我们。我看他自己也顾不过来,哪有什么能力救人呢。"

不出刘裕所料,那时候后秦正跟另一个小国夏国互相攻打,还打了败仗,更谈不上出兵救南燕。没有多久,刘裕就把南燕消灭了。

过了几年,刘裕平定了南方的割据力量,再一次北伐,进攻后秦。他派大将王镇恶、檀道济带领步兵,从淮河一带出兵向洛阳方向进攻,自己亲自率领水军沿着黄河进军。

那时候,北方鲜卑族建立的北魏开始强大起来,它的势力已经发展到黄河北岸。北魏在北岸集结了10万大军,威胁晋军。刘裕的水军沿着黄河前进,有时风猛水急,晋军的船只被水冲到北岸,就受到魏兵的攻击。

刘裕派水军上北岸去打魏军,魏兵就逃,等晋军回到船上,他们又在北岸骚扰,弄得晋军来回奔跑,没法顺利进兵。

刘裕派了一个将军带了700兵士、100辆兵车登上北岸,沿岸摆开一个半圆形的阵势,两翼紧紧靠着河岸,中间鼓出,当中的一辆兵车上竖了一根白羽毛。因为这种布阵形状像个月钩,所以名叫"却月阵"。

魏兵远远观察着晋军的布阵，不懂是什么意思，也没有敢动。

一会儿，只见晋军中间车上有人举起白羽毛，两侧就涌出了2 000名兵士，带着100张大弓，奔向兵车。

魏兵看看这个阵势，也没有什么大不了，就集中3万骑兵向河岸猛攻晋阵。晋阵上100辆兵车上的弓箭齐发，仍旧挡不住魏兵。

没料到晋军在却月阵后面，另外布置好1 000多支长矛，装在大弓上。这种长矛约有三四尺长，矛头特别锋利。魏兵正向晋军猛攻的时候，晋军兵士们就用大铁锤敲动大弓，那长矛往魏军飞去，每支长矛就能射杀魏兵三四个，3万名魏兵一下子就被射死了好几千。其他魏兵不知道晋军阵后还有多少这种武器，吓得抱头乱窜，全线崩溃。晋军又乘胜追击，杀死了大批魏兵。

刘裕打退魏军，打通了沿黄河西进的道路，顺利西进。那时候，王镇恶和檀道济带领的步兵，已经攻下洛阳，在潼关和刘裕水军会师。接着刘裕派王镇恶攻下长安，灭了后秦。

宋武帝刘裕初宁陵麒麟

刘裕灭了后秦，把他一个12岁的儿子和王镇恶留在长安，自己带兵回南方。过了几年，晋安帝死去，刘裕认为时机成熟，就派人劝说刚刚即位的晋恭帝让位。420年，刘裕即位做了皇帝，改国号为宋。这就是宋武帝。东晋王朝在南方统治了104年，到这时候灭亡了。

宋文帝的元嘉之治

从426年起，刘裕之子宋文帝把大权集中在自己手中，开始了长达20余年的"元嘉之治。"

文帝在他父亲改革的基础上，继续进行一些新的改革。首先他自己勤于为治,常与臣下议论政事得失。其次,他非常注意选拔人才,特别是宰相人选,能不拘一格,不再假以虚名而重实用,凡是他与之议论政事、委以机密的大臣,都算宰相。他在位30年,被他如此重用的共有10多人。这些人各有所长,如元嘉初年的4个侍中王华、王昙首、殷景仁、刘湛,都是仪表堂堂,既善议论,又很干练,被称之为"四贤";范晔博涉经史,文才秀出,沈演之则好举荐人物,江湛为官清廉,王僧绰练习朝章,文帝全都加以重用。尽管他们官位高低不一,但都是实际上的宰相。而对徒有虚名,不办实事的人物,比如尚书左仆射王敬弘,出于琅琊王氏,头等世族,名气很大,但不屑于处理政务,文帝表面上仍旧表示尊重,却不再委用。

此外,文帝还派出使者巡行州郡,考察守宰优劣;又常亲自参加审讯,以求刑狱平允;对于教育事业也很关心,修复学舍,召集生徒,并亲自到国子学测试诸生。对农业生产,他尤为重视。431年,因发生民众流亡现象,田多荒芜,他下诏守宰督课农桑,流亡者都必须附业,缺种粮的由地方政府贷给。444年,又下诏给南徐州、南兖州、南豫州和扬州的浙西诸郡,即今长江下游广大地区,除种稻外,兼令种麦,运彭城等地麦种贷给这些地区的农民。徐州、豫州等淮河两岸地区,民间多种旱粮,文帝又诏当地守宰修复陂塘,督课百姓种稻。这些措施,使江淮地区进一步得到开发,意义是重大的。遇到灾荒,他也能经常减免赋税,赈恤灾民,又除去估税、市调中害民的内容,不准封禁山泽。他自己的生活,虽不像刘裕那样俭薄,但在位30年,所住宫室,还是原来的老样子,并不增改。可见他也是相当注意节省的。凡此种种,都在客观上有利于当时社会的安定和经济的发展。

综观宋文帝统治期间,虽然没有什么惊人之举,但用人行政,比较得当,赋役均平,不甚扰民。他在位时间长,实行的政策有一贯性和连续性,人民得到了一个较好的休养生息的环境,生产有所发展,生活略有改善,出现了元嘉年间的小康局面。《宋书·良吏传序》形容这30年左右的时间说,这段时间,人口增加了,老百姓除了正常的赋役外,没有其他负担,吏治亦较清明,所以"家给人足",免除了转死沟壑的灾难。人口较密集的地区,竟至"歌谣舞蹈,处处成群",这是"宋世之极盛。"在南朝170年间,确实也找不到比"元嘉之治"更好的时期了。

宋文帝自坏长城

我国南北朝时期,有一位常胜将军,他就是南朝时候宋的名将——檀道济。他年幼时喜读兵书,爱弄刀剑。与小孩子一起玩耍,他总是智高一等。成年以后,经友人推荐,他就一直跟随宋武帝刘裕,南征北战,驰骋疆场,立下了汗马功劳。

宋文帝即位以后,战事较多。檀道济统帅兵马,经常跟北魏作战。一次,北魏声言要与南朝的宋国决战。几十万大军,来势很猛,檀道济只有几万军队,但是,他以寡敌众,接连与北魏军打了30多仗。每仗都以宋胜而告终。人们都称道檀道济善用兵。用现在的话说,也真神了。他与超过自己几倍的军队打仗,仗仗必胜,直打得魏军见到宋军的旗帜就跑,真给吓破了胆。后来,因军粮用完,接济不上,他才部署撤退。应该说,双方交战,在对方撤退时是攻击的良好时机。但是,连吃败仗的魏军,害怕有埋伏,竟然眼睁睁地看着他退兵,不敢追赶。从此,他的威名震动了北魏。很长时间内,北魏不敢轻易对宋用兵。

檀道济与北魏作战有功,朝廷进封他为司空,镇守污阳(今江西省九江),这时,他有了很大的实权。

檀道济善用兵,也善用人。他与自己的部下关系融洽,尤其他的几个心腹,身经百战,能征善战。他的几个儿子,在他的调教下,也很有才能。这样,朝廷对他渐渐产生了惧怕之心。有些大臣对他很妒忌,常在文帝面前说他的坏话。甚至有的人说他是司马懿一类的人物。这使朝廷对他由害怕到猜疑。

宋文帝的身体不太好,当时,他常年生病。他自己身体不适,又有对檀道济不放心这块心病,整日忧心忡忡。彭城王刘义康看出了文帝的心病,他也担心文帝突然死去,没有人能治服檀道济,心里暗暗盘算,找个机会除掉檀道济。一次,宋文帝病情加重,刘义康就借口北魏军队要入侵,形势紧急,召檀道济速到朝廷商议对策。

檀道济得知朝廷相召,准备马上动身。临行前,其妻向氏对他说:"你为朝廷建立了大功,恐怕会有人妒忌你啊!现在没有发生什么重大事情,为何召你前去？莫非大祸临头？你要小心才是啊！"

檀道济却坦然地说："我对朝廷忠心不二，南征北战，出生入死，有何理由妒忌我？朝廷相召，咱不能不去呀！"说完，他披挂上马，赶往京城。

两日后，他到了京城。宋文帝的病情已好转，刘义康也就未开杀机，并且将檀道济暂时留在朝廷。其理由是，文帝有病，边防不安宁。

几个月过去了，这已是第二年的春天，宋文帝叫檀道济回浔阳。走到半路，又被刘义康假传圣旨，召回朝廷。因为宋文帝病情又加重了。

不料，他一进京城，就被打进大牢。紧接着，刘义康派爪牙搜捕檀道济的儿子和他的心腹大将，与檀道济一起共8人，都被杀害了。檀道济遭杀害，真是天大的冤枉啊！

在被杀时，他怒目圆睁，火冒三丈。他想起妻子在他临行时说的话，更加愤怒。难道真有功越高、罪越大的道理吗？他这样想着，脱下头巾，用力掷在地上，大声喊道："你们这样干，就是毁坏国家的万里长城！"檀道济被杀，使忠臣良将心寒。北魏听说这消息，皆大欢喜。

此后，北魏连年南侵。他们认为，宋没什么可怕的了。事实也是这样，对魏军的入侵，宋军无人抵挡得住，就像当年魏军一样，连吃败仗。大片国土相继丢失。

宋文帝对此，不知如何是好。他召集群臣，问道："谁能继承檀道济去抵抗北魏？"

一时，朝廷内鸦雀无声。大臣们大多低头不语。后来，一个大臣回答说："檀道济所以有威名，是因他屡立战功。别人虽有才能，可陛下没有任用啊。"

宋文帝听了，有些生气。他说："你讲得不对。你们忘了吗？李广做汉朝大将军时，匈奴不敢南侵。李广一死，后继的人还有哪几个？"最后也没有人站出来能像檀道济那样去杀退魏军。

不久，北魏军队直打到京城附近，情况十分紧急。宋文帝登上城墙，望着敌军的旗帜，仰天长叹，悔恨地说到："若是檀道济还活着，怎会叫敌人猖狂到这地步！真乃后悔晚矣！"

后来，人们把戍边的将领比作"万里长城"，并从这个历史故事中悟出一个道理，杀害国家的名将犹如毁坏万里长城。

大发明家祖冲之

从宋孝武帝即位之后,宋朝很快就衰落了。在这个时期,却出了一个杰出的科学家祖冲之。

祖冲之的祖父名叫祖昌,在宋朝做了一个管理朝廷建筑的长官。祖冲之长在这样的家庭里,从小就读了不少书,人家都称赞他是个博学的青年。他特别爱好研究数学,也喜欢研究天文历法,经常观测太阳和星球运行的情况,并且做了详细记录。

宋孝武帝听到他的名气,派他到一个专门研究学术的官署"华林学省"工作。他对做官并没有兴趣,但是在那里,可以更加专心研究数学、天文了。

我国历代都有研究天文的官,并且根据研究天文的结果来制定历法。到了宋朝的时候,历法已经有很大进步,但是祖冲之认为还不够精确。他根据长期观察的结果,创制出一部新的历法,叫做"大明历"。这种历法测定的每一回归年(也就是两年冬至点之间的时间)的天数,跟现代科学测定的相差只有50秒;测定月亮环行一周的天数,跟现代科学测定的相差不到1秒,可见它的精确程度了。

462年,祖冲之请求宋孝武帝颁布新历,孝武帝召集大臣商议。那时候,有一个皇帝宠幸的大臣戴法兴出来反对,认为祖冲之擅自改变古历,是离经叛道的行为。

祖冲之当场用他研究的数据回驳了戴法兴。戴法兴依仗皇帝宠幸他,蛮横地说:"历法是古人制定的,后代的人不应该改动。"

祖冲之一点也不害怕。他严肃地说:"你如果有事实根据,就只管拿出来辩论。不要拿空话吓唬人嘛。"

宋孝武帝想帮助戴法兴,找了一些懂得历法的人跟祖冲之辩论,也一个个被祖冲之驳倒了。但是宋孝武帝还是不肯颁布新历。直到祖冲之死了10年之后,他创制的大明历才得到推行。

尽管当时社会动乱不安,但是祖冲之还是孜孜不倦地研究科学。他更大的成就是在数学方面。他曾经对古代数学著作《九章算术》作了注释,又编写一本《缀术》。他的最杰出贡献是求得相当精确的圆周率。经过长期的艰苦研究,他计算出圆周率在 3.1415926 和 3.1415927 之间,成为世界上最早把圆周率数值推算到 7 位数字以上的科学家。

祖冲之在科学发明上是个多面手,他造过一种指南车,随便车子怎样转弯,车上的铜人总是指着南方;他又造过"千里船",在新亭江(在今南京市西南)上试航过,一天可以航行一百多里。他还利用水力转动石磨,舂米碾谷子,叫做"水碓磨"。

祖冲之像

祖冲之死后,他的儿子祖暅、孙儿祖皓都继承了祖冲之的事业,刻苦研究数学和历法。据说祖暅在研究学问的时候,全神贯注,连天上打响雷也听不到。他常常一面走路,一面思考问题。有一次,他在路上走,前面来了个大官僚徐勉。祖暅根本没有发觉,一头就撞在徐勉身上。等到徐勉招呼他,祖暅才像梦中惊醒一样,慌忙答礼。徐勉知道他研究出了神,也没有责怪他。

祖冲之晚年的时候,掌握宋朝禁卫军的萧道成灭了宋朝。479 年,萧道成称帝,建立南齐。他就是齐高帝。

魏孝文帝改革风俗

北魏自从太武帝死去后,政治腐败,鲜卑贵族和大商人压迫人民,不断引起北方人民的反抗。471 年,魏孝文帝即位后,决心采取改革的措施。

魏孝文帝规定了官员的俸禄,严厉惩办贪官污吏;实行了"均田制",把荒地分配给农民,成年男子每人 40 亩,妇女每人 20 亩,让他们种植谷物,另外还分给桑地。农民必须向官府交租、服役。农民死了,除桑田外,都要归还官府。这样一来，开垦的田地多了，农民的生产和生活比较稳定，北魏政权的收入也增加了。

魏孝文帝是一个政治上有作为的人，他认为要巩固魏朝的统治，一定要吸收中原的文化，改革一些落后的风俗。为了这个，他决心把国都从平城(今山西大同市东北)迁到洛阳。

他怕大臣们反对迁都的主张，先提出要大规模进攻南齐。有一次上朝，他把这个打算提了出来，大臣纷纷反对，最激烈的是任城王拓跋澄。

孝文帝发火说："国家是我的国家，你想阻挠我用兵吗？"

拓跋澄反驳说："国家虽然是陛下的，但我是国家的大臣，明知用兵危险，哪能不讲。"

孝文帝想了一下，就宣布退朝，回到宫里，再单独召见拓跋澄，跟他说："老实告诉你，刚才我向你发火，是为了吓唬大家。我真正的意思是觉得平城是个用武的地方，不适宜改革政治。现在我要移风易俗，非得迁都不行。这回我出兵伐齐，实际上是想借这个机会，带领文武官员迁都中原，你看怎么样？"

拓跋澄恍然大悟，马上同意魏孝文帝的主张。

493年，魏孝文帝亲自率领步兵骑兵30多万南下，从平城出发，到了洛阳。正好碰到秋雨连绵，足足下了一个月，到处道路泥泞，行军发生困难。但是孝文帝仍旧戴盔披甲骑马出城，下令继续进军。

大臣们本来不想出兵伐齐，趁着这场大雨，又出来阻拦。孝文帝严肃地说："这次我们兴师动众，如果半途而废，岂不是给后代人笑话。如果不能南进，就把国都迁到这里。诸位认为怎么样？"

大家听了，面面相觑，没有说话。孝文帝说："不能犹豫不决了。同意迁都的往左边站，不同意的站在右边。"

一个贵族说："只要陛下同意停止南伐，那么迁都洛阳，我们也愿意。"许多文武官员虽然不赞成迁都，但是听说可以停止南伐，也都只好表示拥护迁都了。

孝文帝把洛阳一头安排好了，又派任城王拓跋澄回到平城去，向那里的王公贵族，宣传迁都的好处。后来，他又亲自到平城，召集贵族老臣，讨论迁都的事。

平城的贵族中反对的还不少。他们搬出一条条理由，都被孝文帝驳倒了。最后，那些人实在讲不出道理来，只好说："迁都是大事，到底是凶是吉，还是卜个卦吧。"

孝文帝说："卜卦是为了解决疑难不决的事。迁都的事，已经没有疑问，还卜什么。要治理天下的,应该以四海为家,今天走南,明天闯北,哪有固定不变的道理。再说我们上代也迁过几次都,为什么我就不能迁呢?"

贵族大臣被驳得哑口无言,迁都洛阳的事,就这样决定下来了。

孝文帝把国都迁到洛阳以后,决定进一步改革旧的风俗习惯。

有一次,他跟大臣们一起议论朝政。他说:"你们看是移风易俗好,还是因循守旧好?"

咸阳王拓跋禧说:"当然是移风易俗好。"

孝文帝说:"那么我要宣布改革,大家可不能违背。"

接着,孝文帝就宣布几条法令:改说汉语,30岁以上的人改口比较困难,可以暂缓,30岁以下、现在朝庭做官的,一律要改说汉语,违反这一条就降职或者撤职;规定官民改穿汉人的服装;鼓励鲜卑人跟汉族的世族通婚,改用汉人的姓。北魏皇室本来姓拓跋,从那时候开始改姓为元。魏孝文帝名元宏,就是用了汉人的姓。

魏孝文帝大刀阔斧的改革,使北魏政治、经济有了较大的发展,也进一步促进了鲜卑族和汉族的融合。

孝文帝大义灭亲

孝文帝设计迁都洛阳,展露了他大智大勇的才能;在推行改革中,则进一步表现了他的远见卓识。一则为推进改革而大义灭亲的故事,更为后世所传颂。

且说孝文帝迁都洛阳之后,便决心改变鲜卑族的风俗习惯,学习汉族的生活方式和典章制度。494年11月迁都洛阳后,12月2日孝文帝便发布诏令,禁止士大夫和民众穿胡服。495年6月2日,孝文帝下令:"在朝廷中不得讲鲜卑语,违背者免去所任官职。"496年1月,孝文帝下诏把鲜卑族的复姓拓跋改成单姓。诏书道:"北方人称'土'为'拓',称'后'为'跋'。故姓拓跋。土为黄中之色,万物之元,故宜改姓为元氏。诸功臣旧族中凡从代国京城迁来的,其姓有重复的,皆改之。"从此,"拓跋"姓统改为"元"姓,如孝文帝拓跋宏就从此改为元宏。孝文帝元宏还规定,凡从平城迁来的鲜卑人,就算洛阳人,死后也不准运往塞北。

此外,孝文帝元宏还下令仿照南方制度,拟定北魏的礼仪,修订法令,改革官职名称。

孝文帝的这些改革,引起了北魏贵族的不满,首先起来反对的,便是他的儿子太子元恂。孝文帝禁穿胡服,他常常偷偷照穿;孝文帝禁讲鲜卑语,他照讲不改。除此之外,他还借口洛阳天气炎热,散布洛阳不如平城好的论调。496年8月7日,孝文帝出巡嵩山,太子元恂乘机与心腹密谋策划,准备带一批人马不辞而别,直奔平城。此事被发觉后,孝文帝立即返回洛阳,把太子元恂召进宫中,并亲自与咸阳王元禧轮番把元恂打了一百多棒,然后令人将他拽出去,囚禁在城西。10月,孝文帝召集文武百官,商议废去元恂太子位之事。太子太傅穆亮、少保李冲跪地为太子求情。孝文帝道:"你们为太子谢罪,请求宽恕,是出于私情;而今天我在这里要和大家商议的,却是国家大事。'大义灭亲,古人为贵。'太子元恂违抗父命私自逃叛,天底下还有比这更大的罪恶吗?如果不将其废掉,将来也是国家的祸害。"12月8日,孝文帝正式下诏废元恂为庶人,安置在河阳无鼻城,并派兵看守。497年1月8日,孝文帝立皇子元恪为太子,这就是后来的宣武帝。同年3月,御史中尉李彪秘密上书孝文帝,说太子元恂被废之后,又与手下密谋叛逆,孝文帝便派中书侍郎邢峦和咸阳王捧着诏书,带着药酒,去河阳赐元恂死。元恂死后,孝文帝又命人用粗劣的棺材和平常的衣服装殓,埋在河阳。

文武全才的梁武帝萧衍

梁武帝萧衍,字叔达,小名练儿,出生于公元464年,卒于549年,终年86岁;他于502年杀和帝即位,至549年饿死在于台城,在位48年,是南北朝时期做皇帝时间最长的一个皇帝。

梁武帝之所以能安安稳稳地做了48年的皇帝,就是由于他博学多通,有文武才干,汲取魏、晋兴衰之因果,有着丰富的治国经验,他深明韬略。齐明帝时,他藏其锋芒,以避免明帝的猜忌,暗中却网罗人才,积蓄力量,当齐室互相残杀时,他不失时机地扩充实力和统治区域;时机成熟,他便一举灭齐建梁,可见其城府之深。

梁武帝萧衍像

他即位之初,体察民情,勤于政务,注重任用贤能。502年4月,梁武帝下诏道:"小县的县令如果有能力,就升到大县任县令;大县的县令有才能,可以升为郡守。"他下令每次挑选长吏,务必挑选那些廉正公平者。他提拔尚书殿中郎到溉为建安内史,左户侍郎刘彧为晋安太守,就是因为这两个人都以廉洁而著称。

他知道,东晋王朝统治长达百余年,一个重要原因就是凭借世族的支持。为此,他即位后,为建立一个长治久安的萧梁王朝,便千方百计调和世族地主与庶族地主之间的矛盾。504年下诏道:"凡诸郡国旧族邦内无在朝位者,选官搜括,使郡有一人。"为士族提供参政的机会;对于靠军功起家的庶族官吏,尽管出身寒微,但武帝仍让他们"手持天宪,日衔诏命,人虽寒而权自重,权重则势力尽归之。"梁武帝这些做法,在当时士、庶矛盾十分尖锐的情况下,起到了一定的缓解作用,使社会在相当的一段时间内保持了稳定,客观上促进了生产的恢复和发展。

武帝萧衍多才多艺。他长于文学,诗写得很好,曾与当时的文坛名家沈约、谢朓、王融、萧琛、范云、任昉、陆倕等齐名,号称文坛"八友"。"河中之水向东流,洛阳女儿名莫愁。"这一著名诗句,据说就出于梁武帝之手。他精于乐律,曾创制准音器具,多"通";又制长短不齐的笛子12支以应12律;每律各配编钟、编磬,丰富了我国传统乐器的表现能力。在梁武帝的影响和提倡下,梁朝文化事业的发展达到了东晋以来最繁荣的阶段。

陈后主亡国

陈武帝建立南陈王朝的时候,北方的东魏、西魏已经分别被北齐、北周代替。550年,东魏高欢的儿子高洋建立了北齐,557年,西魏宇文泰的儿子宇文觉建立了北周。北齐和北周互相攻战,到北周武帝时,灭掉了北齐,统一了北方。

北周武帝是个比较有作为的皇帝,但是继承他的周宣帝却是一个荒淫暴虐的人。周宣帝死去后,他的岳父杨坚夺取了政权。581年,杨坚即位,建立隋朝。这就是隋文帝。

在北方政治上动乱的时候,南陈王朝获得了一个暂时的安定局面,经济渐渐恢复起来。但是传到第五个皇帝,却是一个荒唐得出奇的陈后主。

陈后主名叫陈叔宝,是个完全不懂国事,只知道喝酒享乐的人。他大兴土木,造起了3座豪华的楼阁,让他的宠妃们住在里面。他手下的宰相江总、尚书孔范等,都是一伙腐朽的文人。陈后主和宠妃经常在宫里举行酒宴,宴会的时候,让他们一起参加。大家通宵达旦地喝酒赋诗,你唱他和,还把他们的诗配上曲子,挑选了1 000多个宫女,为他们演唱。

陈后主这样穷奢极侈,他对百姓的搜刮当然非常残酷。百姓被逼得过不了日子,流离失所,到处可见倒毙的尸体。

有个大臣傅縡上奏章说:"现在已经到了天怒人怨、众叛亲离的田地了。这样下去,恐怕东南的王朝就要完了。"

陈后主一看奏章就火了,派人对傅说:"你能改过认错吗?如果愿意改过,我就宽恕你。"

傅说:"我的心同我的面貌一样。如果我的面貌可以改,我的心才可以改。"

陈后主就把傅縡杀了。

陈后主过了5年的荒唐生活。这时候,北方的隋朝渐渐强大起来,决心灭掉南方的陈朝。

隋文帝听从谋士的计策,每逢江南将要收割庄稼的季节,就在两国边界上集结人马,扬言要进攻陈朝,使得南陈的百姓没法收割。等南陈把人马集中起来,准备抵抗隋兵,隋兵又不进攻了。这样一连几年,南陈的农业生产受了很大影响,守军的士气也松懈下来。隋兵还经常派出小股人马袭击陈军粮仓,放火烧粮食,使陈朝遭到很大损失。

588年,隋文帝造了大批大小战船,派他的儿子晋王杨广、丞相杨素担任元帅,贺若弼、韩擒虎为大将,率领51万大军,分兵八路,准备渡江进攻陈朝。

隋文帝亲自下了讨伐陈朝的诏书,宣布陈后主20条罪状,还把诏书抄写了30万张,派人带到江南各地去散发。陈朝的百姓本来恨透陈后主,看到了隋文帝的诏书,人心更加动摇起来。

杨素率领的水军从永安出发,乘几千艘黄龙大船沿着长江东下,满江都是旌旗,战士的盔甲在阳光

陈朝五铢

下闪闪发光。南陈的江防守兵看了,都吓得呆了,哪里还有抵抗的勇气。

其他几路隋军也都顺利地开到江边。北路的贺若弼的人马到了京口,韩擒虎的人马到了姑孰。江边陈军守将告急的警报接连不断地送到建康。

陈后主正跟宠妃、文人们醉得七颠八倒,他收到警报,连拆都没有拆,就往床下一丢了事。

后来,警报越来越紧了。有的大臣一再请求商议抵抗隋兵的事,陈后主才召集大臣商议。

陈后主说:"东南是个福地,从前北齐来攻过3次,北周也来了两次,都失败了。这次隋兵来,还不是一样来送死,没有什么可怕的。"

他的宠臣孔范也附和着说:"陛下说得对。我们有长江天险,隋兵又不长翅膀,难道能飞得过来!这一定是守江的官员想贪功,故意造出这个假情报来。"

大家你一言,我一语,根本不把隋兵进攻当作一回事,笑话了一阵,又照样叫歌女奏乐,喝起酒来。

589年正月,贺若弼的人马从广陵渡江,攻克京口;韩擒虎的人马从横江渡江到采石,两路隋军逼近建康。

到了这个火烧眉毛的时候,陈后主才有些惊醒过来。城里的陈军还有10余

万人，但是陈后主手下的宠臣江总、孔范一伙都不懂得怎么指挥。陈后主急得哭哭啼啼，手足无措。隋军顺利地攻进建康城，陈军将士被俘的被俘，投降的投降。

隋军打进皇宫，到处找不到陈后主。后来，捉住了几个太监，才知道陈后主逃到后殿投井了。

隋军兵士找到后殿，果然有一口井。往下一望，是个枯井，隐约看到井里有人，就高声呼喊。井里没人答应。

兵士们威吓着叫喊说："再不回答，我们要扔石头了。"说着，真的拿起一块大石头放在井口，装出要扔的样子。

井里的陈后主吓得尖叫了起来。兵士把绳索丢到井里，才把陈后主和两个宠妃拉了上来。

南朝的最后一个朝代陈朝灭亡了。中国自从316年西晋灭亡起，经过270多年的分裂局面，重新获得了统一。

隋

(公元581年~公元618年)

隋代历史背景介绍

隋朝在北周统一北方的基础上,结束了南北朝长期对峙的局面,并为唐朝强盛打下了基础。

581年,北周大丞相、都督内外诸军事隋王杨坚废掉周静帝,自称皇帝,改国号隋,年号为开皇,以长安为都城,建立了隋朝,杨坚是为隋文帝。隋文帝实行了一系列措施来加强中央集权,在中央,设置了三省六部制,分散宰相之权,使之相互制约。在地方,精简州县数目,实行州县两级制。又颁行《开皇律》,加强中央权力,维护社会秩序。以科举制度取代魏晋以来的九品中正制,继续顺应历史潮流,清理门阀政治的影响。在内修政治、积蓄力量后,589年,隋文帝发兵南下,统一南北,自西晋"永嘉之乱"后近300年的分裂局面就此结束。

文帝死后,其子杨广即位,是为隋炀帝。隋炀帝以强大的经济实力为后盾,又拥有安定的社会环境,使他有力量,有可能征发大量的劳动力,营造东京、开凿运河。如果东京的精致奢华只为满足帝王的个人欲望的话,大运河的开凿沟通,则大大促进了大江南北经济、文化的交流。文帝开创的制度,再次得到炀帝的发展、补充与完善,成为隋初之制走向唐代制度的一个必要的中介。杨广的功业还不仅于此,他派裴矩打通西域,加强了中原与西域的联系,又先后击败吐谷浑、突厥,消弥北部边患。朱宽入海求访异俗,刘方经略林邑,常骏出使赤土等是炀帝发展与东南亚邻国关系的明证。炀帝末年,隋代的疆域达到极盛。共置190郡,1 255县,有民户890万,疆域西至且末郡,北到五原郡,东达辽东郡,南抵南海郡。但是隋朝很快衰落了。文帝时积累的财富迅速被挥耗,文帝时奠定的政局在炀帝时急剧地动荡起来。隋炀帝好大喜功,穷兵黩武,他以奢华享乐、耀武扬威为目的,在他短暂的一生之中,3次南巡江都,先后北游五原、恒山,相继西巡狩猎于陇西,最远抵达张掖。炀帝不珍视财富,更不珍惜民力,为征高丽,致使举国就役,扫地为兵,田亩荒芜,于是,全国反隋起义蜂起,统治集团内部分化,隋统治瓦解。617年,宇文化及缢杀炀帝,隋朝仅存37年而亡。

隋文帝执法不恕子

隋朝开国皇帝隋文帝杨坚是一代明君,之所以"明",率先执法便是一例。

杨坚的第三个儿子叫杨俊,封秦王。他在担任并州总管期间,生活奢侈,违越典章,私自模仿皇宫建造自己的宫殿,用外国进贡来的香料涂墙壁,用美玉、黄金装饰台阶,宫殿的墙上到处镶着小镜子。之后,他广搜美女,日夜淫乐。597年7月的一天,杨俊有一姓崔的妃子,见其夜夜不归,另求他欢,心生妒意,便在瓜中置毒,送给杨俊食用。杨俊吃后,虽没致死,也中毒病倒,被召送京。隋文帝派人调查,弄清情况,心中大怒,将杨俊免官,将崔妃废去名位赐死。

文帝法不恕子,震动朝纲。有的大臣以为文帝这是故弄玄虚,作样子给别人看的,乃拭目以待。左卫将军刘升也以为文帝只不过是一时生气,便前去求情道:"秦王只不过是耗费了国家一些钱建造宫舍府第,算不上什么大罪,陛下为此罢官,处罚有些过重,我认为应该饶恕,请陛下再慎重考虑。"隋文帝严肃地说:"国家的法律不可违背,不论什么人都得遵守。"过了几天,尚书仆射杨素见文帝仍没有饶恕杨俊的意思,又向其进谏道:"秦王有错,但还不致免官,陛下的确处理过重,务请陛下慎重从事。"文帝听后,震怒道:"你们的认识有毛病。我难道只是太子杨勇、晋王杨广、秦王杨俊、蜀王杨秀、汉王杨谅五个儿子的父亲,而不是天下人的父母官吗?皇子和百姓应该是一个法律。如果照你们的意见,何不专门制定一个用于皇子的法律?以周公姬旦(即周公,周文王第四子)为人施政,尚且诛杀举兵造反的管叔、蔡叔,我的确比周公差得很远,又怎能枉法徇私呢?"

杨俊听说文帝连杨素的求情都拒绝了,心中很是害怕,就病倒了。病中,杨俊给隋文帝写信表示认罪,请求宽恕。隋文帝对来送信的人道:"你回去告诉杨俊,我之所以艰苦创业,都是为了他们,希望大隋天下,能通过子孙万代相传。他是我的儿子,其行为是要将杨家的天下断送,叫我还有什么可说呢?"没过几天,杨俊羞愧而死。杨俊死后,他手下的人请求给杨俊立个碑,以作纪念,文帝不同意。他说:"要想留个名,在史书上记上一笔就够了,何必再为他立碑!"

从此,隋文帝"法不恕子"的故事就流传了下来。

隋文帝改立太子

581年,随文帝立杨勇为皇太子,以后军国政令多有参决。杨勇性情宽厚率真,无矫饰。参决军国政事,决断正确,文帝都采纳。后因不尚节俭,文帝及独孤皇后就开始不太喜欢他了。晋王杨广,仪表优雅,性情狡诈,为获取文帝的信任,达到当太子的目的,远女色,礼大臣,绝琴瑟,巧言矫饰,渐渐得到文帝、独孤皇后欢心。杨广又与杨素、杨约及宇文述私结同党,买通东宫近臣及仆婢,监视太子。杨素乘机在文帝面前说太子杨勇无才,晋王孝悌恭俭,且诬陷杨勇图谋不轨。600年10月,文帝遂废太子杨勇及其子女为庶人。11月,立晋王杨广为太子。

杨广被立为太子后,杨勇实在咽不下这口气,多次要求面见皇帝陈述申辩,都被杨广蛮横地挡住。一天,杨勇实在情急无奈,爬上东宫一棵大树喊冤,隋文帝听了,问发生了什么事。支持杨广的开国功臣杨素,说杨勇中了邪,不可救药了。这就是"隋太子爬树喊冤"的故事。604年,隋文帝在弥留之际,才发现杨广对他不忠,而杨勇对父皇却是一片忠心,曾有再来一次废立的念头,但是已经太迟了。

赵绰依法办事不怕杀头

隋文帝统一全国以后,采取了各种巩固统治的措施,像改革官制兵制,建立科举制度,选用办事能干的官员,严办贪官污吏。经过他的一番整顿改革,政局稳定,社会经济出现了繁荣的景象。

隋文帝还派人修订刑律,废除了一些残酷的刑罚。这本来是件好事,但是隋文帝本人就不完全按照这个刑律办事,往往一时气愤,不顾刑律规定,随便下令杀人。

这种情形,叫大理寺(管理司法的官署)的官员很为难。大理寺少卿赵绰觉得维护刑律是他的责任,常常跟隋文帝顶撞起来。

隋文帝曾经下令禁止使用不合标准的钱币。有一次,大兴(隋朝的都城名,今陕西西安市)大街上有人拿次币换好币,被人发现了,捉到衙门里。这件事让隋文帝得知了,隋文帝听说有人竟敢违反他下的禁令,一气之下,就下令把换钱的两个人统统砍头。

赵绰接到命令,赶忙进宫求见隋文帝。他对隋文帝说:"这两个人犯了禁令,按刑律只能打板子,不该处死。"

隋文帝不耐烦地说:"这是我下的命令,不关你的事。"

赵绰说:"陛下不嫌我愚笨,叫我充当大理寺官员。现在遇到不依刑律杀人的情况,怎么能说跟我没关系呢?"

隋文帝气冲冲地说:"你想撼动大树吗?撼不动你就走开吧!"

赵绰说:"我只是想劝说陛下改变主意,谈不上想撼动大树。"

隋文帝又说:"你想触犯天子的威严吗?"

赵绰不管隋文帝怎样威吓,还是坚持自己的意见。隋文帝怎样骂他赶他,他也不走。隋文帝没法,很不高兴地进内宫去了。

后来,由于别的官员也上奏章谏阻,隋文帝终于取消了杀人的命令。

又有一次,官员辛亶被人告发搞不法的迷信活动。隋文帝又命令大理把辛亶处死。

赵绰上朝对隋文帝说:"辛亶没有死罪,我不能接受这个命令。"

隋文帝气得浑身发抖,说:"你想救辛亶,就没有你自己的命。"说着,喝令左右侍从把赵绰拉下殿去。

赵绰面不改色,说:"陛下可以杀我,但是不该杀辛亶。"

左右侍从真的把赵绰扭下朝堂,剥了他的官服,摘掉他的官帽,准备处斩。这时候,隋文帝也想到杀赵绰太没道理,就派人跟赵绰说:"你还有什么话说?"

赵绰跪在地上,挺直了腰说:"臣一心执法,不怕一死。"

隋文帝并不真想杀赵绰,磨蹭了一阵子,气也平了。他想赵绰能忠于执法,毕竟是有利于他的统治的,就把赵绰放了,过了一天,还派人慰问了赵绰。

在大理寺官署里,有一个官员名叫来旷,听说隋文帝对赵绰不满意,想迎合隋文帝,就背着赵绰给隋文帝上了一道奏章,认为大理寺衙门执法太宽。隋文帝看了奏章,认为来旷说得很中肯,就把他提升了官职。

来旷自以为受到皇帝的赏识，就昧着良心，诬告赵绰徇私舞弊，把不该赦免的犯人放了。

隋文帝虽然嫌赵绰办事不顺他的心，但是对来旷的上告，却有点怀疑。他派亲信官员去调查，根本没有这回事。隋文帝弄清真相，勃然大怒，立刻下命令把来旷处死。

隋文帝把这个案子交给赵绰办，认为这一回来旷诬告的是赵绰自己，赵绰不会不同意。哪儿知道赵绰还是说："来旷有罪，但是不该判斩。"

隋文帝很不高兴，袖子一甩，就退朝往内宫去了。

赵绰在后面大声嚷着说："来旷的事臣就不说了。不过臣还有别的要紧事，请求面奏。"

隋文帝信以为真，就答应让赵绰进内宫。

隋文帝问赵绰有什么事。赵绰说："我有三条大罪，请陛下发落。第一，臣身为大理寺少卿，没有把下面的官吏管好，使来旷触犯刑律；第二，来旷不该处死，臣不能据理力争；第三，臣请求进宫，本来没有什么事，只是因为心里着急，才欺骗了陛下。"

隋文帝听到最后几句话，禁不住哑然失笑。旁边独孤皇后（独孤为姓）在座，也很赏识赵绰的正直，命令左右赐给赵绰两杯酒。隋文帝也同意赦免来旷死刑，改判革职流放。

杨广杀父自立与营建东京

604年7月，文帝病危，杨素、柳述、元岩等人都入宫侍疾，召太子杨广入居大宝殿。杨广怕文帝有新的考虑，急不可待地给杨素写信，谋划继位。但是杨素的回信被宫人误送到文帝手中，文帝大怒。同时，文帝还发现杨广在宫里要奸污他的宠妾宣华夫人。文帝这才下决心除掉太子杨广，于是令柳述、元岩召回太子杨勇，准备让他继承皇位。杨素得知这一消息，立即报告杨广，杨广马上伪造圣旨，逮捕柳述和元岩，把自己的心腹派到宫里，宫门由他的亲信宇文述等控制，将后宫的人遣往别处。待一切布置妥当后，杨广派张衡进宫，13日杀死父亲文帝。

21日杨广即皇帝位,是为隋炀帝。同时派杨约入长安,矫称文帝诏书,赐故太子杨勇死,缢杀之。

604年11月,隋炀帝杨广令于伊洛(今洛阳)营建东京。605年3月,炀帝任命尚书令杨素为营建东京大监,纳言杨达、将作大匠宇文恺为副监,开展了大规模的营建工程。经过约一年时间,606年初建成。并命洛州居民及州中富商数万迁居新都。东京城周长55里,建制仿西京长安,城分宫城、皇城及外郭城3重。宫城是宫殿所在处,皇城是文武官司所在处,外郭城就是大城或称罗城,是官吏私宅和百姓所在处。为保证东京的供应,606年,炀帝下令在东京附近新置了兴洛及回洛2个大粮仓,储粮几十万石。建成后的东都,不但具有重要战略意义,而且成为全国除西京长安外又一政治、经济、文化中心及南北交通的枢纽,和长安并称二都。

隋朝开通大运河

隋朝大运河的开凿始于隋文帝时代,当时引渭水从大兴城(即长安城)到达潼关,长达300里,名广通渠。隋炀帝修建的大运河,工程分4段进行。大业元年(605年),隋炀帝征发江南、淮北100多万民工,在北方修通济渠,从洛阳西苑通到淮河边的山阳(今江苏淮安)。同年,又征发淮南10余万劳动力,把山阳邗沟加以疏通扩大。大约用了半年的时间,一条宽40步的运河——邗沟修成了。接着,从通济渠向北延伸。608年,征发河北民工100多万人开永济渠。这条河主要利用沁水的河道,南接黄河,北通涿郡。610年,在长江以南开了一条江南河,从京口(今江苏镇江)引江水穿过太湖流域,直达钱塘江边的余杭(今浙江杭州)。前后用了不到6年的时间,大运河的全线工程告成。隋朝大运河沟通了海河、黄河、淮河、长江、钱塘江5大河流。它以东京洛阳为中心,西通关中盆地,北抵华北平原,南达太湖流域,通航的范围大大超过以往。这条大运河长达千里,是世界上伟大的工程之一。

隋炀帝穷兵黩武

611年2月,炀帝自江都(今江苏扬州)乘龙舟,入永济渠,赴涿郡(今北京),下诏攻高丽。命元弘嗣往东莱(今山东)海口造船300艘,官吏督役,船工昼夜立于水中,不得休息,自腰以下全都生蛆,死者十之三四。征集全国各地的水陆兵,不论远近,会集涿郡。又征发江淮以南水手1万人,弩手3万人,岭南排镩手3万人,全部奔赴涿郡。五月,炀帝令河南、淮南、江南造戎车5万乘,发河南北部民夫供应军需。7月,发江淮以南民夫及船只运黎阳及洛口诸仓米至涿郡,船队前后长达千余里,往返在路上的民夫经常有10万人,日夜不绝,死尸横遍道路,全国骚动。612年、613年、614年,3次大兴进攻高丽,穷兵黩武,举国就役,扫地为兵,课役繁重,田亩荒芜,终于激起人民的反抗,导致隋朝的灭亡。

高德儒指鸟为鸾

历史上曾经有一个"指鹿为马"的故事几乎人人皆知。至于"指鸟为鸾"则鲜为人知了。只有《资治通鉴》这部史籍中详尽记述了"指鸟为鸾"的前前后后。

事件的主要内容是,唐高祖李渊在太原起兵反隋时,派儿子李建成和次子李世民统兵进攻隋朝的西河郡(现在的山西临汾)。两人顺利攻下西河郡,俘虏了郡丞高德儒。回到大本营,李世民义正辞严数落高德儒的罪状说:"昔日,你指鸟为鸾,为讨好隋帝欢心,你欺瞒主上,获取高位。如今,我兴义兵讨伐你,正是为诛杀你这欺上瞒下的佞臣!"说完,立即将高德儒斩首,对其余被俘人则概不杀戮。

上边李世民数说隋郡丞高德儒罪状时,说到的"指鸟为鸾",历史上确有其事。615年,一天,天上飞来两只孔雀,翩翩栖落在宫城朝堂前。这时,亲卫校尉(皇帝身边的护卫武官)高德儒等10余人目睹了这一景观。高德儒趁机借题发挥,隐瞒真相,上奏皇帝说,有两只鸾鸟飞落堂前,这是个吉祥之兆!说了这句话他紧接说鸾鸟已经飞走了,炀帝也无法亲眼目睹,高德儒的话也就无从验证了。昏庸的炀帝竟然下诏表彰高德儒对隋朝的一片诚心和预知吉祥的才能,并提升他为朝散大夫,与高德儒一起看见"鸾"鸟的人也都得到了重赏,后来还在二"鸾"栖落的宫城朝堂前建造了一座"仪鸾殿"。

历史,就是惊人的相似,秦有"指鹿为马",隋有"指鸟为鸾",揭示的事情的本质都是一样的,即世道昏暗,统治者昏庸。

瓦岗军开仓分粮

瓦岗军首领翟让,本来是东郡的一个小吏,因为得罪了上司,被打进牢监,还被判了死罪。有个狱吏同情他,跟他说:"我看你是条好汉,怎么能在牢里等死呢。"一天夜里,狱吏偷偷地砸了镣铐,打开牢门,把翟让放了。

翟让逃出了牢监,逃到东郡附近的瓦岗寨,招集了一些贫苦农民,组织了一支起义队伍。当地一些青年人,听到这个消息,都来投奔他。其中有一个青年叫徐世勣,年仅17岁,不但武艺高强,而且很有计谋。

徐世勣劝翟让说:"这里附近都是贫苦的老乡,我们不应该去打扰他们。我看荥阳一带,来往的豪门富商很多,不如到那里去筹办点钱粮。"

翟让听从徐世勣的意见,带领农民军到荥阳一带,专门打击官府富商,夺取大批资财。附近农民来投奔翟让的越来越多,很快就发展到1万多人。

李密投奔翟让以后,帮助翟让整顿人马。那时候,附近各地还有一些小股的农民队伍。李密到各处去联络,说服他们联合起来,听从翟让指挥。翟让十分高兴,跟李密渐渐亲近起来。

翟让虽然有了很多人马,但是他并没想到自己能推翻隋炀帝。李密对翟让说:"从前刘邦、项羽,本来也是普通老百姓,后来终于推翻秦朝。现在皇上昏庸暴虐,百姓怨声载道,官军大部分又远在辽东。您手下兵强马壮,要拿下东都和长安,打倒暴君,还不是轻而易举的事!"

翟让听了很高兴,说:"您的意见太好了,我倒没想到这一点呢。"

接着,两人商量了一番,决定先攻打荥阳。荥阳太守向隋炀帝告急。隋炀帝派大将张须陀带大军镇压。

张须陀是镇压农民军的老手。翟让曾经在他手里打过败仗,这次听说又是张须陀来了,有点害怕。李密说:"张须陀有勇无谋,再加上他自以为强大,骄傲轻敌。我们利用他的弱点,保管能打败他。"

李密请翟让摆开阵势,正面迎击敌人;他自己带了1 000人马在荥阳大海寺北面的密林里设下埋伏。

张须陀欺翟让不是他的对手,莽莽撞撞地指挥人马掩杀过来。翟让抵挡了一阵,假装败退。张须陀紧紧追赶,追了10多里,路越来越窄,树林越来越密,正是李密布置的埋伏圈。李密一声令下,埋伏的瓦岗军将士一齐杀出,把张须陀的人马团团围住。张须陀虽然勇猛,但是被伏兵层层包围,左冲右突,没法脱围,终于全军覆没。张须陀也被起义军打死了。

经过这一场战斗,李密在瓦岗军里提高了威信。李密不但号令严明,而且生活朴素,凡是从敌人那里缴获来的钱财,他都分给起义将士。日子一久,将士们就渐渐向着他了。

617年春天,李密劝说翟让,趁隋炀帝在江都巡游,东都空虚的机会,进攻东都。瓦岗军派人到东都刺探军情,被隋朝官员发觉,加强了东都的防御。李密就改变计划,提议先打东都附近的兴洛仓(在今河南巩县)。

兴洛仓也叫做洛口仓,是隋王朝建造的最大的一个粮仓。仓城周围20多里,城里挖了3 000个大窖,每个窖里贮藏着8 000石粮食。这都是隋王朝多年来从各地农民身上搜刮来的血汗。

翟让、李密两人带7 000名精兵攻打兴洛仓。这些兵士原是流离失所的农民,一听攻打官府的粮仓,个个摩拳擦掌,勇气百倍。他们向兴洛仓发起猛攻。驻守在兴洛仓的隋军还想顽抗,但是怎么也抵挡不住像插翅猛虎一般的瓦岗军,兴洛仓被攻破了。

瓦岗军攻破兴洛仓以后,立刻发布命令,开仓分粮。兵士们打开一口口粮窖,让老百姓尽情地拿。受饥挨饿的农民从四面八方拥向粮仓,从头发花白的老人,到背着孩子的妇女,一个个眼里带着激动的泪花,前来领粮。大伙对瓦岗军的感激心情,就不用提了。

接着,瓦岗军又打败了东都派来的隋军救兵。到这时候,瓦岗军的指挥权渐渐集中在李密手里。翟让觉得自己的才能不如李密,就把首领的地位让给李密。大家推李密为魏公,兼任行军元帅。

瓦岗军在洛口建立了自己的政权后,乘胜攻下许多郡县,隋朝官吏兵士纷纷投降。瓦岗军一面继续围攻东都,一面发出讨伐隋炀帝的檄文,声讨炀帝的罪恶,号召百姓起来推翻隋王朝的统治。这一来,把整个中原都震动了。

正当瓦岗军胜利发展的时候,内部发生了严重分裂。翟让把首领位子让给李密后,翟让手下有些将领很不愿意。有人劝翟让把权夺回来,翟让却总是笑呵呵的不当一回事。但是这些话传到李密耳朵里,李密就很不高兴。李密的部下撺掇他除掉翟让。李密为了保自己的地位,竟起了狠心。

有一天,李密请翟让喝酒。在宴会中间,把翟让的兵士都支开了,李密假意拿出一把好弓给翟让,请他试射。翟让转过身子,刚拉开弓。李密布置好的刀斧手就动起手来,把翟让砍倒了。

打那时候起,瓦岗军开始走了下坡路。但是,北方由李渊带领的一支反隋军却正在强大起来。

李渊太原起兵伐隋

李渊本来是隋王朝的贵族,靠继承祖上的爵位,当上了唐国公。617年隋炀帝派他到太原去当留守(官名),镇压农民起义,开始他也打过胜仗,后来看到起义军越打越强,越打越多,他也感到紧张起来了。

李渊有4个儿子。第二个儿子李世民那时候刚18岁,是个很有胆识的青年,平时喜欢结交有才能的人。人们也觉得他慷慨好客,喜欢跟他打交道。他看准隋朝的统治长不了,心里早有了自己的打算。

晋阳(今山西太原)县令刘文静,十分看重李世民。李世民也把他看作知心朋友。刘文静跟李密有亲戚关系。李密参加起义军以后,隋炀帝下令捉拿李密亲友。刘文静受到株连,被革了职,关在晋阳的牢监里。

李世民听到刘文静坐了牢,十分着急,赶到牢监里去探望。

李世民拉着刘文静的手说:"刘大哥,我来探望,不但是为了叙叙友情,主要是想请您帮我出个主意。"

刘文静早就知道李世民的心思。他说："现在皇上远在江都，李密逼近东都，到处都有人造反。这倒是打天下的好时机哩。我可以帮您收集10万人马，您父亲手下还有几万人。如果用这支力量起兵，打进长安，号令天下，不出半年，可以取得天下。"

李世民高兴地说："您真说到我心里去了。"

李世民回到家里，想想刘文静的话，越想越觉得有道理。但是要说服他父亲，倒是个难题。正好在这个时候，太原北面的突厥（我国古代北方民族之一）可汗进攻马邑。李渊派兵抵抗，接连打败仗。李渊怕这件事给隋炀帝知道了，要追究他的责任，急得不知道该怎么办。

李世民抓住这个机会，就找李渊劝他起兵反隋。李渊一听，吓得要命，说："你怎么说出这种没上没下的话来。要是我去报官，准会把你抓起来。"

李世民并不害怕，说："父亲要告就去告吧，儿才不怕死呢。"

李渊当然不会真的去告发，只是叮嘱他以后别说这样的话。

第二天，李世民又找李渊说："父亲受皇上的委派，到这里讨伐反叛的人。可是眼看造反的人越来越多，您能讨伐得了？再说，皇上猜忌心很重，就算您立了功，您的处境更加危险。只有照我昨天说的办，才是唯一的出路。"

李渊犹豫了许多时候，才长叹一口气说："昨天夜里，我想想你说的话，也有道理。我也拿不定主意。从现在起，是家破人亡，还是能化家为国，就凭你啦！"

李渊把刘文静从晋阳牢监里放了出来。刘文静帮助李世民，分头招兵买马。李渊又派人把正在河东打仗的另两个儿子李建成和李元吉召了回来。

太原的两个副留守看到李渊父子的举动反常，想出来阻挠。李渊借口他们勾结突厥，把他们抓起来杀了。

李渊又听从刘文静的计策，派人备了一份厚

李渊像

礼,到突厥可汗那里讲和,约他一起反隋。突厥可汗觉得这样做对他们有好处,就答应帮助李渊。

李渊稳住突厥这一头,就正式起兵反隋。李渊自称大将军,派李建成和李世民分别做左右领军大都督、刘文静做司马,又把兵士都称为"义士"。他们带领3万人马离开晋阳,向长安进军。一路上继续招募人马,并且学农民起义军的做法,打开官仓发粮给贫民。这样一来,应募的百姓就越来越多了。

唐军到了霍邑(今山西霍县),遭到隋朝将军宋老生的拦击。霍邑一带道路狭隘,又正赶上接连几天大雨,唐军的军粮运输中断了。兵士中还纷纷传说突厥兵正准备偷袭晋阳。李渊动摇起来,想撤兵回晋阳去。

李世民对李渊说:"现在正是秋收季节,田野里有的是粮食,哪怕缺粮!宋老生也没有什么可怕。我们用义兵的名义号召天下,如果还没打仗就后撤,岂不叫人失望。回到晋阳,是断断没有生路的。"

李建成也支持他弟弟的主张。李渊这才改变了主意,取消了撤兵的打算。

8月的一天,久雨刚刚放晴。唐军一早沿着山边小路,急行军来到霍邑城边。李渊先派建成率领几十个骑兵在城下挑战。宋老生一看唐军人少,亲自带了3万人马出城。李世民带兵居高临下从南面山头冲杀下来,把宋老生的人马冲得七零八落。宋老生急忙回头想逃回城去。李渊的兵士已经占了城池,把城门关得紧紧的。宋老生走投无路,被唐军杀了。

唐军攻下霍邑以后,继续向西进军,在关中的农民军的配合下,渡过黄河。留在长安的李渊的女儿也招募了1万多人马,号称"娘子军",响应唐军进关。

李渊集中了20多万大军攻打长安。守在长安的隋军,要想抵抗也没用了。李渊攻下长安以后,为了争取民心,宣布约法十二条,把隋王朝的苛刻法令一概废除,并且暂时让隋炀帝的孙子杨侑做个挂名的皇帝。

618年夏,从江都传来了隋炀帝被杀的消息,李渊才把杨侑废了,自己即位称帝,改国号为唐。这就是唐高祖。

【国学精粹珍藏版】

中华典故

◎尽览中国古典文化的博大精深
◎读传世典籍，赢智慧人生
——受益终生的传世经典

李志敏⊙主编

卷三

民主与建设出版社

唐

(公元618年~公元907年)

唐历史背景介绍

在中国历史流程中,唐朝是一个云蒸霞蔚、异彩纷呈的时代。自618年高祖李渊建唐,经一代明君太宗李世民的励精图治,使隋末战乱摧毁的社会经济在唐初便迅速得以恢复,出现了谷黍丰稔、百姓安乐的"贞观之治",这为唐朝走向"开元盛世"的辉煌开拓了道路。当历史推进至风流儒雅的玄宗李隆基的开元、天宝年间,国力的强盛,经济的发达,社会的繁荣更使唐朝成为中国历史上封建社会最为繁荣的鼎盛时期。

从隋末血雨腥风的战乱中崛起的李唐王朝,自立国之初便十分注重社会的安定和政治的开明。李渊初克长安,便与民约法十二章,更改律令,务在宽简。经"玄武门之变"走向皇位的李世民更是视为"仁君"典范。在政治上,他采用予民生息的方针,深信君主似舟,也可覆船的名言至理,并以此来训诫太子;他广开言路,从谏如流,虚己以受人;打破魏晋以来的九品中正制,重修氏族志。在政权组织上,以科举取士,建立良好及有秩序的政府管理机制,形成以关陇为核心的统治集团。在经济上,推行均田制、实行租庸调法、奖励垦荒、轻徭薄赋、劝课农桑、设置义仓、救灾备荒、兴修水利、改进耕具,使农业和手工业得到了前所未有的发展。在军事上,实行府兵制,将士分离,实现中央高度集权。从太宗,高宗到玄宗时代,取得了一系列对外战争的胜利,解除了东北边境的威胁,羁縻西域的吐谷浑、回纥及吐蕃,使周边小国纷纷内附,并在四境设置都护府,边境地区得以保持相对的安定。在文化上,实现兼收并蓄、海纳百川的政策,使唐代文化气象万千,流光溢彩。文禁松弛,风气开放,贯穿在唐代始终,显示着盛唐特有的大国气势。这种文化现象既表明唐代博大兼容的社会氛围,也反映了中外文化交流的活跃势态。京师长安随着丝绸之路的畅通,不仅成为中外交通枢纽,也成为东西方文化交流的中心。四方的乐工、画师、艺人、方士云集于此,各国的贵族、商贾、使者、留学生荟萃一处,这里也成为佛教、祆教、景教、摩尼教滋长传播的中心,真正是"万国衣冠拜冕旒"。唐代诗歌的繁荣更是这种文化交融、积累的结晶。唐朝是一个诗的王国,这里名家辈出,灿若星辰;佳篇竞传,绚似云锦。孕育、诞生了李白、杜甫、白居易等一大批历史文化名人。唐代对外是开疆拓土、军威四震,国内则是经济发达、文化繁荣。由贞观至开元天宝,唐朝的文治武功、内政外交,成功地显示了一个大一统帝国开放恢宏的文化心态和精神意向。这份从容自如的韵致,正是盛唐荣华的自然表露和人文智慧的尽情挥洒。

当然,在唐代繁华强盛的背后也潜伏着深重的内忧外患。755年,终于爆发了"渔阳鼙鼓动地来,惊破霓裳羽衣曲"的"安史之乱"。尽管经过八年苦战,安史之乱得以平息,但风华博瞻的盛唐气象已春风难再。而许多隐患,反倒愈发尖锐起来。藩镇割据,宦官专权,党争剧烈,像块块毒瘤时刻侵蚀着机体。虽有宪宗中兴,但颓波难挽,875年,再次爆发一场大规模的王仙芝、黄巢起义,席卷全国,京师陷落。接着藩镇混战,割据政权先后建立,907年,朱温的"后梁"政权最终为绵延289年的大唐历史划上了黯然的句号。

李渊推翻隋朝初建唐

李渊出生在隋王朝的一个贵族家庭,他的祖父李虎是西魏和北周最高军官八柱国之一,死后追封唐国公,他的父亲也是北周时的柱国大将军。李渊的母亲与北周明帝皇后和隋文帝皇后是亲姐妹。李渊幼年丧父,7岁便继承了唐国公的爵位。隋取代北周后,15岁的李渊被任命为隋文帝的贴身侍卫官,开始了他的政治生涯。

617年,隋炀帝派他到军事重镇太原去当留守(官名),镇压农民起义。尽管李渊镇压农民起义很卖力气,但是隋炀帝还是不信任他,派自己的心腹王威、高君雅做太原副留守来监视他。当时反隋的农民起义不断爆发,李渊和他的二儿子李世民分析当时的形势,认为隋朝的统治不会长久,只有趁天下大乱的机会,夺取政权,才能保住家族的地位和利益。

同年,李渊父子在太原起兵,杀掉太原副留守王威、高君雅,迈出了兴唐灭隋的第一步。随后,李渊做出了富有政治远见的重大决策:他派人出使突厥议和,表示愿意永远结为盟好,并请求出兵协助伐隋。这不仅消除了他挥师南下的后顾之忧,还得到外来的兵援,壮大了自己的声势。进而他又招募兵员,制造弓箭,蓄养马匹,积极扩大自己的武装力量。

与此同时,李渊广泛利用自己的社会关系和政治地位争取各界人士的支持,获得了人力、物力、财力的巨大援助。在短短的120多天内,李渊便占领了关中,攻下了长安。

李渊攻进长安以后,本可以立即称帝建国,但他没有这样做,而是从有利于兴唐灭隋的战略角度,十分机智地处理各种复杂的问题,又一次表现了他的远见卓识。李渊立隋炀帝的孙子,13岁的代王杨侑做皇帝,就是隋恭帝,尊当时在江都的隋炀帝为太上皇,自己做大丞相。这样,他既取消了隋炀帝的帝位,又可以利用杨侑这块招牌去招降隋朝的文武官员,把全部大权操纵在自己手里。

618年隋炀帝死后,李渊废掉隋恭帝,改国号为唐,自己当上了皇帝,称为唐高祖,定都长安。经过一段时间的东征西讨,终于统一了天下。

兄弟相残　血溅玄武门

在唐帝国建立的过程中,长子建成经常在李渊身边协助处理军国大事,次子世民经常率军出征,他们二人都立了大功。618年李渊于长安称帝后,除第四子元霸早死外,立长子建成为太子,次子世民为秦王,三子元吉为齐王。

秦王李世民在长期的征战中,收罗了大批军事人材,如尉迟敬德、屈突通、段志玄、秦叔宝、程知节等;班师长安后,又以开文学馆为名,收罗了杜如晦、房玄龄等18名文职官员。这样,秦王李世民便建立了一个文武兼备的秦王府集团。后来,李世民在朝中又得到刘文静、长孙顺德、刘弘基等元老功臣的支持,势力日盛,这就对太子李建成的皇位继承权构成了巨大威胁,太子李建成便想伺机除掉李世民。李世民本来对高祖立建成为太子就心中不服,但鉴于当时的传统观念也无可奈何。

李建成小肚鸡肠,虽被封为太子,但见秦王才能过己,人多势众,生怕夺去自己的太子之位,便也加紧收罗人才,扩充实力。首先,他利用太子位这个合法身份,把一些皇亲国戚、元老重臣拉在他的周围,如齐王李元吉、德妃的父亲尹阿鼠,还有文官魏徵、王珪和武官冯立、万彻等;接着,他用计拉拢受高祖宠爱的嫔妃,如张婕妤、尹德妃等,经常在高祖面前对秦王造谣中伤,同时招募勇士2 000余人,这样便又形成了一个强大的太子集团。

太子李建成怕夜长梦多,加快准备,欲伺机将秦王害死。625年7月的一天,高祖外出打猎,让他们兄弟骑马比箭,李建成设计将一匹未驯烈马让秦王骑。秦王三上三下,才将烈马驯服。秦王知道太子用计,不由气愤道:"有人想用此马害我,但生死有命,岂能任小人所为?"李建成听到后,让张、尹二妃去向高祖诬陷秦王道:"秦王自称上天授命于我,正要我去当天子,怎会就死?"高祖听后将秦王叫来怒责道:"谁是天,自由上天授命,我还没死,你谋求帝位之心为何这等急切?"正在这时,边报突厥进犯,高祖为让秦王率军抵御,便赦免了他。李建成见一计未成,又设一计。626年6月1日,太子李建成将秦王李世民邀来饮酒。秦王饮后心痛难忍,吐了几升血,幸被淮安王李神通救回西宫。后来,建成建议高祖让元吉代替秦王出征,元吉又请求将秦王府的战将尉迟敬德、程咬金、秦叔宝归己指挥,并调秦王府部下精锐兵士充实自己的部队,高祖都一一同意。

秦王李世民闻悉觉得情况危急,急忙将长孙无忌、尉迟敬德等人叫来商议,一致决定,立即动手,先发制人。6月3日,秦王李世民上朝揭发太子李建成在后宫胡作非为以及与张、尹二妃的暧昧关系,高祖大吃一惊道:"竟有此事?"世民又道:"我丝毫没有对不起哥哥和弟弟的地方,可他们一次一次地设计要杀死我。"世民没有说完便已泣不成声。高祖对太子陷害秦王的行为已有所闻,现又听说调戏他的宠妃,更是心中不快,便对世民道:"你所说的问题,我明天就审,你最好早来朝参。"6月4日一早,李世民便率长孙无忌等人埋伏于玄武门附近。张婕妤暗中得知秦王上表的大意,便提前通知了太子。太子建成和齐王元吉自以为内有张、尹二妃,外有自己的心腹将阿常守卫,不以为然,仍决定上朝观察动静。当他们二人来到临湖殿时,发现情况不对,立即回头便跑,李世民搭箭射去,李建成应弦倒地而亡。齐王元吉见事不妙,乘骑入林。秦王世民催骑入林追去,不慎被树枝挂住,倒下马来,齐王元吉一个箭步上去,掐住了秦王的脖子,眼看秦王将死,尉迟敬德急速赶来,一箭射死元吉,秦王得救。

高祖得知太子建成、齐王元吉已死,不胜悲痛。但事已至此,无可奈何,便于6月7日,将秦王李世民立为太子,并颁布诏书道:"从今天起,军队和国家的各项事务,无论大小,全交付太子处置决定,然后朕再听取奏报。"6月15日,高祖李渊自上太上皇尊号;8月8日,高祖李渊颁布诏书,将皇位传给太子李世民;8月9日,太子李世民在东宫显庆宫显庆殿即皇帝位,是为太宗,时年28岁。

唐太宗论功行赏不徇私情

626年8月9日,唐太宗李世民即位称帝,9月24日,与群臣面对面地议定开国元勋长孙无忌等人的爵位问题,在宣布各种任命名单后,对众臣道:"朕授予你们的官职、爵位,如有不当之处,可以在此提出来研究。"众臣开始讨论,十分热烈。太宗的叔父,淮安王李神通不服气,对太宗道:"太原起兵的时候,我在关西首先率部响应,赴汤蹈火,置生死于度外,而房玄龄、杜如晦等人只是捉刀弄笔,功劳却在我之上,官职比我高,我心中确实感到不平。"太宗听了之后,首先肯定了太原起兵,接着就把李神通过去怎样被窦建德打败,全军覆没,后来又败给刘黑闼,仓惶逃跑的事实,一件一件地摆了出来,尔后说:"叔父你是皇族至亲,朕对您的尊重无以复加,但不能徇私情与有功之臣同行封赏。"李神通听后,自觉惭愧,低头不语,众将领听后,无不叹服,互相议论道:"陛下如此公正,即使对皇叔淮安王也不徇私情,我等还有什么不感到满足的呢?"

起初,高祖想以加强皇室宗族的力量来威镇天下,故对远房兄弟及其他们的儿子都封为王,即使童孺幼子也不例外,多达数十人。太宗即位后,征求众臣的意见道:"遍封宗室王,对天下有利还是有害?"重臣封德彝道:"以前只有皇帝的儿子、兄弟才封为王,对于他人,如无特殊贡献,皆不封王。如今太上皇亲九族,大封宗室,这是自汉以来从未有过的。这恐怕难以昭示天下的公道!"太宗点头赞道:"卿言很有道理。朕这个天子,是天下人的天子,怎么可以只劳顿百姓来养护自己的宗室呢?"于是,便于626年11月5日下诏,将宗室郡王,除几个有功者之外,其余全部降格为县公。

事后太宗常对文武百官议论:"君主大公无私,才能使天下人信服。民众是朕和你们大家的衣食父母,故设置官职是为百姓服务的,理应选贤才,用能人,而不能以远、近、亲、疏为准;否则就无法治理国家。"

安定祥和的"贞观之治"

唐太宗在位23年(627~649),由于他的年号是贞观,历史上将这段时期称为贞观时期。李世民登基之前,亲身经历了隋末的社会大动乱,目睹了隋炀帝国破身亡的惨剧,接受了隋末农民大起义的历史教训,所以在即位之后,励精图治,实行了一系列开明政策和利国利民的措施,使唐朝政权得以巩固,社会经济得到恢复和发展,从而出现了一个比较安定祥和的社会环境。历史学家把这一时期称为"贞观之治"。

唐太宗是一个善于采纳大家意见,判断是非,择善而从的君主,还能举贤任能,量材适用。只要是有才干的人,不论出身贵贱,不论从前跟随的是何人,都为其所用。魏徵原是太子李建成的谋臣，李建成死后被唐太宗重用并视为左膀右臂。魏徵和太宗讨论问题能直言进谏，即使引起太宗盛怒也毫不退让。魏徵病逝，太宗痛哭着说："以铜为镜，可以正衣冠；以史为镜，可以知兴亡；以人为镜，可以明得失。魏徵死去，我失去一面镜子了。"

唐太宗采取了许多有利于恢复和发展农业生产的措施，灾荒年间开仓赈救，还拿出金银钱帛，为灾民赎回因灾荒而卖掉的子女，归还其父母，是极得人心的安民之举。与此同时，他下达诏书，释放宫女，纵放鹰犬，提倡节俭，淳厚民风，轻徭薄赋，极力缓和各种矛盾，创造一种安定的社会环境，为发展生产、巩固政权服务。

此外，他审立法令，反对严刑峻法，要求它有相对的稳定性，认为"法令数变，则吏得为奸"，给贪官污吏以可乘之机。

在对外关系上，采取积极防御策略，抵抗北方突厥族的不断掠夺和骚扰。平定东突厥之后，广设羁縻州府，安置降众，不仅消除边患，也缓和了民族矛盾。唐太宗还派遣文成公主和亲吐蕃，使汉藏民族关系史揭开了新的一页，对中国多民族国家的形成做出了贡献。

唐太宗渭水之盟

游牧在我国阿尔泰山一带的突厥族，住在毡帐里，食肉，饮马奶，身穿皮衣，右臂露在外面，披着头发。他们擅长骑射，以战死沙场为荣，生活习惯大体和匈奴相同。在北方的少数民族里，突厥第一个创制了自己的文字。6世纪中期，突厥人建立了突厥汗国，6世纪末，突厥分裂为东突厥和西突厥。唐朝初年，东突厥经常南下骚扰。626年，唐太宗即位不久，突厥首领颉利可汗率10万骑兵南下，直至渭水便桥北，距长安仅20公里。唐太宗只带几名骑兵来到便桥南，隔水责问突厥为何侵犯唐朝。

颉利见太宗镇定自若，认为唐已有防备，就向太宗请和。双方在便桥上，杀白马，订立盟约。唐给突厥金帛，突厥军队撤离唐境。这就是有名的"渭水之盟"。

唐朝和突厥订立"渭水之盟"后,东突厥首领颉利可汗多次背弃盟约,率军南下骚扰。629年,唐太宗利用东突厥内部矛盾激化的时机,任命兵部尚书李靖为大将,李世勣等人为副将,率领10多万大军,分6路出兵讨伐东突厥。第二年春天,李靖率领3 000骑兵,一举攻下了定襄(今内蒙古和林格尔东北)。颉利可汗已经无力抵抗,为了取得喘息的机会,派人向唐太宗求和。

唐太宗渭水之盟

唐太宗看出了他的用心,就假意答应下来,并派负责祭祀礼仪的官唐俭出使突厥。随后,又让李靖带兵跟在唐俭的后面。颉利可汗接到唐俭带来的诏书,以为唐太宗上了他的当,就放松了警惕。这时,李靖、李世勣率军队闯入突厥营地。这一仗,李靖俘虏了10多万人,缴获牲畜几十万头,还活捉了颉利可汗。

唐军在阴山大破东突厥,俘获颉利。太宗虽然数明颉利的罪状,但还是授予官爵,赐给田宅,并时常宴请他。颉利十分感激,在宴会上常常即兴起舞。对东突厥各部其他首领,唐也给予优厚待遇,仍令他们管理旧部;其中一些人还可以出入朝廷,参与机要。

唐太宗以较为开明的民族政策,赢得各民族的拥戴。北方各族尊称他为"天可汗"(意思是各族共同的君长)。后来,唐太宗和武则天先后在西突厥地区设立管辖西域的最高行政和军事机构——西域都护府和北庭都护府。北部边境得到安宁,这为唐朝经济、文化的发展创造了有利条件。

不留情面的直臣魏徵

魏徵,字玄成,馆陶(今河北馆陶)人,少时孤贫落魄,出家为道士,曾为唐太子李建成心腹,劝其及早除去秦王李世民。玄武门之变,太子被杀后,秦王传召魏徵道:"你为什么从中挑拨我们兄弟之间的关系呢?"魏徵道:"如果已故太子早些听从我的进言,肯定不会被杀。"李世民久慕魏徵之才,听后不仅不怒,反让其为詹事主簿、谏议大夫,专门负责规讽皇帝得失的重臣。不久,唐太宗即位,便提升他为尚书右丞。

唐朝规定男子18岁至21岁为征兵的年龄。626年12月底,分管兵部工作的尚书仆射封德彝见征兵人数不够,便入奏扩征18岁以下身体强壮的未成年男子入伍,太宗同意。诏令发出,封德彝让魏徵签字(联合签署),魏徵不但不签,反而生气地说道,"即使是皇上的意见我也反对。"太宗知道后,大怒,令人将其叫来责道:"兵员在规定年龄之内招不够,稍扩大点范围有何不可,你为何如此固执死板?"魏徵道:"军在于以道义加以统率,而不在于以多为强。陛下过去常说:'朕以诚信治理天下,是想使臣以皆无欺诈。'现在陛下即位不久,已经有些地方失信于民了,今如再不按皇帝规定的去办,擅自行事,臣下实在不敢贸然签发!"太宗惊问道:"朕什么时候干过失信于民的事?"魏徵道:"陛下刚即位时,下诏道:'百姓拖欠官家的财物,一律免掉!'但实施时,则规定过去拖欠秦王府的财物照样归还,难道秦王府的财物不属于官家吗?后来你又规定:'关中地区免收二年租调,关外地区免除徭役一年。'不久又下诏说,纳税和服徭役,从下一年开始,这不是又说了不算么?我以为,陛下要取信于民,所定法令应即日开始,不应朝令夕改。"太宗听了,当时的确觉得有点下不了台,但仍转羞为喜道:"朕以前总认为你比较固执,不通时务。今日见你议论国家大事;确实件件切中时弊。如果朝廷对政令不行,百姓不知所从,又怎能治理好国家呢?仔细想来,朕的过失已经很深了。"于是,下诏废除征中少男的诏书,并赐给魏徵一只金瓶。

627年12月,有人诬告魏徵偏袒犯罪的亲属,太宗命御史大夫温彦博调查,结果一无所获。温彦博对太宗道:"魏徵做事开诚布公,直来直去,不避妨疑,才招致别人诽谤。故今后做事,虽无私心,也要注意方式方法。"太宗听后,便让温彦博转告魏徵:"今后遇事,应注意有所保留。"魏徵听说后,便去对太宗道:"我听说皇帝与臣下,应该同心,以诚相待。如果上下都有所保留,怕担风险,那么国家的兴衰隆替就难以逆料,臣不敢奉诏。"太宗惭愧道:"是朕说错了"。魏徵又道:"我很高兴为陛下做事,愿成为一个良臣,而不做忠臣。"太宗惊讶道:"难道良臣和忠臣还有什么区别吗?"魏徵道:"是的,后稷、契、皋陶,他们辅佐君主,上下同心,共享荣耀,这是良臣;而像龙逢、比干那样,虽也面折廷争,但身亡国破,这便是忠臣"。太宗十分高兴,接着问道:"当皇帝的何以为昏,何以为明?"魏徵道:"兼听则明,偏听则暗。秦二世偏信赵高,天下发生叛乱自己也不知道;梁武帝偏信朱异,直到侯景打到宫内,才大吃一惊,自取台城之辱;隋炀帝偏信虞世基,天下百姓纷纷揭竿而起,他自己却还蒙在鼓中。如此看来,人君如能兼听,权臣便不能壅蔽,下情得以上达,自然便是明君了。"太宗听后,高兴道:"你说得非常对。"

由于魏徵常常犯颜直谏,有时甚至闹得皇帝很难下台,故太宗对他从心眼里有点发怵。628年10月的一天,魏徵进宫,见到皇帝的车驾仪仗已经准备停当,但不一会又撤了。为此,魏徵在见到太宗时问道:"人们都说陛下要临幸南山,我进来时见到外面已严阵以待,整装完毕,不知陛下为何又撤除了。"太宗笑道:"起初确有此念,但见你来了又怕你嗔怪,故又撤了。"又有一次,太宗得到一个好雀鹰,很是喜爱,外出时将它放在臂膀上,但不巧,偏偏遇见爱提意见的魏徵远远向他走来;便赶紧将雀鹰藏在怀中。魏徵来到太宗面前奏事,很久才去,当太宗把雀鹰从怀中拿出来的时候,雀鹰却早已被闷死了。

643年1月17日,魏徵去世,太宗对魏徵常常思念,并对身边大臣道:"人以铜为镜,可以正衣冠;以古为镜,可以见兴替;以人为镜,可以知得失。如今魏徵没了,使朕失去了一面镜子。"

长孙皇后巧言规劝唐太宗

636年6月,长孙皇后卒。享年36岁。长孙皇后对太宗忠贞不二,生活非常俭朴,好读书识大体。她常与太宗一起讨论古往今来治理国家的大事,对太宗很有帮助。

对于朝中直臣魏徵的强争固谏,太宗有时很生气。有一次,太宗罢朝回到后宫,仍怒气未消道:"以后我找个机会,非杀死这个乡巴佬!"长孙皇后问是谁惹怒皇上,太宗道:"又是那魏徵在朝堂当众闹得我下不得台来!"长孙皇后听了当即退下,穿上朝服站于庭院。太宗惊奇地问道:"你穿朝服干什么?现在又非朝堂。"长孙皇后道:"魏徵能够直言犯上,不顾个人安危,这连臣妾也没做到。臣妾跟陛下为结发夫妻,每次进言时,也须先看陛下脸色行事,从不敢冒犯尊严;而魏徵与陛下只是君臣关系,尚能如此正直,这正是'主明臣直'的缘故。对此,我怎能不向您表示祝贺呢?"太宗听后,遂转怒为喜。不仅不杀魏徵,而且更加尊重魏徵的意见和建议。长孙皇后临死前,还一再叮嘱太宗要去奢用贤,勿宠外戚。她曾采集古今妇人得失的事例,著作《女则》30卷。长孙皇后死后,太宗十分悲痛,说:"我失去了家中最好的帮手。"

唐僧取经　满载而归

小说《西游记》叙述唐僧率孙悟空、猪八戒、沙和尚西天取经的曲折故事,是虚构的,而太宗派唐僧西天取经,在历史上确是史实。

贞观初年,太宗勤于政务,不乐后宫,3次放出宫女近万人,致使后宫渐渐冷落。及至后来,国富民足,天下太平,太宗坐朝的时候少了,游幸后宫的时候多了,便感到不称心意,于是下诏地方有司挑选美女入宫。后经魏徵再三谏阻,太宗方下诏停选。后来,太宗又想信佛,便对魏徵道:"朕想推阐佛法,使天下人民,都知向善,这岂不也是很好的事吗?"魏徵本来是不信佛的,怕太宗迷恋色欲,损坏了身子,故竭力劝阻,使太宗停选天下美女。今见皇上又想信佛,也是出于百无聊赖,便不硬阻。于是太宗下诏,集天下高僧,举办一场水陆大会,以超度枉死鬼魂。不到一个月,便从全国招来了800余名高僧。七七四十九日水陆大会之后,主持水陆大会的高僧陈玄奘上书奏请西天取经,上书内容是:西天存有真经,若能取回,不仅可召鬼出群,还可保得陛下江山永固。

太宗看后大喜,当即应允,并称玄奘为御弟。临行这天,太宗赐给陈玄奘紫金钵盂一个,白马一匹,两个长行从者,亲率文武送行。送至朝外,太宗命人执壶看酒。太宗举杯道:"御弟可有雅号?"玄奘道:"未有。"太宗道:"听说西天有经三藏,御弟就号为三藏如何?再则,御弟此去,远路异国,可改姓唐,用'唐三藏'三字是表明我愿御弟不忘本国,不忘此去取经的意思。"玄奘拜谢道:"陛下放心,贫僧此去西天,如取不到真经,即死也不敢回国!"说着,唐三藏便接过御酒,正待要饮,只见太宗弯腰从地面摄起一些土,弹入三藏杯中道:"御弟此去几时可回?"三藏道:"多则3年。"太宗语重心长道:"御弟行前饮下此酒,朕意是要御弟宁恋本乡一捻土,莫爱他乡万两金!"三藏听罢,激动万分,一饮而尽,告别而去。

627年玄奘踏上了西行的道路。他克服重重困难,穿过800里沙漠,翻山越岭,整整走了一年,终于到达了天竺。

在那个佛教圣地,玄奘夜以继日地钻研佛经,学习古代印度的语言,取得了优异的成绩。在那里,通晓50部经论的人只有10人,玄奘就是这10人中的一个,但他并不满足。10年中,他在天竺到处求教,终于通晓了全部经论的奥妙。玄奘博学的声誉传遍整个天竺。

645年初,玄奘婉言拒绝了印度朋友的挽留,带着650多部佛教书籍,回到了唐朝的都城长安。这时候,距离他从长安出发取经,已经整整18年了。

玄奘的经历,感动了唐太宗,他特地派房玄龄出长安迎接,而长安城的人们也举行了隆重的欢迎仪式。不久,他便开始了艰苦的翻译佛经的工作。19年间,共译出74部佛经,1 335卷,1 300多万字。他还和参加翻译佛经的辩机和尚共同编写了《大唐西域

大唐高僧玄奘法师

记》。这部书记载了包括今天我国新疆以及阿富汗、巴基斯坦、印度、孟加拉、尼泊尔、斯里兰卡等一百多个国家和地区的地理情况、名胜古迹和城市风光等,是研究这些地区历史、地理的重要材料。现在《大唐西域记》已经被译成许多种外国文字,成为一部世界名著。玄奘还把中国的古代文化传到西域各国,他曾把道教经典著作《老子》译成梵文传入印度。玄奘于663年2月圆寂于长安,享年62岁。玄奘不仅是一位佛教高僧,也是一位杰出的翻译家,伟大的旅行家,中国和印度人民友谊的传播者,他为中印两国的文化交流做出了巨大的贡献。

唐征高丽 劳而无功

唐初,在朝鲜半岛上的高丽、新罗、百济三国均与唐通好。三国间常有冲突战争,唐遣使劝和,642年11月,高丽泉盖苏文发动政变,杀高丽王武,立王弟子藏为王,自立为莫离支(官名),把持朝政。次年,新罗受到高丽、百济联兵猛攻,连失四十余城,遣使入唐求援。太宗遣使谕高丽止兵,但遭盖苏文拒绝。李世民决意兴兵征讨高丽。644年7月,太宗命洪、饶、江三州造船400艘以运军粮;遣幽、营二都督兵及契丹、奚、靺鞨之众先击辽东以为试探;以韦挺为馈运使,节度河北诸州;命肖锐运河南诸州粮入海。11月,下诏征高丽。以张亮为平壤道行军大总管,率兵4万,战舰500艘由海路趋平壤;以李世勣为辽东道行军管,率步骑6万趋辽东,海陆并进击高丽。并诏新罗、百济、奚、契丹分道出兵。645年2月,太宗自将诸军发于洛阳。唐军开始势如破竹,连下数城,但在攻打安市时遭到抵抗。安市"城险而兵精",唐军久攻不下,李世民眼见军粮将尽,寒冬已近,便下诏班师。此役战士死者近2 000人,战马死者十有七八。太宗非常后悔说:"如果魏徵还在,是不会同意我出兵讨伐高丽的。"

以文齐名天下的"初唐四杰"

在高宗到武后初年,出现了"以文章齐名天下"的"初唐四杰",即王勃、杨炯、卢照邻和骆宾王。他们都是初唐诗坛上很有才华的作家,"年少而才高,官小而名大"。

王勃为四杰之首,是个才学兼富的诗人,在诗歌创作上,王勃擅长五律、五绝。虽存篇幅不多,但已形成独特的风格,境界开阔,语言质朴。其名篇《送杜少府之任蜀州》将离别之情表现得乐观开朗,绝无哀伤缠绵之感。他的《滕王阁序》摆脱了六朝诗文的浮华绮靡之风,气势雄放,风格高昂,显示了诗文革新的初步成绩。

骆宾王的生活经历很丰富,曾从军,也曾任低级官员,他年轻时就擅长诗文,在四杰中他的诗最多。骆宾王也擅长七言歌行,名作《帝京篇》在当时就已被称为绝唱。他的名作《在狱咏蝉》是一首工整的五律,是任侍御史时获罪入狱时所作,这首诗以蝉的高洁自比,抒发了自己的悲愤沉痛之情。

杨炯曾任盈川县令,在四杰中,他的诗数量最少,成就也最低。他负才自傲,自认为超过了王勃。杨炯的诗作以边塞征战诗最为著名,他的代表作《从军行》,格调激扬豪迈,充满爱国激情。杨炯的作品具有复杂性,既带有宫廷诗的烙印,又与之抗衡,为唐初诗坛吹进一股新风。

卢照邻在四杰中身世最苦,一生只做过几任小官,很不得意。后因病辞去官职,隐居在太白山。晚年病势加重,卧床十余年,武后多次招聘贤士,他都没有就职,在不堪病痛折磨的情况下,自投颍水而死,只活了五十多岁。卢照邻的作品多为悲苦之音,他自号幽忧子,很能说明他的心境。幽忧是他生活的象征,也是他作品的象征。他的代表作为《行路难》《长安古意》,被称为唐初巨制。

滕王阁王勃显身手

王勃写作的《滕王阁序》是文学史上千古传诵的名篇,这篇765字的骈文情景俱佳,声色并陈,并集中抒发了作者怀才不遇的悲凉感情和不甘失败的人生态度。那优美华瞻的文辞,雄健奔放的气势,起伏跌宕的节奏,的确令人叹为观止。更有一些警语妙句,如"落霞与孤鹜齐飞,秋水共长天一色。""天高地迥,觉宇宙之无穷。兴尽悲来,识盈虚之有数。""穷且益坚,不坠青云之志。老当益壮,宁知白首之心。"等等,读来更是令人回味悠长。

王勃的《滕王阁序》写得好,王勃在滕王阁大显身手的故事更是文坛上不可多得的一段佳话。

当时,王勃探亲途中经过钟陵,正碰上洪州都督9月9日在滕王阁大宴宾朋,准备要他的女婿作序以在宾客面前炫耀炫耀。于是摆好纸笔遍请宾客,没有人敢写,轮到王勃,毫不推辞。拿起笔就要写。洪州都督非常生气假装解手,就离开了。派一名官员看王勃写些什么,随时来报。那官员一再报告,王勃出语越来越奇妙,于是都督惊叹地说:"真是天才啊!"于是请王勃写完,宾主极其欢悦而罢宴。王勃平时作文,开始并不深思,先磨墨数升,然后大饮,用被子盖面而睡,等醒后,提笔成篇,不改一字,当时的人称作"腹稿。"

女皇武则天

武则天(624~705)本来是唐太宗宫里的一个才人(一种妃嫔的称号),14岁那年,就服侍太宗。唐太宗死后,按照当时宫廷的规矩,武则天被送进尼姑庵。唐太宗的儿子高宗是个庸碌无能的人。唐高宗当太子的时候,就看中了武则天。即位两年后,他把武则天从尼姑庵里接出来,封她为昭仪(妃嫔的称号),后来,又废了原来的王皇后,立武则天做皇后。

武则天当了皇后以后，就使出果敢泼辣的手段，把那些反对她的老臣一个个降职、流放或者杀掉。唐高宗体弱多病，他看武则天能干，又懂得文墨，索性把朝政大事全交给她管了。武则天掌了权，渐渐不把高宗放在眼里，唐高宗心里气恼，但武则天权势越来越大，高宗想废掉她，也没有机会了。

683年，高宗死了。武则天先后把高宗的两个儿子立为皇帝——中宗李显和睿宗李旦，都不中她的意。她把中宗废了，把睿宗软禁起来，自己以太后名义临朝执政。当时，大臣徐敬业、两个唐朝宗室——越王李贞和琅琊王李冲先后起兵反对武则天，也被武则天派兵镇压了。经过这两场兵变，全国恢复了安宁，没有人再敢反对武则天了。

武则天巩固了她的统治，就不满足太后执政的地位了。当时有不少文武官员、王公贵族、远近百姓、各族首领、和尚道士上书劝她做皇帝。690年，武则天接受大家的请求，自称"圣神皇帝"，改国号为周。她就成了中国历史上唯一的女皇帝。

武则天对于反对她掌权的人，进行无情镇压；但她又十分重视任用贤才。在她的手下，涌现出一批有才能的大臣。其中最著名的是宰相狄仁杰。狄仁杰当豫州刺史的时候，办事公平，执法严明，受到当地百姓的称赞。武则天听说他有才能，把他调到京城当宰相。狄仁杰还向朝廷推荐了几十个有才能的人，后来他们都成为当时有名的大臣。武则天很敬重狄仁杰，把他称作"国老"。他死去后，武则天常常叹息说："老天为什么这样早夺走我的国老啊！"

武则天对有才能的人也不存偏见。徐敬业在扬州起兵的时候，请当时著名的文学家骆宾王替他写了一篇讨伐武则天的檄文《讨武曌檄》。武则天叫人把这篇文章拿来念给她听。当她听到"一抔之土未干，六尺之孤何托"两句的时候，反而连连称赞写得好。后来听到"试观今日之域中，竟是谁家之天下"两句，更加赞不绝口，问道："这篇檄文，不知出自何人之手？"有人回答说是骆宾王写的。武则天十分惋惜地说："有这样的人才，让他流落民间，得不到重用，这是宰相的过错呀！"由此可见，武则天是非常重视人才的。

武则天还有个优点是忠奸分明，不信谗言，下面是一个武则天戏耍黑状的故事：

692年5月，朝廷下诏禁止天下屠杀牲畜及捕捞鱼虾。为此，即使王公大臣宴请宾客也都是素席，从无荤腥。

却说这一日,朝中有个叫张德的,官为左拾遗,一贯受到武皇的信任,他的儿子出生三天时,亲友、同僚纷纷前来祝贺。张德觉得席上都是素菜,心中实在过意不去,便偷偷地派人杀了一头羊,做了一些带肉的菜,并包了一些羊肉包子让大家吃。也是这些亲朋好友与同僚好久没有吃到腥味了,今日见席上有肉,便来了兴致,把酒临风,压指猜拳,好不热闹。三个时辰过去,大家酒足饭饱,各自回去,张德心中也是十分高兴。不料,诸同僚中有个叫杜肃的,官拜补阙,见席上有肉,以为违犯了皇帝的诏旨,顿生恶意,故临散席时,悄悄将两个肉包子揣在怀中,散席之后,便去武皇那里告了黑状。

第二天早朝,武皇处理完政事之后,突然对左拾遗张德说:"听说你生了个儿子,我表示祝贺。"张德叩头拜谢。武皇又道:"你那席上的肉是从哪里来的?"张德一听,吓得浑身哆嗦。他知道,违诏杀生,是要犯死罪的,故连连否认道:"为臣不敢!为臣不敢!"武则天见状,微微笑道,"你说不敢,看看这是什么?"说着,便命人将杜肃写的告状奏章和两个肉包子递给了张德。张德一见,面如蜡纸,叩头点地道:"臣下该死!臣下该死!"此时告状的杜肃,站在一旁洋洋得意,专等奖封。武则天对这一切,早以看到眼中,稍稍一停,便对张德道:"张德听旨:朕下诏禁止屠杀牲畜,红白喜事皆不准腥荤。今念你忠心耿耿,又是初犯,也就不治罪于你。"张德听后道:"谢主隆恩!谢主隆恩!"而杜肃却惊得瞪大了眼睛,只听武皇又道:"不过,张德你要接受教训,今后如再请客,可要选择好客人;像杜肃这种好告黑状的人,可不要再请了!"一时间,张德感激得痛哭失声,诸大臣见武皇如此忠奸分明,不信谗言,用人不疑,便一起跪倒在地,高呼:"我皇万岁!万岁!万万岁!"而那个告状的杜肃,在众人不屑一瞥的目光下,羞愧得无地自容,武皇"退朝"话音刚落,这小子便赶紧溜掉了。

武则天去世前自愿除去帝号,将皇位传给儿子中宗李显,又恢复了唐朝的统治。

以国为重的"国老"狄仁杰

狄仁杰,是武则天时期最有名望的宰相。他不但才华超群出众,而且为人公而忘私,以国事为重。

688年,越王李贞叛乱,宰相张光辅领兵讨伐。张光辅军纪败坏,鱼肉百姓。当时,身为刺史的狄仁杰,就敢于挺身而出,指责张光辅治军无方。李贞叛乱平息后,受牵连的有六七百家,很多无辜的人要遭杀害。狄仁杰负责行刑,他感到这实在是草菅人命,便冒着杀身之祸,向武则天上书,终于使这些人幸免。

武则天深知要巩固自己的经济地位,治理好国家,非重用像狄仁杰这样的贤才不可,便连续提升狄仁杰的官职,并单独召见他说:"你当刺史时,政治清明,治理有方,百姓拥戴,但是,有的人在朝廷上弹劾你,你想知道诬告你的是谁吗?"

狄仁杰磊落地说:"臣如有过错,请陛下赐教!至于说臣坏话的人,臣不愿知其姓名,这样可以相处得好一些!"

武则天听后,觉得此人能容人,器量大,可堪重用,更加器重他。狄仁杰好面折廷诤,常常违背武则天的旨意。武则天也曾动怒,使狄仁杰遭到贬官。日久见人心。经过几件事情,武则天看到狄仁杰确实是国家的栋梁,以后与狄仁杰政见不同,每每屈意从之。

武则天为了鼓励大臣向朝廷推荐人才,颇工于心计。

在狄仁杰遭到谪徙时,有个将军叫娄师德,曾在武则天面前竭力保荐他。但是狄仁杰并不知道这件事,他认为娄师德不过是一员纠纠武夫。

有一次,武则天故意问狄仁杰:"你看娄师德是否有知人之明,荐人之德?"

狄仁杰说,"娄将军谨慎供职,还没听说过他荐举人才,"

武则天笑着说:"朕起用你,全凭娄将军的力荐!"

狄仁杰听罢,很受震动。他觉得自己与娄师德非亲非故,而他秉公荐贤,并不是为了使人知恩,在这方面自己与他相差很远,从此,狄仁杰留心物色人才,随时向朝廷推荐。

狄仁杰像

契丹是8个部落组成的联盟,经常侵扰唐朝边境。当时,契丹有李楷固和骆务整两员名将,他们屡次打败唐朝军队,杀死很多唐军的将领。后来,他俩前来归降,有的大臣上书,请求武则天把他们杀了。

狄仁杰说:"这两个将军骁勇无比,他们以前能尽力事其主,也必能尽力于我朝。请用圣德安抚,赦免他们的罪过!"

和这两个人作战被杀死的唐军将领与朝廷上许多大臣是亲友,这些大臣极力主张要杀死这两个契丹将领。

狄仁杰说:"处理政事要以国为重,岂能因为个人的恩怨决定!"坚持为这两个人请求官职。

武则天听从了狄仁杰的建议,封李楷固为左钤卫将军,封骆务整为右武威将军,派他们守卫边防。边疆得到了安宁。

狄仁杰到了93岁高龄时,屡次请求让贤,武则天一再挽留,尊称他为"国老"。狄仁杰进朝入见,武则天关照免去礼节,她说:"每见国老下拜,朕亦觉身上疼痛。"她还吩咐大臣们,不是军国大事,不要去打扰国老。

有一次,武则天问狄仁杰:"朕欲得一名贤士,你看谁行呢?"

狄仁杰说:"不知陛下需要什么样的人才?"

武则天说:"朕欲用将相之才。"

狄仁杰说:"文学之士藉,还有苏味道、李峤,都可以选用,如果要选用卓荦奇才,荆州长史张柬之是大才,可以任用。"武则天擢升张柬之为洛州司马。

过了几天,武则天又问贤。狄仁杰说:"臣已推荐张柬之!怎么还没有任用?"

武则天说:"朕已经提拔他任洛州司马!"

狄仁杰说:"臣向陛下推荐的是宰相之才,不是司马之才!"

武则天又把张柬之升迁为侍郎,后来任用他为宰相。

狄仁杰先后向朝廷推荐了几十个人,这些人后来大多都成为朝中一代名臣,如姚崇、桓彦范、敬晖等。狄仁杰荐贤功劳卓著,人们都称赞说:"天下的桃李多出在狄公的门下!"

狄仁杰说:"推荐贤才,是为国家得到人才,不是为了自己谋得私利!"

武则天反对男尊女卑

武则天精通文史,聪明机敏,性格刚强。武则天执政时敢于冲破封建礼教的束缚,对男尊女卑的传统观念发起挑战。660年3月,她以皇后的身份在并州邀请亲族邻里参加盛会,特意款待妇女,年长的妇女被授以郡君的称号,还得到丰厚的赏赐。665年,高宗决定到泰山举行封禅大典,武则天对高宗说:"封禅旧仪,祭皇地祇,太后昭配,而令公卿行事,礼有未安,至日,妾请帅内外命妇奠献"。于是,高宗诏令说:"禅社首以皇后为亚献,越国太妃燕氏为终献。"祭祀是古代国家最重要的大事,由男性主持,妇女不能充"亚献"、"终献"的角色。然而,武则天和燕太妃在隆重而盛大的封禅大典中,却走上了祭坛。这在当时是一件惊世骇俗的大事。直到唐玄宗时,中书令张说还在喋喋不休地说这件事"非古之制"、"有乖旧典",甚至说武则天改朝换代也是由此引起的,可见影响之大!

674年,武则天提出改革丧礼的建议,主张子为母亲服丧应该与为父亲服丧一样,不能厚彼薄此。她在表中说:"窃谓子之于母,慈爱将深,非母不生,非母不育。推燥居湿,咽苦吐甘,生养劳瘁,恩斯极矣!所以禽兽之情,犹知其母。三年在怀,理宜崇极。若父在,为母服止一期,尊父之敬虽周,报母之慈有阙。……今请父在为母终三年之服"。武则天的这个建议,不但在当时被高宗批准施行,而且影响到整个封建社会。虽然它破除的只是男女在丧礼上的不平等,但对人们的观念和风俗的改变是有一定的作用的。

武则天还大力褒扬古今才女,宣传女性中的杰出人物。她令元万顷、刘思茂、范履冰等文学之士撰写《列女传》《古今内范》等书,使历来被鄙视的女性也能名列于经传,显示她们的价值。

690年,武则天正式登上帝位,改唐为周,她以自己的行动宣告,女人也能够当皇帝;而男人们却跪伏阶下,俯首称臣。这个旷古未有的行动客观上有利于唐代妇女地位的提高,推动了社会风气的变化。

安定繁荣的"开元盛世"

唐玄宗李隆基是唐朝的第七代皇帝。他统治前期，政治比较安定，经济繁荣发展，唐朝进入全盛时期，中国封建社会呈现出前所未有的盛世景象。因为这一时期年号为"开元"（713～742年），史学家将这一时期称为"开元盛世"。

712年，唐玄宗登基之后，即致力于政局的稳定，他深知诛灭武、韦叛乱以后的安定局面得来不易，所以用人处事深思熟虑，制定了比较严格的官吏考核和奖惩制度，即使是皇亲、宠臣犯法，也从不庇护。

玄宗注重农业的发展，大力兴修农田水利，这对抵抗旱灾，增加粮食产量有直接效益。他还下令招募社会流民耕种各地荒田荒地，以免征5年赋税的优惠政策刺激农业生产的发展。

农业的发展，带动了经济的繁荣，当时粮食布帛产量丰富，物价低廉，商业繁荣，道路畅通，商旅来往十分安全，到732年，全国人口比唐朝初年增加一倍半以上。

社会财富的增加，使国力也空前强盛。唐玄宗在外族接邻地区加强军事部署，实行屯田制，军队平时生产，战时上阵。唐朝强大的兵力远震塞外，使外患渐平，人民安居乐业。社会经济的繁荣，也推动了文化事业的发展。唐玄宗本人就是一位多才多艺的帝王，对当时文化艺术氛围的形成不无影响。唐诗最为后世所称道，对中国文学的影响极为深远。著名诗人如高适、岑参、王维、孟浩然、李白和杜甫等，都生活在这一时期，他们在诗中全面深刻地反映了这一时代。

唐明皇与姚崇的故事

唐玄宗李隆基，因其死后谥号为大圣大明孝皇帝，故又称唐明皇，是睿宗李旦的第3个儿子，出生于685年，卒于762年，终年78岁。

唐玄宗即位后,励精图治,创造了"开元之治"的盛世局面。其原因之一,就是他经过两次政变取得政权之后,很注意官吏的选拔和使用,他和"救时宰相"姚崇的故事便是一例。

姚崇,睿宗在位期间任兵部尚书。711年,太平公主加害太子李隆基,企图改立太子,姚崇、宋璟坚决反对,使之图谋没有得逞,太平公主便让睿宗将姚崇贬到申州做刺史,宋璟贬到楚州为刺史。

唐玄宗一即位,就想到姚崇是个很有才干的人,便立即派人召他入朝。玄宗对他道:"我早就知道你是个人才,现在将你请来,是要让你做我的宰相。"姚崇推辞不干,玄宗问他为何不干,姚崇道:"臣下有十条建议,怕陛下难以同意,臣故不敢接受任命。"玄宗道:"你说说看,我倒要听听是哪十件大事!"姚崇道:"一是以仁义为先,不能只用刑罚;二是十年之内,不在边境作战;三是宦官不许干预朝政;四是皇亲国戚不担任机要职务;五是不论什么人,只要违法,都要受到处罚;六是取消租税以外的一切额外征收;七是禁止营建佛寺;八是对臣下以礼相待;九是允许群臣对朝政提出批评建议;十是严禁外戚(皇帝母亲或妻子的亲属)专权。"玄宗听后,抚掌笑道:"此十件大事正合我意,且至关重要,为什么不接受?我件件依了,你就放心大胆地去干吧!"姚崇马上叩头拜谢,欣然接受任命。姚崇任宰相后,不避风险,不怕权势,秉公执法,精心政务,成绩卓著,很得玄宗信任。有一次,姚崇问一位叫齐浣的官员:"我做宰相,你看可与古代的哪一位相比?"齐浣道:"您虽然赶不上管仲、晏子等一代名相,但也足可称为救时宰相了。"从此,姚崇"救时宰相"的称号便被传开来。

"口蜜腹剑"的奸相李林甫

唐玄宗李隆基在位的前20多年里,他任用了一批有贤能的人,自己又能虚心采纳大臣们的意见,君臣励精图治。可是日子一久,他便骄傲自满起来,喜欢迷信,生活奢侈,懒得处理政事;尤其是他对一些奸臣百般信任和重用,对那些能干正直的大臣,不是罢官,就是流放,甚至把他们处死。这样,唐朝很快就变得乱糟糟的,并且种下了大动乱的祸根。

唐玄宗所重用的奸臣当中，最坏的要数李林甫、杨国忠和安禄山这3个人。李林甫是一个阴险、狡猾、毒辣的家伙。表面上，他装得十分厚道、和善，对人说话满嘴的甜言蜜语，让人觉着他是个大好人。实际上，他时时刻刻总想暗算别人，尤其要陷害那些得罪过他的人、不投靠他的人、或者是才能比他高的人。因此当时人们都说李林甫"口有蜜，腹有剑"，真是杀人不见血。

李林甫靠着迎合唐玄宗的心意，巴结玄宗最宠爱的妃子武惠妃，讨好玄宗最亲近的宦官高力士，取得了玄宗的信任。唐玄宗想把李林甫提为宰相，跟老宰相张九龄商量，张九龄看出李林甫不是正路人，就直截了当地说："宰相的地位，关系到国家的安危。陛下如果拜李林甫为相，只怕将来国家要遭到灾难。"这些话传到李林甫那里，李林甫把张九龄恨得咬牙切齿，便伺机报复。

由于张九龄经常给唐玄宗提意见，唐玄宗越来越讨厌他，加上李林甫的造谣诽谤，唐玄宗终于找了个借口撤了张九龄的宰相职位，让李林甫当上了宰相。从此，张九龄便接二连三地受到李林甫的打击迫害，最终被贬出京城，病死在外地。

李林甫一当上宰相，便把唐玄宗和百官隔绝，不许大家在玄宗面前提意见。有一个谏官不听李林甫的话，上奏本给唐玄宗提建议，第二天就接到命令，被降职到外地去做县令。大家知道这是李林甫的意思，以后谁也不敢向玄宗提意见了。

李林甫当了10多年宰相，有才能的正直的大臣，几乎都遭到排斥，钻营拍马的小人却纷纷受到重用提拔。就在这个时期，唐朝的政治从兴旺转向衰败，"开元盛世"的繁荣景象消失，结果就发生了"安史之乱"。本来十分强盛的唐朝，从此一蹶不振，在以后的一百五六十年里，一直处在动乱之中。

吴道子与《钟馗驱鬼图》

吴道子是唐代著名的大画家，也是我国绘画艺术的一代宗师。

吴道子生活在盛唐时期。在此时代，经济昌盛，文化艺术繁荣。大诗人、大书法家、大画家层出不穷。这对少年的吴道子影响很大。

吴道子家里很穷，很早父母双亡，他成了孤儿。他天资聪颖，胸有大志。曾经向张旭、贺知章等学过书法和诗赋。后来又改行学画画。他向生活学习,向民间绘画师学习,向雕塑的工匠学习。学习非常勤奋、刻苦。常常是夜以继日地练习。

在吴道子20多岁时,他的画已经很出色,他的名声也越来越大。一次,他到洛阳去漫游,交了不少朋友。他的朋友见了他的画,赞叹不绝。唐明皇听说了,就召他到京城长安,当了宫廷画师。这时期,他常随唐明皇出游。

一次,吴道子随唐明皇到洛阳去。这期间,遇见了以剑法闻名的将军裴旻和素有"草圣"之称的大书法家张旭。他们相互仰慕。裴旻早想拜访吴道子,以欣赏他的绘画艺术。于是,他备了厚礼,把吴道子迎接到天宫寺,请他在这里为自己画一幅画。

吴道子将礼物退还裴将军,应邀来到天宫寺,见到裴旻,他说:"裴将军剑法世上无双,早想观赏一下您那高超的剑法,以饱眼福,尤其对我作画大有裨益,这就是对我最好的酬谢。您看如何?"

裴旻听了,满口答应。他高兴地脱下长袍,当场舞起剑来。真是名不虚传,在场的人一个个都看呆了。

吴道子更是被裴将军那神奇的剑法深深地吸引住了。只见那柄银剑,上下飞舞,流光剑影。吴道子看着,不住地喝彩:"妙极了!"

裴旻舞完剑,吴道子神彩奕奕,挥笔作画,一气呵成。大家品评着,拍手叫绝。画中人与物,气势雄浑,格调洒脱,很多笔触就像裴旻的剑法,气韵流畅。

在场的张旭,也兴致勃勃,在院中的一面墙上奋笔疾书。写下了一幅狂草。

当时周围观看的人纷纷称赞说:一日之中,竟看到了当今的"三绝",真令人终生难忘啊!

吴道子被召到京城长安后,作为宫廷画师,一生主要作宗教壁画,据记载有三百壁之多。他是我国古代画家中最负盛名的一个,千余年来被奉为"画圣",被民间画工尊为"祖师"。他的画形象真实,气势雄浑,富于想象力。

吴道子像

有一次，唐玄宗很想看嘉陵江的山水，就让吴道子到巴蜀去写生。吴道子接到任务后，立刻动身，长途跋涉，到嘉陵江去漫游了一趟，可是，他并没有面对山水写生作画就回到了长安。唐玄宗得知他空手而归，很生气。可吴道子却对玄宗说："请陛下别着急，我明天就画，后天献给您。"玄宗听了，半信半疑。心想，雄伟的嘉陵江山水，景色天下闻名，一天能画得完？

由嘉陵江漫游回来的第二天，吴道子大笔挥洒，又是一气呵成，把嘉陵江300里山水的景色，全部画好。山水气势磅礴，景色雄伟奇丽。唐玄宗看了，惊叹不已。

又一次，唐玄宗夜里作了个恶梦。梦见好多小鬼来惊扰他，在他急得无奈时，一位威力无比的壮士帮他驱散了小鬼。唐玄宗将梦中的情景说给了吴道子，让吴道子用画把这个内容表现出来。

吴道子听了以后，挥毫作画。不多时，就将画呈献给唐玄宗。唐玄宗看后非常满意，他说，画中的形象与他梦中的一样。这幅画就是有名的《钟馗驱鬼图》。

吴道子最负盛名的一幅画是《送子天王图》。主要是描写释迦降生后，他的父亲净饭王抱着他去拜谒天神的情景。所勾衣纹流畅飘洒，其线条富有运动感、节奏感和粗细变化。

总之，吴道子的画，影响着后世绘画的发展。当代人议论说：吴道子的画和杜甫的诗、韩愈的文、颜真卿的字，互相媲美，都登上了唐朝文学艺术的顶峰。

政治腐败酿成"安史之乱"

唐玄宗宠爱杨贵妃，又重用杨国忠和奸相李林甫，自己沉溺在享乐之中，对国事很少过问。唐朝统治越来越腐败，终于酿成"安史之乱"的大祸。

安史之乱，是安禄山和史思明发动和进行的叛乱战争。唐玄宗在位时，为了加强边境的防御，在重要的边境地区设立了10个军镇（也叫做藩镇），军镇的长官叫节度使。节度使带领军队，还兼管行政和财政，权力很大，地位很重要。按照当时的惯例，节度使立了功，就可能被调到朝廷当宰相。

李林甫掌权以后，不但排挤朝廷的文官，还猜忌陷害边境的节度使。当时，边境将领中有一些胡人，李林甫认为胡人文化低，不会被调到朝廷当宰相，就在唐玄宗面前竭力主张重用胡人。唐玄宗听李林甫的话，提拔一些胡人当节度使。

安禄山(703~757)是混血胡人，年轻时候，投奔到幽州节度使(管辖今北京市一带地区)张守珪部下当兵。安禄山对上司惯于溜须拍马，逢迎谄媚，就连"口蜜腹剑"的李林甫，也在玄宗面前说他的好话。唐玄宗听了，认为安禄山是个人才，提拔他当了平卢节度使，随后又让他兼任范阳节度使和河东节度使。统率着重兵18万，占边镇军队总人数的三分之一还多。

安禄山不满足于已得到的权位和势力，就挖空心思来进一步博得唐玄宗的欢心，取得唐玄宗的信任。于是唐玄宗又封安禄山为郡王，还让杨贵妃收他作干儿子，让安禄山在内宫随便进出。

安禄山骗取了唐玄宗和李林甫的信任，开始秘密扩充兵力，提拔了史思明、蔡希德等一批猛将，任用汉族士人高尚、严庄帮他出谋划策；又从边境各族的降兵中挑选了8 000名壮士，组成一支精兵，囤积粮草，磨砺武器。只等唐玄宗一死，他就准备叛乱。755年十一月初一，安禄山以讨伐杨国忠为名，发兵15万，号称20万，在范阳举行反叛，向南进军，准备大举进攻中原地区，打到长安去，推翻唐朝，自己当皇帝。

天宝年间，唐朝统治腐败，军队战斗力锐减，加上这一带本来就是安禄山直接统治的地区，因此当叛军打来的时候，黄河以北24郡的文官武将，有的开城迎接叛军，有的弃城逃走，有的被叛军擒杀，叛军没遇到什么抵抗，很快席卷了大片土地，给人民带来了深重的灾难，给社会造成了巨大的破坏。叛军很快攻占了东都洛阳，直抵京城长安东边的大门——潼关。接着，安禄山在洛阳自称"大燕皇帝"，任命大臣，委派官吏，建立起一个割据政权。

潼关失守与马嵬驿之变

潼关是唐京城长安的门户。当时，防守潼关的是突厥人哥舒翰，他勇敢善战，长于用枪。安禄山的叛军逼近潼关时，唐玄宗想借助哥舒翰的威名把敌人吓走，就任命他做天下兵马副元帅，统兵20余万，抵御叛军。哥舒翰清楚地知道，这20多万唐军是一群乌合之众,组织松弛,没有斗志,并不能真正打仗,因此他采取以守为攻的稳当办法,打退了敌人的几次进攻。屯驻在潼关外围陕郡(今河南陕县一带)的叛军将领叫崔乾佑。他看到哥舒翰坚守潼关,不轻易出战,就故意出动一些疲弱的军队前去挑战,引诱唐军出击。

哥舒翰是个作战经验很丰富的统帅,自然不会上当。可是唐玄宗得知这个情况以后,不顾哥舒翰和郭子仪、李光弼坚守潼关的建议,派使者接二连三地催促哥舒翰赶快进军,收复陕郡、洛阳。哥舒翰不敢违抗唐玄宗的旨意,带病领兵出了潼关。在灵宝县西南,唐军果然中了叛军的埋伏。经过几场苦战,唐军惨败,哥舒翰带着剩下的几百人马退回潼关。崔乾佑指挥叛军紧紧追赶,在756年6月把潼关攻占了。哥舒翰被抓,最后被叛军杀害了。潼关一失守,京城长安就暴露在叛军的面前,使唐王朝陷入了岌岌可危的局面。

潼关失守,京城长安危在旦夕,城里人心惶惶。唐玄宗又怕又急,连忙把宰相找来,问他们怎么办才好。杨国忠劝玄宗逃到四川去。当天晚上,唐玄宗、杨国忠带着杨贵妃和一批皇子皇孙,在禁卫军护送下,悄悄地逃出长安。走走停停,第三天到了马嵬驿(在今陕西兴平县西)。随行的将士又饿又疲劳,实在忍不住了。他们认为,这全是受了奸相杨国忠的累,这笔账得向杨国忠算。

兵士们杀了杨国忠,情绪激昂,把唐玄宗住的驿馆包围了起来,要求杀掉杨贵妃。唐玄宗为了保自己的命,只好狠了狠心,叫人把杨贵妃带到别的地方,用带子勒死了。这样,马嵬驿的这场哗变才平息下来。

经过这场兵变,唐玄宗像惊弓之鸟一样,急急忙忙逃到成都去了。太子李亨被当地百姓挽留下来主持朝政。李亨从马嵬驿一路收拾残余的队伍北上,在灵武(今宁夏灵武西南)即位,这就是唐肃宗。

功勋卓著的名将郭子仪

郭子仪(679~781)是唐代中叶的著名将领。唐开元年间他以武举登第。754年任天德军(今属内蒙)使,兼九原(今内蒙古包头市北)太守、朔方(今陕西北部)节度兵马使。755年11月安禄山在范阳(今河北涿县)起兵叛唐,玄宗以郭子仪为卫尉卿,兼灵武军(今宁夏灵武南)太守,充朔方节度使,诏命率本部军马东讨安史叛军。郭子仪受命之后,很快收复云中马邑(今山西朔县)、东陉(今河北属地)等10余郡,以功加封御史大夫。郭子仪为平定安史之乱立下了大功。安史叛军第一次占领长安和洛阳以后,是郭子仪领兵收复了这两座京城。可是后来在邺郡城围攻安庆绪的战役中,由于天刮大风,几十万唐军溃散,战斗失利。唐肃宗听信谗言,归罪于郭子仪,罢免了他的职务。郭子仪只好在家闲住,并且把自己的亲兵亲将也遣散了。

763年,吐蕃纠集西北其他民族的军队20多万人,攻进大震关(甘肃陇西县),深入到奉天(今陕西乾县)、武功(今陕西武功),逼近了京城长安。郭子仪再次被起用,他临时召募了2 000多骑兵,用少数兵卒,虚张声势。吐蕃害怕,全军逃出长安,退到现在宁夏南部和甘肃东部一带地方,等待时机,再来进攻。长安仍然处在吐蕃和其他少数民族的严重威胁之下。

当时,唐朝有个叫仆固怀恩的大将,曾经领兵讨伐过史朝义的叛乱。他仗着自己立过大功,不听朝廷的调遣。765年,他招引吐蕃和回纥军队一共好几万人作乱,没想到半路上就病死了,这两支少数民族的军队把长安北面的泾阳包围了起来。郭子仪决定彻底拆散两家的联盟,设法说服回纥和唐军联合起来,击退吐蕃。他只带几名骑兵,来到回纥军营,说服了回纥首领联合起来,就大破了吐蕃军队。

德宗即位后,赐郭子仪号尚父。781年6月郭子仪去世,享年85岁。为了纪念这位功臣,德宗特敕令加高郭子仪的坟墓,谥号"忠武",和代宗之灵共同祭祀。郭子仪的一生,为了唐朝社稷,真可谓是"鞠躬尽瘁,死而后已。"

中日友好使者鉴真和尚

唐朝时期,中日两国人民的友好往来更密切了,经常互派使者,在唐朝派到日本的许多学者中,最著名的是鉴真和尚。

鉴真和尚俗姓淳于,从小受父亲影响,对佛教产生了浓厚的兴趣,14岁那年就出家当了和尚,鉴真是他出家后的法号。经过佛寺里著名师父的指导,鉴真和尚的佛学知识越来越丰富。后来在长安的一座佛寺里受了具足戒,表明他的学问已经到达高深的程度,有了讲授的资格。由于渊博的学识和高尚的品德,45岁的时候,他已经成为名扬四方的高僧,授戒的门徒达到4万多人。

742年,鉴真和尚接受日本国的邀请,决心东渡日本传授戒律,但是直到753年第六次东渡才成功地到达日本。这期间的12年中,历经5次东渡的失败,艰苦行程数千里,先后有36人献出了生命,而鉴真和尚在途中由于疾病双目失明,到达日本国的时候,他已经66岁了。

在日本,日本天皇把全国传授戒律的大权托付给鉴真和尚。鉴真和尚在东大寺的佛像前设起了戒坛,举行盛大授戒仪式。天皇、皇后、皇太子依次登坛受戒。从此以后,不论什么人,如果没有经指定的戒坛授戒,就不能取得僧籍。日本天皇还赐给他一块宅地,鉴真在这块宅地上建造了一座寺院,叫做"唐招提寺",他就在唐招提寺中讲律授戒。唐招提寺成为当时日本最有影响的寺院。

鉴真和尚精通医学,他带去了许多药方,还亲自给人看病,传授中草药知识。他还带去中国的绣像、雕像、画像、书帖等,对日本的美术界有很大影响。

鉴真和尚在日本整整度过了10个春秋,为中日两国的友谊和两国科技文化的交流做出了杰出的贡献。763年,76岁的鉴真和尚在奈良病逝了。日本朋友将他葬在唐招提寺,并且世世代代纪念他。

高力士对唐玄宗的忠诚至死不变

高力士,历史上最有名的宦官,他与唐玄宗之间一直保持着忠诚与信任的关系。

高力士10岁入宫,在宫中长大,身长六尺五寸,很有风采。玄宗在藩邸时,高力士倾心依附,二人已成知己,玄宗即位后,高力士负责玄宗与外间的联系,玄宗可以安然在幄内解决一切问题。高力士日夜随侍玄宗,每晚在殿内陪宿。

高力士在朝中让那些想升官的人们非常仰慕,许多人想见他一面都很难,侥幸见到他,如望见天人一样,激动不已,众宦官惟高力士马首是瞻,杨国忠、安禄山等也厚结于高力士,馈赠金银、珍奇。高力士这人广置田产,在京师筑建甲第、池园、占据良田。在宫中,玄宗不称其名而称将军,肃宗待他如兄长,诸王、公主称他为翁。玄宗有时还对高力士自称小字"阿瞒"。

高力士对玄宗的忠诚却始终没有改变过。他身处高位仍不失持正的立身原则，在玄宗懵懂之时，能够分辨是非，劝谏玄宗。玄宗中年渐图安逸，打算把政务一概付之奸相李林甫。李林甫阴险奸诈，肃宗在东宫时曾日夜忧惧，怕遭到他的陷害，忧心导致肃宗的鬓发斑秃。高力士在玄宗面前力陈天下权柄不可假人，如李林甫权威既振，谁还敢议论他！玄宗面呈不悦之色，高力士只好顿首自责："心狂易，语谬当死！"玄宗思量，终觉高力士有理，乃置酒席嘉赏他，左右臣僚见此，不禁高呼万岁。

玄宗曾为立太子的事忧烦，肃宗在诸子中最长，而玄宗偏爱寿王，拿不定主意。一次吃饭的时候，玄宗神色恍惚吃不下饭，高力士小心地问："吃不下饭，是膳食不使您满意？"玄宗说："你是我家的老人了，能猜出我为何这样吧？"高力士说："是因立太子的事吧？推长而立，谁敢争？"玄宗说："你有理。"一句话令玄宗内心的积郁释然，于是立肃宗为太子就这样定下来了。

高力士与玄宗共患难是从安禄山叛乱开始的。高力士随侍玄宗逃往蜀地。在逃亡中闻知郭子仪等将军收复两京，玄宗与高力士以手加额、庆幸之至。回到京师后，玄宗的地位有了改变，高力士继续在兴庆宫侍奉太上皇玄宗，其时他已是70多岁的老翁了。

肃宗宠信的宦官李辅国正在走运，李辅国原是高力士手下的低级宦官，心胸狭窄，一旦小人得志，便要恣意猖狂。他见太上皇和高力士仪容高傲，对他蔑视，貌丑心黑的李辅国耿耿于怀。他向肃宗建议，要玄宗搬出装修华贵的兴庆宫，移住西内。在移仗前一日，派人将兴庆宫原有的厩马300匹索走，只留下10匹，玄宗与高力士忍气吞声而故作从容。

次日玄宗去见肃宗，肃宗自称有病，令他人代为起拜，留玄宗吃饭，饭后温语劝玄宗继续住在兴庆宫。玄宗和高力士骑马走至夹城，忽闻后面传来急促而噪耳的马蹄声，玄宗一阵心悸，回望知是李辅国率铁骑百余人奔来，直逼玄宗的面前。高力士气愤，斥责李辅国："纵有他变，也须遵守礼仪，岂能如此惊动皇帝！"李辅国回骂道："老翁大不解事，走开！"斩了高力士从者一人。高力士忍辱负重，牵着皇帝的御马，缓缓走向西内。到西内，惊魂未定，主仆相顾凄然，玄宗忽然老泪纵横，对高力士说："如果不是将军保护，阿瞒已是乱兵前的死鬼了。"

高力士与玄宗继续过着共患难的生活，然而为时已经不长了。玄宗的膳食中不再出现肉,但他坦然接受了这种待遇。每天,玄宗和高力士看人扫除庭院,也过来动手修剪花枝,有时他们坐在一处,讲经论义,或者说些有趣的话。高力士文义并不很通,但这对年老的主仆相伴着打发时光,彼此也很开心。然而10余天后,高力士患上了疟疾,怕传染给玄宗,就移住到功臣阁下。

高力士盼望病好了能再随侍玄宗。一天晚上,有人敲门进来,告他:"圣上唤阿翁。"高力士问他:"见到太上皇了?"对方说见到了。高力士欣喜又有些疑惑,他随着走出阁外,一个宦官交给他一卷文状,上面全是对他的指责,高力士要求到肃宗面前辞罪,以申明自己的冤枉,但未被允许。第二天,上面宣布高力士潜通逆党,曲附凶徒,既怀枭獍之心,合就鲸鲵之戮,以其久侍帷幄,颇效勤劳,且舍殊死,可除名,长流巫州。高力士心中清楚,这完全是李辅国的陷害。

高力士未能与玄宗再见一面,就怆然上路了。带着数月的衣粮和八九名随从,一路凄风苦雨,过了3年的流放生活。第二年走到夷州,遇见大臣第五国珍也被贬至此,他们相见悲喜交加,饮酒赋诗,高力士对第五国珍说:"宰相都遭此厄运,其他人就更不用提了!"对国事充满忧心。一路跋涉,在停宿的日子里,高力士发现地里野生的荠菜,是京师常见的蔬菜,而这里人却不知道它能吃,不禁感慨南北遥远、风俗不同,赋诗道:

　　两京秤斤买,五溪无人采。

　　夷夏虽有殊,气味应不改。

于是拾菜做羹,觉得美味无比。

肃宗临终前几个月,诏命一切流放的人回京。几个月后,玄宗、肃宗先后离世,高力士在巫州,听到玄宗的死讯,号天叩地,悲不自胜,哀祭、服丧的程度超过了礼仪规定。高力士起程回京,要将自己的风烛残年服务于玄宗的陵寝,一路上号哭不止,每次悲恸都几乎回不过气来。由于哀痛过甚,哽咽成疾,从巫山走到郎州一个多月时间,就病得不行了。临终时泣下沾襟,眼里流出的不是泪而是血。高力士在762年八月十八日死于郎州开元寺西院。高力士去世的消息传播于远近,没有人不为之伤叹,他的灵柩被送往京师,陪葬在玄宗陵。

蔑视权贵的"诗仙"李白

李白(701~762),字太白,号青莲居士。青少年时代受到儒家、道家思想的影响,博览群书,又好行剑术,生活情趣和才能是多样的。20岁以后,他开始游历成都、峨嵋山等地,还与一个隐士在青城山隐居了一段时间。25岁时,李白为了实现自己的远大抱负,开始了远游兼求仕的生活,之后的10多年间,足迹遍及半个中国,写下了许多优秀诗篇,显示了高度的艺术才能。在他42岁的时候,唐玄宗召李白进长安做了翰林供奉,这是一种在宫中写诗作文、专供皇帝公卿欣赏助兴的官职。但这种悠闲的宫廷诗人的生活,离李白的理想太远了,宫廷中纵欲淫靡的生活和安于这种生活的权贵,使他看到朝廷政治的腐败,加深了对黑暗社会的认识,常常借酒浇愁,并写出了一些蔑视权贵的诗文。

"安史之乱"爆发后,在爱国热情的激励下,55岁的李白毅然加入了永王李璘的幕府。想辅佐永王平定叛乱,收复失地,为国立功。当李璘因谋反罪被杀后,李白被牵连入狱,虽免了死刑,但最终被流放。得到赦免后,李白又开始了颠沛流离的漫游生活。这期间,他虽穷困到了极点,但从普通百姓的身上,得到了他一生追求的真诚、纯洁的友情,写出了许多动人的诗篇。762年,李白在穷困漂泊中结束了他的一生。

李白是我国历史上伟大的浪漫主义诗人,被后人称为"诗仙"。他虽然一生不得意,但是他那些优美的诗篇,千百年来一直被人们传诵。他的诗有异常丰富的想象力和高度的艺术技巧。比如,用"飞流直下三千尺,疑是银河落九天"来形容瀑布的壮观。他的诗还善于用拟人的手法,比如写春风,"春风知别苦,不遣柳条青";写月亮,"我歌月徘徊,我舞影零乱,醒时同交欢,醉后各分散"。这些生动、形象的比喻,艺术感染力很强,充满了

李白像

浪漫主义色彩。他的歌颂祖国山河的诗篇,充满着爱国的热情。

杜甫历经磨难写"诗史"

在唐代诗人中,和李白齐名的是被称为"诗圣"的杜甫。杜甫,字子美,因曾做过节度参谋检校工部员外郎,所以后人也称他为"杜工部"。

杜甫生于712年,他7岁就能写诗,十四五岁的时候,已经开始和洛阳一些有名的文人交往。和李白一样,年轻的杜甫也曾经在祖国的南北漫游。在登上泰山日观峰的时候,他写下了著名的五言古诗《望岳》。其中"会当凌绝顶,一览众山小"的名句,抒发了他宏伟的志向。744年,杜甫在洛阳遇到了大诗人李白,两人互相钦佩,一起游历河南、山东等地方,结下了深厚的友谊。两年后,杜甫来到长安想施展抱负,但由于奸相李林甫当道,唐玄宗的昏庸,他到处碰壁,得到的是冷淡和白眼,到44岁的时候,才得到一个地位很低的官职。

一次回家探亲的路上,杜甫看到由于连年水灾旱灾不断,老百姓几乎没有了活路,而皇宫内和达官显贵的家里依然歌舞升平,他刚满周岁的儿子也饿死了,于是他悲愤地写下了长诗《自京赴奉先县咏怀五百字》。其中,"朱门酒肉臭,路有冻死骨"成为千古流传的名句。这一时期,杜甫还写了著名的《兵车行》《丽人行》等诗篇。

"安史之乱"以后,杜甫逃离长安,追随唐肃宗到了凤翔,肃宗让他做了左拾遗,负责给皇帝提意见,但由于他好批评朝政,被贬为华州司功参军,管理地方的祭祀等工作。

杜甫对现实生活越来越失望。他毅然抛弃了官职,来到成都,住在西郊外的浣花溪。在亲友的帮助下,杜甫开辟荒地,营建起一座草堂。在这里他写出了著名的《茅屋为秋风所破歌》。770年冬天,59岁的杜甫病死在湘江的小船上。

杜甫一生写了几千首诗,用诗描绘了一个复杂多变的历史时代,深刻地反映了悲惨的社会现实和人民的苦难,所以,人们把他的诗称为"诗史",把他称作我国历史上伟大的现实主义诗人。

"颠张狂素"与"颜筋柳骨"

隋唐时期是我国书法艺术的高峰。隋朝的书法汇合了南朝的秀美和北朝的雄健，创造出新的风格。

从唐太宗开始，书法艺术受到唐代统治者的提倡和重视。唐太宗喜爱书法，命人搜求王羲之的墨迹，整理成卷。他在选拔官吏的考试中，把书法的好坏作为一项重要标准，来激发读书人学习书法的积极性。唐太宗请虞世南做书法老师。虞世南的字，内刚外柔，雍容华贵。他死后，太宗很难过，对魏徵说："再也没有人同我论书法了。"

继初唐三大书法家之后，成就卓著的是"草圣"张旭和怀素和尚。他们创造的"狂草书"，笔势放纵，连绵回绕，字形变化繁多，可又很有法度，对后世影响深远。张旭往往醉后落笔疾书，人们称他"张颠"。他的草书变幻无穷，飞动的笔势像剧烈的舞蹈动作。怀素少年时家贫，为了学习书法，他广种芭蕉，在蕉叶上写字。他用坏的笔，可以堆成一个土丘。他也喜欢在酒酣兴起时落笔。他的草书，活泼飞动，有如笔下生风。人们说他是"以狂继颠"，把他和张旭并称为"颠张狂素"。

到唐代中后期，颜真卿、柳公权等人，又把书法艺术推到了新的高峰。颜真卿不但是个有气节的志士，而且是一位杰出的大书法家，是继王羲之之后我国书法史上最有成就的大书法家之一。他擅长楷书和行书，楷书端庄雄伟，气势开阔，行书笔力遒劲，气势旺盛，开创了新的风格。他的楷书被称为"颜体"，成为人们学字的楷模。比颜真卿晚70年的柳公权，是和颜真卿齐名的书法家，也精于楷书。他的楷书骨力遒健，结构紧凑，对后代的影响也很大。人们把他和颜真卿的书法并称"颜柳"，或者称"颜筋柳骨"，是当之无愧的。

柳宗元遭贬写华章

柳宗元(773~819),字子厚,河东(今山西永济)人,唐代杰出的文学家、思想家和诗人。他的一生屡遭打击,历尽坎坷,在荒僻的永州(今湖南零陵)和柳州(今广西柳州)度过了13载艰难而孤寂的岁月,最终以盛年之身郁郁客死他乡。然而,也正是在这些罹难的日子里,在他如椽的笔端下,倾泻出何其瑰奇宏丽的名篇,凝结出何等悲愤慷慨的诗章!

柳宗元像

从永贞革新失败后,满腔治国平天下热忱的柳宗元交上了厄运。805年8月,他作为革新派的骨干被贬谪为邵州(治今湖南邵阳)刺史,犹如突然坠入深渊。9月,在秋风萧瑟中他奉老母离开长安南下,途中,又被追贬为永州员外司马。

当时,永州是所谓蛮荒之地,而员外司马实为"拘囚"。柳宗元一家栖身在山岗上的一所古庙里,老母竟一病不起,旋即辞世。居室又接二连三发生火灾,有一次大火封门,他情急中从墙洞爬出,才幸免于难,但本来不多的书籍、家当全都化为灰烬。这一桩桩的打击几乎使他心灰意冷,难以自持,在给友人的信中写道:"仆辈坐益困辱,万罪横生,不知其端……悲夫!人生少六七十者,今三十七矣,长来觉日月益促,岁岁更甚,大都不过数十寒暑,无此身矣,是非荣辱,又何足道。"可是劫难仍然未已,老天又夺去他心爱的幼女,他的悲痛之情达到了顶点。

或许悲痛太多使人麻木,或许苦难频仍使人彻悟。不过对柳宗元来说,医治心灵上累累创伤的良药乃是"闲依农圃邻,偶似山林客"。他走出家门去和普通老百姓交往,到景色宜人的山水中徜徉,社会生活和美妙的大自然也给他以滋养和灵感。

心情稍稍平静以后,柳宗元在潇水之西的冉溪买地一处,构亭筑室,作久居之计。他以为"贤者不得志于今,必取贵于后,古之著书者皆是也",遂"始有志究心于文"。他的大部分作品就是在这里写成的。

农民和农村生活成为柳宗元笔下的一个新的主题。在《首春逢耕者》中,他描写清新的田野和忙碌的农耕生活,描写他向"田夫"倾吐心曲的情景。《田家三首》是他有一次留宿农家的所见所闻,揭露了官府横征暴敛、里胥的凶狠狡诈,表达了他对农民"竭兹筋力事,持用穷岁年;尽输助徭役,聊就空自眠"的深切同情。在接触农民生活中,他看到苛重的赋税徭役导致农村经济凋蔽,农民破产流亡,根源在于官府的苛政和吏治的腐败,因而写成《捕蛇者说》这样一篇意蕴深邃的名作,形象地刻画了在死亡线上挣扎的劳动人民,谴责赋敛之毒甚于毒蛇。

柳宗元"唯以忠正信义为志,兴尧、舜、孔子道",因此,他拥护统一,反对藩镇割据;渴求实行仁政,反对酷刑重赋、贪官污吏。他抱着这样的信念参加永贞革新,遭到贬谪后仍然没有放弃这一信念,而且"益自刻苦",进行深入的理论探索。在著名的《封建论》中,他指出历史是发展变化的,封建制的出现是当时历史条件决定的,而不是出于圣人的意志。他论证了秦朝速亡是由于暴政,"在政不在制"。他反对"继世而治"的贵族世袭统治,显然针对着当时的藩镇割据,具有强烈的现实意义。在《六逆论》中,他提出择嗣、用人的标准是治国的根本,贵、亲、旧而愚者不如贱、远、新而圣且贤者。把任人唯贤的原则应用于择嗣,柳宗元等革新派在反对立李纯为太子的实践中失败了。当李纯成为皇帝,他以罪吏之身仍然敢于坚持,这是需要极大的理论勇气的。柳宗元"读百家书,上下驰骋",对更深层次的哲学问题进行反复研究,撰写了《天对》《天说》《非国语》等诗文。他坚持唯物主义的元气论,认为天是没有意志的,是元气的存在和运动,天不能赏功罚祸。他写道:"功者自功,祸者自祸,欲望其赏罚者大谬。呼而怨,欲望其哀且仁者,愈大谬矣。"《国语》"其文深闳杰异","而其说多诬淫",影响很大,而柳宗元对其中的灾祥、福佑、命数、禄相、卜筮、谣应、神怪、妖异等内容进行了具体有力的批驳。

柳宗元写得更多的是文学作品。他到永州郊外揽胜寻幽,写下传诵古今的

《永州八记》。以极其简练、生动的笔触,描绘了优美的山光水色,也寄托着自己的情怀。如《钴鉧潭西小丘记》:"……潭西二十五步,当湍而浚者为鱼梁,梁之上有丘焉,生竹树。其石之突怒偃蹇,负土而出,争为奇状者殆不可数。其嵌然相累而下者,若牛马之饮于溪;其冲然角列而上者,若熊罴之登于山。……噫!以兹丘之胜,致之沣、镐、鄠、杜,则贵游之士争买者,日增千金而愈不可得。今弃是州也,农夫渔父过而陋之,贾四万,连岁不能售,而我与深源、克己独喜得之,是其果有遭乎!书于石,所以贺兹丘之遭也。"这里,小丘的姿态跃然纸上,而小丘之被弃则饱含着作者的辛酸。柳宗元的山水诗简淡高逸,又深沉隽永,与其游记有异曲同工之妙。如脍炙人口的《江雪》:"千山鸟飞绝,万径人踪灭,孤舟蓑笠翁,独钓寒江雪。"从孤寂的画面上,我们读出了作者落寞的心境。柳宗元还创作了不少寓言、传记,《黔之驴》《临江之麋》《永某氏之鼠》《段太尉逸事状》等极富艺术感染力,使人百读不厌。

贾岛苦吟诗冲撞了京兆尹

贾岛(779~843),字阆仙,范阳(今河北涿州)人,是唐代著名的"苦吟诗人",以努力、刻苦著称。他一生十分注重词句的雕琢与锤炼,有时为一字一句耗费大量时间和精力。青年时期,他为能有个清静的环境写诗,曾落发为僧,但由于苛刻而枯寂的寺院生活妨碍了诗歌创作而还俗。为了激发创作灵感,他经常骑着毛驴到处旅游,边走边看,边想边吟,写出了不少优秀诗篇。有一次他写成《送无可上人》中"独行潭底影,数息树边身"这两句诗时,兴奋异常,热泪盈眶,原来,他为这两句诗竟整整思索、吟咏了3年!贾岛激动之余,在这两句诗后面附注了一首小诗来表述了自己的心情:"二句三年得,一吟双泪流,知音如不赏,归卧故山秋。"由此可见贾岛的苦吟精神和极端严肃认真的创作态度。

贾岛苦吟有时达到如痴如醉的境界。有一次,贾岛骑在驴上吟《题李凝幽居》时,为诗中"僧推月下门"句斟酌,欲改"推"为"敲",一时难以决断,遂不自觉地在驴上一边反复做着推、敲动作,一边反复吟咏推、敲二字,对周围的事物都无所觉察,不知不觉冲撞了一位达官的仪仗队,被抓至这位大官马前。幸好这位达官恰是著名文学家、时任京兆尹的韩愈。韩愈知道了贾岛正在为"推""敲"二字苦苦思索,不仅没有怪罪于他,相反还说用"敲"为好,并与贾岛同归,论诗成交。贾岛遂成为韩门著名弟子之一。

还有一次贾岛骑驴走在长安街上,见秋风扫落黄叶满处皆是,吟出"落叶满长安",求其下句竟一时不得,遂反复思索、吟咏,没想到冲撞了京兆尹刘栖楚的仪仗队,被抓去关了一个晚上才放出来。

贾岛就是这样孜孜以求、勤苦吟咏,以"二句三年得"的精神进行诗歌创作,形成了自己的"瘦硬"风格,与著名诗人孟郊齐名,合称"郊寒岛瘦",在唐代诗林中占有一席之地。

李商隐卷入朋党之争

在宦官专权的日子里,朝廷官员中反对宦官的大都遭到排挤打击。依附宦官的,又分成两个派别——以牛僧孺为首领的牛党和以李德裕为首领的李党,两派官员互相倾轧,争吵不休,闹了40年。历史上把这次党朋之争叫做"牛李党争"。

牛李党争的开始由进士考试而起。唐宪宗在位时,有一年长安举行考试选拔人材,举子牛僧孺、李宗闵在考卷里批评了朝政。考官认为这两个人符合选择的条件,就把他们推荐给唐宪宗。这件事让宰相李吉甫知道了。李吉甫见李宗闵、牛僧孺批评朝政,揭了他的短处,就在唐宪宗面前说,这两人被推荐是因为跟试官有私人关系。唐宪宗就把几个试官降了职,李宗闵和牛僧孺也没有受到提拔。谁知这件事却引致朝野哗然,争为牛僧孺等鸣冤叫屈,谴责李吉甫妒贤忌能。出于压力,唐宪宗于同年把宰相李吉甫贬为淮南节度使,另任命了宰相。这样朝臣之中形成了两个对立派别,但此时李德裕、牛僧孺尚未进入朝廷供职,派系斗争色彩尚不浓郁。

唐穆宗即位后,又举行进士考试,由牛党人物礼部侍郎钱徽主持。结果又被告徇私舞弊。在时任翰林学士的李德裕的证实下，钱徽被降职，李宗闵也受到牵连，被贬谪到外地去。李宗闵认为李德裕成心排挤他，对李德裕恨透了。牛僧孺当然同情李宗闵。以后，牛僧孺、李宗闵就跟一些科举出身的官员结成一派，李德裕也跟士族出身的官员结成一派。两派明争暗斗得很厉害。到了唐文宗即位以后，李宗闵走了宦官的门路，当上了宰相。李宗闵向文宗推荐牛僧孺，也把他提为宰相。这两人一掌权，就合力打击李德裕，把李德裕调出京城，当西川（今四川成都）节度使。那时期，西川附近有个吐蕃将领投降，李德裕趁机收复了一个重镇维州（今四川理县）。这本来是李德裕立了一功，但是宰相牛僧孺却跟唐文宗说：「收复一个维州，算不了什么；跟吐蕃搞坏关系，才不上算呢。」他要唐文宗下令叫李德裕把维州让还吐蕃，使李德裕气得要命。到了唐武宗即位，牛党失势，李德裕当了宰相。他竭力排斥牛僧孺、李宗闵，把他们都贬到南方去了。

在这场你死我活的朋党之争中，著名晚唐诗人李商隐也被卷进去。李商隐（约813~858年）自幼家境寒微。829年，天平军节度使令狐楚爱其文才，召聘入幕，并指点他写作骈文，让儿子令狐绹与他交友。837年，李商隐因令狐楚推荐登进士第。令狐楚死后，他无可依靠，转入泾原节度使王茂元之幕，被招为婿。当时朝廷牛李党争十分激烈，令狐楚父子属牛党，王茂元则近李党，李商隐因此被牛党和令狐指责为"背恩"、"无行"，成为朋党之争的牺牲品，长期受到压抑，得不到重用。参加"博学鸿词"科考试，先为考官所取，又被中书省内有权之人除名，任秘书省校书郎，后调任弘农县尉，又因"治狱"事件几乎被罢官，最后郁郁而终。

846年，唐宣宗即位后，把武宗时期的大臣一概排斥，撤了李德裕的宰相职务，又把他贬谪到崖州（今海南）。闹了40年的朋党之争终于收场，但是混乱的唐王朝已经闹得更加不好收拾了。

黄巢起义坐龙庭兵败

唐朝末期，经过藩镇混战、宦官专权和朝廷官员中的朋党之争，朝政越来越混乱。唐宣宗算是一个比较精明的皇帝，但并没有能改变这个局面。到了唐宣宗死后，先后接替皇位的唐懿宗李漼、僖宗李儇，一味寻欢作乐，追求奢侈糜烂的生活，更是腐朽到了极点。皇室、官僚和地主加紧对农民的剥削，税收越来越重；加上连年不断的天灾，农民纷纷破产，到处逃亡，有的忍受不了苦难，只有走上反抗这条路。唐懿宗即位那年，浙东地区爆发了袭甫领导的农民起义；过了8年，桂林爆发了庞勋领导的士兵起义，这两次起义都被朝廷镇压下去了。但是，百姓反抗的情绪越来越高，新的起义规模也更大了。

874年，濮州（今河南范县一带）盐贩首领王仙芝，聚集了几千农民在长垣（今属河南）起义。不久，冤句（今山东曹县北）地方的盐贩黄巢也起兵响应。黄巢从小读过书，又能骑马射箭。他曾经到京城长安去参加进士考试。考了几次，都没有考中。他在长安看到唐朝廷的腐败和黑暗，心里十分气愤。据说，就在这个时候，他写下了一首名为《菊花》的诗，用菊花作比喻，表示他推翻唐王朝的决心。诗中说："待得秋来九月八，我花开时百花杀，冲天香阵透长安，满城尽带黄金甲。"

黄巢和王仙芝两支起义队伍会合之后，转战山东、河南一带，接连攻下许多州县，声势越来越大。唐王朝非常恐慌，命令各地将领镇压起义军。但是各地藩镇都害怕跟义军交锋，互相观望，使唐王朝束手无策。唐王朝见硬的一套不行，就采用软的手法，以高官厚禄引诱起义军将领，王仙芝想接受唐政府任命，被黄巢坚决阻止了。

经过这番波折，黄巢决定跟王仙芝分两路进军。王仙芝向西，黄巢向东。不久，王仙芝率领的起义军在黄梅（在今湖北）被唐军打败，他本人也被杀死。王仙芝失败后，起义军重新会合，大家推黄巢为王，又称冲天大将军。当时，官军在中原地区力量比较强，起义军进攻河南的时候，唐王朝在洛阳附近集中大批兵力准备围攻。黄巢看出敌人企图，决定选择官军兵力薄弱的地区，带兵南下。他们顺利渡过长江，打进浙东。起义军一路上势如破竹，经过一年多的长征，一直打到广州。起义军在广州休整以后，开始挥师北上。唐王朝命大批官军沿路拦击，都被黄巢起义军各个击破。起义大军顺利地渡过长江，884年，黄巢带领60万大军，浩浩荡荡开进潼关。起义军攻下潼关后，唐王朝惊慌失措，唐僖宗和宦官头子田令孜带着妃子，逃到成都去了，来不及逃走的唐朝官员全部出城投降。当天下午，黄巢坐着金色轿子，在将士的簇拥下，进入长安城。长安百姓扶老携幼，夹道欢迎。黄巢在长安大明宫即位称皇帝，国号叫大齐。但是，由于起义军长期流动作战，占领过的地方，却没留兵防守，没多久，起义军占领的长安就被唐军攻陷。黄巢派去驻守同州（今陕西大荔）的大将朱温投降了唐朝。黄巢带领起义军撤退到河南，又遭到朱温、李克用的围攻。884 年，黄巢在攻打陈州（今河南淮阳）失败之后，受到官军紧紧追赶，最后，退到泰山狼虎谷，英勇牺牲。

朱温大开杀戒　唐王朝结束

黄巢起义失败以后，唐僖宗回到长安。这时候，唐王朝的中央政权已经名存实亡。

各地藩镇在镇压起义过程中，扩大势力，争夺地盘，成为大大小小的割据力量。其中最强大的是河东节度使李克用和宣武（治所在今河南开封）节度使朱温。朱温本是黄巢起义军中的一员大将，很受黄巢的重用。可正当起义军危急的关头，他带兵叛变，投靠唐朝，为唐王朝帮了大忙。唐僖宗给他高官厚禄，还赏他一个名字叫"金贵"，派他镇压起义军。当黄巢从长安退到河南的时候，兵力还很强，有一次，黄巢军攻打汴州，朱温向李克用求救。李克用打败了起义军，回到汴州。朱温在庆功宴上想害死李克用，李克用拼命逃出才保住性命，从此李克用与朱温结下冤仇。这两支割据力量一直互相攻打。朱温的势力越来越大，李克用只能保住河东地区。

唐昭宗即位后想依靠朝臣来反对宦官，却失败了，反而被宦官软禁起来，另立新皇帝。朱温利用这个机会，跟宰相崔胤秘密策划，杀了宦官头目刘季述，迎接唐昭宗复位。唐昭宗和崔胤还想杀所有宦官，一些宦官就投靠另一个藩镇——凤翔节度使李茂贞，把唐昭宗劫持到凤翔。崔胤向朱温求救，朱温带兵进攻凤翔，要李茂贞交出唐昭宗，李茂贞兵力敌不过朱温，连连打败仗。朱温攻下凤翔，把唐昭宗抢了过来，带回长安。

从此唐王朝政权就从宦官手里，转到朱温手里，唐昭宗日子更不好过。朱温掌了大权,把宦官全部杀光,挟持唐昭宗迁都洛阳。离开长安的时候,朱温派人把长安的宫室、官府和民屋全部拆光,把材料运到洛阳,还逼迫长安的官吏、百姓一起搬到洛阳去。长安百姓扶着老人,拖着孩子,在兵士的驱赶下赶路。一路上,大家一面哭泣,一面痛骂祸国殃民的叛贼朱温。唐昭宗到了洛阳,还想秘密召各地藩镇来救他。但是还没有盼到,朱温已经动手把唐昭宗杀了,另立了一个13岁的孩子做傀儡,就是昭宣帝。

宦官完了,皇帝也完了,留下的还有一批唐王朝的大臣。朱温手下的谋臣对朱温说:"你要干大事,这批人最难对付,不如把他们统统赶走。"

谋士李振,绰号叫做猫头鹰,因为考进士没考上,更加痛恨朝臣。他跟朱温说:"这批人平时自命清高,把自己称做'清流',应该把他们扔到浊流(指黄河)里去。"朱温依了他的话,在一个深夜,把30余名朝臣集中起来杀掉,扔到黄河里。

907年,朱温废了唐昭宣帝,自立为帝,改国号为梁,建都汴(今河南开封),朱温就是梁太祖。从此,统治了将近300年的唐王朝到此就寿终正寝了。

五代十国

(公元907年~公元960年)

五代十国历史背景介绍

唐朝末期,藩镇割据势力进一步发展。唐朝灭亡后,在中原一带相继出现了(后)梁、(后)唐、(后)晋、(后)汉、(后)周5个朝代,史称5代。五代53年(907~960年),共更换了8姓14君。

907年,唐宣武节度使朱全忠(原名朱温)消灭了许多割据势力,初步统一了黄河流域,废唐哀帝自立,建立(后)梁。朱全忠称帝后,其他藩镇一面斥责其篡位,一面又纷纷仿效而各自称王。(后)梁政权对农民横征暴敛,以致爆发了母乙和董乙领导的农民起义,在农民起义军的打击下,仅存在了16年的(后)梁为另一藩镇李存勖所取代。923年,李存勖在洛阳建立(后)唐。936年,太原石敬瑭以出卖燕云16州为代价,向契丹借兵推翻了(后)唐,建立了(后)晋。契丹贵族对中原的掠夺,遭到人民群众的英勇抵抗。石敬瑭死后,其侄石重贵即位,946年,契丹攻陷(后)晋都城开封。(后)晋被推翻后,原石敬瑭部将、太原节度使刘知远于947年在太原称帝,建立(后)汉。(后)汉统治集团内部矛盾十分激烈,将相之间相互为仇。刘承祐即位后,疑忌大臣权重,恐受其制,于是开始大肆杀戮,终于激起郭威兵变。950年,郭威攻入开封,推翻了(后)汉,951年称帝,建立(后)周。郭威对(后)周的政治、经济进行了一系列变革,收到了不小的成效。他去世后,养子柴(郭)荣即位,致力于统一大业,在郭威的基础上,对(后)周的政治、经济乃至社会、文化各个方面进行了整顿和改革,为后来北宋的统一奠定了基础。

在北方五代更迭嬗变的同时,中国南方和北方河东地区,先后存在过10个割据政权(不包括一些小的割据势力),史称"十国",即吴、前蜀、后蜀、南唐、闽、楚、北汉、南汉、南平(荆南)、吴越10个割据政权。

"五代十国"是中国继魏晋南北朝之后再度陷入分裂混乱的时期,是安史之乱以后藩镇割据局面的延续和扩大,但同时也是中国走向统一的过渡时期。各地人民反对分立割据带来的制度不统一、关卡林立、禁令繁多、商税苛重等种种灾难;又由于契丹贵族的掠夺,人民要求统一,以便集中力量进行抵御。到了五代后期,统一的趋势已日益明显。而且,南北两方,虽然在政治上处于分立割据状态,但它们之间保持着紧密的经济联系,促进了北方经济的恢复和发展,为全国统一准备了条件。

960年,(后)周禁军统领赵匡胤趁959年柴荣在北伐契丹的战争中病死,7岁幼子柴宗训即位之机,发动了陈桥兵变,夺取了(后)周政权,建立了北宋。北宋立国后,首先出兵南方,消灭了南平、后蜀、南汉、南唐、吴越等政权,979年又征服了北汉,五代十国的割据局面遂告结束,中国再次统一。

五代十国时期,全国的经济重心已从黄河流域逐渐转移到长江流域。但经济发展依然不慢,农业、手工业、商业都较发达。海上贸易也相当繁荣。这一时期,起于唐代的词开始走上兴盛阶段,此外,书法、绘画领域的成就也在历史上占有一席之地,对北宋乃至后世都有较大影响。

朱温死于儿子的屠刀下

907年,朱温自立为帝,成为梁太祖。朱温一贯嗜杀成性,他的黑军师李振助纣为虐,劝其大量屠杀朝廷要员。在篡位前两年就贬斥驱逐有名声和影响的知名之士,加上"浮薄"的罪名,集中在滑州白马驿(今河南滑县东北)的农村,一个晚上,就将原宰相裴枢,以及一些尚书、侍郎们30多人统统杀尽,投尸于河。李振又对朱温说:"那些自命清高、自谓为清流的人,宜投入黄河,永为浊流。"朱温大笑,欣然同意。这里虽然有打击高门望族,扫清妨碍他们的社会势力的一面,但多为私人泄愤的表现,也纯属争权夺利的残暴手段,没有多少积极的社会意义。

朱温为了实现个人野心,扩大势力,穷兵黩武,更不顾人民的死活。他攻徐州六七年中,附近几郡百姓无法耕作,加上连年水灾,人口减少到百分之六七十。有些天灾也是他直接造成。如896年4月,黄河水涨,他为了保一个军事据点滑州的城墙,就不惜决开河堤,让河身分为两道,滔滔东流,从此,黄河下游水灾连年不断,越来越严重。在军阀混战中,以杀人越多越光荣,乾宁元年朱温攻打郓州,杀1万多人,因筑京观于鱼山(今山东东阿县南)之下以纪功。次年10月,在巨野(今属山东)东南追杀贺瓌军万余将尽,生擒3 000多人。适逢当日狂风暴起,朱温胡说什么:"此乃杀人未足耳。"逐下令杀尽所获囚俘。在906年4月,攻下了高唐,城中军民不论男女老幼,全部杀光。903年朱友宁攻博昌(今山东博兴县),强迫10多万民夫牛驴,搬运土石,堆筑土山,然后又将人畜杀死,混合土石中以增加高度,哭声震天,远闻数十里。城陷后,又尽杀城中居民。

朱温对待为他出力卖命的士兵,也极其残虐。将校阵亡,所部兵卒都要处死。士兵不堪虐待,大量逃亡,他就在士兵面部刺字,谓之"文面"。脸上有了烙印,不敢回乡里,无所逃于天地之间,只有俯首贴耳地任其宰割。

朱温即位刚刚一年,梁王朝以胜利之师进攻潞州(今山西长治县),五月抵达,在城外筑了一道夹寨,外绝援军,内阻守军突围,围得十分严密。朱温认为唾手可得,稳坐京城,只等捷音;围城将领也以为胜利在望,连哨岗都不派人。李存勖亲率周德威众将,自晋阳(今山西太原市)兼程而进,出其不意地突破夹城,歼灭梁军1万多人,缴获资粮器械,堆积如山。朱温闻败讯,惊得目瞪口呆,半晌才说:"生子当如李亚子,我的儿子只如豚犬而已。"他对梁王朝的前途,已不敢过于乐观了。

910年,镇州、定州(今河北正定县和定县)联晋叛梁,朱温派大将王景仁北上攻晋,次年正月,大败于柏乡(今河北柏乡县),伤亡两万多人,王景仁败归,其他深、冀据点的梁军,也仓惶撤退,从朱温到各级将领对晋军都产生了恐惧情绪。

911年冬天,朱温不甘心失败,亲自领兵北征,欲报柏乡惨败之仇。大军至魏县,军中暗传晋兵杀到消息,军心解体,纷纷逃窜,严刑峻法也阻止不了。后来得知并无敌踪,情绪才安定下来。这样闻风瓦解的士气,简直不堪一击,朱温在泄气之余,撤军回河南。次年正月,晋向幽州用兵,讨伐刘守光。善于钻空子的朱温,认为可乘虚袭取镇定二州。2月,率兵50万渡河北上。

晋守将李存审和史建瑭、李嗣宏商议以奇兵袭击之策。史李二将俘获几百名梁营割草伐木的散兵,将其中一部分砍去一只臂膀,放走并令传语朱温说:"晋王大军已到。"二将复各领300骑兵换上梁军服装,趁夜冲营劫寨。当梁营纷扰混乱、不知所措之际,那些断臂放归的士卒又说:"晋王大军来了。"朱温只打算趁虚进取,今以其有备,劲敌当前,连夜烧营逃走。当地农民痛恨梁军掳掠,见其溃不成军,都拿起锹锄追杀堵截。梁兵丧魂落魄,以为晋王追兵已到,内心越怕逃得越快,沿途抛弃辎重器械不计其数。当朱温弄清他遭遇的突击,不过是被人耍弄的小把戏时,50万大军已瓦解于一旦,再也无法收拾了。他又恼又累,得了一场大病,回到洛阳病情愈见沉重。他的儿子友珪以牙兵五百伏禁中,中夜斩关入,至寝殿,侍疾者皆惊窜,朱温惊起大声问:"谁人敢造反!"友珪说:"自己人。"朱温大骂道:"我早就怀疑你这小贼忤逆不孝,恨未早杀掉你。"友珪也骂了一声"老贼万段!"一刀刺进朱温肚腹上,刃透出于背,裹上一条破毡子,埋在殿角落。这个杀人成性的魔王,怎么也没想到会死在自己的儿子的屠刀下,可谓自食其果。友珪又派使去东都杀了二哥友文,然后矫诏登帝位。次年(9年)二月,为他五弟友贞军队所逼,自杀于洛阳皇宫。

李存勖接过三支箭

朱温建立梁朝的时候,在北方还有两个较大的割据势力。一个是幽州的刘仁恭,一个是河东的晋王李克用。

907年,阿保机带领30万人马,攻入云州(治所在今山西大同),李克用想利用契丹兵力,对付朱温,就跟阿保机联络,双方在云州东城见了面,结为兄弟,还约定日子一起攻梁。但是阿保机一回到契丹,看到朱温势大,就反悔了,另外派人跟朱温结成同盟。

李克用听到这消息,气得差点昏过去。到第二年春天,他连气带累,背上长了毒疮,病倒了。他自己知道再也起不来,就把儿子李存勖叫到床边,叮嘱说:"朱温是咱家的冤家,这不说你也知道;刘仁恭是我保举上去的,后来他反复无常,投靠朱温;契丹曾经跟我结为兄弟,结果撕毁盟约,翻脸不认人。这几口气没出,我死了也闭不上眼睛。"说着,他吩咐侍从去拿3支箭来,亲手交给李存勖说:"这3支箭留给你,你要记住3个仇人,给咱家报仇。"

李存勖跪在床边含着眼泪,接过箭,表示一定牢记父亲的嘱咐。李克用听了,才阖上眼睛死了。

李克用死后,李存勖接替他父亲做了晋王。他用心训练兵士,整顿军纪,把散漫的沙陀族兵士训练成一支精锐善战的队伍。

李存勖决心消灭仇人,把他父亲留给他的3支箭十分郑重地供奉在他的家庙里。每次出征的时候,他先派个官员到家庙里把箭取了出来,放在一个精致的丝套里,带着上阵去;打了胜仗,再送回家庙。

李存勖出兵跟梁兵进行了几次大战,把朱温率领的50万大军打得晕头转向,狼狈逃窜。朱温又羞又气,发病死了。接着,李存勖又攻破幽州,把刘仁恭和他的儿子刘守光都活捉过来,押回太原。

916年,耶律阿保机即位称帝,过了5年,派兵南下。李存勖亲自出兵,大破契丹兵,把阿保机赶回北边去了。

朱温死后,他的儿子梁末帝又跟李存勖打了10余年仗,到了923年,李存勖灭了梁朝，统一北方，即位称帝，改国号为唐，建都洛阳。这就是后唐庄宗。

储氏明敏为夫释疑

后唐张全义曾仕梁朱温，他自幼在军中长大，禀性质朴呆板。凡是百姓来投诉的，都以原告为胜诉，时人多有非议。其妻储氏聪明机敏而有才略。梁太祖朱温自柏乡大战失利后，连年征讨河朔一带，怀疑张全义不忠，又常有小人谗言离间。储氏每入宫中，都委婉辩理。朱温有时怒不可遏，召张全义进宫对质。一次储氏便去拜见朱温，说道："全义不过是一个种田老翁而已。30多年来，在洛阳附近斩棘开荒，聚集军赋，以助陛下创建基业。如今年迈体衰，天年将至，却受到皇上的怀疑，为什么呢？"朱温突然笑着回答："我无坏心，老太太不要多说了。"

郭威推功及人

后汉大将郭威攻占河中后，以白文珂为留守。凯旋归来之日，汉隐帝犒劳赏赐甚是优厚。郭威推辞道："我率兵在外，凡保卫京师安全，供给亿万兵饷，都是各位大臣居中用事的结果，我怎么敢独享这些赏赐呢？请都奖赏吧！"于是，遍赏宰相、枢密、宣徽三司、侍卫使导，9人一样待遇，加授郭威兼侍中。赏赐朝官以后，郭威又建议说："朝中执政官普遍受到封赏，恐怕藩镇绝望，也应该遍赏藩镇，各有差等。"当时朝廷内外都称赞郭威不贪官恋物，推己及人，所以，人心都归向他，为他以后代汉自立打下基础。

"儿皇帝"石敬瑭

唐明宗在位的时候,他手下有两员大将,一个是他儿子李从珂,一个是他的女婿、河东节度使石敬瑭。两个人都骁勇善战,但又互不服气。到了李从珂做了后唐皇帝(就是唐末帝)以后,两人终于闹到公开破裂的地步。

李从珂派了几万人马攻打石敬瑭所在的晋阳城。石敬瑭抵挡不了,晋阳十分危急。有个谋士桑维翰给他出个主意,要他向契丹人讨救兵。

那时候,耶律阿保机已经死去,他的儿子耶律德光接替了契丹国主的位子。桑维翰帮石敬瑭起草了一封求救信给耶律德光,表示愿意拜契丹国主做父亲,并且答应在打退唐军之后,把雁门关以北的燕云十六州(又称幽云十六州,指幽州、云州等16个州,都在今河北、山西两省北部)土地献给契丹。

石敬瑭的投降活动遭到他的部将的反对。部将刘知远说:"您向契丹求救,称臣还说得过去,拜他做父亲未免过分;再说,答应给他们一些金银财宝还不要紧,不该割让土地。"

石敬瑭一心想保住自己的利益,哪儿肯听刘知远的劝阻,急急忙忙派桑维翰带了这些卖国条件去见耶律德光。

耶律德光本来想向南扩张土地,听到石敬瑭提出这样优厚的条件,真是喜出望外,立刻派出5万精锐骑兵去救晋阳。石敬瑭从晋阳城出兵夹击,把唐军打得大败。

耶律德光来到晋阳,石敬瑭亲自出城迎接,卑躬屈膝地把比他小10岁的耶律德光称做父亲,还请教契丹兵为什么这样快就能打败唐军。耶律德光得意洋洋地吹了一通,石敬瑭马上表示十分钦佩,耶律德光经过一番观察,觉得石敬瑭

石敬瑭像

的确是死心塌地投靠他,就对石敬瑭说:"我奔波三千里,来救你们,总算有个收获。我看你的外貌和气度,够得上做个中原的主人,我就封你做皇帝吧!"

石敬瑭还假惺惺推辞,经部下一劝说,就高兴地接受了。契丹国主正式宣布石敬瑭为皇帝。石敬瑭称帝后,立刻按照原来答应的条件,把燕云十六州割让给契丹。

石敬瑭依靠契丹的支持,带兵南下攻打洛阳。唐末帝李从珂接连打了几次败仗,被契丹的声势吓破了胆,意志消沉,成天边喝酒边哭泣,等待灭亡,哪儿还有反抗的勇气。石敬瑭的兵还没进洛阳,唐末帝已经在宫里烧起一把火,带着一家老少投在火里自杀了。

石敬瑭攻下洛阳,灭了后唐,正式做了中原的皇帝,国号叫晋,建都汴。这就是后晋高祖。石敬瑭对契丹国主耶律德光感恩戴德,向契丹上奏章,把契丹国主称做"父皇帝",自己称"儿皇帝"。除了每年向契丹进贡帛30万匹外,逢年过节,还派使者向契丹国主、太后、贵族大臣送礼。那些人一不满意,就派人责备石敬瑭,石敬瑭总是恭恭敬敬,赔礼请罪。晋朝使者到了契丹,契丹官员傲气十足,说了许多侮辱性的话。使者受了气,回到汴京,把这些事传了开去。朝廷上下都觉得丢脸,只有石敬瑭毫不在乎。

石敬瑭靠契丹的保护,做了7年可耻的儿皇帝,病死了。他的侄儿石重贵即位,就是晋出帝。晋出帝向契丹国主上奏章的时候,只称孙儿不称臣。耶律德光就认为对他不敬,带兵进犯。

契丹两次进犯中原,在晋朝军民的奋力抵抗下,遭到惨重失败。但是到了最后,由于汉奸的出卖,契丹兵打进汴京,晋出帝当了俘虏,被押送到契丹。后晋就灭亡了。

947年,耶律德光进了汴京,自称大辽皇帝(这一年契丹改国号为辽)。京城百姓听到辽兵进城,纷纷逃难。辽主耶律德光登上城楼,派人用汉语宣布说:"大家别怕,我也是人嘛。我本来并不想来,是汉人引我们进来的。我一定会让你们的生活过得更好些。"

话虽然这样说,但是做的又是一套。他纵容辽兵以牧马为名,到处抢劫财物,叫做"打草谷";闹得汴京、洛阳附近几百里地方,成了没有人烟的"白地"。他又命令晋国官员搜刮钱帛,不论官员百姓,都要献出钱帛"劳军"。

中原的百姓受不了辽兵的残杀抢掠,纷纷组织义军,反抗辽兵。少的几千,多的几万。他们攻打州县，杀死辽国派出的官员。东方的起义军声势浩大，攻下了3个州。

耶律德光害怕了，跟左右侍从说："想不到中原人这样不容易对付。"过了一段时期，他把晋朝官员召集起来，宣布说："天气热了，我在这里住不惯，要回到上国(指辽国)去看望太后了。"

辽兵被迫退出中原。但是，被石敬瑭出卖的燕云十六州仍旧被契丹贵族占领，成为后来他们进攻中原的基地。

李昪怒逐宠妃

这是发生在943年1月的故事。南唐烈主李昪有妃种氏，因其年轻美貌而受到宠爱。她有个儿子李璟逊，因是小儿子而未被立为太子，为此耿耿于怀。她常想因自己受宠而乘机进言诽谤太子，但怎奈找不到太子李璟的错处；她也曾想无中生有，但每当刚想开口时，又被烈祖那威严的神态吓了回去，故一直找不到机会。正巧，有这么一天，烈祖李昪到太子李璟的宫中，碰上李璟正一个人在那里拨弄乐器。李昪不好声色，常以此为亡国之举。今见太子如此，大为恼怒，当场便将太子痛斥了一顿。种氏听说后，认为总算抓住了太子的错处，乘机对烈祖李昪进言道："太子常好声色，不过无人敢向陛下报告罢了。璟逊虽然年幼，但明达整理，很有陛下之风，可继承大业！"烈祖李昪一听，便知其用意，没等其继续说下去，便发怒道："你这是什么话？儿子有了过错，作为父亲批评他，训斥他，是很正常的事情。废立之事是有关国家举足轻重的大事，你一个妇道人家，怎么能参与过问！"第二天，烈祖李昪便下令将种氏逐出宫门，嫁了出去。

柴荣南征北讨统一全国

经过几年持续不断的改革，后周国富民强。于是，柴荣统兵南征北讨，开始了统一中国的征程。柴荣采纳先攻江淮以及江左南唐的主张。在进攻南唐之前,柴荣先遣将从后蜀手中收回了秦、凤、成、阶(均在今甘肃省境内)四州。

秦凤四州是后晋时投入后蜀的。后蜀主孟昶为政苛暴,蜀人怨愤,四州人民更是民不聊生。人民痛恨后蜀政权,先后多次派人到开封要求后周收复旧地。955年4月,柴荣调兵遣将,向四州进攻。至5月,节度使王景率军由陕西大环关出击,攻下了秦州以东的黄牛寨等地。到11月,周军最后攻克凤州,俘敌节度使王环,收复了四州之地。柴荣下令四州人民除两税以外,其它杂税一律免征,废除后蜀暴政,使当地人民欢天喜地。

安定了西部边境之后,柴荣因蜀道艰难,没有乘胜入川推翻孟昶政权,而是把兵锋转向了占领江淮地区的南唐。

955年11月,柴荣任命李谷为淮南道行军都部署,王彦超为副部署,统率禁军进攻寿州(今安寿县)。柴荣十分关心前线的动向,956年正月,他决定亲自出马,指挥这一重大战役。后周军取得了出师以来的第一次大胜利。

柴荣不久也赶到正阳,他察看了战场,认为不应给敌人喘息机会,于是率大军再次将寿州包围。此时,南唐江北州县皆处于周军的兵锋之下,处境已十分艰难,但寿州守将刘仁赡乃南唐名将,坚守不降。周军久攻不下,柴荣便留一部分军队围城,其余分兵略地,攻取南唐江淮之间各州县。2月,柴荣命赵匡胤攻滁州南唐皇甫晖军,赵匡胤不愧为一代名将,他率军奇袭清流关,一举擒获皇甫晖,歼灭了南唐一支劲旅。柴荣又命韩令坤率兵直取扬州和泰州,一直攻到长江边。到3月,周军已攻取了南唐江北大部分城镇,使寿州更陷于孤立境地。

虽然周军实际上已占有江淮广大土地,但寿州始终未能攻下,加之暑雨天气,柴荣决定留向训坐镇扬州,李重进继续围攻寿州,自己于5月10日启程回京,以图再作部署。柴荣回到开封后,开始编练水军。他从南唐降兵挑选了数百水手,教习水战,严格训练几个月之后,一支精锐的水师建成了,这就使南唐的水上优势受到了挑战。后周淮南节度使向训感到难以持久,便向柴荣建议撤退扬州周军,全力攻寿州。于是,江淮之间的周军齐集寿州城周围,全力进攻,却仍然未能攻下。在这关键时刻,柴荣没有允许前线军队后退,而是第二次奔赴前线,亲自督战。957年2月,柴荣统军南下,并派右饶卫大将军王环率新建成的水军,沿颍水进入淮河,直赴敌阵。3月,柴荣披甲执锐,来到寿州前线,亲自指挥作战。柴荣命自己的水军也鼓足风帆直追,骑兵亦夹河穷追猛打,于是南唐援助寿州的外围军队遭到全歼,共消灭和俘虏了4万多人,缴获战船、兵器不计其数。这时,寿州城内的南唐军如热锅上的蚂蚁,不知如何办才好,守将刘仁赡急出了一场大病,不能理军,其部下于是开城投降。柴荣终于占领了这一战略要地,获得了辉煌的胜利。

柴荣命令部队稍作休整,又下令寿州城50里内地方免交两税,并开仓赈济,实行大赦,稳定了新占领区的统治。

经过数月的休整,957年10月,柴荣又第三次亲征南唐,其目标是务求全部夺取江淮土地。这一次,柴荣不仅带了马、步、水军,还从北方带来一队骆驼,当时一般人并不知其用场。时南唐在濠州阻淮水设防,11月,周军进抵濠州,柴荣命令士兵骑骆驼渡淮河,南军从来没有见过这种战法,以为是天兵天将,个个吓得面如土色,弃杖而逃。

柴荣水陆两军进抵长江,直接威胁到南唐的江南地区,南唐政权几乎无力抵抗,已面临崩溃了。李璟不得不再次派使臣向柴荣请和,尽献江北之地,表示愿将庐、舒、蕲、黄四州送给后周,划长江为界。周军已在江淮作战经年,若再下江南,恐契丹在后方乘虚来攻,于是接受了南唐的投降,和南唐签订了城下之盟。

柴荣在夺取南唐江北十四州土地人民的一年之后,又踏上新的征途。959年3月,柴荣亲自统军北伐。四月,柴荣到达沧州,挥师直趋边关,契丹的宁州刺史汉人王洪首先举城投降。不战而得城,使士气大为振奋。十六州的汉族百姓长年受契丹贵族的奴役和侮辱,早就希望中原军队到来,于是迎降者如流。后周军队纪律严明,到处受到人民的欢迎。柴荣命周军加快进军速度,大军神速地进抵益津关(今河北霸县),契丹守将终延辉又开关投降。周军兵不血刃,又夺得了一个重要关口。这时,水路渐绝,柴荣命令周军舍舟步行,继续前进。

不久,大将赵匡胤率领大部队赶到瓦桥关(今河北雄县),契丹守将汉人姚内斌又举城投降。接着,又恢复了淤口关。3个关口的收复,使后周处于极有利的战略位置上。不久,契丹莫州刺史汉人刘楚信、瀛州刺史汉人高彦晖等又接连举城归降。柴荣出兵才40多天,兵不血刃,已收复了3个关口,共得3州17县之地,户口18 360。柴荣的部将定州节度使孙行友也攻下了易州,俘敌刺史李在钦。另一部将都指挥使张藏英也夺取了固安县。

赵匡胤剑砍皮笠

五代时,南唐派齐王李景达攻打后周的六合城,屯兵于离城。南唐军沿江10余里设下栅栏固守不进,与后周守将赵匡胤相持。当时,赵匡胤仅有2 000人马。手下将士要求出战。赵匡胤不同意,说:"敌众我寡,出击对我们不利,不如等敌军前来进犯时再予以还击,这样才能打败他们。"于是双方都按兵不动。

过了几天,李景达见周兵不出战。以为周兵怯战,就引兵直取六合。赵匡胤突然出城奋勇迎击,南唐军措手不及,大败而逃,被斩杀俘获近5 000人,溺死者甚多。经此一战,南唐的精锐部队都被打垮了。这次战役中,赵匡胤身先士卒,一边奋战,一边留心查看,士兵有不尽力杀敌的,就用剑砍他的皮笠。战后普遍检查士兵的皮笠,凡有剑痕的一律斩首。赵匡胤说:"留下这样的士兵,不但无用,而且会成为害群之马。"以此来教训那些不勤于战事的士卒。从此以后,赵匡胤属下的士卒上阵都奋勇争先。

北宋（辽、西夏）

（公元960年~公元1127年）

北宋历史背景介绍

宋朝分北宋和南宋。自960年赵匡胤"陈桥兵变"代后周而建北宋至1127年"靖康之耻"为金所灭,凡历9帝168年,为北宋。徽宗第九子赵构在临安(今杭州)重建宋王朝,为南宋。

北宋是一个比较独特的历史时期,它自立国伊始,即强邻压境,自始至终国力萎靡不振,为少数民族政权辽、金、西夏所欺凌压迫。但其文化却多姿多彩,影响甚远,成为转合中华民族的一股主力。

在政治制度上,北宋中央集权制有了重大发展。这主要表现为封建政权、军权、财权的高度集中和意识形态领域内唯心主义道学(又叫理学)的兴起。宋统治者为了加强中央集权,吸取唐末藩镇割据、节度使拥兵的沉重教训,对藩镇武将的权力大加削弱。在财、政、军诸领域多用文人,宋统治者还特别重视以科举笼络文人。实行文治,以达到其"强干弱枝"、"守内虚外"巩固统治的目的。

北宋的社会经济取得了显著的进步,突出表现在农业(大量农田的开垦、农作物品种的增多、农具的革新)、手工业、冶金、煤炭、武器制造、纺织业、陶瓷业和国内外贸易的发达、行会制度的盛行、城市经济的繁荣、纸币及汇兑的流行。

北宋文化极盛,学术上理学使儒学真正哲学化;史学硕果累累;词别具一格,堪称一绝;古文、通俗文学及戏剧说唱艺术也发展迅速。

宋代的科学技术较之前代有了一个质的飞跃,数学、天文、历法、医药、建筑等方面都取得了很大的成就,三大发明(印刷、火药、指南针)的完成和发展是这时期科技发展的显著标志。然而貌似发达的北宋由于加强中央集权的种种措施矫枉过正,却是国弱民贫。随着土地兼并日益严重,阶级矛盾也不断尖锐和激化,农民起义此起彼伏,先后出现了王小波、方腊、梁山泊等大规模农民起义。北宋后期,王安石变法图强未竟,反而引起党争之祸,统治阶级内部矛盾也已无法调和,1127年,内忧外患的北宋最终招来"靖康之耻",而走向灭亡。

辽朝崛起于中国北部和东北部,是以契丹贵族为首。包括汉、回鹘和突厥等族的上层人物组成的联合政权。辽朝统治北方达210年。契丹族在本族固有文化的基础上,吸收了汉族和各族的进步文明,并加以改造和提高,使北方社会经济得到发展,为中华民族走向融合和统一,作出了重大贡献。

西夏是党项族拓拔氏所建的封建割据王朝,自景帝元昊称帝到末主被杀,共传10帝,历190年。

夏景帝元昊和野利仁荣等创制西夏文字,称"国书"。西夏字模仿汉字,字形方整,字体也有草书、隶书、篆书。西夏文字的创制为夏文化的形成和发展提供了必要的条件。

赵匡胤黄袍加身

周恭帝即位的时候,年纪太小,由宰相范质、王溥辅政。后周的政局不稳。京城里人心浮动,传言赵匡胤要夺取皇位。

赵匡胤本来是周世宗手下得力大将,跟随周世宗南征北战,立下不少战功。周世宗在世的时候,十分信任赵匡胤,派他做禁军统帅,官名叫殿前都点检。禁军是后周一支最精锐的部队。

世宗一死,军权落在赵匡胤手里。五代时期,武将夺取皇位的事情多得很,所以,人们有这种猜测也是不足为奇的。

960年春节,后周朝廷正在举行朝见大礼的时候,忽然接到边境送来的紧急战报,说北汉国主和辽朝联合,出兵攻打后周边境。

大臣们慌作一团,后来由范质、王溥作主,派赵匡胤带兵抵抗。

赵匡胤接到出兵命令,立刻调兵遣将,过了两天,就带了大军从汴京出发。跟随他的还有他弟弟赵匡义和亲信谋士赵普。

当天晚上,大军到了离开京城20里的陈桥驿,赵匡胤命令将士就地扎营休息。兵士们倒头就呼呼睡着了,一些将领却聚集在一起,悄悄商量。有人说:"现在皇上年纪那么小,我们拼死拼活去打仗,将来有谁知道我们的功劳,倒不如现在就拥护赵点检作皇帝吧!"

大伙听了,都赞成这个意见,就推一名官员把这个意见先告诉赵匡义和赵普。

那个官员到赵匡义那里,还没有把

赵弘殷像

话说完，将领们已经闯了进来，亮出明晃晃的刀，嚷着说："我们已经商量定了，非请点检即位不可。"

赵匡义和赵普听了，暗暗高兴，一面叮嘱大家一定要安定军心，不要造成混乱，一面赶快派人告诉留守在京城的大将石守信、王审琦。

没多久，这消息就传遍了军营。将士们全起来了，大家闹哄哄地拥到赵匡胤住的驿馆，一直等到天色发白。

赵匡胤隔夜喝了点酒，睡得挺熟，一觉醒来，只听得外面一片嘈杂的人声，接着，就有人打开房门，高声地叫嚷，说："请点检做皇帝！"

赵匡胤赶快起床，还没来得及说话，几个人把早已准备好的一件黄袍，七手八脚地披在赵匡胤身上。大伙跪倒在地上磕了几个头，高呼"万岁"。接着，又推又拉，把赵匡胤扶上马，请他一起回京城。

赵匡胤骑在马上，才开口说："你们既然立我做天子，我的命令，你们都能听从吗？"

将士们齐声回答说："自然听陛下命令。"

赵匡胤就发布命令："到了京城以后，要保护好周朝太后和幼主，不许侵犯朝廷大臣，不准抢掠国家仓库。执行命令的将来有重赏，否则就要严办。"

赵匡胤本来就是禁军统帅，再加上有将领们拥护，谁敢不听号令！将士们排好队伍开往京城。一路上军容整齐，秋毫无犯。

到了汴京，又有石守信、王审琦等人作内应，没费多大劲儿就拿下了京城。

将领们把范质、王溥找来。赵匡胤见了他们，装出为难的模样说："世宗待我恩义深重。现在我被将士逼成这个样子，你们说怎么办？"

范质等不知该怎么回答。有个将领声色俱厉地叫了起来："我们没有主人。今天大家一定要请点检当天子！"

范质、王溥吓得赶快下拜。

周恭帝让了位。赵匡胤即位做了皇帝，国号叫宋，定都东京（今河南开封），历史上称为北宋。赵匡胤就是宋太祖。经过五十多年混战的五代时期，宣告结束。

宋太祖做了皇帝，他的母亲当然成了太后。当大臣们向太后祝贺的时候，太后却皱起眉头，显出很忧愁的样子。

等大臣退了朝，侍从们问太后说："皇上即位，您怎么还不快活？"

太后说:"我听说做天子很不容易。能够把国家管理好,这个位子才是很尊贵的;要是管理不好,出了乱子,再想做一个老百姓还做不成哩。"

太后的担心不是没有道理的。宋太祖虽然即了位,但是全国还没有统一,别说周围还有一个个割据政权,就是原来后周统治的中原地区,也还有一些节度使,对宋太祖即位,很不服气。

宋太祖杯酒释兵权

宋太祖即位后不出半年,就有两个节度使起兵反对宋朝。宋太祖亲自出征,费了很大劲儿,才把他们平定。

为了这件事,宋太祖心里总不大踏实。有一次,他单独找赵普谈话,问他说:"自从唐朝末年以来,换了5个朝代,没完没了地打仗,不知道死了多少老百姓。这到底是什么道理?"

赵普说:"道理很简单。国家混乱,毛病就出在藩镇权力太大。如果把兵权集中到朝廷,天下自然太平无事了。"

宋太祖连连点头,赞赏赵普说得好。

后来,赵普又对宋太祖说:"禁军大将石守信、王审琦两人,兵权太大,还是把他们调离禁军为好。"

宋太祖说:"你放心,这两人是我的老朋友,不会反对我。"

赵普说:"我并不担心他们叛变。但是据我看,这两个人没有统帅的才能,管不住下面的将士。如有一日,下面的人闹起事来,只怕他们也身不由己呀!"

宋太祖敲敲自己的额角说:"亏得你提醒一下。"

过了几天,宋太祖在宫里举行宴会,请石守信、王审琦等几位老将喝酒。

酒过几巡,宋太祖命令在旁侍候的太监退出。他拿起一杯酒,先请大家干了杯,说:"我要不是有你们帮助,也不会有现在这个地位。但是你们哪儿知道,做皇帝也有很大难处,还不如做个节度使自在。不瞒各位说,这一年来,我就没有一夜睡过安稳觉。"

石守信等人听了十分惊奇,连忙问这是什么缘故。

宋太祖说："这还不明白？皇帝这个位子,谁不眼红呀？"

石守信等听出话音来了。大家着了慌,跪在地上说："陛下为什么说这样的话？现在天下已经安定了,谁还敢对陛下三心二意？"

宋太祖摇摇头说："对你们几位我还信不过？只怕你们的部下将士当中,有人贪图富贵,把黄袍披在你们身上。你们想不干,能行吗？"

石守信等听到这里,感到大祸临头,连连磕头,含着眼泪说："我们都是粗人,没想到这一点,请陛下指引一条出路。"

宋太祖说："我替你们着想,你们不如把兵权交出来,到地方上去做个闲官,买点田产房屋,给子孙留点家业,快快活活度个晚年。我和你们结为亲家,彼此毫无猜疑,不是更好吗？"

石守信等齐声说："陛下给我们想得太周到啦！"

酒席一散,大家各自回家。第二天上朝,每人都递上一份奏章,说自己年老多病,请求辞职。宋太祖马上照准,收回他们的兵权,赏给他们一大笔财物,打发他们到各地去做节度使。

历史上把这件事称为"杯酒释兵权"。

过了一段时期,又有一些节度使到京城来朝见。宋太祖在御花园举行宴会。太祖说："你们都是国家老臣,现在藩镇的事务那么繁忙,还要你们干这种苦差,我真过意不去！"

有个乖巧的节度使马上接口说："我本来没什么功劳,留在这个位子上也不合适,希望陛下让我告老回乡。"

也有个节度使不知趣,唠唠叨叨地把自己的经历夸说了一番,说自己立过多少多少功劳。宋太祖听了,直皱眉头,说："这都是陈年老账了,尽提它干什么？"

第二天,宋太祖把这些节度使的兵权全部解除了。

宋太祖收回地方将领的兵权以后,建立了新的军事制度,从地方军队挑选出精兵,编成禁军,由皇帝直接控制;各地行政长官也由朝廷委派。通过这些措施,新建立的北宋王朝开始稳定下来。

赵匡胤千里送貂裘

964年11月,太祖赵匡胤下令兵分两路(凤州、归州)攻蜀。12月,宋将王全斌、崔彦所率一路到达凤州,稍事整顿,即向后蜀发动进攻。兵马刚出凤州,便有一个京城使骑马赶来,王全斌以为朝中来了重要命令,急忙上前跪接,但使者递过来一个包袱。王全斌解开一看,原是一领紫貂,是太祖穿的。王全斌不知其意,便问京使道:"是陛下要来吗?"京使笑道:"非也。"王全斌道:"那为什么把陛下的衣帽送来了?"京使道:"将军有所不知,只因前几日京城下了一场大雪,陛下身穿此衣与众臣议事,忽对众大臣道:'朕着此紫貂,坐在殿上,尚觉寒冷,而攻蜀将士,现今正顶风冒雪,不是更冷吗?'陛下说着,便将此衣脱下,令我急急送来;且让我转告将军,紫貂只此一件,不能为全军将士御寒,只想略表陛下正时刻惦记着大家之心。"众将士听了京使一番言语,无不眼含泪花,感激涕零,面向京都方向,跪拜在地,高呼万岁。结果,宋军将士奋勇杀敌,从出兵到后蜀灭亡,先后只用了66天时间。

郭进治军奖罚分明

北宋初年,将军郭进治军严整,奖惩分明,不徇私情,将士都很畏惧他。宋太祖知人善任,命他为洺州防御使。每次有士卒前往洺州戍边,宋太祖都警告他们:"遵守军纪,否则,郭将军将严惩不怠。"有一位军校因受郭进的惩罚,心存怨恨,进京诬告郭进,宋太祖查明系诬陷郭进,就派人将那名军校押送回郭进营中,责令郭进严厉惩处他。恰巧,北汉军队前来攻打郭进,郭进便对那名军校说:"你胆敢去皇上那里诬告我,我的确很佩服你的胆量。这次暂不杀你,让你戴罪立功。功成我保举你做官,兵败你就自己投河自杀吧,不必再来见我。"那名军校因大难不死,上阵后英勇异常,大败北汉军队。郭进立即上报他的功劳,奏请宋太祖恢复了他的官位。从此，郭进营中军纪更为严整。郭进善于治军用人的作法，被世人所称道。

杨无敌忠心报国

宋太祖花了13年工夫，灭了南方五国，接着，就出兵攻打北汉都城太原。北汉请辽朝出兵援助，宋军吃了败仗。不久，宋太祖也得病死去，他的弟弟赵匡义继承皇位。这就是宋太宗。

宋太宗决心完成统一北方的事业，979年，他亲自率领四路大军围攻北汉都城太原。辽军又来援助，宋太宗派兵截断援兵要道。太原城在宋军重重包围之中，外无援兵，内无粮草，北汉国主刘继元没法，只好投降。刘继元手下有一名老将杨业，也归附宋朝。宋太宗早就听说杨业武艺高强，十分器重他，任命他做大将。

宋太宗灭了北汉，又乘胜攻打辽朝，收复北方失地。宋军攻势凌厉，北方有几个州的辽朝守将纷纷投降，宋军一直打到幽州（今北京市）。后来，辽朝派大将耶律休哥救援。双方在高粱河（今北京市城西）打上一仗，宋兵大败，宋太宗乘了一辆驴车，逃回东京。

打那以后，辽军不断袭击宋朝边境。宋太宗十分担心，就派杨业为代州刺史，扼守雁门关。

980年，辽朝派了10万大军攻打雁门关。那时候，杨业手下只有几千人马，兵力相差很大。杨业是个有经验的老将，知道靠硬拼是不行的，就把大部分人马留在代州，自己带领几百名骑兵，悄悄地从小路绕到雁门关北面敌人后方。

辽兵向南进军，一路上没遇到抵抗，正在得意。忽然，后面响起一片喊杀声，只见烟尘滚滚，一支骑兵从背后杀来，像猛虎冲进羊群一样，乱砍猛杀。辽兵毫无防备，又弄不清后面来了多少人马，个个心惊胆战，阵容大乱，哪儿还抵挡得了，纷纷向北逃窜。杨业带兵追赶上去，杀伤大批辽兵，还杀死了一名辽朝贵族，活捉了一员辽将。

雁门关大捷以后，杨业威名远扬。辽兵一看到"杨"字旗号，就吓得不敢交锋。人们给杨业起了个外号，叫做"杨无敌"。

杨业立下大功，也引起一些边防将领的妒忌。有人给宋太宗上奏章，说了杨业许多坏话。宋太宗正要依靠杨业，不理睬那些诬告，把那些奏章封好了，派人送给杨业。杨业见宋太宗这样信任他，自然十分感动。

过了几年，辽景宗耶律贤死去，即位的辽圣宗耶律隆绪才12岁，由他的母亲萧太后执政。有个边将向宋太宗上奏章，认为辽朝政局变动，正好趁这个机会收复燕云十六州失地。宋太宗接受了这个意见。986年，宋太宗派出曹彬、田重进、潘美率领三路大军北伐，并且派杨业做潘美的副将。

三路大军分路进攻，旗开得胜。潘美、杨业的一路人马出了雁门关，很快就收复了四个州。但是曹彬率领的主力因为孤军深入，后来被辽军杀得大败。宋太宗赶快命令各路宋军撤退。

潘美、杨业接到命令，就领兵掩护4个州的百姓撤退到狼牙村。那时候，辽军已经占领寰州（今山西朔县东）兵势很猛。杨业建议派兵佯攻，吸引住辽军主力，并且派精兵埋伏在退路的要道，掩护军民撤退。

监军王侁反对杨业的意见，说："我们带了几万精兵，还怕他们？我看我们只管沿着雁门大路，大张旗鼓地行军，也好让敌人见了害怕。"

杨业说："现在敌强我弱，这样干一定要失败。"

王侁带着嘲笑的口吻说："杨将军不是号称无敌吗？现在在敌人面前畏缩不战，是不是另有打算？"

这一句话把杨业激怒了。他说："我并不是怕死，只是看到现在时机不利，怕让兵士们白白丧命。你们一定要打，我可以打头阵。"

主将潘美也支持王侁的主张。杨业无可奈何，只好带领手下人马出发了。临走的时候，他流着眼泪对潘美说："这个仗肯定要失败。我本来想看准时机，痛击敌人，报答国家。现在大家责备我避敌，我不得不先死。"

接着，他指着前面的陈家峪（今山西朔县南）对潘美说："希望你们在这个谷口两侧，埋伏好步兵和弓弩手。我兵败之后，退到这里，你们带兵接应，两面夹击，也许有转败为胜的希望。"

杨业出兵没有多远，果然遭到辽军的伏击。杨业虽然英勇，但是辽兵像潮水一样涌上来。杨业拼杀了一阵，抵挡不住，只好一边打一边后退，把辽军引向陈家峪。

到了陈家峪，正是太阳下山的时候。杨业退到谷口，只见两边静悄悄，连宋军的影儿都没有。潘美带领的主力到哪儿去了呢？原来杨业走了以后，潘美也曾经把人马带到陈家峪。等了一天，听不到杨业的消息，王侁认为一定是辽兵退了。他怕让杨业抢了头功，催促潘美把伏兵撤去，离开了陈家峪；等到他们听到杨业兵败，又往另外一条小道逃跑了。

杨业见约定的地点没人接应，气得直跺脚，只好带领部下转身跟追上来的辽兵展开搏斗，兵士们个个奋勇抵抗。但是辽军越来越多，到了后来，杨业身边只有一百多个兵士。他含着泪，高声向兵士说："你们都有自己的父母家小，不要跟我一起死在这里，赶快突围出去，也好让朝廷得知我们的情况。"

兵士们听了这些话，再看看杨业浴血奋战的情景，感动得都流下热泪，没有一个愿意离开杨业。最后，兵士都战死了，杨业的儿子杨延玉和部将王贵也牺牲了。杨业身上受了10余处伤，浑身是血，还来回冲杀，杀伤了几百名敌人。不料一支箭飞来，正射中他的战马，马倒在地下，把他摔了下来。辽兵乘机围了上来，把他俘虏了。

杨业被俘以后，辽将劝他投降。他抬起头叹了口气说："我杨业本来想消灭敌人，报答国家。没想到被奸臣陷害，落得全军覆没。哪还有脸活在世上呢？"他在辽营里，绝食了三天三夜，就牺牲了。

杨业战死的消息传到东京，朝廷上下都为他哀痛叹息。宋太宗丧失了一名勇将，自然也感到难过，把潘美降职处分，王侁革职查办。

杨业死后，他的后代继承他父亲的事业，儿子杨延昭、孙子杨文广在保卫宋朝边境的战争中都立了功。他们一家的英勇事迹受到人们的传诵和赞美，民间流传的杨家将故事，就是根据他们的事迹发展起来的。

吕端大事不糊涂

这是讲述太宗正确对待人才的一个故事。吕端，字易直，幽州安次人，少时聪明好学，为政后智多谋广。初在宋朝地方州县任职，后升任枢密直学士、参知政事。吕端为官期间，言行持重，为政清廉，得赏未尝喜，遇挫未尝惧，老成练达，甚得太宗喜爱。995年，太宗欲罢吕蒙正相位，让吕端接替。有人对太宗道："吕端为人糊涂。"太宗笑道："你只知其一，不知其二。吕端小事糊涂，大事却不糊涂。"遂力排众议，决定让吕端接替吕蒙正为相。吕端为相后，从大局出发，感到自己和寇准本来起平起坐，现在率先登上相位，怕寇准不服，就请求让副宰相和宰相按日轮流值班掌印，太宗同意。从此，吕端的威信就更高了。后来的实践证明，太宗决定起用吕端是正确的。

吕端为相后的第二年，西夏李继迁反。宋军攻夏，将李继迁的母亲捉住带回朝廷，宋太宗和寇准都主张将其杀死，独吕端不同意。他用楚汉战争时项羽欲杀刘邦之父的故事为例进行劝阻道："昔日项羽以要煮杀刘邦的父亲相威胁，要其无条件投降。刘邦却道：'那就请你分给我一杯肉羹！'进行大事业的人尚且不顾他的父母，何况李继迁这样的叛逆者呢？今日陛下如杀死李继迁的母亲，明日你就保证能将李继迁捉住吗？如果不能，那就结下杀母之仇，使其叛逆之心更加坚定。"太宗道："那该怎么办呢？"吕端道："以愚臣之见，应该将他的母亲安置在延州，派人好好供养起来，以此招其归顺。即使不会马上归顺，终可以其母而牵其心。只要他的母亲活在我们手中，还怕他有朝一日不来投降吗？"太宗听了拍着大腿叫好："如果不是你的提醒，几乎误了我的大事啊！"太宗采纳了吕端的建议，从而缓和了宋朝和西夏的关系。后来，李继迁和其母亲都死了，其子李明德遵父死前遗嘱，终于归顺了宋朝。

宋太宗为公主舔目

魏国大长公主是宋太宗之女，幼年时不爱玩耍，长得很像太宗，下嫁驸马都尉李遵勖。她家接待的宾客都是当时的名流，每次举行宴会，公主都是亲自安排饭菜。庄献太后曾赏赐给她一顶金龙小冠，她婉言谢绝，不敢戴。太后向她询问国家政事，她常常讲一些先帝做过的事情来进行讽谏。李遵勖镇守许州，突然得了重病，公主探病心急，没等上奏皇上就走了，只有五六个随从。为丈夫守丧期间，丧服一直没离身。守丧期满，脱掉丧服，但再也不穿鲜衣华服。公主曾在宫内参加宴会，皇帝亲自往她头上戴花，她推辞说："我下决心不戴花已经很久了!"不久,她得了眼病,皇帝亲自去探视,并用舌头舔公主的眼睛。身边的人都被感动得哭了,皇帝也很悲痛。皇帝问公主对儿子有什么要求,公主说:"怎么能因为母亲有病而求皇上特殊照顾呢?"皇帝当即赐给公主3 000两白银,公主没有接受。以后公主的病加重,皇帝又亲自去探视,走到半路,公主就死了,于是就在公主家里换上衣服追悼奠祭。给公主的谥号为"献穆"。

丁谓一箭三雕

丁谓,在宋真宗朝任权三司使。他机敏有智谋。真宗朝,营建宫观,奏祥异事,多由他和王钦若负责。一年,皇宫失火焚毁,丁谓负责重建。建造皇宫需要很多土,丁谓考虑到从营建工地到城外取土的地方距离太远,费工费力。丁谓便下令在城中街道开挖取土,节省了不少工时。挖了不久,街道便成了大沟。丁谓又命人挖开官堤,引汴水进入大沟之中,然后调来各地的竹筏木船经这条大沟运送建造皇宫所用的各种物材,十分便利。等到皇宫营建完毕,丁谓命人将大沟中的水排尽,再将拆掉废旧皇宫以及营建新皇宫所丢弃的砖头瓦砾灰土填入大沟中,大沟又变成了平地,重新成为街道。这样,丁谓一箭三雕,挖土、运送物材、处理废弃瓦砾等三件工程一蹴而成,节省的工费数以亿万计。

王旦保护名将

宋朝时,北方游牧民族经常袭扰中原,边境局势始终很紧张。为应付北方游牧民族的威胁,宋真宗命令骑兵副指挥张旻去负责挑选训练骑兵。张旻到任后,为训练出一支军纪严整、能打硬仗的骑兵部队,治军非常严厉,违反军令的人都将受到严厉的惩处。有些士兵很害怕,密谋反叛。宋真宗听说后,便召集文武大臣商议对策。有人建议撤换张旻,另派人去训练部队。宰相王旦说:"如果因为有人要谋反而怪罪治军严肃的张旻,那么今后统帅怎么能指挥士兵打仗呢?所以,现在要立即逮捕谋反的首要分子,杀一儆百,这样,上下都会为之震惊,以此为戒鉴。陛下您几次想任命张旻为枢密使,假如现在提升他,既解除了他的兵权,又会使谋反的人安定下来。"宋真宗采纳了王旦的计策,兵变被平息了,张旻也被提拔为枢密使。事后,宋真宗对身边的人说:"王旦很善于处理大事,真是一位不可多得的好宰相啊!"

寇准抗辽与"澶渊之盟"

宋真宗继位以后,宋朝也曾攻打过辽国,但都失败了。此后不敢再主动出击,完全采取了守势。

1004年,辽国又调动了20万大军,南侵直打到靠近黄河的澶州(现在的河南省濮阳县西南),这已威胁到宋朝的都城汴京。这下,宋真宗可慌了神,立即召集文武群臣,商议如何对付。当时有不少朝臣主张迁都,置国家安危于不顾。

在群臣议论纷纷的时候,宰相寇准义愤填膺地说:"主张迁都逃跑的人,应该杀头!现在最需要的是,上下齐心合力,与敌人决一胜负,力保大宋京都。京都万万不得丢弃,京城一失,人心崩溃,敌人便长驱直入,大宋就危在旦夕了。现在,陛下应当机立断,抓住机会,亲自出征,以鼓舞士气和民心。"

寇准性格刚强果断、为人正直,曾受到宋太宗的信任和器重。到宋真宗即位,由于参知政事毕士安的鼎力举荐,就在辽军大举入侵的前夕,宋真宗任命寇准和毕士安为宰相。

就在这年的十一月(宋真宗景德元年),在寇准的极力劝说下,宋真宗亲自率领大军,从汴京出发,直达韦城(现在河南省滑县东南)。这里距离澶州已不远了,驻守在那里的宋军听说皇上亲自出征,士气高涨,军心鼓舞。一起打退了辽国的进攻,还打死了一位辽国的大将——萧挞凛。被打死的这位辽将,有名气,地位也很高。他的死,使辽军的锐气大挫。这一仗,狠狠打击了辽军的嚣张气焰。

这时,若能乘胜追击,定能大败辽军,取得决定性胜利。可是,就在此时,宋朝统治集团内的主和派又提议迁都金陵。本来就没有决心抗敌的宋真宗,在吃了远途行军的辛苦后,在主和派的极力怂恿下,他又对抗敌发生了动摇,派人找来寇准商量迁都之事。

寇准据理力争,他铿锵有力地对真宗说:"陛下,如今敌军迫近,虎视眈眈,情况十分危急。我们只能前进一尺,不能后退一寸。群臣胆小无知,他们不忧国而为自己,陛下万万不能听信他们之言。"说到这里,寇准见真宗没有话说,又接着说:"如今在河北前线的我军,日夜盼望陛下前去,他们信心百倍。倘若这时撤军后退,百姓失望,军心涣散,敌人乘机杀来,我军势必不打便瓦解溃散,那时,恐怕连金陵也难保啊!还请陛下三思!"

软弱的真宗,听寇准这一番话,觉得有道理。但是,他对抗敌还是信心不足,意志不坚。后来,寇准找来殿前都指挥高琼,他俩一道去再次劝说真宗,以坚定抗敌之信心。这样,宋真宗才答应带领大军到了黄河边上,这是很勉强的。一路上,他胆颤心惊。登上黄河大堤,举目一望,北面密密麻麻,全是敌军的营垒。看到这情景,宋真宗又惊慌起来,不敢渡河。回顾中华历史,英气浩然长存,哪有这样软弱无能的皇帝!

寇准见状,心急如焚,急忙上前催促说:"陛下速速过河,若再拖延时间,迟迟不过河,人心惶惶,后果将不堪设想啊!"一旁的高琼也上前说道:"请陛下赶快去澶州。全军将士愿意保驾保国,敌军不难破。"

就这样,宋真宗才只好下令进军,渡过黄河,进入澶州城。进城后,在寇准的督促安排下,真宗在澶州北城门楼上,很快召见了众将。

宋军的将士听说皇上来到了澶州城,精神大振。远近将士望见宋真宗的御盖,欢声雷动,士气高涨。真宗见了,多少增加点抗辽的信心。于是,把军事大权交给了寇准。

不多时,数千名辽军骑兵,挥舞大刀、弓箭,飞奔前来攻城。寇准分析了敌情,下令开城出去。宋军个个奋勇冲杀,誓死报国。城门一打开,宋军犹如决堤之洪,迅猛异常势不可挡。宋军一鼓作气,消灭敌军大半。辽军纷纷溃散四逃,宋军士气更加高涨。

宋军得胜后,宋真宗回了行宫。寇准命令宋军严密把守,以防辽军再次侵袭。这时的寇准与将士说说笑笑,谈笑自如。真宗回行宫后心里仍不踏实,就派人来看寇准在干什么。真宗听打听消息的人说寇准与别的官员饮酒,还有说有笑,他这才安心上床休息。

辽军吃了大败仗,暂不敢轻意出兵进攻宋军。寇准主张乘胜收复燕云16州,以除后患。就在寇准考虑如何说服真宗出兵与辽决胜负的时候,在宋真宗出征以前就已被派到辽国去谈判的宋官员,正与辽国进行谈判。因辽军吃了大败仗,处境很不利,就同意了和宋朝议和。

辽国同意与宋议和的消息传来,一些主和派死灰复燃,谣言四起,说寇准想利用军队,夺取权势,有野心等等。主和派势力强,再加上宋真宗始终就没有抗辽的决心,在这种情况下,寇准无法再坚持自己的意见,只好同意议和。

议和是有条件的,要每年给辽国一些银子和丝绢等。宋真宗曾对去议和的宋官员说:"只要讲和,不得已,即使每年给100万也答应。"这真是卖国求和啊!

但寇准对派去议和的宋朝的官员道:"皇上虽许诺百万银绢,可是,你答应的数目不得超过30万,成败在你。超过这个数,我就杀你的头!"

这样,宋辽议和谈判各执己见,反复多次,最后终于在1005年初,双方订立和约,规定北宋每年要给辽国白银10万两,丝绢20万匹。这已是不小的数目啊!无疑这将加重宋朝人民的负担。因为这次和约是在澶州(即澶渊)订立的,所以史称"澶渊之盟"。

和约订立以后,主和派们以为天下无事,自此太平了,他们奔走相告。殊不知,这是屈辱的和约啊!接着宫内又误传为每年给辽国300万银绢。宋真宗听了,开始也大吃一惊,认为太多了!很快,他又说:"姑且了事,这也可以。"当他知道确切数字后,竟然非常高兴,认为这是宋朝的谈判的"胜利",还亲自写诗以示庆祝。这一心妥协无能的宋真宗,真不知天下还有屈辱和可耻之说。

此后,宋朝统治者加紧向人民榨取更多的钱财,以付给辽国。宋朝人民的生活更加痛苦了。而辽国统治者,虽每年得到大量银绢,但仍不满足,经常骚扰宋的边境。

后世人们,视"澶渊之盟"为北宋朝廷软弱无能、在外族入侵时只能退让妥协的标志。

北宋奇案狸猫换太子

宋仁宗赵祯,为真宗第六子,初名受益,出生于1010年,卒于1063年。1018

年2月,册封太子,改名祯;1022年,真宗死,由皇太后刘氏垂帘听政。据史载,仁宗赵祯本为李宸妃所生,后为西宫刘妃据为己子,养大成人立为太子。究竟刘妃是如何将李妃所生的儿子据为己有的?这便是宋朝一大奇案:"狸猫换太子"的故事。

却说宋真宗赵恒在宰相寇准等大臣力请下,决心御驾亲征去澶渊之前,曾对刘妃和李妃道:"二卿均已有孕,将来谁生子,便立谁为后。"只由这一句话,导出了"狸猫换太子"的一场大波。

先交待一下这二妃。刘妃,祖籍太原,父母早丧,由外族人抚养长大成人。14岁时随一银匠卖艺为生,辗转至开封,偶被赵恒看中,于983年私纳入邸。后被太宗发现,召来赵恒训斥一顿,令其逐出宫门。赵恒恋其色艺,将刘氏匿藏在王宫指挥使张耆家中。赵恒即位,又迎入宫中,居西宫。李妃,杭州人,其父为左班殿直。被选入宫,初为刘皇后的侍儿,后被赵恒看中,封为偏房,居宸妃宫。

刘妃系艺人出身,性乘巧,善心计,好名利,只因皇帝口出一句生子立后的话,便生出一分心病来。她想,如果自己生子,李妃也生子,便有一番争执,不过己为正,她为偏,倒还有望立后;可万一自己生女,李妃生子,不要说立不上后,还可能失宠,到那时,一切都完了。为此,她心中十分着急,便把一个姓郭名槐的心腹内监召来定计。计出之后,刘妃决定让郭槐和一个叫寇珠的女宫人去实施。

数月过去。刘妃小产,生子无望,但将死婴暗交郭槐偷偷埋掉,不让宫中他人知晓。又过两月,李妃腹痛临产,刘妃听说后也叫腹痛要产。郭槐急忙到御花园内捉了一只小猫,用脚踏死,将皮扒去,置于一个金漆果盒中,假装到李妃的宫中探望,伺机将果盒交给寇珠。寇珠本为按计来侍候李妃的,接果盒后,不敢急慢,急到李妃宫中。此时,李妃已生下儿子,痛昏过去,寇珠乘机将死猫留下,抱走李妃所生儿子。当她给刘妃送去时,不料在御花园门口被内监都堂陈琳遇见。陈琳见其神色慌张,以为可疑,将其责问。寇珠不敢隐瞒,便如实告诉了陈琳。之后,宫中便出来了李妃生个妖怪,刘妃生个太子的传闻。李妃醒来,决心一死了之,幸有陈琳急入宫中,对李妃说明原由,李妃才觉心中稍安。但陈琳责问寇珠,恰被郭槐从侧看见,言于刘妃。刘妃大怒,召寇珠入宫,严加拷问。寇珠已有良心发现,拼着一死,也未说出陈琳知晓此事。寇珠受刑不过,一头撞死宫内。刘妃为斩草除根,又与郭槐定计,火烧宸妃宫。陈琳闻讯,急令人将李妃悄悄救出,放出城去。后真宗回宫,听说刘妃已生太子,大喜,遂将其封为皇后;听说李妃因生妖怪，放火自焚而死，也便没再追究。李妃逃出宫中，行乞来到陈州草桥镇，遇到一个叫范仲华的青年男子。范仲华见其可怜，领到家中，认做母亲，此后倒也能安然度日。

一晃又是十多年过去。1022年2月，宋真宗死于延庆殿，由13岁的赵祯即位，是为仁宗。宋仁宗即位后，刘太后垂帘听政。1033年3月，刘太后病卒，仁宗亲政，任命包拯为开封府知府，后又封为龙图阁大学士，去陈州放粮，便又出来了李妃拦轿喊冤的故事。接着，包拯将李妃带回京城，由陈琳作证，共审郭槐，查明实情，方有戏典中"打龙袍"的故事，仁宗始认生母，尊为太后。

以上系一种说法。另据正史言，刘氏亦无生子，将李氏所生据为己有，交杨氏哺育时李氏为刘氏侍女，人不敢言。及刘后死后，众臣才敢言明，仁宗才知生母。因李氏先逝，及刘后死后，方追生母为庄懿皇太后。

包拯为民请命

北宋官吏包拯，庐州合肥（今安徽合肥）人，宋仁宗时任监察御史，为人刚正不阿，为官清廉、明断，严于执法。

包拯注意革除骚扰百姓、为害人民的制度和做法。秦陇地区造官船的木材，原来从民间课取，加上造河桥竹索的费用，官方每年要从秦陇七州百姓身上征收数十万钱财。包拯在此地区任职时，奏请免除了此项课派。宋代朝廷所用物品，原从外地州县课取，辗转运输，深为民患。包拯任财政官员时，在京城开设市场，由官府出钱从市上购买所需物品，百姓因此免除骚扰。

包拯多次出任台谏。任职期间，他曾上书斥责权幸大臣，请求罢除所有内廷赏赐，又要求宋仁宗听取劝谏，明辨是非，爱惜人

包拯像

才等。在任开封府知府时，更以执法严明著称。按照规定，百姓诉讼控告者，不能直趋官府厅堂，而要通过府吏上告。包拯却打开官府正门，使所有的控告者都可以到他面前陈述情由，奸吏因此不能上下联手，营私舞弊。开封城中有宦官势族建筑园榭，侵占惠民河地界，淤塞河道，包拯将这些花园亭榭一概毁去。因为他刚毅严明，所以贵戚宦官不敢放肆，对他十分畏惧，而百姓却很爱戴他，男女老少都知他的大名，并称他"包待制"。京城中流传一句谚语说："关节不到，有阎罗包老。"

包拯做官清廉。宋朝时端州盛产砚石，端州砚因精美而列为贡品，端州长官往往征取多于贡品数十倍的砚台，馈赠权贵。包拯任端州知府时，则严格下令民间按上贡数目制作砚台，他任满离职时未曾携带一块砚台。他的生活十分简朴，衣服、器用、饮食也一如当初做平民百姓时节。他曾立下家训说：后世子孙中做官中的人，如犯有贪赃罪，就不得再算是包家人，死后不得归葬包氏坟地，"不从吾志，非吾子吾孙也。"

富弼冒祸救饥民

北宋名相富弼，在任枢密副使时，因石守道案受到牵连，屡遭贬谪，当时的人们都替他担心。这时，河北出现大饥馑，流民纷纷外逃谋生。富弼此时在青州任职，将六七十万流民招入青州境内，劝当地富户出粮赈济。他亲自组织流民，散居青州境内各地。住房饮食医药，全都为其筹备，闻讯而来的流民更多了。有人劝富弼，现在身受疑案牵连，这样行事将遭人猜疑。富弼凛然答道："我岂能顾惜一人之身而坐视六七十万人的性命于不顾！"于是，抚恤饥民更逾从前。第二年，河北地区第二季麦子成熟，饥民才负家携眷返回故乡。这些饥民得以大灾之年保全性命，全是富弼努力的结果。因此，那些陷害富弼的人也无不畏惧、敬佩富弼，深知无法动摇富弼的意志，对富弼不理解的人，也疑云顿消。宋仁宗听说这件事后，甚是高兴，派人嘉奖富弼，提升富弼为礼部尚书。富弼上奏说："赈灾济民，这是臣下的职责。"坚决不接受升迁。

文彦博出帛平市

宋仁宗至和年间,起居舍人毋湜上书朝廷,请求废掉陕西铁钱。后来朝廷虽然并未采纳毋的建议。可毋的同乡还是知道曾有此事,纷纷将家中钱拿出抢购物品。谣言传开,大家纷纷效仿。可卖东西的人也听说了此事,卖东西时决不肯收陕西铁钱。京城因此被搞得市场大乱,商人们大多关店停业,城中一片惶惑。宰相文彦博的僚属们请求下令禁止此事,文彦博说:"这样一来,恐怕会更加扰乱市场。"当下命人召来丝绢行的商人,拿出家中所有的丝绢帛几百匹,请他们代为销售,并言明:"卖货时只许收陕西铁钱,不得收铜钱。"这消息不胫而走,迅速传开。大家一看宰相大人专要铁钱,可知铁钱决不会废止不用,买货卖货的人便不再对铁钱避之如虎了,京城的市场因此得以恢复了稳定。

寇准闻过则喜

开始的时候,张詠在成都做官,听说寇准当了宰相,就对他的属官说:"寇准是了不起的人才,可惜学问不多罢了。"等到寇准离开朝廷,到陕西任职的时候,张詠恰好罢官,从成都回归。寇准尊敬地为他提供行帐,并且准备了盛大的筵席进行招待。当张詠将离去的时候,寇准把他送到郊外,问张詠说:"您将用什么话对我进行教导?"张詠慢腾腾地说:"《霍光传》是不能不读的。"寇准不明白张詠说这句话的意思,回来后,拿《霍光传》来读,当读到"不学无术"这句话的时候,笑着说:"这就是张詠先生对我说的了。"

杨时虚心求学"程门立雪"

杨时是宋朝著名学者,著名哲学家和教育家。

杨时青少年时,学习不仅勤奋刻苦,而且虚心好学。他虚心求学的美德被人们传为佳话。

宋朝有两位著名的理学大师和教育家,即程颢和程颐弟兄俩,他们名震四海。杨时对这两位理学大师非常崇敬。一次,他考取了进士并被授予官职,但他没有去上任,而是跑到河南颍昌(现河南许昌县)拜程颢为师,虚心求教。几年过去了,杨时学成回家,临别时,对老师拜了又拜,依依不舍地走了。程颢望着他渐渐远去的背影,说道:"我的理学思想由他带往南方去了!"

又过了4年,程颢去世了,杨时听到噩耗,悲痛不已,在家中还设了灵位悼念他的老师。不久,他约自己的学友亲自到洛阳去拜见程颐老先生。杨时这年已将近不惑之年了。

他们不辞辛苦,风雨无阻地赶路。一天,天上飘着鹅毛大雪,他与学友游酢一起来到程府,听家人说程老先生正坐着打瞌睡呢。杨时和游酢不愿打扰老先生休息,便悄悄退到门外,在程府门外恭恭敬敬地站立静候。

等到程颐醒来,门外的积雪已是一尺多深了,几乎没过他们的双膝。

杨时虚心好学,孜孜以求,终于学有所成。他历任浏阳、余杭等地知县,还任过荆州教授等职。后来,官至右谏议大夫兼国子祭酒。到了南宋高宗时,他担任过工部侍郎和龙图阁直学士等要职。

先天下之忧而忧 后天下之乐而乐

由于范仲淹军纪严明,还注意减轻边境上百姓的负担,北宋的防守力量加强了。

西夏和北宋打了几年仗,没得到什么好处。到了1043年,西夏国主元昊愿意称臣求和,宋朝答应每年送给西夏一批银绢、茶叶,北宋的边境局势才暂时稳定下来。

　　范仲淹不但是个军事家,而且是宋代著名的政治家、文学家。他是苏州吴县人,从小死了父亲,因为家里贫穷,母亲不得不带着他另嫁到一个姓朱的人家。范仲淹在艰苦的环境中成长,他住在一个庙宇里读书,穷得连三餐饭都吃不上,天天只得熬点薄粥充饥,但是他仍旧刻苦自学。有时候,读书到深更半夜,实在倦得张不开眼,就用冷水泼在脸上,等倦意消失了,继续攻读。这样苦读了五六年,终于成为一个很有学问的人。

　　范仲淹原来在朝廷当谏官,因为看到宰相吕夷简滥用职权,任用私人,就向仁宗大胆揭发。这件事触犯了吕夷简,吕夷简反咬一口,说范仲淹交结朋党,挑拨君臣关系。宋仁宗听信吕夷简的话,把范仲淹贬谪到南方,直到西夏战争发生以后,才把他调到陕西去。

　　范仲淹在宋夏战争中立下了大功,宋仁宗觉得他的确是个人才。这时候,宋王朝因为内政腐败,加上在跟辽朝和西夏战争中军费和赔款支出浩大,财政发生恐慌。宋仁宗就把范仲淹从陕西调回京城,派他担任副宰相。

　　范仲淹一回到京城,宋仁宗马上召见,要他提出治国的方案。范仲淹知道朝廷弊病太多,要一下子都改掉不可能,准备一步一步来。但是,禁不住宋仁宗一再催促,就提出了10条改革措施,

　　宋仁宗正在改革的兴头上,看了范仲淹的方案,立刻批准在全国推行这10条改革措施。历史上把这次改革称为"庆历新政"。

　　范仲淹为了推行新政,先跟韩琦、富弼等大臣审查分派到各路担任监司的人选。有一次,范仲淹在官署里审查一份监司的名单,发现有贪赃枉法行为的人员,就提起笔来把名字勾去,准备撤换。

　　在他旁边的富弼看了心里不忍,就对范仲淹说:"范公呀,你这笔一勾,可害得一家子哭鼻子呢!"

　　范仲淹严肃地说:"要不让一家子哭,那就害了一路的百姓都要哭了。"

　　富弼听了这话,心里顿时亮堂了,佩服范仲淹的见识高明。

　　范仲淹的新政刚一推行,就像捅了马蜂窝一样。一些皇亲国戚,权贵大臣,贪官污吏,纷纷闹了起来,散布谣言,攻击新政。有些原来就对范仲淹不满的大

臣,天天在宋仁宗面前说坏话,说范仲淹一些人交结朋党,滥用职权。

宋仁宗看到反对的人多,就动摇起来。范仲淹被逼得在京城待不下去,就自动要求回到陕西防守边境,宋仁宗就把他打发走了。

范仲淹一走,宋仁宗就下命令把新政全部废止。

范仲淹为了改革政治,受了很大打击,但是他并不因为个人的遭遇感到懊恼。隔了一年,他的一位在岳州做官的老朋友滕宗谅,修建当地的名胜岳阳楼,请范仲淹写篇纪念文章。范仲淹挥笔写下了《岳阳楼记》。在那篇著名的文章里,范仲淹提到,一个有远大政治抱负的人,他的思想感情应该是"先天下之忧而忧,后天下之乐而乐"。这两句名言一直被后来的人传诵,而岳阳楼也由于范仲淹的文章而更加出名了。

欧阳修与"唐宋八大家"

欧阳修是我国著名的文学家。庐陵(今江西永丰)人。他4岁的时候,父亲病死,母亲带着他到随州(今湖北随县)依靠他叔父生活。欧阳修的母亲一心想让儿子读书,可是家里穷,买不起纸笔。她看到屋前的池塘边长着荻草,就用荻草杆儿在泥地上划着字,教欧阳修认字。幼小的欧阳修在母亲的教育下,很早就爱上了书本。

欧阳修10岁时候,经常到附近藏书多的人家去借书读,有时候还把借来的书抄录下来。一次,他在一家姓李的人家借书,从那家的一只废纸篓里发现一本旧书,他翻了一下,知道是唐代文学家韩愈的文集,就向主人要了来,带回家里细细阅读。

宋朝初年的时候,社会上流行的文风讲求华丽,内容空洞。欧阳

欧阳修像

修读了韩愈的散文，觉得它文笔流畅，说理透彻，跟流行的文章完全不一样。他就认真琢磨，学习韩愈的文风。长大以后，他到东京参加进士考试，连考三场，都得到第一名。

欧阳修20多岁的时候，他在文学上的声誉已经很大了。他官职不高，但是十分关心朝政，正直敢谏。当范仲淹得罪吕夷简，被贬谪到南方去的时候，许多大臣都同情范仲淹，只有谏官高若讷认为范仲淹应该被贬。欧阳修十分气愤，写信责备高若讷不知道人间有羞耻事。为了这件事，他被降职到外地，过了4年才回到京城。

这一回，欧阳修为了支持范仲淹新政，又出来说话，使朝廷一些权贵大为恼火。他们捕风捉影，罗织欧阳修一些罪名，朝廷又把欧阳修贬谪到滁州（今安徽滁县）。

滁州四面环山，风景优美。欧阳修到滁州后，除了处理政事之外，常常游览山水。当地有个和尚在滁州琅琊山上造了一座亭子供游人休息。欧阳修登山游览的时候，常在这座亭上喝酒。他自称"醉翁"，给亭子起个名字叫醉翁亭。他写的散文《醉翁亭记》，成为人们传诵的杰作。

欧阳修当了10多年地方官，宋仁宗想起他的文才，才把他调回京城，担任翰林学士。

欧阳修担任翰林学士以后，积极提倡改革文风。有一年，京城举行进士考试，朝廷派他担任主考官。他认为这正是他选拔人才、改革文风的好机会，在阅卷的时候，发现华而不实的文章，一概不录取。考试结束以后，有一批人落了选，对欧阳修十分不满。一天，欧阳修骑马出门，半路上被一群落选的人拦住，吵吵嚷嚷地辱骂他。后来，巡逻的兵士过来，才把这批人赶跑。

经过这场风波，欧阳修虽然受到了一些压力，但是考场的文风就发生了变化，大家都学着写内容充实和朴素的文章了。

欧阳修不但大力改革文风，还十分注意发现和提拔人才。许多原来并不那么出名的人才，经过他的赏识和提拔推荐，一个个都成了名家。最出名的是曾巩、王安石、苏洵和他的儿子苏轼、苏辙。在文学史上，人们把欧阳修等六个人和唐代的韩愈、柳宗元合起来，称为"唐宋八大家"。

包拯判案铁面无私

范仲淹的新政失败以后,北宋的朝政越来越腐败,特别是在京城开封府,权贵大臣贪污受贿的风气十分严重;一些皇亲国戚更是肆无忌惮,不把国法放在眼里。后来,开封府来了个新任知府包拯,这种情况才有了点改变。

包拯是庐州合肥人,早年做过天长县(今安徽天长)的县令。有一次,县里发生一个案件,有个农民夜里把耕牛拴在牛棚里,早上起来,发现牛躺倒在地上,嘴里淌着血,掰开牛嘴一看,原来牛的舌头被人割掉了。这个农民又气又心痛,就赶到县衙门告状,要求包拯为他查究割牛舌的人。

这个无头案该往哪里去查呢?包拯想了一下,就跟告状的农民说:"你先别声张,回去把你家的牛宰了再说。"

农民本来舍不得宰耕牛,按当时的法律,耕牛是不能私自屠宰的。但是一来,割掉了舌头的牛也活不了多少天;二来,县官叫他宰牛,也用不到怕犯法。

那农民回家后,果真把耕牛杀掉了。第二天,天长县衙门里就有人来告发那农民私宰耕牛。

包拯问明情况,立刻沉下脸,吆喝一声说:"好大胆的家伙,你把人家的牛割了舌头,反倒来告人私宰耕牛?"

那个家伙一听就呆了,伏在地上直磕头,老老实实供认是他干的。

原来,割牛舌的人跟那个农民有冤仇,所以先割了牛舌,又去告发牛主人宰牛。

打那以后,包拯审案的名声就传开了。

包拯做了几任地方官,每到一个地方,都取消了一些苛捐杂税,清理了一些冤案。后来,他被调到京城做谏官,也提出不少好的建议。宋仁宗正想整顿一下开封的秩序,才把包拯调任开封府知府。

开封府是皇亲国戚、豪门权贵集中的地方。以前,不管哪个当这差使,免不了跟权贵通关节,接受贿赂。包拯上任以后,决心把这种腐败的风气整顿一下。

按照宋朝的规矩,谁要到衙门告状,先得托人写状子,还得通过衙门小吏传递给知府。一些讼师恶棍，就趁机敲榨勒索。包拯破了这条规矩，老百姓要诉冤告状，可以到府衙门前击鼓。鼓声一响，府衙门就大开正门，让百姓直接上堂控告。这样一来，衙门的小吏要想做手脚也不敢了。

有一年，开封发大水，那里一条惠民河河道阻塞，水排泄不出去。包拯一调查，河道阻塞的原因是有些宦官、权贵侵占了河道，在河道上修筑花园、亭台。包拯立刻下命令，要这些园主把河道上的建筑全部拆掉。有个权贵不肯拆除。开封府派人去催促，那人还强词夺理，拿出一张地契，硬说那块地是他的产业。包拯详细一检查，发现地契是那个权贵自己伪造的。包拯十分生气，勒令那人拆掉花园，还写了一份奏章向宋仁宗揭发。那人一看事情闹大，要是仁宗真的追究起来，也没有他的好处，只好乖乖地把花园拆了。

一些权贵听到包拯执法严明，都吓得不敢为非作歹。有个权贵想通关节，打算送点什么礼物给包拯，旁人提醒他，别白操心了，包拯的廉洁奉公是出了名的。他原来在端州（今广东肇庆）做过官。端州出产的砚台，是当地的特产。皇宫规定，端州官员每年要进贡一批端砚到内廷去。在端州做官的人往往借进贡的机会，向百姓大肆搜刮，私下贪污一批，去讨好那些权贵大臣。搜刮去的端砚比进贡的要多出几十倍。后来，包拯到了端州，向民间征收端砚，除了进贡朝廷的以外，连一块都不增加。直到他离开端州，从没有私自要过一块端砚。

那权贵听了，知道没有空子好钻，也只好罢休。后来开封府的男女老少，没有人不知道包拯是个大清官。民间流传着两句歌谣："关节不到，有阎罗包老。"

包拯对亲戚朋友也十分严格。有的亲戚想利用他做靠山，他一点也不照顾。日子一久，亲戚朋友知道他的脾气，也不敢再为私人的事情去找他了。

宋仁宗很器重包拯，提升他为枢密副使。他做了大官，家里的生活照样十分朴素，跟普通百姓一样。过了五年，他得重病死了，留下了一份遗嘱说：后代子孙做了官，如果犯了贪污罪，不许回老家；死以后，也不许葬在咱包家的坟地上。

由于包拯一生做官清廉，不但生前得到人们的赞扬，在他死后，人们也把他当作清官的典型，尊称他"包公"，或者叫他"包待制"、"包龙图"。民间流传着许多包公铁面无私、打击权贵的故事，还编成包公办案的戏曲和小说。虽然其中大都是虚构的传说，但是也反映了人们对清官的敬慕心情。

沈括画地图

自从宋真宗以后,宋朝一直依靠每年送大量银绢,维持了几十年跟辽朝暂时妥协的局面,但是辽朝欺宋朝软弱,想进一步侵占宋朝土地。1075年,辽朝派大臣萧禧到东京,要求划定边界。

宋神宗派大臣跟萧禧谈判,双方争论了几天,没有结果。萧禧硬说黄嵬山(在今山西原平西南)一带三十里地方应该属于辽朝。宋神宗派去谈判的大臣不了解那里的地形,明知萧禧提出的是无理要求,又没法反驳他。宋神宗就另派沈括去谈判。

沈括,杭州钱塘人,原是支持王安石新法的官员。沈括不但办事认真细致,而且精通地理。他先到枢密院,从档案资料中把过去议定边界的文件都查清楚了,证明那块土地应该是属于宋朝的。他向宋神宗报告,宋神宗听了很高兴,就要沈括画成地图送给萧禧看,萧禧才没话说。

宋神宗又派沈括出使上京(在今内蒙古自治区巴林左旗南)。沈括首先收集了许多地理资料,并且叫随从的官员都背熟。到了上京,辽朝派宰相杨益戒跟沈括谈判边界。辽方提出的问题,沈括和官员们对答如流,有凭有据。杨益戒一看没有空子好钻,就板起脸来蛮横地说:"你们连这点土地都斤斤计较,难道想跟我们断绝友好关系吗?"

沈括理直气壮地说:"你们背弃过去的盟约,想用武力来胁迫我们。真要闹翻了,我看你们也得不到便宜。"

辽朝官员说不服沈括,又怕闹僵了,对他们没好处,只好放弃了他们的无理要求。

沈括带着随员从辽朝回来,一路上,每经过一个地方,把那里的大山河流,险要关口,画成地图,还把当地的风俗人情,调查得清清楚楚。回到东京以后,他把这些资料整理起来,献给宋神宗。宋神宗认为沈括立了功,拜他为翰林学士。

沈括为了维护宋朝边境的安全,十分重视地形勘察。有一次,宋神宗派他到定州(今河北定县)去巡视。他假装在那里打猎,花了20多天时间,详细考察了定州边境的地形,还用木屑和融化的蜡捏制成一个立体模型。回到定州后,沈括要木工用木板根据他的模型,雕刻出木制的模型,献给宋神宗。这种立体地图模型当然比绘制在纸上的地图更清楚了。

宋神宗对沈括画的地图和制作的地图模型很感兴趣。第二年,就叫沈括编制一份全国地图。但是不久,沈括受人诬告,被朝廷贬谪到随州(今湖北随县)去了。在那里,环境虽然很困难,但是他坚持绘制没有画完的地图;后来,他换了几个地方的官职,也是一面考察地理,一面修订地图,坚持了12年,终于完成了当时最准确的一本全国地图《天下郡国图》。

沈括不但在地理研究上作出了出色的成就,而且是个研究兴趣很广泛的科学家。他在天文、历法、音乐、医药、数学等方面,都十分精通。他很早就研究天文历法。后来,他担任司天监的工作,发现在那里工作的人,不少是不学无术的人,不懂得用仪器观测。他到了司天监以后,添置了天文仪器。为了观察北极星的位置,他一连三个月,每天夜里用浑天仪观察,终于计算出北极星的正确位置。

沈括晚年的时候,闲居在润州(今江苏镇江)的梦溪园。他把一生研究的成果记载下来,著成《梦溪笔谈》。在那本书里,除了记载他自己研究的成果以外,还记录了当时劳动人民的许多创造发明,其中特别有名的是毕昇的活字印刷技术。

印刷术是我国古代四大发明之一。在北宋之前,已经有了雕版印刷术。但是雕版花工夫大,而且刻好一块木板,要改动一个字,就要全部重刻。沈括在他钱塘老家看到一位老工匠毕昇,用一种很细的粘土,做成许多小块,刻上字后放在窑里烧硬,成为一个个活字。用这种活字排版印刷,比雕版印刷方便多了。沈括看到这件新鲜事,十分感兴趣,就进行详细的观察和了解,还把毕昇的发明,记载在他的《梦溪笔谈》里,后代的人读了他的书,才知道活字印刷术的来历。

王安石计还藤床

北宋大政治家王安石(1021~1086),因革新变法的屡屡受挫,被迫辞去宰相一职，退居江宁。王安石一向不修边幅，不事修饰，还不爱洗澡，因而身上常有虱子。王安石的夫人吴氏却素喜洁净，事事讲究整齐干净，甚至爱洁成癖。

　　王安石辞职退居南京后，一应的公家之物都已奉还，而只有一架藤床，吴夫人十分喜爱，一直未还。有一天，有关官吏奉命前来王安石府上索还。可府中上下，谁也不敢向吴夫人提起，怕惹她大闹一场。王安石知道后，也没去和夫人争执，只是若无其事地光脚躺到藤床上，还在上面歇了半天。吴夫人远远望见，便打发仆人将这架藤床送还公家。

宋神宗严惩诬告

　　这是发生在宋神宗(1068~1085年在位)刚刚即位后的一个故事。

　　有一天，御史蒋之奇上书弹劾尚书左丞欧阳修，说其作风不正，与外甥女有乱伦之丑闻。神宗看后，转问故宫臣孙思恭。孙思恭答道："这是根本不可能的事。"并指出此事关系到大臣名节，应谨慎从事。神宗下诏蒋之奇，让他拿出证据，蒋之奇的上谏本来就是道听途说，哪来的证据，见神宗令他出证，一时便慌了手脚，只好说出此事是从中丞彭思永处听来的。神宗又诏问彭思永，结果，彭思永又说他是听来的，并无证据。这彭思永又如何听来的？经进一步查证，神宗终于弄清了说欧阳修乱伦之事纯属诬告。这是怎么回事呢？原来，欧阳修的内弟薛宗孺，平时因与欧阳修有矛盾，便捏造流言蜚语，说欧阳修有淫乱行为。这流言蜚语不知怎么传到了中丞彭思永耳中，彭思永又告诉了蒋之奇。而蒋之奇未分真伪，竟然以此为由上奏弹劾。宋神宗弄清之后，怒责蒋之奇诬告行为，遂后连同彭思永一并贬职，调出京城。

　　神宗严惩诬告，朝廷震动，天下服其明鉴。

司马光和《资治通鉴》

司马光是对我国史学有重大贡献的人物。他同刘恕、刘分文、范祖禹等有很高史学造诣的学者们一起，花了19年的时间，编成一部编年体裁的通史巨著——《资治通鉴》。

《资治通鉴》简称《通鉴》，共有294卷，文字简练，记事周详，上起春秋末韩、赵、魏三家分晋(公元前403年)，下迄后周亡于宋朝的前夕(959年)，共记载了我国古代1362年的历史。这是一部宏伟的编年体通史著作，是我国史学上的创举。

司马光(1019～1086)，字君实，陕州夏县(山西夏县)人。他在研究历史的过程中，觉得当时缺少一部完整的、系统的、简明的通史著作，对青年人学习历史，带来很大困难。这是他想编写通史的一个原因。而更重要的原因，是为了"叙国家之盛衰，著生民之休戚"，吸取历史上治乱盛衰的历史经验和教训。司马光是与王安石同时代的人物。当时北宋社会危机已经充分暴露。怎样挽救危机，稳定统治秩序？司马光和王安石的想法是不同的。司马光认为治理好国家，不在乎多变，主要是靠引用贤人。他想从历史上寻找大治的经验。

司马光之所以能完成这么一部不朽的通史著作，一方面也是由于他的工作得到北宋朝廷的重视，能充分利用国家的藏书。1064年，司马光把已经完成的先秦部分史稿，即《通鉴》的前八卷呈送给宋英宗，引起宋英宗的重视，让他在崇文院设局专心编书。崇文院是国家藏书最集中的地方，有图书三万多卷。1067年，年轻的皇帝赵顼即位，为这部书定了书名，叫《资治通鉴》，并写了序文，鼓励司马光继续努力，完成这项工作。

《通鉴》引用的资料非常丰富。除了正史之外，其他杂史和各类图书采用了300多种。这些材料后来大半失传，是靠司马光有选择地引用，才把它们保存下来。

苏东坡官场失意游赤壁

司马光执政后,把宋神宗贬谪的许多大臣都召回朝廷,其中有两个是宋朝著名的文学家——苏轼和苏辙。

苏轼兄弟俩,是眉州眉山(今四川眉山)人。苏轼20岁刚出头的那年,他的父亲苏洵带着他和苏辙到京城去考进士。主考官欧阳修,正在注意从考生中物色有才华的人。第一场考试下来,他在阅卷的时候,看到一篇文章,高兴得拍案叫好。

考卷是密封的,上面没有考生的名字。欧阳修心里想,能写出这样精彩的文章,一定是一个文坛能手。京城里有点名气的文人,欧阳修多少了解一点,这篇文章究竟是谁写的呢?他猜想了半晌,觉得从文章的风格看,很可能是他的门生曾巩。他本来想把这篇文章评为第一名,但是曾巩是他门生,评得高了,怕人们说他偏袒,就把它评为第二。

直到发榜的那天,欧阳修才知道,那个写精彩文章的不是曾巩,却是刚到京城的青年考生苏轼。

苏轼考取以后,照例要去拜见主考老师欧阳修。欧阳修跟他谈了一阵子,觉得他气度大方,才华出众,打心眼里喜欢。苏轼走了以后,欧阳修跟他的老同事梅尧臣说:"像这样出众的人才的确难得,我真应该让他高出一头呢!"

欧阳修这番话一传出去,一些读书人听了都不服气。京城里这样多的人才,难道比不上一个初出茅庐的小伙子。后来,大家读到苏轼才气横溢的诗歌和文章,才不得不服输。

苏轼像

苏轼出了名，他的弟弟、19岁的苏辙也在同年考取了进士，他们的父亲苏洵的高兴劲儿就不用说了。但是苏洵另外有一番感触。原来苏洵也是个擅长散文的人。他在少年时期，没认真读书，到27岁那年，看到别人一个个都上进了，才发个狠劲读书。过了一年，考进士没考中，回到家里，一气之下把他过去写的文章，一把火烧了，从头学起，果然进步很大。这回，他带儿子到了京城，眼看儿子年轻轻的就考中了，怎么不感慨呢。他听说欧阳修是最重视文才的，就把他几年来写的20多篇文章托人送给欧阳修，请欧阳修指教。欧阳修一看苏洵的文章，文笔老练，别具风格，就向宰相韩琦推荐，韩琦也很赞赏。后来，没经过考试，破格把苏洵任命为秘书省校书郎。

这样，苏家父子3人在当时京城中都出了名。后来，人们把他们父子3人合起来称做"三苏"。

王安石实行新法的时候，苏洵已经死了。苏辙在王安石手下干过事，后来，因为跟王安石合不来，被降了职调到外地去了。苏轼主动要求外调，先后当过杭州、湖州（今浙江吴兴）等地方的刺史。他每到一个地方，都兴修水利，减轻赋税，提倡生产，做了一些对人民生活有益的事。

后来，苏轼在湖州看到了地方豪强官吏的横行霸道，很不满意，写了一些诗，讽刺这些事。没想到这些诗传到京城，几个反对苏轼的官僚从苏轼的诗文里摘出几句话，诬陷苏轼诽谤朝廷，大逆不道。他们撤了苏轼的职，把他押解到东京，关在大狱里，想把他处死。

苏轼在监牢里足足被关了100天，受尽折磨。后来，因为实在算不上什么大罪，宋神宗才下令把他释放，贬谪到黄州（今湖北黄冈）。

苏轼到了黄州，挂了个小小的空头官衔，实际上过着流放的生活。他穷得过不了日子，后来靠朋友的帮助，弄到一块地，自己耕种起来。他还亲自整理场地，在东边山坡上盖了一间屋。他给自己起了一个别号，叫东坡居士。后来，人们常把苏轼叫做苏东坡。

苏轼在政治上失意的日子里，常常游览山水，写作诗歌，抒发他的心情。有一次，他打听到长江边有个名胜古迹叫做赤壁，就在一个月光皎洁的夜里，约了几个朋友，乘着小船到赤壁去游览。在那里，他想起三国时期曹操和周瑜大战的情景，触景生情，十分感慨。回来以后，写了一篇文章，叫做《赤壁赋》。

苏轼不但是写散文和写诗的能手，而且在词的写作上也有很高的成就。他

写的词,有一种与众不同的豪放风格。在游赤壁之后,他又写了一首《念奴娇》,词的上半首是:

> 大江东去,浪淘尽千古风流人物。
> 故垒西边,人道是三国周郎赤壁。
> 乱石崩云,惊涛拍岸,卷起千堆雪。
> 江山如画,一时多少豪杰。

苏轼是个博学多才的人,但是他在地理上却出了一个不小的差错。原来黄州的赤壁并不是周瑜火烧曹军的地方。三国的赤壁在现在武汉的上游,而黄州却在武汉下游。不过,黄州的赤壁却因为苏轼这一个差错出了名。后来人们为了纪念这位大文学家,就称它为"东坡赤壁。"

米芾拜石为兄

北宋丹徒(今江苏镇江)人米芾(1051~1101),曾召为书画学博士,与蔡襄、苏轼、黄庭坚合称"宋四家"。他写文章追求文笔奇特,妙语惊人,不重蹈沿袭前人作文章的路子。特别擅长书画,书法坚劲流利,气韵飞动,具有王献之的笔意。画山水人物别出新意,自成一家。尤工临摹,可达以假乱真难以辨认的程度。还精于鉴别,遇到古代器物、书画如获至宝。王安石曾摘录他的诗句写扇面上,苏轼也喜爱和赞赏他的诗。米芾的穿戴仿效唐人,风姿神采,潇洒风流,言谈清晰流畅,所到之处人们争相围聚仰观。米芾生性好洁以至成癖,从不与别人同用洗面用具。他举止怪异,经常有让时人传为笑谈的佳话。无为州治(今安徽无为)有一巨石,奇形怪状,米芾见后喜出望外,说:"这块巨石足以受我一拜!"他整好衣冠向巨石叩拜,并把巨石称为自己的兄长。由于他与社会格格不入,他的仕途屡遭困顿。他曾奉诏命仿照《黄庭》小楷作周兴嗣的《千字韵语》,还曾被允许进入宣和殿观赏其中的书法珍品,人们都把这个看作特别荣耀的事。

石工安民爱惜名誉

蔡京执掌朝廷大权时,把元祐年间执掌朝政的司马光等大臣列为奸党,亲自把这些人的名字写在大碑上,并把碑文颁发到各郡县地方,命令各地方办事机关都要刻成石碑以宣示天下。

长安有一个石工叫安民的,被召来刻字,他推辞说:"小民愚昧,不知立碑有何深意。但像司马相公那样,海内都称他是正直的人,可如今被诬为奸邪,我不忍心这样刻石。"官府的人听了他的话勃然大怒,要治他罪。安民无法,哭泣着说:"服役之人不敢推辞,但求碑末不要刻上我的名字,恐怕得罪后人。"闻者心中无不惭愧。

宋徽宗的文墨雅好

书法、绘画是文人的艺术。在书画中卓有才能的皇帝首数北宋的亡国之君——宋徽宗。如果说陈后主是皇帝中的诗人,那么宋徽宗则是皇帝中的书画家,同样是亡国之君,同样在诗书画以外,几乎一无所能,以至国破家亡、生死不能自主。

宋徽宗的书法,独树一帜,清瘦、峻刻,呈硬线条的秀姿,号称"瘦金体"。南唐后主李煜由于词作甚丰,人们可能忽略了他的书法成就,其实他也不是书法的外行。李煜还曾尝试创新,喜作颤笔,字形扭折,遒劲如寒松霜竹,号称"金错刀"。他还善写大字,不用笔而是用卷起来的帛,沾墨挥写,颇似今人举拖布而书的情景。全身运动,于人于字,都激情饱满。这种书法当时称为"撮襟书"。"瘦金体"、"金错刀"、"撮襟书"都体现了"劲"与"冷"字,如果字如其人,李后主、宋徽宗怎么能到最后只会"垂泪对宫娥"?

宋徽宗在书画上投入了过多的精力,这是无疑的。为了弘扬书画,他创立了翰林书画院,虽然前代宫廷中也出现过画院机构,但这一次规模空前,可以与唐玄宗创立的空前的宫廷乐舞机构相媲美。书画院广罗人才,宋徽宗以类似取士的方法,在书画上兴学较艺,选拔优秀,大书画家米芾当上了书画学博士,书画俊才得以与皇帝交游。而另一位大书法家蔡京高居相位,尽管他走的是科举正途,然而没有超众的书法技艺,徽宗未必能看中他。君相二人经常研论书艺。

徽宗对绘画对象的观察极具耐心,是一位非常投入的画家。他观察孔雀单腿独立的故事流传甚广。某日,徽宗命画师们面对实物,各画一幅孔雀欲升藤墩的图像。此时,孔雀是双腿立地,画师们凭想象构图,结果都不称旨。徽宗指点说:"孔雀欲升高,必先举先。"经证实,皇帝的观察正确,画师们无不叹服。

宋徽宗为了画好鸟的眼睛,独出心裁,用墨漆点睛,隐然如豆,高出画布的平面,呈现出立体感受。这是徽宗作画的又一佳话。

宋徽宗的书画创作在沦为阶下之囚后仍未终止,他在囚禁中作画的事情是在六百多年后的清代才得到证实的。徽宗的最后囚所和死所是五国城,星转月移,到清代该地名叫白都纳。乾隆年间,副都统绰克讬筑城,掘得宋徽宗在此画的鹰轴,盛于紫檀匣中,墨迹如新。宋徽宗对书画至死不渝的痴爱,实在感人。想当年,徽宗被掳,高宗在临安再延宋脉。物是人非,高宗时时面对父皇遗留的画扇流泣感伤。此扇被一个姓左的宦官偷携至家,在内廷应制的诗人康与之适来与左酒饮,见左出示的徽宗画扇,慨然情生,在左氏入内取菜肴的时候,康与之情不自禁在扇上题诗一首:

玉辇宸游事已空,尚余奎藻绘春风。

年年花鸟无穷恨,尽在苍梧夕照中。

左氏见画扇被题,大惊失色,而康已沉入醉乡。次日,左宦官伺高宗闲适时叩请死罪,高宗怒将画扇取过,诗入眼帘,高宗愠怒立消,然后又是一番悲恸。

赵开化害为利

宋朝初年四川使用铁钱,流通极为不便,后来由16户商人私人发行一种纸币,称交子,这是中国也是世界最早的纸币。后来,北宋政府出面发行,宋徽宗时改称钱引。这对促进商业贸易、发展社会经济极为有益。民间百姓也都乐于接受。一年，政府官员查获伪造的钱引30万，受此案牵连的人多达50余人。按照宋朝的法律私自铸钱应处以死罪。宰相张浚想按律处理，赵开向张浚建议道："假如在这些伪造的钱引上加盖了宣抚使的官印，化害为利，这些假钱引不就变成真的了吗？对这些罪犯可以施以黥刑，在他们脸上刺上墨字，以示惩罚，然后让他们为政府制造钱引，这样一来，大人您一天之内就获得了30万钱引，又救活了50人。"宰相张浚听后连连称好。

梁山泊和宋江领导的农民起义

北宋末年，北方连续不断地爆发小规模的农民起义。起义的一个中心地点是梁山泊。

梁山泊又叫梁山泺，就是现在山东的东平湖。梁山就在湖的南边。由于北宋时期黄河的两次大决口，梁山泊变成一个周围八百里的大湖泊。

1111年，北宋政府设置了一个"西城括田所"，大肆搜刮北方人民的土地和财富，在梁山泊也设卡征税。农民们进湖捕鱼、采藕、割蒲，都要按照船舶的大小，交纳很重的租税。漏税和逃税的人，被当作"盗贼"来处罚。附近每县除了常赋之外，平均要增加租钱十多万缗，遇有水旱天灾，也不许减免。

梁山泊周围的农民们，千辛万苦，祖祖辈辈垦荒打渔，生产自救。他们连这么一点谋生的权利也被剥夺了。劳动人民交不起租税，被断绝了生路。他们被逼上梁山，聚集在一起，利用高山和湖泊的有利地形，进行武装抗租抗税斗争。宋军来了就一起战斗，宋军退了就忙着生产。梁山泊成为北方农民进行生产斗争和阶级斗争的一个重要据点。

北方除了梁山泊农民的反抗斗争外，还有宋江领导的一股农民起义军。现有史料，没有留下关于宋江领导的起义过程的完整记载。依据仅有的片断记事，依然可见起义军的活动是声势浩大的。《皇宋十朝纲要》载："宣和元年（1119年）十二月，宋徽宗下诏京东、西两路提点刑狱带兵督捕京东贼宋江，不久又命招抚"。这从反面表明，宋江领导的起义军对宋朝的统治予以沉重的打击。

1121年初，宋江被沂州(今山东临沂)知州蒋园所败，后来率军南下，攻淮阳军(江苏邳县)，进入淮南活动。宋江起义军攻打沭阳县，被县尉王师心击败，由沭阳乘船到海州(今江苏运云港西南)。海州知州张叔夜侦察到宋江的动向，以上千名士兵设伏于城郊，用轻兵引诱农民军登陆。宋江中了埋伏，10多只大船又被焚毁，损失惨重，起义失败。宋江在这次战斗中最后出降。

方腊聚众起义

宋徽宗喜欢花石纲，出产花石多的地方，百姓遭殃却最重。睦州青溪(今浙江淳安县)地方，出产各种花石竹木，朱勔的应奉局常常派差人到那里，搜刮花石。当地有个方腊，家里有个漆园。方腊平时靠这个园里的生产，日子勉强过得去。自从办了花石纲以后，方腊家也遭到勒索。方腊恨透那些官府差役，又看到当地农民兄弟受尽花石纲的苦，就决心把大家组织起来，造官府的反。

1120年的一天，几百个苦大仇深的农民聚集在方腊的漆园里，方腊激动地跟大家说："国家好比一个家庭，如果一户人家，小辈整年劳动，好容易挣了一点粮食布帛，却被他们的父兄胡乱花费了。小辈稍为不称他们的心，就挨他们鞭打。你们说这应该不应该？"

大伙儿齐声回答说："不应该！"

方腊又说："那些做父兄的浪费还不算，又拿家里财物去向敌人讨好求情，你们说该不该？"

大伙儿愤怒地回答说："哪有这种理儿？"

方腊流着眼泪说："现在官府赋税劳役那么重，那些大官们还要敲榨勒索。老百姓好容易生产些漆、纸，也被他们搜刮得精光。我们一年到头劳苦，结果一家老小受冻挨饿，连一餐饭都吃不上，你们看怎么办？"

大伙儿都听到这里，都高声嚷起来说："请您下命令吧！我们听您的。"

方腊受到农民的拥护，就打起杀朱勔的旗号，发动起义。方腊担任起义军的统帅，自称"圣公"。将士们带着各色头巾，作为标志。愤怒的起义将士，杀死那里的官吏，焚烧他们的住宅。青溪附近一带的百姓都被官府害苦了，纷纷响应方腊起义军。没到十天,起义军就聚集了几万人马。

当地官军将领派兵镇压,被起义军打得落花流水,两名宋将被杀死。起义军乘胜攻进青溪县,赶跑了那儿的县官。接着,又接连打下了几十座县城,很快打到了杭州。

警报传到东京,把宋徽宗吓昏了。宋徽宗赶快派童贯带领15万官军到东南去镇压起义。

童贯到了苏州,知道花石纲引起的民愤太大,立刻用宋徽宗的名义下了一道诏书,承认错误,并且撤销了专办花石纲的"应奉局",把朱勔撤职。

东南的百姓看到朝廷取消了花石纲,罢免了朱勔,总算出了一口气。哪儿知道童贯正在这时候,加紧部署镇压起义的兵力呢。

童贯集中各路大军进攻,方腊不得不退回青溪,据守在山谷深处的帮源洞坚持战斗。官军不知道山路,没法进攻。就在这个节骨眼上,起义军里出了奸细,给官军引路。官军终于摸到帮源洞,方腊没有防备,被俘虏了,没多久,被押解到东京,惨遭杀害。

李纲临危不惧誓死抗金

金太宗(1123～1135年在位)在消灭辽国之后,立刻就把下一步的目标对准了北宋。

辽国灭亡以前,有个叫张觉的辽国官员,看到大势已去,就在平州(今河北省卢龙县)投降了金国。不久,他看到金兵抢劫财物、掳掠人口,很不满,又叛金投降宋朝。宋徽宗封他为节度使,仍旧让他镇守平州。金军很恼火,出兵把张觉打得大败。张觉逃回宋朝,金军又向宋朝索取张觉,宋徽宗没有办法,只好杀掉张觉,把他的脑袋送给金国。

这件事情不但被金国作为侵略宋朝的借口,而且引起了宋军内部不满。许多归附宋朝的辽军将士,听到这个消息都哭了。郭药师原来也是一个辽国降将,很担心自己的下场和张觉一样。他对宋徽宗已经完全丧失信心了。

1125年10月,金军分东、西两路,大举南侵。西路军由宗翰率领,进攻太

原。东路军由宗望率领，进攻燕京。西路军遭到太原守军的坚决抵抗。东路军一至燕京，守将郭药师就投降了金军。这一路金军在郭药师的引导下，长驱而下，向汴京进军。

这次金兵南侵，宋徽宗事前毫无警惕和防备。他怕得要命，连忙下令取消花石纲和各地的制造局，让参议官宇文虚帮他起草《罪己诏》，承认自己过去的错误，想用这些办法来欺骗老百姓，挽回人心。可是形势非常紧急，这些措施还有什么用呢？

李纲像

　　金兵逼近汴京的消息，像雪片似的飞来。宋徽宗昏倒在床前。他苏醒过来后，伸手要纸和笔，写道："皇太子可即皇帝位。"这年12月，宋徽宗退位，称"太上皇"。他的儿子赵恒登上了皇位，就是宋钦宗。宋钦宗和他父亲一样，是个软骨头。

　　次年1月，金军到达黄河北岸。宋徽宗、蔡京和童贯等人，自知民愤大，罪责难逃，借口"烧香"，慌慌张张逃到南方去了。宋钦宗和宰相白时中、李邦彦也想丢掉京城南逃。但是，以李纲为首的少数爱国将领，坚决主张守城抗战。李纲对宋钦宗说："陛下把国家的大片土地丢掉不管，只顾逃跑，难道可以这样做吗？"宋钦宗一声不吭。白时中在一旁说："京城不能守。"李纲说："天下的城池，哪有像京城这样坚固的？况且很多官员和老百姓都在这里，把这样的地方丢掉，还要到哪里去？"宋钦宗问道："谁能带兵守京城？"李纲回答说："这是白时中、李邦彦的职责。"白时中自己怕金军，以为别人也怕，大声说："李纲莫非能出战吗？"李纲毫不畏惧，说："如果叫我带兵，我愿以死报国。"于是，宋钦宗命令李纲领兵守城。

　　李纲次日早晨上朝，看见宋钦宗已经装备好车辆，禁卫军准备出发。原来宋钦宗又改变主意,还是想逃跑。李纲厉声对将要出发的将士们说:"你们究竟愿意死守,还是愿意逃跑?"将士齐声说:"愿意死守!"李纲又去见宋钦宗说:"将士的家属都在城中,怎么肯舍得离开?万一他们半路上逃回来,还有谁保卫陛下?况且敌军已经逼近,如果他们知道车辆还没走远,用快马追赶,怎么抵御?"这番话提醒了宋钦宗,他不敢再走了。李纲当众宣布:"皇上主意已定,谁敢再说逃跑就杀头!"将士们都高呼"万岁"。

李纲亲自率领军民,仅用3天时间,就将守城的战备设备准备好了,这时候,金军已经打到汴京城下,进攻宣泽门。他们分乘几十只小船沿河而下。李纲组织2000多名敢死兵士,列队城下,用钩搭住敌船,往船上扔石头。又在河中放些杈木,搬来蔡京家中的山石,堵塞水道,在水中杀死100多名金兵。宗望看到汴京已有防备,就要宋朝派使臣到金营议和。这正合宋钦宗的心意,他马上派人去金营,接受了屈辱的条件:答应割让太原、河间(今河北省河间县)、中山(今河北省定县)3镇,缴纳金500万两,银5 000万两,牛马10 000头,绢100万匹,并且无耻地尊金国皇帝为"伯父"。李纲极力反对,但也无济于事。为了缴纳赔款,宋朝政府拼命向京城中的老百姓搜刮金银,结果还是没能凑足这个数目。

这时候,宋朝各地的援军纷纷赶到。有个叫姚平仲的将军,建议夜间去偷袭金营,活捉敌人的主将宗望。宋钦宗表示赞成,不料姚平仲还没有出发,消息就泄漏出去,金军早已作好准备,结果姚平仲被打得大败。

宗望派使臣来质问偷袭的事。宰相李邦彦回答说:"这都是李纲、姚平仲的主意,不是朝廷的意思。"宋钦宗连忙派使臣去金营解释,送上太原等3镇的地图,下令罢免李纲,向金军谢罪。

李纲被罢免的消息一传开,群情激愤。太学生陈东痛恨奸臣。还在宋钦宗刚刚即位的时候,他曾经和一批太学生上书朝廷,要求杀死蔡京等六贼。这时,他率领几百名太学生,到宣德门上书,说:"李纲奋不顾身,肩负重任,是国家的忠臣,李邦彦等只为自己打算,不顾国家,是国家的奸臣。"他们请求罢免李邦彦、恢复李纲的官职。汴京的军民自动赶来声援,很快就聚集了几万人。这时候,李邦彦正好去上朝,愤怒的群众当面把他痛骂了一顿,还抛掷石块、瓦片打他。人群像潮水一样,又涌到皇宫门口,喊声震天动地。宋钦宗怕把事情闹大了,派人出来欺骗说:"李纲用兵失利,不得已才罢免的。等到金兵退走,再叫他复职。"群众非常不满,坚持不散。

开封知府王时雍赶来威胁太学生们说:"你们可以胁迫天子吗?还不退去!"太学生们义正词严地回答说:"用忠义胁迫天子,难道不比用奸邪好吗?"王时雍害怕群众打他,急忙逃掉了。

宋钦宗躲在宫中,胆战心惊。他害怕发生变故,派宦官朱拱之去召回李纲。朱拱之十分勉强,拖拖拉拉,走得很慢。群众本来就痛恨这些仗着皇帝威势、欺压百姓的宦官,看到朱拱之这种样子,更加恼火,有人喊了声"打",大家一齐动手,当场打死了朱拱之等几十名宦官。

这一来,宋钦宗只得宣布恢复李纲的官职,命令他兼任京城四壁防御史。人群这才欢呼散去。这件事是北宋末年有名的一次事件,叫"太学风潮"。

两个皇帝当俘虏

由于东京军民的坚决抵抗,金将宗望被迫退兵。种师道向宋钦宗建议,在金兵渡黄河退却的时候,发动一次袭击,金兵消灭掉。这本来是个好主意。但是宋钦宗不但不同意,反而把种师道撤了职。

金兵退走以后,宋钦宗和一批大臣以为从此可以过太平日子了。他们把宋徽宗接回东京。李纲一再提醒宋钦宗要加强军备,防止金军再次进攻,可是每次提出来,总受到一些投降派大臣的阻挠。宋钦宗也嫌李纲啰嗦。

哪料到东路的宗望退兵,西路的宗翰率领的金兵却不肯罢休,加紧攻打太原。宋钦宗派大将种师道带兵援救,半路上被金兵包围,种师道兵败牺牲。投降派大臣正嫌李纲留在京城碍事,就撺掇宋钦宗把李纲派到河北去指挥战争。

一些正直的大臣认为朝廷不该在这个时候让李纲离开京城,但是宋钦宗却硬要把李纲调走。

李纲明知道自己遭到排挤,但是要他上前线抗金,他也不便推辞。钦宗拨给他12 000人,他向朝廷请求拨军饷银、绢、钱各100万,朝廷只给了20万。李纲想做好准备工作再走,宋钦宗嫌他拖拉,一再催促,李纲只好匆匆出兵。

李纲到了河阳,招兵买马,修整武器。但是朝廷却命令他解散招来的新兵,立刻前去太原。李纲调兵遣将,分三路进兵,但是,那里的将领直接受朝廷指挥,根本不听李纲的调度。三路人马没统一指挥,结果打了一个大败仗。

李纲名义上是统帅,实际上没有指挥权,只好向朝廷提出辞职。投降派又攻击他专门主张抗金,打起仗来却损兵折将。宋钦宗把李纲撤了职,贬谪到南方去了。

金朝君臣最怕李纲,现在李纲罢了官,他们就没有顾忌了。金太宗又命令宗翰、宗望进攻东京。

这时候,太原城已经被宗翰的西路军围困了8个月。太原守将王禀率领军民坚决抵抗。金兵用尽一切办法攻城,都被王禀打退。日子一久,城里断了粮,兵士把牛马、骡子杀了充饥;牛马吃完了,就把弓弩上的皮革煮来吃。老百姓天天吃野草,糠皮,没有一个人投降。最后,太原城终于被金兵攻破。王禀带着饥饿的兵士跟金兵巷战之后,自己跳到汾水里面牺牲。

太原失守之后,两路金兵继续南下。各路宋军将领听到东京吃紧,主动带兵前来援救。宋钦宗和一些投降派大臣忙着准备割地求和,竟命令各路援军退回原地。

这时候,在黄河南岸防守的宋军还有12万步兵和1万骑兵。宗翰的西路军到了黄河北岸,不敢强渡。到了夜里,他们虚张声势,派兵士敲了一夜战鼓。南岸的宋军听到对岸鼓声,以为金兵要渡河进攻,纷纷丢了营寨逃命,13万宋军一下子逃得精光。宗翰没动一刀一枪,就顺利地渡过了黄河。

宗望率领的东路,也攻下大名(今河北大名),渡河南下。两路金兵不断向东京逼近,把宋钦宗吓昏了。一些投降派大臣又成天向宋钦宗嘀咕,说除了求和之外,没有别的出路。宋钦宗只好派他弟弟康王赵构到宗望那里去求和。

赵构经过磁州(今河北磁县),州官宗泽跟赵构说:"金朝要殿下去议和,这是骗人的把戏。他们已经兵临城下,求和又有什么用呢?"

磁州的百姓也拦住赵构的马,不让他到金营去求和。赵构害怕被金朝扣留,就在相州(今河南安阳)留了下来。

没有多久,两路金军已经赶到东京城下,猛烈攻城。城里只剩下3万禁卫军,也是七零八落,差不多逃亡了一大半。各路将领因为朝廷下过命令,也不来援救东京。这时候,宋钦宗再想召回李纲,已经来不及了。

宋钦宗急得束手无策。京城里有个骗子,名叫郭京,吹嘘会使"法术",只要招集7779个"神兵",就可以活捉金将,打退金兵。一些朝廷大臣,居然把郭京当作救命稻草,让他找了一些地痞无赖,充当"神兵"。到金兵攻城的时候,郭京和他的"神兵"上去一交锋,就全垮下来。东京城被金兵攻破。

宋钦宗眼看末日来到,痛哭了一场,只好亲自带着几个大臣手捧求降书,到金营去求和。宗翰勒令钦宗把河东、河北土地全部割让给金朝,并且向金朝献金1 000万锭,银2 000万锭,绢帛1 000万匹。宋钦宗一一答应,金将才放他回城。

钦宗回到城里,向百姓大刮金银,送到金营。金将嫌他太慢,过不久,又把宋钦宗叫到金营,扣押起来,说要等交足金银后再放。宋钦宗派了24名官吏帮金兵在皇亲国戚、官吏、和尚道士等家里彻底查抄,前后抄了20多天,除了搜去大量金银财宝之外,把珍贵的古玩文物、全国州府地图档案也一抢而空。

1127年4月,宗翰、宗望和他们率领的金军,俘虏了宋徽宗、钦宗两个皇帝和皇族、官吏二三千人,满载着搜刮去的财物,回到北方去。从赵匡胤称帝开始的北宋王朝统治了167年,宣告灭亡。

南宋（金）

（公元1127年~公元1279年）

南宋与金历史背景介绍

1127年,赵构在南京(今河南商丘)即位,重建宋朝,史称南宋。南宋自建朝伊始,就与金对峙。虽有岳飞等南宋军民英勇抵抗金军的进攻,但宋高宗赵构与权相秦桧等一味屈膝求和,苟安江南。与金对峙百余年虽有一些君臣励精图治,但往往权臣专擅朝政,政治昏暗,多少北伐雪耻之志,梦断于西湖烟雨之中。尖锐的民族矛盾与阶级矛盾激起此伏彼起的人民起义。不久,大漠雄鹰蒙古族崛起,挥骑南下,灭(西)夏扫金。1279年随着陆秀夫抱幼帝投海而死,山河破碎的南宋王朝历经152年,终致灭亡。

南宋退处江左,在政治、社会诸方面承袭了北宋诸多特点,但时移势异,与北宋又有着一定差别。

在政治制度上,南宋进一步加强中央集权,建立起一套相当完备的中央集权制度。南宋时期,南方经济迅猛发展,农业方面农田继续大量开垦,棉花种植得到推广,棉纺织手工业长足发展,造船业发达,制瓷、造纸、印刷业等也超越前期。两宋史学达到封建社会最高峰。其新体裁的创设,当代史的发达,理志的纂修,金石学的建立,以及长篇巨著之众多,都是历代所没有的。文学方面,完全成熟的南宋词占据文坛重要地位,与唐诗成为中国古代文化史上的两朵奇葩。艺术方面也呈现一派空前繁荣的景象。

金朝是由辽朝统治下的松花江以北地区的"生女真"氏族部落发展壮大而来。

1115年(辽天庆五年、金收国元年)元旦,女真部完颜阿骨打在居地按出虎水(今黑龙江哈尔滨南阿什河)地区,建国称帝,国号大金,年号收国,是为金太祖。

1123年(金天辅七年八月),金太祖病死,其子吴乞买即皇帝位,年号天会,是为金太宗。金太宗擒辽天祚帝,灭北宋,掳走徽宗、钦宗二帝,将南宋高宗赵构追至温州。金朝的统治版图达到了秦岭和淮水。金太宗励精图治改革勃极烈制度,实行科举制度,在燕云地区实行汉官制度,仿照辽、宋改革军事制度,立赋税制度,设牛头税,使金朝的统治得到了巩固,经济得到了发展。

1161年(正隆六年十月初八日),东京政变,金世宗完颜雍即皇帝位,12月26日海陵王被部将所杀。金世宗即位后,政治上广泛吸收汉族等官员参与军政,增损官制,注重守令之选,严密监察之责;经济上,重农桑之利,放免二税户和奴婢,广开榷场,规定商税法,铸铜钱,取消坑税,形成了多民族的统治核心,出现了经济的繁荣发展,史称"小尧舜"。此后到章宗时期,政治腐败,黄河三次大决堤,财政困难,滥发纸币和银币,人民贫困疾苦,金朝走向衰落。

1234年(天兴三年)蒙古军兵临城下,哀宗仓皇中将皇位传给东面元帅承麟,自缢而亡。诸将及军士五百余人投河自尽,末帝承麟被乱兵杀死,存在了120年之久的金朝灭亡了。

杨邦义慷慨赴义

1129年,金朝大军南下攻宋。当时驻守建康的守将,是宋朝户部尚书李棁和大学士陈邦光,两人无心抗金献城降金。金将兀术领兵入城,满城宋朝将臣纷纷拜迎金军,惟有建康府溧阳知县杨邦义不向金军屈膝投降,并且在衣襟上以血作书:"宁作赵氏鬼,不作他邦臣。"兀术一见甚是愤怒,但仍无法使他降服,令人将他投入囹圄。随后,兀术多次派人前去劝降,并许以官职,杨邦义以头撞柱,鲜血直流,然后对说客说:"世上难道有连死都不怕的人,能以利禄引诱吗?"兀术见劝降不成,便又生一计,设宴招待李棁和陈邦光等投降的宋将官,命杨邦义站在一旁,以便让他看看降服的益处。酒宴时,杨邦义高声痛斥李、陈两人,说:"尔等受命守城,不去御敌,却与敌同乐,有何颜面见我?"李棁、陈邦光二人一听,羞愧不已。兀术大怒,让宋朝降将刘团练写"死"、"活"两个字,令杨邦义选择,以死相威胁。杨邦义毫不犹疑地选择了"死"字,令在场的金军将领大为惊骇,对他的气节暗自叹服。兀术无计可施,只好将杨邦义杀害了。

宗泽用降将协谋剿敌

南宋年间,名将宗泽领兵抗金期间,俘虏了金将王策。王策原是辽朝的将领,辽朝灭亡后成为金将。宗泽亲自为他松绑让他坐在厅堂上,对他说:"契丹本来与宋是兄弟之国,如今金朝辱掠我朝徽钦二帝,又灭掉了辽国,按道义我们应当同心合谋报仇雪恨。"王策一听感动地落下泪来,表示愿意参加抗金战争。宗泽乘机向他了解金朝内部的虚实,全部掌握了具体情况,然后,制订了进行大规模抗金的计划。之后,宗泽又联络北方义军头领王善、杨进、丁进、王贵、王再兴等人,以及"八字军"、"忠义军"等,对他们说:"你们都有忠心报国之心,应当同心协力消灭敌人,尽早迎二帝回宋,以立大功。"说时声泪俱下,各路义军将领深受感动,表示听从指挥。宗泽所统各路军兵协同作战,连连告捷,金兵闻风丧胆,听到宗泽的大名都噤若寒蝉,称他为"宗爷爷"。

宗泽破格用将才

民族英雄岳飞在1122年应募投军,初任秉义郎,隶属名将宗泽。一次,秉义郎岳飞触犯军法将受处罚,宗泽一见便深感他超群不凡,说:"这正是做将领的人才啊!"这时正值金兵攻打汜水关,宗泽便把500名骑兵交给岳飞,要他立功赎罪。岳飞果然不负所望,得胜而归,宗泽大喜,提升他为统制。岳飞从此名震遐迩。宗泽极为欣赏岳飞的才智,对岳飞说:"你的勇智才艺,古代的良将也比不上你,只是你喜欢野战,这可不是领兵打仗的万全之计啊!"于是,宗泽把行军、交战、驻营等作战经验传授给他,岳飞认真研习,颇有心得,说:"兵法体现了作战的规律,深刻领会了,就能灵活巧妙地运用。"宗泽肯定了他的见解,并对自己为国家发现了这样一位大可造就的将才而深感欣慰。

韩世忠带兵有方

宋高宗命抗金名将韩世忠屯兵楚州。韩世忠到任以后,在山阳开辟荒野,建立军府,和士卒同甘苦,一起劳动。夫人梁红玉亲手织作门帘,建造房屋。将士有害怕打仗的,韩世忠送给他们巾帼、脂粉,使他们感到耻辱,所以,全军上下情绪高昂,谁也不甘落后。韩世忠又安抚流民,通商兴业。从此以后,山阳这个地方成为一方重镇。

金兵南下,一直赶到明州海边,一路上不断遭到百姓组织起来的义军的袭击。金将兀术想到长江沿岸还留着宋军的大批人马,不敢多留,带领金兵抢掠了一阵以后,向北方退兵。

1130年3月,兀术带了15万金兵北撤,到了镇江附近,就遇到宋军大将韩世忠的拦击。韩世忠是主张抗金的将领,他对金兵的侵略暴行,十分气愤,决心趁金兵北撤的时候,狠狠阻击。

兀术到了江边,打听到韩世忠不放他们过江,就派个使者到宋营下了战书,要求跟宋军决战。韩世忠答应了他们,还跟兀术约定了决战的日期。那时候,金兵有10万人,但是韩世忠手下宋军总共才8 000人,双方兵力相差很大。韩世忠明白,要打赢这个仗,只有依靠士气。他跟妻子梁红玉商量。梁红玉是个很有见识、又懂武艺的女将。她支持丈夫的计划,并且要求一起参加战斗。

韩世忠又召集部将商量,说:"这一带地势,要数金山(在镇江西北)上的龙王庙最险要。估计金人一定会到那儿去侦察。"他派出一名部将带领200兵士到龙王庙设下埋伏。果然不出韩世忠所料,过了一天,就有5名金军将士骑马上了金山,到龙王庙前察看宋军动静。庙里埋伏的宋兵等到金人靠近,擂响战鼓,冲杀出来。5名金军将士一见中了埋伏,拨转马头就逃。宋兵追赶上去,抓住了两名金兵。另外3名伏在马背上没命地逃奔,其中一个身穿红色战袍、系着玉腰带的金将,慌里慌张从马上摔了下来,又急忙跳上马背逃走。宋军审问了俘虏,才知道那个穿红袍的,就是金军主帅兀术。

决战的时刻来到了。双方在江边摆开阵势,展开了一场血战。韩世忠披挂上阵,他的夫人梁红玉身穿戎装,在江心的一艘战船上擂响战鼓。将士们见主帅夫人上阵助战,士气高涨,纷纷冲杀过去。金兵虽然人马多,但是,一来士气受挫,二来长途行军,十分疲劳,哪儿敌得过韩世忠手下精兵的袭击。一场战斗下来,金兵被杀伤的多得数不清,连兀术的女婿龙虎大王也被活捉。

兀术又派出使者到宋营,情愿把从江南抢来的财物全还给宋军,只求让他们渡江,韩世忠不答应。兀术又提出把他带来的一匹名马献给韩世忠,也被拒绝。

兀术没法过江,只好带着金兵乘船退到黄天荡(今江苏南京市东北)。哪里知道黄天荡是一条死港,船驶进那里,找不到出路。正在进退两难的时候,有人献计说:"这里原来有一条河道,可以直达建康,只是现在堵塞不通,如果叫兵士开凿出来,就可以逃过宋军的追击了。"兀术立刻命令金兵开挖河道。金兵人多,挖了一个通宵,就开凿了一条50里长的水道。兀术赶忙指挥金兵沿水道逃到建康,不料半路上又遇到宋将岳飞的堵击,只好退回到黄天荡。

金兵在黄天荡被宋军围困了48天,将士们叫苦连天。这时候,江北的金军也派兵来接应。兀术想用小船渡江,韩世忠早有准备,他在大船上备好大批带着铁索的挠钩,等金兵的船只渡江的时候,大船上的宋兵用长钩把小船钩住,再用铁索用力一拉。小船翻了,金兵连人带船一起沉在江心里。

兀术十分焦急,请求韩世忠上阵对话,苦苦要求韩世忠让他们渡江。韩世忠说:"你们要过江不难,只要你们归还占领的地方,我就放你过江。"

兀术回到金营,跟金将商量对付宋军的办法,他愁眉苦脸地说:"宋军行船好像我们骑马,来去像飞一样快,我们怎么渡得了江?"

部下有人说:"现在形势紧急,只要悬赏叫人献计,也许还有希望。"

兀术下命令挂出悬赏牌,果然有一个宋军奸徒跑来献计说:"宋军的大海船,是靠风帆行驶的,只要挑个没风的日子出江,大船就驶不动了。"他还教兀术用火攻的办法攻击宋军。

过了几天,正遇到个大晴天,江面上风平浪静。金兵偷偷登上小船,分批渡江。韩世忠想用大船赶上去拦击,但是因为没有风,大船行驶慢,赶不上小船。正在着急的时候,金兵的火箭纷纷射来,射中了宋船的风帆。风帆起了火,整个船只都燃烧起来,船上的宋军纷纷落水。韩世忠只好放弃船只,乘小船返回镇江。

兀术摆脱韩世忠的阻击,带兵回到建康,抢掠了一阵,准备撤回北方。到了静安镇(今江苏江宁西北),又遭到了岳飞军的袭击,被杀得一败涂地,狼狈逃窜。岳飞赶走金兵,收复了建康。

女词人李清照的遭遇

金兵横行中原,但是南宋王朝却没有丝毫抵抗的准备,宋高宗在行都扬州过着纸醉金迷的生活。1129年正月,金将宗翰带兵南下,接连攻下许多城池,沿路南宋官员降的降,逃的逃,金兵前锋很快渡过淮河,逼近扬州。

宋高宗正在扬州行宫寻欢作乐,听到金兵打来,才手忙脚乱带了五六名亲信太监,骑上马,一口气狂奔到江边,找到一只小船,连夜渡江。金兵在扬州大肆烧杀抢掠,最后放火把扬州烧成一片焦土,才满载掠夺到的财宝退回北方。

宋高宗逃到临安,把黄潜善、汪伯彦撤了职,南宋朝廷发生了一场内讧。金太宗见南宋王朝腐败可欺,这年10月,又派大将兀术大规模南侵,占领了建康(今江苏南京)。宋高宗听说金兵追来,又从临安逃到越州(今浙江绍兴),从越州逃到明州(今浙江宁波)。兀术带兵紧紧追赶,宋高宗走投无路,就乘着海船,漂洋过海逃到温州。直到金兵北撤,才回到临安。

金兵南下的残暴掠夺,宋王朝的腐朽昏庸,给人民带来了说不尽的苦难,许多人家遭受了家破人亡的痛苦。当时著名的女词人李清照,也有同样的悲苦遭遇。

李清照是历城(今山东济南)人,是我国著名女词人。她父亲李格非也是个文学家,在宋徽宗时期做过官,因为为人正直,又是苏轼的学生,受到蔡京的打击。李清照从小受父亲的熏陶,十分爱好文学,喜欢吟诗作画,特别是作词方面,有很高的成就。18岁那年,她结了婚。她的丈夫赵明诚也是个官家子弟,夫妻俩志同道合,除都能诗善文外,还有一个共同的爱好,就是收藏金石(古代铜器和石碑上镌刻的文字书画)。这些文物既是我国古代的精湛艺术,又保存着丰富的历史材料。

那时候,赵明诚还在京城太学里读书。赵李两家虽然都担任不小的官职,但不是豪富人家,没有多余的钱让他们购买文物。这并不影响他们对金石的追求。每逢初一月半,赵明诚请假回家,就拿了些衣服到当铺里去押半吊钱,到大相国寺去。

大相国寺是东京最大的佛寺,那里经常举行庙会,在庙会上,摆满着各种商品,也有出卖书籍、古玩和碑帖画的。赵明诚在那里,看到中意的碑文字画,就买下来。回到家里,和李清照一起细细整理、欣赏。夫妻俩把这件事当作他们生活上的最大乐趣。

过了两年,赵明诚当了官,他把所得的官俸几乎全花在购买金石图书上,他的父亲有一些亲戚朋友在国家的藏书阁里工作,那里有许多外面没有流传的古书刻本,赵明诚通过这些亲友,千方百计把它们借来摹写。这样日积月累,他们家收藏的金石书画越来越多。李清照建立了书库大橱,编好目录,发现有一点污损,一定随时整理好。经过将近20年的努力,赵明诚完成了一部记载古代历史文物的著作,叫《金石录》。

在国家动荡的年代,要埋头整理文物已经不可能了。东京被金兵攻陷的时候,李清照和赵明诚还在淄州(在今山东省)。不久,风声越来越紧,李清照跟着赵明诚到了建康。他们把最名贵的金石图书,随身带走了15车。后来金兵攻下青州,李清照留在老家的10余间文物,竟被战火烧成一堆灰烬。

到了建康以后,赵明诚接到诏令,被派到湖州当知府。那时候,兵荒马乱,李清照不可能跟他上任。临走时,李清照问丈夫说:"万一金人再打过来,我该怎么办?"

赵明诚坚定地说:"瞧着办吧。实在不行,你把家具衣被先放弃了;再不行,把书画古器丢了;但是有几件珍贵的古代礼器,你可一定得亲自保护好,要看作自己生命一样。"

想不到赵明诚这一去,就得了一场疟疾死去了。

李清照死了丈夫,伤心至极,但是最要紧的还是继承丈夫的遗志,把文物保护好。赵明诚有个妹婿在洪州(今江西南昌),那时候李清照身边还有图书2万卷,金石刻本2 000卷,就托人带到洪州。没有多久,金兵打到洪州,这些文物又不知去向。

赵明诚病重的时候,有个名叫张飞卿的学士来看望他,随身带着一个玉壶。李清照是善于鉴别文物的人,一眼就看出那玉壶并不真是玉制的,而是一种玉石制品。后来,张飞卿把那个壶带走了。赵明诚死后,有人捕风捉影说赵明诚把名贵文物送给了金朝人。这种谣言使李清照大为冤屈,她想找朝廷申诉,但是宋高宗的小朝廷已经逃之夭夭了。

李清照为了逃难,到处奔走。到她在绍兴定居的时候,她身边的文物散失的散失,被偷的被偷,只留了一些残简零片了。

国家山河的破碎,珍贵文物的散失,对李清照的打击实在太大了。她把国破家亡的痛苦写成了许多诗词,她的词在艺术上有很高成就,有的还富有爱国精神。她在一首诗里表达了她对南宋统治者渡江南逃的不满。诗中说:生当作人杰,死亦为鬼雄,至今思项羽,不肯过江东。

岳家军大破金兀术

收复建康的岳飞,是南宋抗金的名将,我国历史上著名的民族英雄。岳飞是相州汤阴（今河南汤阴）人，出生那年，黄河决口，家乡闹了一场水灾，家里生活很困苦。岳飞从小刻苦读书，尤其爱读兵法。他力气大，10余岁的时候就能拉300斤的大弓。后来，他听说同乡老人周同武艺高强，岳飞就拜周同做老师，学得一手好箭，能左右开弓，百发百中。

后来，岳飞从了军。金兵南下的时候，他在东京当小军官。有一次，他带了100多名骑兵，在黄河边练兵，忽然对面来了大股金兵，兵士们都吓呆了，岳飞却不慌不忙地说："敌人虽然多，但他们不知道我们的兵力多少。我们可以趁他们没准备的时候击败他们。"说着，就带头冲向敌阵，斩了金军一名将领。兵士们受到岳飞的鼓励，也冲上去，果然把金军杀得七零八落。

这一来，岳飞的勇敢出了名。过了几年，他在宗泽部下当将领。宗泽

岳飞查军情

很器重他，对他说："像你这样智勇双全，即使古代名将也不过如此。但是光靠冲锋陷阵，毕竟不是常胜的办法。"他交给岳飞一份古代的阵图，说："你拿这个去好好研究一下。"

岳飞接过阵图，向宗泽道谢了，接着说："按照阵图作战，这是兵法的常规。至于灵活运用，随机应变，还得靠当将领的善于用心。"

宗泽听了，连连点头，赞赏这个青年将领的见解。

岳飞跟宗泽一样，把抗金作为自己的职责。宋高宗即位以后，他就马上写了一份奏章，希望高宗能亲自率领宋军北伐，激励士气，恢复中原。他还批评了黄潜善、汪伯彦一伙投降派的主张。

奏章一上去，宋高宗不但不听，反而嫌岳飞小小将官，多管闲事，革了他的军职。

宗泽死后，岳飞归东京留守杜充指挥。金兵大举进攻，杜充逃到建康；金将兀术攻打建康，杜充又可耻地向金军投降。杜充手下的将士都散了伙，只有岳飞的队伍仍旧坚持在建康附近战斗。这回趁兀术北撤的时候，他跟韩世忠配合，把兀术打得大败。

金兵北撤以后，宋高宗从温州回到临安。金朝在中原地区立了一个傀儡皇帝刘豫，国号大齐，充当金朝的帮凶，骚扰南宋地界。岳飞率领将士多次打退了金齐联军，建立战功。到他32岁的时候，已经从一个普通将领提升到节度使的地位，跟当时的名将韩世忠、刘光世、张浚并驾齐驱了。

就在这个时期，他写了一首传诵千古的词《满江红》，抒发了他抗金的壮志豪情。词的上半阕是：

"怒发冲冠，凭栏处，潇潇雨歇。抬望眼，仰天长啸，壮怀激烈。三十功名尘与土，八千里路云和月。莫等闲白了少年头，空悲切。"

岳飞一心恢复中原，他对自己要求十分严格。宋高宗曾经为他造一座住宅，岳飞推辞了，他说："敌人还没消灭，哪里顾得上家呢？"有人问他说天下什么时候能够太平，岳飞回答说："文官不贪财，武将不怕死，天下才有太平的希望。"

岳飞平时十分注意练兵。部队休整的时候，他也带将士穿着铁甲冲山坡，跳壕沟，要求像打仗时一样严格。有一次，他儿子岳云在骑马冲山坡的时候，因为战马失足，摔倒在地。岳飞知道了，狠狠责打了岳云。别的兵士看到主将对自己的儿子也这样严格，就格外认真操练了。

在岳家军里，军纪特别严。一次，有个兵士擅自用百姓一束麻来缚柴草，被岳飞发现，立刻按军法严办。岳家军行军经过村子，夜里都露宿在路旁。老百姓请他们进屋，没有人肯进去。岳家军中有一个口号，叫做："冻死不拆屋，饿死不掳掠。"

岳飞对待将士要求十分严格，又关心爱护。兵士生病，他常常亲自替他们调药；部下将领出征的时候，他就叫妻子岳夫人慰问他们的家属；将士在战争中阵亡，就抚育他们的子女；上级赏给他的财物，一概分配给将士，自己家里丝毫不留。

经过这样的训练和照顾，岳家军将士士气旺盛，作战勇猛。岳飞在作战之前,总是先召集领将,一起商量作战方案,然后才出战。所以打起仗来,每战必胜,从没有打过败仗。金军将士见到岳家军,没有一个不害怕,他们中间流传着一句话:"撼山易,撼岳家军难。"

南宋有岳飞、韩世忠等一批名将,再加上各地百姓组织的义军的配合,要打退金兵本来是有条件的。但是宋高宗不顾岳飞等人反对,一味向金朝屈辱求和,1139年,竟向金朝称臣,每年进贡银25万两,绢25万匹;金朝把陕西、河南一带土地"偿还"南宋。

1140年10月,金朝又撕毁和约,发动全国精锐部队,以兀术为统帅,分四路大举进攻。不到一个月,根据和议还给南宋的土地,全被金军夺去。南宋王朝面临覆灭的危险。宋高宗这才不得不下诏书,要各路宋军抵抗。

岳飞得到这个命令,立刻一面派部将王贵、牛皋、杨再兴等分路出兵,一面派人到河北跟义军首领梁兴联络,要他率领义军在河东、河北包抄敌人后方。岳飞坐镇在郾城指挥。

过了几天,几路人马纷纷告捷,先后收复了颍昌(今河南许昌东)、陈州(今河南淮阳)和郑州。金军统帅兀术在东京听到岳飞进兵,大为恐慌,连忙召集部下将领一起商量对策。大家纷纷议论,说宋朝别的将帅还容易对付,就是岳家军攻势难挡。但是既然来了,只好集中全力,跟岳家军拼一下。接着兀术就和龙虎大王、盖天大王带大军进攻郾城。

兀术大军来到郾城,宋金双方都摆开战场。岳飞先派他儿子岳云领着一支精锐骑兵打先锋,他对岳云说:"这次出战,只能打胜仗,如果不能打胜,回来就先砍你的头!"

岳云答应了一声,就带头冲上阵去,奋勇拼杀。宋军随着岳云,杀得金兵丢下了遍野的尸首。

兀术败了一阵,就调用他的"铁浮图"进攻。"铁浮图"是经过兀术专门训练的一支骑兵,这支人马都披上厚厚的铁甲,以3个骑兵编成一队,居中冲锋;又用两支骑兵从左右两翼包抄,叫做"拐子马"。

岳飞看准了拐子马的弱点,命令将士上阵时候,带着刀斧。等敌人冲来,弯着身子,专砍马脚。马砍倒了,金兵跌下马来,岳飞就命令兵士出击,把铁浮图、拐子马打得落花流水。兀术听到这消息,哭得挺伤心,说:"自从起兵以来,全靠拐子马打胜仗,这下全完了。"但他不肯认输,过了几天,又亲自率领12万大军进攻宋军。岳飞部将杨再兴带领 300 名骑兵在前哨巡视,见到金兵,立即投入战斗,杀伤敌人两千多人。杨再兴也中箭牺牲。宋将张宪从后面赶上,杀散金兵,兀术才不得不逃走。

兀术在郾城失败,又改攻颖昌。岳飞早料到这一着,派岳云带兵救援颖昌。岳云带领 800 骑兵往来冲杀,金兵竟没人能抵挡。后来宋军步兵和义军分左右两翼包围,金兵又打了个大败仗。

这时候,由梁兴率领的太行山义军和黄河两岸的各路义军,也纷纷响应。他们打起岳家军的旗帜,到处打击金军,截断金军的运粮线。金兵看了吓得心惊胆战。

岳家军节节胜利,一直打到距离东京只有 45 里的朱仙镇。

河北的义军听到岳家军打到朱仙镇,都欢欣鼓舞,渡过黄河来同岳家军会合。老百姓用牛车拉着粮食慰劳岳家军,有的还顶着香盆来欢迎,个个兴奋得直流眼泪。

岳飞眼看这个胜利的形势,也止不住心里的兴奋。他鼓励部下说:"大家努力杀敌吧。等我们直捣黄龙府的时候,再跟各路弟兄痛痛快快喝酒庆祝胜利吧!"

岳飞斗智废刘豫

宋朝抗金名将岳飞,1134 年,屡次击败金朝傀儡政权刘豫的军队,收复大片失地。为了瓦解分化金朝与刘豫的关系,岳飞探知刘豫同金朝大太子粘罕交往甚密,而四太子金兀术十分讨厌刘豫,决定用反间计除掉刘豫。一日,岳飞军中捉获一名金兀术的密探,岳飞便故意责问他说:"你不是我营中的张斌吗?我派遣你去联络刘豫,让他诱四太子来,你为何去而不返。我已又派人去联系,刘豫已允诺,今年冬天以会合寇江为名,将四太子诱至清河。你这个人太不讲信义,拿了我的书信却不出使,为何要背叛我?"那名金营密探也顺水推舟,请求饶命,愿将功折罪。于是,岳飞又制蜡书一封,内书和刘豫同谋诛杀金兀术之事,对那名密探说:"此次暂且饶恕你。"令人将蜡书藏于密探大腿的皮肉之中,一再告诫他不要泄露机密。那名金人密探返回金军大营后，割肉取书交给金兀术，兀术一看大惊失色，马上派人回禀父皇，刘豫乃为金人废黜。岳飞反间计成功，不费一兵一卒就去掉了刘豫。

张浚设计擒范琼

宋朝抗金名臣张浚，在靖康之变后，避入太学中，后赴南京，在高宗朝任殿中侍御史。1129年，领兵平息苗傅、刘正彦的叛乱。此后，又屡次领兵击败来犯金军，使金人非常惧怕他，每次金朝使者到南宋，都必先问张浚安在。范琼在靖康之变时，任都城巡检使，他助纣为虐将宋徽宗和皇室后宫3000余人一齐押送到金营。尔后，他又支持张邦昌称帝，建立伪楚政权，无恶不作。高宗赵构南迁称帝后，范琼仍手握重兵，苗傅等人反叛后，他又竭力为叛将开脱罪责。高宗赵构因慑于他的威势，只得顺从他的意思，没有治罪苗傅。张浚因将领兵出征，担心范琼在临安为患。因此，便设计想除掉范琼。一日，张浚同大将刘光世等人招请范琼到都堂议事，酒酣耳热之际，张浚从怀中掏出一张黄纸，向众人眼前挥了挥，对范琼说道："圣旨到，请范将军到大理寺对质。"范琼大吃一惊，众位将领乘机一齐涌上前将其擒住，押往大理寺。随后，张浚又令刘光世去安抚范琼的部将，将范琼的罪行公诸于众，声言："只杀奸贼范琼一人，其余部众一概无罪。"范琼的部下纷纷放弃抵抗。范琼自知罪恶深重，只得认罪伏法。

张孝纯置稻夺马计

金兵围攻太原，由于城中把守严密，屡攻不下。金国的粘没喝想出一个计策：先攻取太原所统辖的属县，割断太原活动的路线，阻绝对太原的接济，如此，则太原便容易到手了。于是传令转移阵地，进攻各县。张孝纯见到敌人不再包围而转攻各县，打算率兵去追杀，可惜金兵大多数是骑着战马，而太原兵都是步卒,脚程差得太远,追也白追,遂对总管王禀说:"属县既无兵力,又无防备,金兵一到,必然弃城而逃,敌人若把属县占据了,则粮草充足,必然再掉头来围城,我们城中缺少马匹,不能冲到金营中追杀他们,实在是很遗憾的事。"张孝纯想了个计策,对王禀低声说了一番,以为按计而行,而敌人的马匹可以归宋军所有了。于是派遣了300人,出城割取稻草,全部弃置在金兵必经的路上,又埋伏1 000个壮士在左旁的屋舍中。隔一天,金兵果然又回头来,可是马足为稻草绊住,不能前进,并且马见到地上的稻草,都俯下头来吃,虽用鞭子打也打不走,金兵只得下马,除去路上的障碍。这时候,埋伏的壮士一齐奔出,夺走敌人的马匹向后跑,从僻径回到城中。金兵来不及追回马匹,结果失去了1000多匹战马,只好步行到太原城外,立即准备了炮石、云梯、火梯,还挖地道,日夜奋勇进攻。然而,张孝纯防备得很周密,金兵到最后也不能得手,只好放弃围攻,调回部队。

罪名就叫"莫须有"

绍兴和议之后,兀术派使者送密信给秦桧说:"你天天向我们求和,但是留着岳飞,我们不放心。一定得想法子把他除掉。"

秦桧接到主子的密信,就向岳飞下毒手了。

秦桧先唆使他的同党、监察御史万俟卨向朝廷上了一道奏章,攻击岳飞骄傲自大,捏造了岳飞在金兵进攻淮西的时候,拥兵不救,放弃阵地等许多"罪名"。万俟卨开了第一炮以后,又有一批秦桧同党接二连三上奏章攻击岳飞。

岳飞知道秦桧跟他过不去,就主动要求辞去枢密副使的职务,高宗马上批准。

事情并没有到此结束。大将张浚原来是岳飞的上司,后来岳飞立了大功,遭到张浚的妒忌。秦桧知道张浚对岳飞不满,就勾结张浚,唆使岳家军的部将王贵、王俊,诬告另一个部将张宪想占据襄阳,发动兵变,帮助岳飞夺回兵权,还诬告岳飞的儿子岳云曾经写信给张宪,秘密策划这件事。

秦桧根据王贵、王俊两个奸徒的诬告,先把张宪抓起来送进大理寺大狱,严刑拷打,张宪宁死不招。接着,秦桧又奏请高宗下令逮捕岳飞、岳云,到大理寺受审。

秦桧的使者去逮捕岳飞,岳飞笑着对使者说:"上有天,下有地,会证明我是无罪的。"

岳飞、岳云两人被逮捕到大理寺的时候,张宪已被拷打得遍体鳞伤,浑身是血,不像个人样儿。岳飞见了心里又难过,又气愤。

审问岳飞的就是万俟卨。万俟卨拿出王贵、王俊的诬告状,放在岳飞面前,吆喝着说:"朝廷哪里亏待你们三人,为什么要谋反?"

岳飞说:"我没有什么对不起国家的地方。你们掌管国法的人,可不能诬陷忠良啊!"

旁边一些官员们也七嘴八舌地附和万俟卨,硬说岳飞想谋反。岳飞知道这批家伙都是秦桧的同党,申辩也没有用,就长叹一声说:"我今天落在奸贼的手里,虽然有一片忠心,也没法申诉了。"

秦桧又派御史中丞何铸审问,岳飞一句话也不回答,他扯开上衣,露出脊梁让何铸看,只见岳飞背上刺着"精忠报国"四个大字,痕迹很深。何铸一看,大为震动,不敢再审,就把岳飞押回监狱,再看了一些案卷,觉得说岳飞谋反确实没有证据,只好向秦桧照实回报。

秦桧认为何铸同情岳飞,不再让他审问,仍叫万俟卨罗织罪状。万俟卨一口咬定岳飞曾经写信给张宪,布置夺军谋反的计划。他们没有物证,就诬说原信已经被张宪烧毁了。

万俟卨反复拷问岳飞等三人,岳飞受尽酷刑,什么都不承认。有一天,万俟卨又逼岳飞写供词,岳飞在纸上只写下8个大字:"天日昭昭,天日昭昭。"

这个案件拖了两个月,审讯毫无结果。朝廷官员都知道岳飞冤枉,有些官员大胆上奏章替岳飞申冤,结果也遭到秦桧陷害。

老将韩世忠忍不住亲自去找秦桧,责问他凭什么说岳飞谋反,到底有什么证据。秦桧蛮横地说:"岳飞给张宪的信,虽然没有证据,但是这件事莫须有。"

韩世忠气愤地说:"'莫须有'3个字,怎能叫天下人心服!"

韩世忠反复力争,没有结果,就自己上奏章把枢密使职务辞了。

有一天,秦桧上朝回家,跟他妻子王氏在东窗下一起喝酒。秦桧手里拿着一只柑子,心神不定地用手指甲在柑子皮上乱划。王氏是个比秦桧还狠毒的人,她看出秦桧对要不要马上杀岳飞,还在犹豫,冷笑着说:"你这老头儿,好没有决断,要知道缚虎容易放虎难啊!"

秦桧听了王氏的话,狠了狠心,马上亲手写了一个纸条,秘密派人送到监狱。1142年1月的一个夜里,这位年仅39岁的民族英雄在牢里被害。岳云、张宪同时被害。

岳飞被害以后,临安狱卒隗顺偷偷地把他的遗骨埋葬起来。直到宋高宗死后,岳飞的冤狱得到平反昭雪,人们把岳飞的遗骨改葬在西湖边栖霞岭上,后来又在岳墓的东面修建了岳庙。现在,在庄严雄伟的岳庙大殿里,端坐着全身戎装的岳飞塑像,塑像上方悬挂的匾额上,刻着岳飞亲笔写的"还我河山"四个大字,使人肃然起敬。在岳飞墓门对面,还放着用生铁浇铸的秦桧、王氏、万俟卨和张浚4个反剪双手的跪像,反映了人民对民族英雄的景仰和对卖国贼的憎恨。

陈阜卿选贤黜不肖

陈阜卿,字子茂,南宋朝廷中的耿介之臣,他为人正直,疾恶如仇。1152年,他担任礼部主考官,主持例行三年一次的科举考试。一天,陈阜卿正在料理考前事务,丞相秦桧突然闯入试院,一见陈阜卿,直言不讳地说:"我的孙子秦埙,今年也参加了礼部考试,他是位了不起的才子,请陈主考选他为省元,我定有重谢!"陈阜卿知道,秦埙是个花花公子,在秦桧的荫护下做官,现在又想借势入第。于是说:"朝廷开科取仕,旨在选拔人才,丞相之孙若的确成绩最佳,本官自然会把他列为第一名。如果相反,我也不能让他徒有虚名。"秦桧碰了一鼻子灰,只好拂袖回府。为了选拔贤才,试后陈阜卿亲自阅卷。

这一天,一位考官拿着一份考卷给陈阜卿看。这份考卷字迹清晰,内容充实,文笔流畅,陈阜卿看后连说:"好文章!真乃奇才!"其余考官也认为此文最佳。于是,陈阜卿定此文作者为"省元"。这位"省元"就是陆游,当时只有26岁。而秦桧之孙秦埙却名落孙山。

完颜襄以火攻火

金朝皇族完颜襄,善于骑射,富有勇略,忠厚寡言,思维敏捷。金章宗视其为国之栋梁。金世宗年间,契丹起兵叛金,完颜襄随左副元帅谋衍,率领本部兵马进行征讨,双方激战于长泺。激战过程中,完颜襄的脚部被敌军流矢射伤,但包扎后仍继续作战,七战七胜。契丹兵败走。完颜襄领金军追击,追赶上后,契丹兵利用当地杂草茂密的地利,乘风放火,试图烧退追兵。完颜襄命令士兵也放火烧草,然后将队伍如集在一块空地上等待敌军,契丹兵无奈只好再战,被金军击败,完颜襄一仗俘敌万余人。

赵葵一语平乱

在南宋宁宗时,荆湖制置史赵方驻扎于襄阳。一天,赵方召集手下将领们,按照每个人功劳大小,分别予以奖赏。可是,等到颁奖结束后,大伙都反而认为奖赏得不合理,没能按功行赏。众人心中不满,想伺机闹事。当时,赵方的儿子赵葵也在场。赵葵只有十二三岁,却机敏过人,把众人的动向早就看在眼里,感到大有一触即发之势。赵葵急中生智,朗声说道:"请大家安静,刚才赏给大家的,只是朝廷的那一部分,本司随后还有一部分赏赐!"大伙一听,情绪逐渐安宁下来,这样,一场即将发生的骚乱,在赵葵的一句话中消失于无形了。

成吉思汗统一蒙古

当韩侂胄北伐的时候,金朝内部也已经十分腐败。北方的蒙古族趁这个时机强大起来。1206年,蒙古各部落首领在斡难河(今鄂嫩河)边,举行了一次盛大的集会,公推铁木真做全蒙古的大汗,并且给他上了一个称号,叫成吉思汗。

铁木真本来是蒙古族孛儿只斤部酋长也速该的儿子。他幼年的时候,金王朝统治者对蒙古族人民实行残酷统治,各部落之间也互相打冤家,蒙古族人民的生活十分苦难。铁木真的祖先俺巴孩就是被金朝皇帝杀害的。

铁木真9岁那年,也速该把铁木真带到一个朋友家订亲。他把铁木真留在朋友家里独自回家,赶了一段路,肚子饿得慌,想找点东西吃,正好看见有一批塔塔儿部人在草原上举行宴会。他下马走进人群,按照当地风俗,参加了塔塔儿人的宴会。

塔塔儿部和孛儿只斤部打过冤家。也速该没想到这一层,塔塔儿部却有人认出了也速该,偷偷地在也速该吃的食物里放了毒药。也速该在离开宴会回家的路上,肚子疼得支不住,才想到刚才在宴会上中了毒,但是懊悔也来不及了。他熬着疼痛赶回家里,就咽了气。

也速该一死,孛儿只斤部失掉了首领,都散了伙。原来归附也速该的泰亦赤部也脱离了他们,还带走了不少也速该的奴隶和牲畜。铁木真的家境就一天不如一天了。

泰亦赤部的首领怕铁木真长大起来向他们报仇,就带领人马捉拿铁木真,想把他杀害。铁木真得到消息,连忙逃到一座森林里。

铁木真在森林里躲了九天九夜,滴水未进,忍不住饥饿,走了出来。他一出森林,就被泰亦赤人抓住了。泰亦赤人给他戴上木枷,带到各个营帐里去示众。有一天,泰亦赤部的首领和百姓都在斡难河边举行宴会,只留了一个年轻的看守监视他。铁木真趁看守不防备,举起木枷把看守砸昏了,逃了出来。

以后,铁木真和他的母亲、弟妹又躲进深山里,靠捉土拨鼠、野鼠当饭吃,日子过得更艰苦了。

年轻的铁木真为了恢复父亲的事业,想尽办法,渐渐把他们部落失散的亲属和百姓聚集拢来。他在跟别的部落的战斗中打了胜仗,力量渐渐壮大起来。

铁木真跟另一个部落的首领札木合是朋友。他俩常常白天在树荫下举行宴会,晚间睡在一起,要好得像自己兄弟一样。但是,后来铁木真力量强大了,札木合部下有人投奔铁木真,札木合很不高兴。有一次,札木合的弟弟抢夺铁木真的马群,被铁木真部下杀了,双方发生了冲突。札木合集合了他统治的13部一共

3万人马攻打铁木真。

铁木真也不肯示弱,把部下的3万人马分成13支队伍,抵抗札木合的进攻。双方在斡难河边的草原上展开了一场大战,铁木真抵挡不住,败退了。札木合把抓住的战俘成批杀害。这件事引起札木合部下的不满,纷纷脱离札木合投奔铁木真,铁木真虽然打了败仗,实力反而更壮大了。

铁木真没有忘记杀害他父亲的仇人塔塔儿部首领蔑古真。没有多久,蔑古真得罪了金朝,金朝派丞相完颜襄约铁木真配合进攻塔塔儿部。铁木真认为这是个报仇的好机会,就和金兵一起夹击塔塔儿部,把塔塔儿部打得全军覆没,俘获了大批人口和牲畜、辎重。

金王朝认为铁木真立了功劳,封他做前锋司令官。

以后,铁木真又经过几次战斗,陆续消灭了蒙古高原好几个部落,终于统一了全蒙古。他被蒙古各部首领推举当了大汗,这就是举世闻名的成吉思汗。

成吉思汗即位以后,建立了军事和政治制度,使用了蒙古文字,使蒙古成了一个强大的汗国。但是金朝还把蒙古当作它的附属国,要成吉思汗向他们进贡。成吉思汗立志要改变这种屈辱的地位。

金哀宗死后,太子完颜永济即位,派使者到蒙古下诏书,要成吉思汗下拜接受。成吉思汗问使者新皇帝是谁,使者告诉他是永济。成吉思汗轻蔑地吐了一口唾沫,说:"我原来以为中原主人是天上人做的,像这种庸碌无能的人也配做皇帝?"说罢,就把金朝的使者丢在一边,自己上马走了。

打那以后,成吉思汗就跟金朝决裂了。

1211年,成吉思汗决心大举进攻金朝。他登上高山对天祈祷,说:"金朝皇帝杀害我的祖先俺巴孩,请允许我报这个仇吧!"接着,他就选了3 000名精锐骑兵南下。金将胡少虎带了30万金兵抵抗,被蒙古军打得一败涂地。过了两年,蒙古兵又打进居庸关,围攻金朝的中京(今北京市)。成吉思汗跟他4个儿子分兵几路,在河北广大平原上横冲直撞,所向无敌。

这时候,金朝内部十分混乱,金主完颜永济被杀,新即位的金宣宗不得不向成吉思汗求和,献出大批金帛,把公主嫁给成吉思汗。成吉思汗才撤兵回去。

成吉思汗打败了金朝,兵力更强大了。1219年,有一支蒙古商队受成吉思汗派遣到西方去,经过花剌子模(在今里海东,咸海西),被当地的守将杀害。成吉思汗亲自率领20万蒙古大军攻打花剌子模,接着,又向西攻打,占领了现在的中亚细亚各国,前锋一直打到现在的欧洲东部和伊朗北部,才带兵回国。

成吉思汗带兵西征的时候,曾经要西夏发兵帮助,西夏不但拒绝出兵,而且和金朝结了同盟。成吉思汗回来以后就决心灭掉西夏。在围攻西夏京城的最后时刻,他自己却得了重病。他知道好不起来,就在病床上对部下将领说:"我们攻打金朝,要向宋朝借路。宋朝和金朝冤仇很深,一定会答应我们。"

成吉思汗死后,他的儿子窝阔台接替他做大汗。窝阔台按照成吉思汗的遗嘱,向南宋借路,包围金朝京城开封。1233年,蒙古军攻破开封,金哀宗逃到蔡州(今河南汝南)。蒙古又联合南宋围攻蔡州。

金哀宗派使者向宋理宗(宋宁宗的继子,名叫赵昀)求和,说:"金朝被灭,下一步就挨到宋国了;如果跟我们联合,对金、宋两国都有好处。"

宋理宗没有理睬他,金哀宗走投无路,只好自杀。1234年,金朝在蒙、宋两军夹攻下灭亡。

也速干智救成吉思汗

元太祖成吉思汗被泰亦兀赤部首领塔儿忽台俘获,逃脱后,投奔到赤老温家,也速干皇后(赤老温之妹)将成吉思汗藏到装满羊毛的车中。追捕的人来到赤老温家,想要搜车。也速干说:"天气这么热,羊毛中能藏得住人吗?我与你们是一家人,竟然也怀疑起来了?"听也速干这么说,追捕成吉思汗的人才离去。

成吉思汗临终授借道灭金计

成吉思汗临终前对身边的大臣说:"金兵的精锐在潼关,南边据有连绵的群山,北边疆界到黄河,难以迅速攻破。向宋朝借道方为上策。宋、金世代相仇,一定会答应,那么就可以出兵唐州(今河南唐县)、邓州(今河南邓县城东南),一直攻打大梁。金国形势危急,一定从潼关发兵,可是数万军队,远涉千里来救援,人马疲惫,即使到达目的地也无力作战,灭金必定无疑。"

知县买饭鼓士气

南宋理宗嘉熙年间,峒丁造反。万安县县令黄炳集合军队守备。有一天五更时分,探子来报告,说造反的队伍快到了。黄炳派巡尉领兵去迎击敌人。将士们都说:"空着肚子怎么办?"黄炳说:"你们尽管快走,饭立即送到。"黄炳就领着属吏们,带着竹箩木桶,沿着市民的门挨户告诉说:"知县买饭来了。"当时老百姓家里的早饭刚做熟,知县用优厚的价格买下来,然后和官员们担着送往军队。于是士兵们都饱餐了一顿,一仗打败了敌人。为这件事朝廷论功,提黄炳做临州知州。

谏君戒酒有高招

元朝名相耶律楚材,归降成吉思汗后,成为成吉思汗的重要谋士。元朝建立后,被尊为中书令。元太宗(窝阔台)素好饮酒,每天都与大臣一醉方休,不理国事。耶律楚材多次劝谏也不奏效。于是,他从宫外将装酒的铁桶抱入宫内,对元太宗说:"酒能腐物,铁尚且如此,更何况人的五脏了。"这时,元太宗才恍然醒悟,告诫身边的近臣,今后每天只能进酒3盅。

赵璧依法治豪强

1252年,赵璧当了河南经略使。河南有个叫刘万户的土豪,贪婪残暴,无恶不作,地方上凡有婚嫁等事,必须先送给他一定的钱财,他得到想要得到的东西以后，才能准许。他强逼人们称他为"父亲"。他的党羽董主簿，依靠他的势力，做了很多坑害百姓的事，霸占漂亮的民女 30 多人。赵璧到任之后，侦知了董的罪恶，立即斩首，并把民女放回家去。刘万户知道这件事以后，心里非常害怕，在一个下雪的日子里亲自去拜见赵璧。饮宴时，他举酒对赵璧恭维地说："经略一到任，就诛杀那些强暴而猾黠的人，所以上天降雪，作为吉祥的征兆。"赵璧说："如董主簿那样的，还有人在，等把他们杀完了，那么更大的瑞雪仍将会到来的。"刘万户听了赵璧的话，憋住气，一句话也不敢说，回家之后，不久卧病而死，当时的人都认为他是被吓死的。

文天祥临危不惧

元兵乘胜南下，进逼临安。谢太后和大臣们一商量，赶紧下诏书要各地将领带兵援救朝廷。诏书发到各地，响应的人很少。只有赣州的州官文天祥和郢州（今湖北钟祥）守将张世杰两人立刻起兵。

文天祥是我国历史上著名的民族英雄，吉州庐陵（今江西吉安）人。他从小爱读历史上忠臣烈士的传记，立志要向他们学习。20 岁那年，他到临安参加进士考试，在试卷里写了他的救国主张，受到主考官的赏识，中了状元。

文天祥在朝廷做了官之后，马上发现贾似道和一批宦官都是些祸国殃民的奸臣。有一回，蒙古军攻打南宋，宦官董守臣劝宋理宗放弃临安逃跑，文天祥马上上了一道奏章要求杀掉董守臣，免得动摇民心。为了这件事，他反被撤了职。后来，他回到临安担任起草诏书的工作，又因为得罪贾似道，在他 37 岁那年，竟被迫辞职。一直到了南宋王朝快要灭亡的危急时刻，他才被派到江西去担任赣州的州官。文天祥接到朝廷诏书，立刻招募了 3 万人马，准备赶到临安去。有人劝他说："现在元兵长驱直入，您带了这些临时招募起来的人马去抵抗，好比赶着羊群去跟猛虎斗，明摆着要失败，何苦呢？"

文天祥泰然回答说："这个道理我何尝不知道。但是国家养兵多年，现在临安危急，却没有一兵一卒为国难出力，岂不叫人痛心！我明知道自己力量有限，宁愿以死殉国。但愿天下忠义的人，闻风而起，人多势大，国家才有保全的希望。"

文天祥排除种种阻挠,带兵到了临安。右丞相陈宜中派他到平江(今江苏苏州)防守。这时候,元朝统帅伯颜已经渡过长江,分兵3路进攻临安。其中一路从建康出发,越过平江,直取独松关(今浙江余杭)。陈宜中又命令文天祥退守独松关。文天祥刚离开平江,独松关已经被元军攻破,想再回平江,平江也失守了。

文天祥回到临安,跟鄂州来的将领张世杰商量,向朝廷建议,集中兵力跟元军拼个死活。但是胆小的陈宜中说什么也不同意。

伯颜带兵到了离临安只有30里的皋亭山(在今杭州东北)。朝廷里一些没有骨气的大臣,包括左丞相留梦炎都溜走了。谢太后和陈宜中惊慌失措,赶紧派了一名官员带着国玺和求降表到伯颜大营求和。

伯颜指定要南宋丞相亲自去谈判。

陈宜中害怕被扣留,不敢到元营去,逃往南方去了;张世杰不愿投降,气得带兵乘上海船出海。

谢太后没办法,只好宣布文天祥接替陈宜中做右丞相,要他到伯颜大营去谈判投降。文天祥答应到元营去,但是他心里另有打算。他带着大臣吴坚、贾余庆等到了元营,见了伯颜,根本不提求和的事,反而严正地责问伯颜说:"你们究竟是想跟我朝友好呢,还是存心消灭我朝?"

伯颜说:"我们皇上的意思很清楚,并不是要消灭宋朝。"

文天祥说:"既然是这样,那么请你们立刻把军队撤退到平江或者嘉兴。如果你们硬要消灭我朝,南方军民一定跟你们打到底,对你们未必有好处。"

伯颜把脸一沉,用威胁的口气说:"你们再不老实投降,只怕饶不得你们。"

文天祥也气愤地说:"我是堂堂大宋宰相。现在国家危急,我已经准备好拼一死报答国家,哪怕刀山火海,我也毫不害怕。"

文天祥洪亮的声音,庄严的语言,把伯颜的威胁顶了回去。周围的元将个个吓得惊慌失色。

双方会见之后,伯颜传出话来,让别的使者先回临安去跟谢太后商量,却把文天祥留下来。文天祥知道伯颜不怀好意,向伯颜抗议。伯颜装出若无其事的样子说:"您别发火。两国和议大事,正需要您留下商量嘛。"

随同文天祥到元营的吴坚、贾余庆回到临安,把文天祥拒绝投降的事回奏谢太后。谢太后一心投降,改任贾余庆做右丞相,到元营去求降。伯颜接受降表后,再请文天祥进营帐,告诉他朝廷已另外派人来投降。文天祥气得把贾余庆痛骂一顿,但是投降的事已无法挽回了。

1276年,伯颜带兵占领临安。谢太后和小皇帝出宫投降,元军把小皇帝当作俘虏押送大都(今北京市),文天祥也被押到大都去。一路上,他一直在考虑怎样从敌人手里逃脱。路过镇江的时候,他和几个随从人员商量好,瞅元军没防备,逃出了元营,乘小船到了真州。

真州的守将苗再成听到文丞相到来,十分高兴,打开城门迎接。苗再成从文天祥那里知道临安已经陷落,表示愿意跟文天祥一起,集合淮河东西的兵力,打退元兵。

文天祥正在高兴,哪儿知道守扬州的宋军主帅李庭芝听信谣言,以为文天祥已经投降,是元军派到真州去的内奸,命令苗再成把他杀死。苗再成不相信文天祥是这样的人,但是又不敢违抗李庭芝的命令,只好把文天祥骗出真州城外,把扬州的来文给他看了,叫文天祥赶快离开。

文天祥没办法,又带着随从连夜赶到扬州。第二天天没亮便到了扬州城下,等候开门进城。城门边一些等着进城的人坐着没事都在闲谈。文天祥一听,知道扬州正在悬赏缉拿他,不能进城了。

文天祥等12个人为了免被缉拿,改名换姓,化了装,专拣僻静的小路走,想往东到海边去,找船向南转移。

12个人走了一程,正遇到一队元朝的骑兵赶了上来。他们躲进一座土围子里,幸亏没被元兵发现。

文天祥等日行夜宿,历尽千难万险,终于在农民的帮助下,从海口乘船到了温州。在那儿,他得到张世杰和陈宜中在福州拥立新皇帝即位的消息,就决定到福州去。

【国学精粹珍藏版】

◎尽览中国古典文化的博大精深 ◎读传世典籍，赢智慧人生

中华典故

李志敏⊙主编

——受益终生的传世经典

卷四

民主与建设出版社

冉氏兄弟献御敌守蜀之策

南宋末年,北方蒙古铁骑横扫欧亚大陆,兵锋直向固守江南的宋朝廷。巴蜀之地成为蒙古骑兵争夺的重要地区。南宋名将余玠奉命出任四川安抚制置使,镇守巴蜀。余玠到任后,设置招贤馆,广纳贤才,并张榜求贤献良策。"四川自古出贤才,今日国家急需英豪、良才、策士献计出策;臣余玠为国救民,渴望与各位豪杰贤能共商大计;近者可径往我府,远者可就近告知郡府,我将视其才华,奏报朝廷,高官重赏;豪杰之士,报效朝廷,卫国为民,施才展志,今其时矣。"余玠对前来应召的贤士说:"我余某竭诚求贤,实为治国安邦之策,决不叶公好龙,口是心非,弃贤不用。"余玠广揽贤人的精神,感动了隐居深山中的名士冉琎、冉璞兄弟。冉氏兄弟通晓文韬武略,在巴蜀颇具盛名。二人向余玠献守御巴蜀的良策,冉琎说:"西蜀乃大宋的西部门户,战略地位十分重要。依我兄弟之见,防守巴蜀的关键在于迁徙合州城。合州上通嘉陵、涪、渠三江,下达长江,是抵御蒙古铁骑的天然屏障,而合州之东的钓鱼山又是防守蜀口的要地,若徙城到此,再委任得力将领,积粟固守,那将胜过雄兵10万,巴蜀则不难守矣。"余玠闻听,连连称赞,立即奏报朝廷,请求重用冉氏兄弟。朝廷下诏,任命冉琎为承事郎、冉璞为承务郎,全权办理徙城事宜。数年后,冉氏兄弟统率巴蜀10万军民修筑了钓鱼(今合川县东)、青居(今南充市南)、大获(今苍溪县东南)等十余城。各城皆依山为垒,棋罗星布,屯兵聚粮,形成坚固的山城防御体系。余玠依靠这些坚固的山城,顽强地抵御蒙古大军的猛烈进攻,坚守10余年力保不失,成为南宋朝廷抗元的重要根据地。

张世杰死守厓山

临安被元兵占领、小皇帝被俘虏到大都去后,赵显的两个哥哥,9岁的赵昰和6岁的赵昺,在南宋皇族和大臣陆秀夫护送下逃到福州。陆秀夫派人找到张世杰、陈宜中,把他们请到福州。3个大臣一商量,决定拥立赵昰即位,继续打起宋朝的旗帜,反抗元朝。

文天祥得到了这个消息,感到有了恢复的希望,马上也赶到福州,在新的朝廷里担任枢密使。他向陈宜中建议,从海路进攻元军,收复两浙地区。但是陈宜中认为这样做太冒险,不同意文天祥的意见。

文天祥只好改变主意,到南剑州(今福建南平)建立都督府,招募人马,准备反攻。第二年,文天祥进兵江西,在各地起义军的配合之下,连续打败元军,收复了会昌等许多县城。

这时候,另一路元军已经南下攻打福州。宋军节节败退,陈宜中眼看恢复没有希望,就独自乘船逃到海外去了。

张世杰和陆秀夫等保护赵昰逃上海船,往广东转移。不幸海上刮起一场飓风,差点把船打翻,年幼的赵昰受了惊,得病死了。张世杰和陆秀夫在海上又拥立赵昺即位,把水军转移到厓山(在今广东新会南)。

元朝大将张弘范向元世祖报告说,如果不迅速扑灭南方的小朝廷,恐怕有更多的宋人响应。元世祖就派张弘范为元帅,李恒为副帅,带领精兵二万人,分水陆两

文天祥画像

路南下。

张弘范先派兵攻打驻守在潮州的文天祥。文天祥兵少势孤,被迫转移到海丰的一座荒山岭。元军突然赶到,文天祥被俘虏了。

元兵把文天祥送到张弘范大营,张弘范假意殷勤,给文天祥松了绑,把他留在营里,接着,就下命令集中水军开往厓山。

元军到了厓山,张弘范先派人向张世杰劝降。张世杰说:"我知道投降元朝,不但可以活命,而且可以得到富贵。但是,我宁可丢脑袋,决不变节。"张弘范知道张世杰平日很敬佩文天祥,就要文天祥写信给张世杰招降。文天祥冷笑说:"我自己不能救父母,难道会劝别人背叛父母吗?"

张弘范叫人拿来笔墨,硬逼他写信。文天祥接过笔,毫不犹豫地写下两句诗:

人生自古谁无死,留取丹心照汗青!

兵士把他写的诗句拿给张弘范,张弘范看了只好苦笑。他眼看劝降毫无希望,就只有拼命攻打。

厓山在我国南面海湾里,背山面海,地势险要。张世杰在海上把1 000多条战船排成一字阵,用绳索连接起来,船的四周还筑起城楼,决心跟元兵决一死战。元军用小船满装了茅草,浇足了油,点着了火,乘着风势向宋军发起火攻。张世杰早防到这一着,在船上涂上厚厚的一层湿泥,还缚了一根根长木头,顶住元军的火船。

张弘范的火攻失败了,就用船队封锁海口,断绝了张世杰通往陆地的交通。宋兵在海上饿了吃干粮,渴了喝海水。海水又咸又苦,兵士们喝了纷纷呕吐。张弘范发动元兵发起猛攻,宋兵誓死抵抗,双方相持不下。

这时候,元军副统帅李恒也从广州到厓山跟张弘范会师。张弘范增加了实力,重新组织力量进攻。他把元军分为四路,围攻宋军。潮落的时候,元军从北面冲击;潮涨的时候,元军又顺着潮水从南面进攻。

宋军两面受敌,正在拼命招架。忽然听到张弘范的坐船奏起音乐来。宋军听了,以为元将正在举行宴会,稍微松懈一下。哪想到这个乐声恰恰是元军总攻的讯号。乐声一起,张弘范的坐船就发起进攻,箭如雨一样射向宋船。元兵在乱箭掩护下,夺了宋军七条战船。各路元军一起猛攻。从晌午到傍晚,山厓的海上,海潮汹涌,杀声震天。

369

张世杰正在指挥战斗,忽然看见一条宋船降下了旗,停止抵抗,其他战船也陆续下了旗。张世杰知道大势已去,急忙一面把精兵集中在中军,一面派人驾驶小船,准备把赵昺接过来,组织突围。

　　赵昺的坐船,由陆秀夫守着。他对张世杰派去接赵昺的小船,闹不清是真是假,怕小皇帝落在元军手中,就拒绝了使者的要求。他回过头对赵昺说:"国家到了这步田地,陛下也只好以身殉国了。"说着,就背着赵昺一起跳进了大海,在滚滚波涛里淹没了。

　　张世杰没有接到赵昺,只好指挥战船,趁着夜色朦胧,突围撤退到海陵山。他点了一下战船,一千条战船只剩下十几条。这时候,海岸又刮起了飓风,有人劝张世杰登岸避风。张世杰坚持不肯上岸。一阵巨浪袭来,把他的船打沉了。这位誓死抵抗的宋将终于落水牺牲。

　　1279年2月,元朝统一了中国,南宋宣告灭亡。

元

(公元1271年~公元1368年)

元代历史背景介绍

正当中原地区出现宋金对峙、纷争不已的时候,我国北方的蒙古族开始崛起于漠北高原。1206年,成吉思汗统一了蒙古各部,建立了蒙古政权。

成吉思汗建立蒙古政权后,就开始了西征和统一全国的活动,成吉思汗和他的继承者,先后灭了西辽、高昌、西夏、金、大理、吐蕃等少数民族的政权。随后,忽必烈挥戈南下,灭南宋,进而统一全国。

马克思说过:"野蛮的征服者总是被那些所征服的民族的较高文明所征服,这是一条永恒的规律。"当蒙古贵族的统治扩大到中原和其他地区后,旧的奴隶统治方式已经严重不适应形势的发展,汉族的较高文明对蒙古贵族的影响越来越大,采用"汉法",也就是走封建化的道路,已成为不可抗拒的历史潮流。忽必烈是采用"汉法"很坚定的蒙古统治者。1271年,他按照汉族的传统封建制度和措施,建立了元朝。

元朝是继秦汉、隋唐之后,中国历史上又一次大统一的时代。这种大统一有利于社会经济的恢复和发展、文化科学技术的提高、各民族之间的互相融合和联系,中外交通和中外关系也更加密切。

蒙古贵族在用武力征服全国过程中,社会经济一度遭到了严重的破坏。但是元朝建立后,社会逐渐安定下来。元朝的农业、手工业逐渐发展起来。在农业方面,生产工具有很大的改进,还创造了不少新农具,全国各地还兴修了不少水利工程。这样,北方的农业生产比金朝时期有所提高,南方则在原有基础上有更大发展,南粮大量北运。新的经济作物棉花在全国普遍种植。少数民族地区的屯田很普遍,农牧业都有不同程度的发展。元朝的手工业具有自己的特点,官营手工业规模很庞大,特别是丝织业、棉织业、陶瓷业、军用工业,比前代有所进步。棉织业是一门新兴的手工业,自从黄道婆从海南黎族那里学来了先进技术并加以改进后,我国古代的棉织业进入了一个新的发展阶段。

元朝的文化科学技术有很多发明创造。元曲是中国文学史上一朵新的绚丽花朵,关汉卿、王实甫、马致远、白朴等元曲家的作品,一直是中国人民引以骄傲的文学遗产。元代在天文、地理、农学、医学等方面的成就十分突出。著名的天文学家郭守敬、农学家王祯，都对祖国的科学事业作出了杰出的贡献。维吾尔族农学家鲁明善，写出了《农桑衣食撮要》。元朝在科学技术的应用上，如火铳的使用、指南针和航海技术、活字印刷的推广，都达到了新的水平。

然而，元朝的阶级压迫和民族压迫是十分严重的。同历代封建王朝一样，皇室、贵族、官僚、地主占有大量土地和财富，过着奢侈腐化的生活；广大劳动人民则无地或少地，生活极其贫困。蒙古统治者为了维护他们的特权，推行民族分化和民族歧视政策，对劳动人民进一步限制和压迫。

在元朝不到一个世纪的时间里，农民起义此起彼伏，一直没有间断过。1351年终于汇成了规模巨大的元末农民大起义的狂潮。杰出的农民领袖刘福通、彭莹玉领导南北红巾军，以"杀尽不平"的英雄气概，给元朝封建统治者以沉重的打击。元朝终于被推翻了。

元世祖问治世之法

元世祖忽必烈问臣下,天下应当用什么方法治理。大臣李冶回答说:"论治理天下,说难,难得像登天;说容易,容易得像翻一下手掌。一个国家有法令制度就能治理好,有了法令制度徇名责实,坚决贯彻执行就能治理好,任用君子,黜退坏人就能治理好。像用这些方法治理天下,难道不是比翻掌还容易吗?反之,一个国家没有法令制度就乱,任用坏人,黜退君子就乱,像用这些方法来治理国家,难道不是比登天还难吗?这样看来,要治理好国家,不过是制订好法令制度,规定好纪律纲常罢了。纪律纲常是用来维持人们之间上下各种关系的;法令制度是用来进行赏罚从而对人们进行惩戒和勉励的。现在大官小官,下至百姓,全都放纵恣肆,用私人利益去损害社会的利益,这是没有法令制度的表现。有功劳的不一定受到奖赏,有罪恶的不一定受到惩罚,更严重的是,有功者反而受到侮辱,有罪者反而得到宠幸,这是没有法令而造成的。法令制度废弛,纪律纲常破坏,天下没有大乱,这就是幸运的了。"

廉希宪礼贤下士

元朝廉希宪,元世祖时官任中书平章政事。有一次,南宋降将、中书左丞刘整前来拜访,廉希宪十分冷淡,竟然没让他坐下。刘整离去后,有一位南宋的书生,衣衫褴褛,拿着自己写的诗求见。廉希宪听说后,马上将他请到里面,请他坐下交谈。两人天文地理,经史子集,海阔天空地聊了半天。廉希宪还十分关心这位书生,对他就像对待多年的老朋友一样。书生走后,廉希宪的弟弟问他:"刘整身居高官,兄长却对他十分简薄;书生乃一介寒士,兄长却对他优礼相待。您为什么这么做呢?"廉希宪回答说:"这就不是你所知道的了。身为朝廷大臣,他的一举一动都关系到国家的利益。刘整虽尊贵,却是背国叛主之人;而那名书生有什么罪过该囚羁他呢？我朝是从沙漠中崛起的,我如果对待儒者文人不事尊敬,那儒术势必便会衰息下去,这便会影响到国家的统治了。"

赛典赤·瞻思丁开发云南

元代回族理财家赛典赤·瞻思丁一生最突出的功绩就是对云南的开发,其中对云南经济的综合治理充分显示出他的经济管理才能。主要做法是:首先提高民政机关的地位和权力。初到云南时,云南的政权机构没有明确建制,一切民政事务均由武官管理,社会秩序非常混乱。他认为开发云南必须提高民政机关的权力,便于管理。

1275年,他向朝廷陈奏,将宣慰司和元帅府纳入中书省管辖;在人烟稀少、经济落后的地方设立郡县;加强对流民的安置和编号;轻徭薄赋,保护生产者的积极性。他十分注意"民气"。有一次,他走访当地农民说:"我想帮助你们解决种田的困难,贷给你们牛、种子、耒耜、蓑笠。你们看一亩田能收多少?"农民说:"可亩产二石。"赛典赤·瞻思丁说:"你们每亩产二石,给官府缴纳二斗就行了。"农民听了很高兴。奖励垦荒,兴修水利,努力扩大生产。为了解决百姓吃饭穿衣困难,改变云南"无粳稻桑麻"的状况,在云南各地建立起军民屯田12处,把内地的稻谷和桑麻引入云南。在屯田区内,奖励垦荒,使耕田面积不断扩大。同时,还有计划地兴修水利,在鄯阐地区修建了系统的水利工程,并在滇池下游开凿了六条人工河道,设闸分水,既利渲泄,又供灌溉。时至今日,有些工程仍灿然可观。

他鉴于云南的交通很不方便,于是便大力修治驿道,建筑驿馆。1275年,他派人重修了由鄯阐经乌蒙(今昭通)到叙州的道路。这条干线筑成后,成为云南到四川和贵州的交通要道,大大改善了云南与中原的联系,促进了经济发展。

元初云南没有学校。1276年,赛典赤·瞻思丁在鄯阐创办了第一座学校。他亲自劝导各族子弟入学,并从内地选聘学者和文士任教,不仅教儒学,还教科学知识。赛典赤·瞻思丁在云南任官6年,使云南面貌蔚然改观。史称滇池地区"其俗殷富,墟落之间,牛马成群。"

郭守敬修订历法

元世祖忽必烈即位以前,就重视吸收汉族的读书人,帮助筹划朝政大事。他重用一个汉族谋士刘秉忠。忽必烈称帝和定国号为元,都是刘秉忠的主意。后来,刘秉忠又向忽必烈引荐了一些朋友、学生,也一个个担任了元朝初年的重要官员。其中有一个是元代著名科学家郭守敬。

郭守敬是邢州(今河北邢台)人。他祖父郭荣学识渊博,不但通晓经书,对数学、天文、水利等都有研究。郭守敬少年时候,在祖父的影响下,对科学发生浓厚的兴趣。那时候,刘秉忠和他的朋友张文谦等正在邢州西南紫金山讲学,郭荣把他孙子送到刘秉忠那里学习。郭守敬在那里认识了许多爱好科学的朋友,学问就长进得更快。

忽必烈统一北方以后,为了发展农业生产,决定整治水利,征求这方面的人材。张文谦把郭守敬推荐给忽必烈,忽必烈很快就在开平(今内蒙古正蓝旗东)召见郭守敬。郭守敬对北方水利情况十分熟悉,当时就提出六条整治水利的措施。忽必烈听了十分满意,每听完一条,就点头赞许。最后,他很感慨地说:"让这样的人去办事,才不会是摆空架子吃闲饭的呢。"接见以后,就派郭守敬担任提举各路河渠的职务,经办河道水利的事。

郭守敬像

过了两年,郭守敬又被派到西夏一带去整治水利。那里经过多年战乱,河道淤塞,土地荒芜,生产遭到严重破坏。郭守敬到了西夏,经过详细勘察以后,发动民工疏浚了一批原有的渠道、水坝,还开挖了一些新河道。不出一年时间,这一带九百多万亩农田灌溉畅达,粮食丰收,百姓的生活也都改善了。

为了加强大都到江南的交通运输,忽必烈又派郭守敬去勘测水路交通情况。经过郭守敬的勘测、设计，不但修通了原来的运河，还新开凿了一条从大都到通州的通惠河，这样，从江南到大都的水路运输，就畅通无阻了。

元世祖灭南宋以后，更加重视农业生产的恢复。农业生产要利用历法。过去，蒙古一直使用金朝颁布的历法，这种历法误差很大，连农业上常常使用的节气也算不准。元朝征服江南以后，南方用的又是另一种历法，南北历法不一样，更容易造成紊乱。元世祖决定统一制订一个新历法。他下令成立了一个编订历法的机构，名叫太史局（后来叫太史院）。负责太史局的是郭守敬的同学王恂。郭守敬因为精通天文、历法，也被朝廷从水利部门调到太史局，和王恂一起主办改历工作。

修订历法工作一开始，郭守敬就提出：研究历法先要重视观测，而观测必须依靠仪表。原来从开封运来的一架观察天象的大型浑天仪，已经陈旧不堪，得不到可靠的数据。郭守敬设计一套新的仪器。他觉得原来的浑天仪结构复杂、使用不方便，就创制了一种结构比较简单、刻度精密的简仪。他制作的仪器，精巧和准确程度都比旧的仪器高得多。有了好的仪器，还要进行精确的实地观测。1279年，郭守敬在向元世祖报告的时候，提出在太史院里建造一座新的司天台，同时在全国范围进行大规模的天文测量的打算。这个大胆的计划马上得到元世祖批准。

经过王恂、郭守敬等一起研究，在全国各地设立了27个测点。最北的测点是铁勒（在今西伯利亚的叶尼塞河流域），最南的测点在南海（在今西沙群岛上），选派了14个监候官员分别到各地进行观测。郭守敬也亲自带人到几个重要的观测点去观测。各地的观测点把得到的数据全部汇总到太史局。郭守敬根据大量数据，花了两年的时间，编出了一部新的历法，叫《授时历》。这种新历法，比旧历法精确得多。它算出一年有365.2425天，同地球绕太阳一周的时间，只相差26秒。这部历法同现在通行的格里历一年的周期相同。但是郭守敬的《授时历》比欧洲人确立公历的时间要早302年。

不忽木严惩权贵

元世祖即位后,曾派脱虎脱陪同西域僧人路经真定。僧人因小事殴打驿卒,几乎至死。负责该地司法事务的燕南河北道提刑按察使不敢查问。当时,不忽木为提刑按察副使,闻讯后立即将僧人逮捕入狱,并指责脱虎脱不尽职责。1284年,丞相阿合马罪行败露,不忽木奉命调查其不法行为,他明辨是非,很快查清了阿合马的罪行及其党羽成员。奸臣卢世荣依附奸相桑哥,自称有搜敛财富的本领,元世祖打算加以重用,不忽木闻知后上言:自古以来搜敛财富的人得到重用后,最终都会给国家、百姓带来灾害。元世祖不听劝告,不忽木即辞去自己在尚书省的职位,以示不满。1287年,桑哥诬陷杀害大臣杨居宽、郭佑等人,不忽木上言力争,遭到桑哥排挤,罢职还乡。桑哥被处死后,元世祖打算任命不忽木为丞相。不忽木却推荐完泽为相,以示自己无私。上都长官为排挤监察官员,收集监察官员的罪行材料上报朝廷。忽必烈命御史中丞崔彧查问,而崔彧却推病不问,不忽木当面指责崔彧不能直言进谏,又陈述己见,使上都长官的计谋不能得逞。

欧洲来客马可·波罗

元世祖在位的时候,成吉思汗时期开始建立的庞大的蒙古汗国,已经分裂成4个汗国,元朝皇帝在名义上还是4个汗国的大汗。在那个时期,中国是世界上最强大最富庶的国家,西方各国的使者、商人、旅行家纷纷慕名到中国来观光,其中最有名的要数马可·波罗。马可·波罗的父亲尼古拉·波罗和叔父玛飞·波罗,原来是威尼斯的商人,兄弟俩常常到国外去做生意。蒙古汗国建立以后,他们带了大批珍宝,到钦察汗国做生意。后他们又到了中亚细亚的布哈拉,在那儿住了下来。

有一次，忽必烈的使者经过布哈拉，见到这两个欧洲人，感到很新奇，对他们说："咱们大汗没见过欧洲人。你们如果能够跟我一起去见大汗，定能得到富贵；再说，跟我们一起到中国去，再安全也没有了。"

尼古拉兄弟本来是喜欢到处游历的人，听说能见到中国的大汗，怎么不愿意？两人就跟随使者一起到了上都（今内蒙古自治区多伦县西北）。忽必烈听到来了两个欧洲客人，果然十分高兴，在他的行宫里接见了他们，问这问那，特别热情。尼古拉兄弟没准备留在中国，忽必烈从他们那儿听到欧洲的情况，要他们回欧洲跟罗马教皇捎个信，请教皇派人来传教。两人就告别了忽必烈，离开中国。在路上走了3年多，才回到威尼斯。那时候，尼古拉的妻子已经病死，留下的孩子马可·波罗，已经是15岁的少年了。

马可·波罗听父亲和叔父说起中国的繁华情况，十分羡慕，央求父亲带他到中国去。尼古拉觉得让孩子一个人留在家里不放心，就决定带他一起走。

尼古拉兄弟见了教皇之后，带着马可·波罗到中国来。路上又花了3年多，在1275年到了中国。忽必烈已经即位称帝，听到尼古拉兄弟来了，派人从很远的地方把他们迎接到上都。尼古拉兄弟带着马可·波罗进宫拜见元世祖。元世祖一看尼古拉身边多了一个少年，诧异地问这是谁，尼古拉回答说："这是我的孩子，也是陛下的仆人。"

元世祖见到马可·波罗英俊的样子，连声说："你来得太好了。"

当天晚上，元世祖特地在皇宫里举行宴会，欢迎他们。后来，又留他们在朝廷里办事。

马可·波罗非常聪明，很快学会了蒙古语和汉语。元世祖发现他进步很快，十分赏识他，没有多久，就派他到云南去办事。元世祖喜欢了解各地风俗人情，过去，朝廷使者到各地去视察，回来的时候，问他们风俗人情，都讲不出。马可·波罗出去，每到一处，都留心考察风俗人情，回到大都，就向元世祖详细汇报。元世祖听了，直夸马可·波罗能干。以后，凡是有重要的任务，元世祖总派马可·波罗去。

马可·波罗在中国整整住了17年，被元世祖派到许多地方视察，还经常出使到国外，到过南洋好几个国家。他在扬州呆过3年，据说还在那里当过总管。

日子一久，3个欧洲人不免想念家乡，三番五次向元世祖请求回国。但是元世祖宠着马可·波罗，舍不得让他们走。恰好那时候，伊尔汗国国王的一个妃子死了,派使者到大都来求亲。元世祖选了一个名叫阔阔真的皇族少女,赐给伊尔汗国国王做王妃。伊尔汗国使者认为走陆路太不方便,知道尼古拉他们熟悉海路,就请元世祖派尼古拉他们一起护送王妃回国。元世祖只好答应。

1292年,尼古拉兄弟和马可·波罗就和伊尔汗国使者一起,离开中国乘海船经过印度洋,把阔阔真护送到了伊尔汗国,经过3年的跋涉,才回到威尼斯。

这时候,他们离开威尼斯已经20年。当地人长久没听到他们的消息,都以为他们死在国外了。现在看到他们穿着东方的服装回来,又听说他们到过中国,带回许多珍珠宝石,都轰动了。人们给马可·波罗起个外号,叫做"百万家产的马可"。

没有多久,威尼斯和另一个城邦热那亚发生冲突,双方的舰队在地中海里打起仗来。马可·波罗自己花钱买了一条战船,亲自驾驶,参加威尼斯的舰队。结果,威尼斯打了败仗,马可·波罗被俘,关在热那亚的监牢里。热那亚人听说他是个著名的旅行家,纷纷到监牢里来访问,请他讲东方和中国的情况。

跟马可·波罗一起关在监牢里有一个名叫鲁思梯谦的作家,把马可·波罗讲述的事都记录了下来,编成一本书,这就是著名的《马可·波罗游记》(一名《东方闻见录》)。在那本游记里,马可·波罗把中国的著名城市,像大都、扬州、苏州、杭州等,都作了详细的介绍,称颂中国的富庶和文明。这本书一出版,激起了欧洲人对中国文明的向往。热那亚人因为马可·波罗出了名,把他释放回国。

打那以后,中国和欧洲人、阿拉伯人之间的往来更加密切。阿拉伯的天文学、数学、医学知识开始传到中国来;中国古代的三大发明——指南针、印刷术、火药,也在这个时期传到了欧洲(中国的另一个大发明造纸术,传到欧洲要更早一些)。

《窦娥冤》感天动地

由于元世祖采取了许多发展生产的措施,元朝初期的社会经济十分繁荣。但是这种繁荣只使蒙古的王公贵族和地主官僚得到好处。为了满足蒙古贵族过穷奢极欲的生活和军事的需要,元世祖还任用了一批管理财政的大臣,帮助他搜刮财富。这批大臣勾结地方官吏,贪赃枉法,无所不为。

元朝还实行民族压迫政策,把全国人民划分为四个等级:第一等是蒙古人;第二等叫色目人,也就是西域各族和西夏人;第三等叫汉人,就是原来在金朝统治下的汉人、契丹、女真等族人。第四等叫南人,就是原来在南宋地区的各族人民。四个等级的人政治地位和待遇不同,汉人和南人受到百般歧视。

在残酷的阶级压迫和民族压迫下,各族劳动人民都过着悲惨的日子。贪污横行,冤案多得数也数不清。

元世祖死后,他的孙子铁穆耳即位,就是元成宗。元成宗时期,这种贪赃枉法的情况越来越严重。有一次,查出有贪污行为的官吏1.8万余人,冤案5 000余件。

当时,在大都流行着一种戏剧,叫杂剧。一些有正义感的读书人,不满官府的黑暗统治,利用杂剧的形式来揭露官场的罪恶和社会的不平现象。

大都有个读书人叫关汉卿,从小喜爱音乐戏剧,会吹箫弹琴,还会唱歌跳舞。关汉卿在京城太医院当过官,可是他对医术不感兴趣,对编写剧本却特别热心。那时候,演戏的人社会地位很低,关汉卿却跟他们混得挺熟;有时候他自己也上场演出,扮个角色。因为他对音乐戏剧很有研究,所以编出的戏也就格外精采。

在大都,贵族和普通百姓都喜欢看戏,关汉卿编的戏剧不光是为了给贵族消闲作乐,而是常常帮百姓说话。他把看到的、听到的人民的悲惨遭遇,写进他的剧本里。《感天动地窦娥冤》(也叫《窦娥冤》),就是他的杰出代表作品。

《窦娥冤》的主要人物是楚州地方一个贫苦女子窦娥。窦娥从小死了母亲,她父亲窦天章还不起债,又因为上京赶考,缺少盘费,把她卖给孤苦的蔡婆婆家做童养媳。到蔡家没两年,丈夫就害病死了,只剩了窦娥和她婆婆两人相依为命地过日子。

楚州有个流氓叫张驴儿,欺负蔡家婆媳无依无靠,跟他父亲张老儿一起,赖在蔡家,逼迫蔡婆婆嫁给张老儿。蔡婆婆软弱怕事,勉强答应了。张驴儿又胁迫窦娥跟他成亲,窦娥坚决拒绝,还把张驴儿痛骂了一顿。

张驴儿怀恨在心。过几天,蔡婆婆害病,要窦娥做羊肚汤给她吃。张驴儿偷偷地在汤里下了毒药,想先毒死蔡婆婆,再逼窦娥成亲。窦娥把羊肚汤端给蔡婆婆喝。蔡婆婆接过碗,忽然要呕吐,不想喝,让给张老儿喝了。张老儿中了毒,在地上翻滚了几下,就咽了气。

张驴儿毒死了自己父亲,把杀人的罪名,栽到窦娥身上,告到楚州衙门。

楚州知府桃杌是个贪赃枉法的贪官,背地里被张驴儿用钱买通了,把窦娥抓到公堂讯问,逼她招认是她下的毒。窦娥受尽了百般拷打,痛得死去活来,还是不肯承认。

桃杌知道窦娥待她婆婆很孝顺,就当着窦娥的面要拷打蔡婆婆。窦娥想到婆婆年纪老,受不起这个酷刑,只好含冤招了供。

贪官桃杌把窦娥屈打成招,定了死罪,把她押到刑场去处死。窦娥眼看没有申冤的地方,她满腔悲愤地咒骂天地:"地也,你不分好歹何为地?天也,你错勘贤愚枉为天!"在临刑的时候,她又向天发出三桩誓愿:一要刀过头落,一腔热血全溅在白练上;二要天降大雪,遮盖她的尸体;三要让楚州大旱三年。窦娥的誓愿居然感动了天地。那时候,正是六月大伏天气,窦娥被杀之后,一霎时天昏地暗,大雪纷飞;接下来,楚州地方大旱了三年。后来,窦娥的父亲窦天章在京城做了官,窦娥的冤案得到平反昭雪,杀人凶手张驴儿被处死刑,贪官桃杌也得到应有的惩罚。

这个戏剧所写的未必是真人真事,六月飞雪,更是一种神话式的想像。但是它反映了在封建统治下,无数含冤受苦的百姓申冤报仇的强烈愿望。所以,千百年来,这出戏一直受到人们的喜爱赞赏,关汉卿也成为人民称颂的戏剧家。

黄道婆家乡传技艺

黄道婆是松江府乌泥泾(今属上海)人,名字与生卒年月俱无从查考,年轻时她曾流落到崖州(今海南岛),在那里学到一些先进的纺织技术和棉花加工方法。成宗元贞年间(1295~1297),黄道婆遇海船返回故乡,将在崖州学到的技艺传授给家乡人民,并由此在长江流域扩散,促使这一地区棉纺织技术出现了一次突飞猛进的发展。长江下游地区最初没有踏车、椎弓之类的纺织工具,都是用手除去棉籽,效率十分低下,黄道婆就将造捍、弹、纺、织等一整套工具的制作方法及织布中使用的颜色搭配、综线挈花等技艺悉心传授。用她的方法织成的被褥、带帨等的各种纹样、图案,如花草、鸟兽、棋局、字样等,色彩鲜艳,就像画上去的一样,当地的棉织品远近闻名,乌泥泾也就成了富庶之地。由此推知,她对印染技术,至少对染纱技术已经相当熟练。关于黄道婆所传授的纺织工具,文献没有详细记载。但据王祯《农书》所记载的一些资料推测,可能是木棉搅车、木棉弹弓和木棉卷筳 3 种。黄道婆的革新使棉纺织生产力大为提高,反过来刺激了棉花种植业的发展,松江一度成为全国的棉纺织业中心。此后,棉织品逐渐普及为普通人民的服装材料。

张思明冒罪赈饥

元朝左司都事张思明,平生不置家产,不积蓄钱财,有余款就购书。曾向元帝讲述前朝历代任贤使能、治国理民之道。1328 年,张思明任江浙行中书省左丞,到任后,正赶上陕西地区出现大饥馑。元朝中书省下令调拨江浙盐运司岁课 10 万锭,赈济陕西灾民。属下官员说:"今年岁课已经运往京师了,应该回禀中书省,告知内情。"张思明说:"陕西饥民犹如鱼在干涸的池塘里,回禀中书省的文书往返,需要一个月以上,这不是舍枯鱼而不顾吗?立即将未上交的明年岁课,如数送往陕西,若朝廷降罪,由我一人承担。"属下立即照办。

韩山童、刘福通起义

元朝从成宗以后,又传了 9 个皇帝,皇室内部斗争十分激烈,政治也越来越腐败,人民灾难深重。最后一个皇帝元顺帝(又叫元惠宗)妥懽帖睦尔即位后,荒淫残暴,闹得国库空虚,物价飞涨,百姓忍受不下去,很多地方爆发了农民起义。

河北有个农民叫韩山童,他祖父是个教书先生,曾经利用传教的形式,暗地组织农民反抗元朝,被官府发现,充军到永年(今河北邯郸东北)。韩山童长大以后,继续组织白莲会(一种秘密宗教组织),聚集了不少受苦受难的农民,烧香拜佛。韩山童对他们说:现在天下大乱,佛祖将要派弥勒佛下凡,拯救百姓。这个传说很快就传到河南和江淮一带,百姓们都盼望着有那么一天,弥勒佛真会下凡来。

正巧在这个时候,黄河在白茅堤决口,又碰上接连下了20多天大雨,洪水泛滥,两岸百姓遭受严重水灾。有人向朝廷建议,把决口的地方堵住,另外在黄陵冈(今山东曹县西南)开挖河道,疏通河水。1351年,元王朝征发了汴梁(今河南开封)、大名等13路民工15万和兵士2万人,到黄陵冈开河。

修河工程开始了。民工们在烈日暴雨下,被迫日日夜夜没命地干活,可是朝廷拨下来的开河经费,却让治河的官吏克扣了去。修河的民工连饭也吃不饱,怨声载道。

韩山童决定抓住这个机会,发动群众。他先派几百个会徒去做挑河民工,在工地上传播一支民谣:

"石人一只眼,挑动黄河天下反。"

民工们不懂这歌谣是什么意思,但是听到里面有"天下反"三个字,就觉得好日子快要到来了。开河开到了黄陵冈,有几个民工挖呀挖呀,忽然挖出一座石人来。大家好奇地聚拢来一瞧,只见石人脸上正是一只眼,不禁呆住了。这件新鲜事又很快地在十几万民工中传开来,大家心里都想,民谣说的真的应验了,既然石人出来,天下造反的日子自然来到了。

不用说,这个石人是韩山童事先偷偷地埋在那里的。

百姓被鼓动起来了。韩山童有个伙伴刘福通,对韩山童说,现在元朝压迫百姓那么厉害,百姓还想念着宋朝,如果打起恢复宋朝的旗帜,拥护的人就会更多。韩山童很赞成这个主张,就跟大家宣布,说韩山童本来不姓韩,而是姓赵,按辈分排起来,还是宋徽宗的第八代孙子,刘福通也是南宋大将刘光世的后代。他们说得那么头头是道,百姓们听了,也不由不信。

韩山童、刘福通挑选个日子,聚集了一批人,杀了一匹白马,一头黑牛,祭告天地。大家推韩山童做领袖,号称"明王",并约定日子,在颍州颍上(今安徽阜阳、颍上)起义,用红巾裹头作为起义军的标记。正在献血立誓的时候,有人走漏了消息。官府派兵士把韩山童抓去,押到县衙门杀了。韩山童的妻子带着他儿子韩林儿,逃脱了官府追捕,到武安(今河北武安)躲了起来。

刘福通逃出包围,把约定起义的农民召集起来,攻占了颍州等一些据点。原来在黄陵冈开河的民工得到消息,也杀了河官,纷纷投奔刘福通的队伍。因为起义兵士头上裹着红巾,当时的百姓把他们称做红军,历史上把它称做红巾军。不到10天,红巾军已经发展到10多万人。

元朝听到刘福通声势浩大,吓慌了神,赶忙调动了6 000名色目人组成的阿速军和几支汉军,镇压红巾军。阿速军本来是元王朝的一支精锐的队伍,但是那时候,已经十分腐败,将领们只知道喝酒享乐,兵士们到处抢劫。一碰上红巾军,还没交锋,主将带头挥着鞭子,骑马就向后逃奔,嘴里还不停地叫喊着:"阿卜,阿卜!"下面的兵士一看主将临阵脱逃,也都四散逃窜。

过了一个月,刘福通的红巾军又连续攻下了一批城池。江淮一带的农民早就受到白莲会的影响,听到刘福通起义,纷纷响应,像蕲水(今湖北浠水)的徐寿辉,濠州(今安徽凤阳)的郭子兴,都打起红巾军的旗号起义。也有不打红巾军旗号的,像江苏北部的张士诚。

1354年,元顺帝派丞相脱脱集中了诸王和各省人马,动用了西域、西番的兵力,号称百万,围攻占领高邮的张士诚起义军。高邮城被围得水泄不通。起义军正在危急的时候,元王朝突然发生内乱。元顺帝下令撤掉脱脱的官爵。百万元军失去了统帅,不战自乱,全军崩溃。

元军溃散以后,刘福通的北方起义军趁机出击,大破元军。次年2月,刘福通把韩山童的儿子韩林儿接到亳州(今安徽亳县)正式称帝,国号叫宋。韩林儿被称为小明王。

韩林儿、刘福通在亳州建立政权以后,分兵三路,出师北伐。西路军由李武、崔德率领,进攻陕西、甘肃、宁夏、四川;东路军由毛贵率领,从山东、河北,直逼元朝京城大都;中路军由关先生、破头潘等率领,从山西打到辽东,配合东路军攻打大都。

三路北伐军都取得很大的进展。毛贵的东路军一直打到元大都城下。刘福通亲自率领大军攻占了汴梁,把小明王韩林儿接到汴梁,定为都城。红巾军声势浩大,元王朝大为恐慌,纠集地主武装加紧镇压,三路北伐军先后失利,汴梁又落在元军手里。元王朝又用高官厚禄招降了张士诚,刘福通保护小明王逃到安丰(今安徽寿县)后,受到张士诚的袭击,1363年,刘福通在战斗中牺牲。北方起义军经过12年的战斗,终于失败。

和尚从军当元帅

在刘福通红巾军转战北方的时候,濠州郭子兴的红巾军正在壮大起来。

在郭子兴本来是定远(今安徽定远)地方一个财主,因为出身低微,经常受地方官吏的敲榨勒索,心里气忿不过,加入了白莲会。他拿出家里的钱财,摆酒杀牛,结交江湖好汉,只等一有机会,就杀死那批贪官污吏,出口恶气。

1352年,也就是刘福通起义的第二年,郭子兴看见时机成熟,就和四个朋友一起,带着几千个年轻人,趁着黑夜,打进濠州城,杀了州官,把濠州城占领了,宣布起义。郭子兴和他的4个好友都自称元帅。

元朝派大将彻里不花带兵围攻濠州。彻里不花害怕红巾军,不敢攻城,在老远的地方扎下营垒,却派兵士在城外捉了一些百姓,当作俘虏向上级冒功请赏。城外的老百姓遭到迫害,过不了日子,纷纷逃到城里投奔郭子兴。郭子兴的队伍越来越壮大。有一天晚上,濠州的红巾军正在城门边巡逻,忽然城外来了一个青年和尚,说要投奔红巾军。守门的红巾军兵士怀疑他是元军派来刺探军情的奸细,一面把他捆绑起来,一面派人报告郭子兴。

郭子兴一听,心想也许来的真是投奔他的好汉,亲自骑马到城门口去察看,只见那个被捆绑起来的和尚,虽然衣服穿得破破烂烂,却长得身材魁梧,浓眉大眼。郭子兴一看,心里十分喜欢,马上命令兵士松了绑,把和尚带回元帅府。

那个投奔郭子兴的青年和尚,名叫朱元璋。他父亲是濠州钟离(今安徽凤阳东)一个贫苦农民。朱元璋17岁那年,淮北地方闹了一场严重的旱灾和蝗灾,接着又蔓延了瘟疫。朱元璋的父亲、母亲和大哥接连传染上了疫病,咽了气。剩下朱元璋和他的二哥,连买口棺材的钱也没有,亏得邻居同情他们,帮助他们把父母埋葬了。

朱元璋失去了父母亲,生活没有着落。邻居给他出了个主意,要他到附近的皇觉寺当小和尚,混口饭吃。这样,朱元璋就出了家。那种寺院里的小和尚,其实是给人使唤的佣人。朱元璋每天伺候师父、师兄,起早摸黑,扫地、上香、敲钟、做饭,日子过得挺苦。

但是，那个日子里要在皇觉寺混口饭吃也不容易。原来，皇觉寺是靠收租米过日子的，这年灾情严重，皇觉寺收不到租米。朱元璋在寺里呆了才50天，眼看要断粮了。师父、师兄们一个个离开寺院到外面化缘去，朱元璋也被打发出门，带着小木鱼和钵头到淮西一带流浪讨饭。过了3年，濠州的灾情稍微缓和了一点，他才又回到皇觉寺。

又过了一年，红巾军起义爆发了。朱元璋在寺里不断听到外面传来的消息，一会儿是刘福通占领了颍州，一会儿是芝麻李占领了徐州。到了年底，又听到濠州也被红巾军占领了。朱元璋早就听到弥勒佛要下凡救世的传说，现在又听到红巾军到处起兵，元兵节节败退，心里想，穷人出头的日子到了，就离开皇觉寺，到濠州来投奔郭子兴。

郭子兴跟朱元璋一谈话，发觉他口齿伶俐，十分赏识，马上叫他脱下和尚的袈裟，换上兵士服装，把他留在身边当个亲兵长。

朱元璋参加起义军以后，马上表现出他的才能。他打仗勇敢，又有计谋。郭子兴把他当作心腹看待，出去打仗，总要先跟他商量。在起义兵士中，朱元璋的声望渐渐提高了。

郭子兴有个好朋友姓马，在郭子兴起兵那年病死。马公临死的时候，把他的孤女托给郭子兴照顾。郭子兴把女孩带回家里，交给妻子张夫人抚养，把她当作自己的亲生女儿一样。郭子兴一直想给她选个好女婿，这一回，见朱元璋是个人才，就跟张夫人商量，要把马公的女儿嫁给朱元璋，张夫人一听也十分赞成。这样，皇觉寺的小和尚就做了郭元帅的女婿，地位也不同了。在起义军中，大家都称他"朱公子"。

濠州的红巾军里，连郭子兴在内，共有5个元帅。5个人平起平坐，不分高低，谁也管不了谁。除郭子兴外，另外4个元帅都有点江湖气，不讲纪律。郭子兴渐渐看不惯他们，他们也嫌着郭子兴。日子一久，矛盾越来越深，4个人就合在一起，排挤郭子兴。有一次，郭子兴差点被他们害死，亏得朱元璋得到消息，把郭子兴救了出来。

朱元璋发现起义军的几个将帅胸襟狭窄，在他们手下干事，成不了什么气候，就回到老家，招兵买马。他少年时候的伙伴徐达、汤和，听说朱元璋做了红巾军的将领，都来投奔，不到10天，就招募了700人。后来，又袭击元军，招降了一批元军。朱元璋得了大批生力军，整顿纪律，加紧训练，把手下的军队训练成一支战斗力很强的队伍,声势大振。

定远有个文人李善长,是个很有计谋的人,也来找朱元璋。朱元璋知道他很有学问,就留他在起义军里当谋士。有一次,朱元璋问李善长说:"现在全国到处都在打仗,什么时候才能太平呢?"

李善长说:"秦朝末年,也这样大乱过。汉高祖是平民出身,因为他气量大,能够用人材,又不乱杀人,只花了5年时间,就统一天下。现在元朝政治这样混乱,天下土崩瓦解,您何不向汉高祖学习呢?"

打那时候起,朱元璋就一心一意想学汉高祖刘邦。

朱元璋带着自己训练出来的队伍,连续打下滁州、和州。小明王韩林儿在亳州称帝那年,郭子兴得病死了。小明王就封郭子兴的儿子郭天叙为都元帅,朱元璋做了副元帅。

郭天叙没有什么指挥的经验,加上红巾军中大多将士都是朱元璋的亲信,朱元璋名义上是副帅,实权全掌握在他手里。没多久,郭天叙在攻打集庆(今江苏南京)的时候,被叛徒杀死,朱元璋就当了名副其实的元帅。

朱元璋独掌兵权以后,率领大军大破元朝水军,渡江攻打集庆,集庆50多万军民投降。朱元璋进了集庆,出榜安民,把集庆改名应天府。打那时候起,朱元璋就以应天府作为根据地,向江南一带发展。

朱元璋以才服人

1355年,郭子兴用朱元璋的计谋,派张天佑等人攻打和州元(今安徽和县),下书给朱元璋命他统辖张天佑等人的军队。朱元璋担心各将领不服,就没先公布文告,而约定明天处理政事。当时座位以右为上,各将先进来的都坐在右边,朱元璋故意后到坐在左边。到就职处理事务时,朱元璋分析问题深刻透彻,众将领目瞪口呆,心中暗自佩服。又议定分工修城3天完工。朱元璋提前两天修完,其他将领都误期了。这时朱元璋才拿出文告,坐到尊位上说:"卑奉命总管诸位的兵马,现在诸位修城都误了期,按照军纪应怎样处分呢?"各将领都恐惧不安,纷纷认错,佩服朱元璋的才干。

金玉其外　败絮其中

刘基不仅是著名的政治家、文学家,而且精通天文及兵法。他聪明好学,少时学习颇勤奋刻苦;他为人正直、善良、忠厚,对元朝统治者的残酷压迫、朝政的腐败非常痛恨;他得知朱元璋举义旗反元朝统治的消息,兴奋不已,立即离开家乡投奔农民起义军。因他学识广博,尤其精通兵法,很受朱元璋器重,后来他就成了朱元璋反元的骨干,辅佐这个起义军领袖推翻元朝,创建了大明朝。

据文献记载,刘基年轻时,一次外出,由家乡青田(今浙江省青田县)来到杭州。在家乡时他早就听说,杭州有一个卖蜜柑的商人,善于研究水果保鲜和管理,到了冬天,他卖的蜜柑表皮照样黄澄澄的,看上去十分鲜美,很招人喜爱。冬天,水果就少了,大多水分跑掉变得枯干,可唯有这位水果商人到了第二年夏天,仍然买卖兴隆,人们从他这里争先买走黄灿灿的大蜜柑。

刘基对人们的传言越想越怀疑。大酷暑天,会有这么鲜活的蜜柑?他想弄个明白,也很想亲口尝尝。一天,他找到了这位水果商。到那摊位一看,果然不错,人们正在争先恐后地购买。他也挤着买几个,走到旁边,迫不急待拿出一个,剥开皮,一看,里面就像破棉絮一样,哪里还能吃?一点儿鲜甜味也没有。刘基很生气,拿着剥开的蜜柑,走到水果商跟前责问他:"老先生,你卖的蜜柑是让人吃的呢,还是供摆着的呀?你这不是骗人吗?不能吃还拿出来卖?这么做,也太过分了吧!"

没想到,那位水果商听了刘基的话,毫不介意。刘基是那么生气,他却面带几分笑,不慌不忙对刘基说:"这位客官,您别生气。不瞒您说,我卖这个蜜柑有好几年了,为的是养家糊口。再者,我卖,您买,这是自由买卖,我没非要您买啊。我卖这蜜柑,买的人也很多,就您来找我。您要是明眼人,就来管管这混账世道,您睁眼瞅瞅,真正搞欺骗的人不是我,而是那些有权有势的。他们威风凛凛的样子,在家坐着虎皮椅,出门坐大轿,或是骑着高头大马,头戴乌纱,身着锦袍。看上去,一个个人模人样,实则,他们整日干什么实事啦?老百姓生活困苦不堪,下边官吏为非作歹,社会盗贼四起……那样相貌堂堂的不是白坐着高位、享受丰厚的待遇吗？这些人，单从外表看，住高房，骑大马，吃美宴，喝美酒，谁人不羡慕？可实际，他们是大盗贼，跟我卖的蜜柑一样，外表似金玉，里边是破败絮。那么，您这位客官，不去问问那些人，为何单单查问我呢？"

刘基听了这席话，原来的气渐渐地消了，转而渐渐地理解了这位水果商人。他一时说不出什么话，只是若有所思地点着头。

他离开了那位水果商人，几天后，由杭州回到自己家乡。这件事，使他深深陷入思考：统治者昏庸残暴，整日花天酒地，社会极不稳定，百姓不能安居乐业，可是那些昏官还鱼肉百姓，这个水果商人说得对呀！这是百姓对当时社会风气的愤恨啊！是对统治者的极大讽刺！

潘泽巧以指纹断案

元朝官员潘泽善断案。有这样一件诉讼案：一家17口人都成为一富豪家的奴仆，有关衙门数年不能决断。潘泽受理后，依据卖身为奴无论男女都要用左右手的食指在券契上画押，以指纹的疏密可以判断卖身人的高矮和年龄的大小索要券契。看到其中13岁的少年在契约上画押的指纹像成年人，潘泽说："有假。"召集郡中13岁的少年10人，拿他们的指纹和契约上的指纹相验，都不符合。富豪因此理屈，把卖身券毁掉，放还了17人。

明

(公元 1368 年～公元 1644 年)

明历史背景介绍

1368年,明太祖朱元璋建立明朝,开始采取一系列措施,以巩固他的统治。在政治上进一步加强中央集权的专制主义,所有军政大权统归皇帝掌握,使秦汉以来的中央集权制度有了进一步的发展。

朱元璋死后,他的孙子朱允炆即位。燕王朱棣发动了"靖难之变",夺取了政权。朱棣与蒙古和西域诸部多次作战,继续巩固了北部和西北部的边防。他又派遣太监郑和七下西洋,和亚、非30多个国家建立了友好往来的关系,在早期世界航运史上写下了光辉的一页。明朝中叶以后,皇帝昏庸,吏治腐败,朝臣朋党倾轧,宦官乘机揽权,他们作恶多端,任意逮捕臣民,滥杀无辜,搜刮了大量的金银珍宝。一些不知羞耻的官吏奔走在他们的门下,卑躬屈膝,仰承鼻息,造成了明朝吏治的极端腐败。

在经济上,由于地主阶级的不断集中土地,封建剥削日益加重,贵族、勋戚、官僚和太监掠夺了大量的土地,皇室也占有"皇庄"。他们肆意搜刮,甚至任意生杀佃户。农民无法生活,大量离开土地。这时,农民起义相继爆发。面临着吏治腐败,经济萎缩,阶级矛盾日益尖锐的情况,大学士张居正进行了改革。他在澄清吏治,增辟财源,整顿军事,提倡务实精神等方面,都作出了一定的贡献。

隆庆、万历年间,商品经济发展,资本主义生产关系的萌芽在江南地区的若干手工业部门中已在酝酿。江苏、浙江、安徽和江西的一部分地区,农产品丰富,手工业发达,苏、杭和江宁的丝绸,景德镇的瓷器,松江的棉布,驰名中外。

万历年间,神宗朱翊钧贪财黩货,派出大量的矿监税使,到处横行,敲诈勒索,残杀人命,引起了许多城市居民的反抗。苏州的织工暴动,是我国封建社会晚期斗争中的新现象。

与大地主集团发生强烈冲突的"东林党"人,也和腐败势力展开了斗争,他们反对横征暴敛,反对宦官任意残害人民,反对贪官污吏,主张改革弊政,减轻人民负担,缓和阶级矛盾,借以维护封建统治阶级的长远利益和长期统治,这就引起了皇室宦官集团对"东林党"人的疯狂镇压。由于他们的主张反映了广大群众的某些愿望,受到城市人民的拥护。当一些人被宦官爪牙逮捕时,遭到了城市居民的反对。在明朝内部各种斗争错综交叉地进行的时候,东北地区的满族发展到奴隶社会,开始了对外的掳掠,对明王朝构成严重威胁。

在封建剥削日益加重,农民无法继续生活下去的时候,西北农民大起义在连年灾荒的情况下爆发了。李自成领导的起义军经过长期艰苦的斗争,终于打下了北京,崇祯帝朱由检自缢身死,明王朝灭亡。李自成大顺政权也由于本身所具有的局限,加上满族奴隶主的参与镇压,这次起义失败了。

明朝科学技术方面取得了比较显著的成绩,如李时珍的《本草纲目》、宋应星的《天工开物》、徐光启的《农政全书》等,成为科技土壤上的绚丽花朵。

朱元璋称帝建明

朱元璋（1328~1398）为濠州（今安徽凤阳）人，出身农民。少时曾因生活所迫入寺为僧。后投奔郭子兴领导的红巾军并逐步成为起义军的领袖。1364年称吴王，在打败各路割据政权，统一福建、两广等广大地区后，于1368年正月，在应天（今江苏南京）即皇帝位，定国号"大明"，建元洪武，立马氏为皇后，朱标为太子，以李善长、徐达为左、右丞相，设官分职，封赏文武百官，开始了明朝的统治。之后，朱元璋继续统一大业，1368年8月攻克元大都，元朝灭亡。后经过长达20年的南征北伐，明朝于1388年实现了全国统一。与此同时，朱元璋在政治、经济、军事、文化、风俗等方面采取了一系列改革措施，特别是废中书省，取消丞相制，集军政大权于皇帝一人之手，加强了中央集权统治。经济上推行与民休息的政策，改革赋役制度，使农业、手工业都得以恢复和发展。朱元璋是中国历史上唯一出身农民的皇帝。

朱元璋建学校定科举

1369年10月，朱元璋下诏命令地方郡县设立学校，并明确规定了府、州、县学的规模和学生学习的内容。地方学校培养出来的学生，年资久的，可定期保送到京城国子监深造，也可参加科举获取功名。

1375年，又设社学以教授民间子弟。京城的学校即为国子学（1382年改为国子监），是全国最高学府。其学生叫监生，多为官僚、地主的子弟，主修"四书"、"五经"及典章、律诰等，结业后可直接做官。

1370年5月，因国家急需人才，朱元璋颁发科举诏令，于8月设科取士。明代科举考试分文武二科，考试分乡试、会试和殿试。乡试考中者称举人，京师会试考中者有资格参加殿试。三年一大考，殿试由皇帝亲自把关，殿试及格而被录取的通称进士。凡考中进士者，即可授官。文科考试内容主要局限于四书五经，考试文体通用八股文，虚内容而重形式，因而明代科举制又称八股取士。武科试士则以技勇为重，所考内容因时局要求而变化。六年一大考，考中头名称武状元。

洪武"四狱"

明太祖"政皆独断"的官制改革，不仅表现于造成皇权的高度集中，更为严重的是为维持这种君主独裁统治而采取的各种极端野蛮落后的镇压手段，到了晚年尤为厉害，他为了"自操威柄"，捕风捉影，屡兴大狱。最著名的有四大案，人称洪武"四狱"。即：1376年的"空印案"，1385年户部侍郎郭桓的贪污案，此两案虽为惩贪杜弊而起，但株连甚多。影响最大的是1380年开始的丞相胡惟庸案和1393年发生的大将军蓝玉案（史称"胡蓝之狱"），共杀5万余人，内中公、侯近40人，经过这场大屠杀，皇权的直接威胁固然暂时消除了，但一代开国功臣也被诛戮殆尽。

刘伯温论相

朱元璋拜刘伯温为军师之后，得到许多计谋，因此，刘伯温成了朱元璋的信臣。这样，就引起了丞相李善长的嫉妒。李善长曾隐藏过一个罪犯，被刘伯温搜出后斩了。于是，李善长更怀恨在心，经常在朱元璋面前诬蔑刘伯温，还密谋除掉他。李善长自恃功高，专横跋扈，犯了过失，朱元璋决定罢了他的职务。刘伯温听说此事后，急忙劝阻朱元璋说："李善长虽有过失，但他是个功劳显赫的老臣，在朝廷有很高的威信，为了顾全大局，还是不要罢免他为好。"

朱元璋觉得很奇怪，问他："李善长几次想加害于你，你为何还为他讲情？"

刘伯温跪在地上磕着头说："国家换一次宰相就像房子换一个顶梁大柱，必须得寻找一根大的木材，如果换一根小的，房子立刻就要塌下来。"

李善长年老辞官之后，朱元璋找刘伯温商量说："你的朋友杨宪很有才干，可以为相。"

刘伯温坚持说杨宪不能胜任,说:"杨宪有宰相的才能而没有宰相的器度。宰相的心应该像水一样平,处理国家大事应该以义理为准则,而私人的利益、个人的感情一点也不能搀杂进去。杨宪不是这样的人。"太祖朱元璋又问汪广洋行不行,刘伯温说:"这个人的偏狭和浅陋比杨宪还要厉害。"朱元璋又问:"胡惟庸如何?"刘伯温明确地回答:"此人居心叵测,不可为相。""这就好像让他拉车,怕要倒在辕下的"。

朱元璋说:"看来,只有先生您才是最好的人选啦。"刘伯温说:"我对坏人坏事嫉恨得太厉害了,而且又经受不住繁重复杂事务的缠绕,当宰相将要辜负君王的大恩。天下这么大,何愁没有人才,只希望君王用尽全力去寻找罢了,现在的几个人确实没有一个可以胜任的。"以后,杨宪、汪广洋、胡惟庸全都败事。事后,朱元璋感慨地说:"伯温知人之深,料事如神,我不如他啊!"

宋濂巧论治国

明太祖朱元璋曾经问大臣关于当好帝王的学问,读什么书最重要,宋濂推荐了《大学衍义》。于是命令用大字把它写在正殿两边的厢房墙壁上。不久,皇上到了西厢房,各位大臣都在。太祖指着壁书中司马迁论说皇帝、老子的事,让宋濂讲解分析。讲完后,趁势说:"汉武帝沉溺于方士炼丹成仙和巫祝祭祀鬼神的荒诞无稽的学问中,改变了文帝、景帝时的恭谨朴实的风气,百姓的力量已经消耗殆尽,然后又用严酷的刑法来督责他们。皇上如果真的用礼、义来治理百姓的心,那么奸佞的说法就不会进入,用学校来教育百姓,那么灾难和暴乱就不会产生,刑罚是不应该放在前面的。"对夏、商、周三代的历法和当时国土的大小,全都陈说之后,又说:"三代是用仁义来治理天下的,因此经历的年代比较长。"皇帝又问:"三代以前所读的书是什么?"回答说:"上古时代没有书籍,人们还不能专门地讲解和诵读。治理天下的人直接兼有对人民进行教育的责任,用自己的实际行动作为表率,那么百姓就自然被感化。"宋濂曾经接到写咏唱鹰的诗的命令,并且让他在七步之内写成,诗有"自古戒禽荒"(自古君王都不应该由玩弄禽兽而不理政事)的名句。

建文帝改制削藩

朱元璋死后,皇太孙朱允炆即帝位,以次年,即1399年为建文元年。为了推行自己的新政,建文帝首先对中枢权力机构进行了调整。他以兵部侍郎齐泰为兵部尚书,翰林修撰黄子澄为太常卿,还将方孝孺提拔为翰林侍讲,大为重用。随后,他又陆续推出了一系列改革措施,其主要内容有:省刑减狱;均江浙田赋;调整政府官僚机构。尤其是后者,建文帝在位期间始终没有间断过,调整涉及到官制的许多方面。其中极为重要的有两项:首先,省并州县,革除冗官冗员;其次,更定内外官制。把尚书的品秩由正二品提高到正一品,这就在一定程度上缓和了封建最高权力机构的畸形特征及内部的不平衡现象。建文改制虽仅进行了4年,但仍取得了显著的成绩,明朝史学家朱鹭称之为"四载宽政解严霜"。

早在朱允炆为皇太孙时,他就对诸皇叔手中的权力深感忧虑,曾与伴读老师黄子澄定削夺诸王权力之计。即位之后,即付诸实践,与齐泰、黄子澄一同策划削藩之策。齐泰认为先从燕王下手,而黄子澄则认为先从周王下手。最后,朱允炆采纳了黄子澄的建议。1398年8月,朱允炆命曹国公李景隆领兵包围开封,将周王逮捕至京,废为庶人,革去王封,迁徙至云南。随后又以伪造钞币和擅自杀人的罪名,遣使逮捕湘王朱柏,朱柏闻讯,自焚而死。接着召齐王朱搏进京,废为庶人,囚于京师。此后对代王朱桂、岷王朱木便亦如法炮制,都削去王爵,废为庶人。解决周、湘、齐、代、岷五王,前后不到一年时间,可谓雷厉风行。

靖难之役

1399年,建文帝朱允炆推行"削藩"政策,燕王朱棣公开反叛,以"清君侧"的名义,率军南下,号称"靖难之师",发生了一场明王朝统治阶级内部的皇位争夺战。历史上称为"靖难之变。"

朱棣,是朱元璋的四子,被封为燕王,封地北平。燕地与蒙古接壤,朱棣经常奉命出塞巡边，筑城屯田，多有建树。后来，又屡率众将出征，威名大振。洪武末，皇太子死，立炆为皇太孙，朱棣心中不满。有一次，朱元璋令朱允炆赋诗，诗的最后两句是："虽然隐落江湖里，也有清光照九州。"朱元璋看了认为诗意衰飒，很不高兴。又令他答对，朱元璋出语"风吹马尾千条线"，朱允炆以"雨打羊毛一片毡"对，朱元璋听了这个调子低沉、毫无抱负、气度的答对，脸色顿变。这时，恰好朱棣在旁，见此情状，上前奏对说："日照龙鳞万点金"。朱元璋一反怒容，不禁连声叫好："好对语！好对语！"于是，对朱棣大加宠爱，有更换皇储之念。后为大臣所阻止。这也滋长了朱棣接替皇位的欲念和野心。

1398 年，朱元璋去世，朱允炆即皇位。朱棣本想去南京奔丧，因有"诸王临国中，毋至京师"的遗诏被阻，心中怏怏。他认为这是朱允炆的宠臣齐泰、黄子澄两人矫诏制造的一个阴谋。与此同时，朱允炆为了解除诸王"尾大不掉"所带来的危害，废了几个内地王为庶人，又下令诸王不得节制文武官吏，进一步限制诸王的权力。第二天，朱允炆改元建文，朱棣面对诸弟被废，自己权力被削的危机，便借朝贺改元之机，带领世子朱高炽等人，亲往南京，密察虚实，以谋对策。朱棣回北平时，为使朱允炆放心，把世子高炽等人留在京师，作为人质。

朱棣回北平后，暗中加紧练兵，作篡夺皇位的准备，表面上则伪装重病在身，卧床不起。他上书乞求朝廷让朱高炽等归省，朱允炆佯装不知内情，遣还朱高炽等，使朱棣不对他怀疑。双方都在设计，互相欺骗，勾心斗角。

正当朱棣训练士兵，即将起兵的时候，朱允炆也在调兵遣将，加紧了对朱棣的防备活动。1399 年六月，燕王府护卫百户倪谅到南京告发燕王谋反。朱允炆即下诏书严斥燕王的罪过，逮捕燕府官属，并密令北平驻军围困燕王府。事泄，朱棣乘机起兵。

这次内战，前后持续了四年。朱棣久居北平，苦心经营，藩国附近的卫所，先后受其管辖节制，所以"靖难"起兵，一呼百应，士气十分饱满。在战争过程中，朱棣又得到鞑靼军的帮助。在南京方面，不少的太监因朱允炆对太监进行惩肃，纷纷投靠朱棣。朱棣也竭力拉拢收买，因而获得了大量有关防务虚实的密报。而朱允炆虽然处于正统的有利地位，但处处表现出迂阔懦弱，完全不是朱棣的对手。在军事指挥、用人方面，朱允炆也是优柔寡断，听信谗言。1402 年 4 月，燕王攻打灵壁，遇南军将帅徐辉祖，燕军畏惧，踌躇不前。恰好在这时候，朱允炆偏信谗言，临阵易将，把徐辉祖调回，结果南军士气随之瓦解，降者数万人，燕军大胜。燕军从此南下，势如破竹，6 月攻入南京。朱允炆在宫中自焚而死，封建统治阶级内部这场皇位争夺战,至此结束。

朱棣进入南京后,大肆杀戮,进行报复。齐泰、黄子澄、方孝孺等都被杀害,灭族、株连数万人,称之为"瓜蔓抄",镇压极为残酷。在血腥的屠杀中,朱棣登上了皇帝宝座。次年改元永乐,并改北平为北京。

朱棣创内阁制

朱棣登基后,决定起用一批资浅而干练的文臣参预机务。1402年八月一日,朱棣命侍读解缙、编修黄淮入值文渊阁,同议朝廷机密重务。九月,又命侍读胡广、修撰杨荣、编修杨士奇、检讨金幼孜和胡俨同值。文渊阁参预机务、与解、黄二人一起朝夕侍从左右,作皇帝顾问,称之为内阁。他们分掌文案,综理制诰,内客制度随之创立。不过,这时的阁臣品秩远在六部尚书之下,仅为五品,而且不设官属,不辖诸司事务。经洪熙、宣德两朝,内阁制度才趋完备。

明成祖修大典通运河

1407年11月,《永乐大典》修成,明成祖朱棣亲自为此书写序。1403年7月,明成祖命翰林侍读学士解缙等,参照《韵府群玉》《回溪史韵》二书的例子,采集各书所载事物,按类编排,而统之以韵。解缙等奉命而行,于次年十一月编成进呈,朱棣赐名《文献大成》。不久,朱棣认为所书事物多有遗漏,又命姚广孝、刘季篪与解缙一起重新编辑,又特别命令王景、王达等五人为总裁,邹辑等20人为副总裁,陈济等为都总裁,征调中外官及四方老宿文学之士为纂修,选善书的国子监及郡县生员为缮写,由光禄寺供饮食,共2 169人,开馆于文渊阁。同时,又派官员分行天下,搜求遗书,以备收录。历时5年修成,改名《永乐大典》,全书共22 937卷,装订11 095册。它是中国历史上规模最大的一部类书,也是迄今世界所公认的一部大型百科全书。

元代建都大都(今北京)后,在隋代开凿的南北大运河的基础上,开济州河、会通河等与江苏的运河河道相联,成为京杭大运河,纵贯河北、山东、江苏、浙江四省。但有些地段由于地势较高,水源不足,因此运河的输送量受到了限制,运河全线没有真正通航过。洪武年间,由于黄河决口,会通河淤塞,南方运往北方的漕粮一度进行海运。由于海运危险多,没有保障,1411年,明成祖采纳济宁同知潘叔正的建议,征发民工30余万人,并命工部尚书宋礼监督,重新疏通会通河,于1412年竣工,到1415年漕粮完全停止海运,这是明初的一项重大建设。

郑和下西洋

明成祖用武力从他侄儿手里夺得了皇位,有一件事总使他心里不大踏实。皇宫大火扑灭之后,并没有找到建文帝的尸体。那么建文帝到底是不是真的死了?京里传言纷纷,有的说建文帝并没有自杀,趁宫里起火混乱的时候,带着几个侍从太监从地道逃出城外去了;别的地方传来的消息更离奇,说建文帝到了什么什么地方,后来还做了和尚,说得有鼻子有眼睛,使明成祖不得不怀疑。他想,如果建文帝真的没死,万一他在别的地方重新召集人马,岂不可怕。为了把这件事查个水落石出,他派了心腹大臣,到各地去秘密查问建文帝的下落,但是又不好公开宣布,就借口说是求神仙。这一找,就找了二三十年。

明成祖又想,建文帝会不会跑到海外去呢?那时候,我国的航海事业已经开始发展起来。明成祖心想,派人到海外去宣扬国威,跟外国人做点生意,采购一些珠宝,顺便探听一下建文帝的下落,岂不是一举两得。

这样,他就决定派一支队伍,出使国外。让谁来带这支队伍呢?当然非得是自己的心腹不可。他想到跟随他多年的宦官郑和,倒是个挺合适的人选。

郑和,原来姓马,小名叫三保,出生在云南一个回族家庭里。他的祖父、父亲都信奉伊斯兰教,还到麦加(伊斯兰教的主要圣地,在今沙特阿拉伯)去朝过圣。郑和小时候就从父亲那里听说过外国的一些情况。后来,他进燕王宫里当了太监,因为他聪明能干,得到明成祖的信任。这郑和的名字还是明成祖给他起的。但是民间把他的小名叫惯了,所以一直把他叫做"三保太监",后来,有的书上也写成"三宝太监"。

1405年6月,明成祖正式派郑和为使者,带一支船队出使"西洋"。那时候,人们叫的"西洋",并不是指欧洲大陆,而是指我国南海以西的海和沿海各地。郑和带的船队,一共有二万七千八百多人,除了兵士和水手外,还有技术人员、翻译、医生等。他们乘坐62艘大船,这种船长44丈,阔18丈,在当时是少见的。船队从苏州刘家河(今江苏太仓浏河)出发,经过福建沿海,浩浩荡荡,扬帆南下。

郑和第一次出海,先到了占城(在今越南南方)接着又到爪哇、旧港(在今印度尼西亚苏门答腊岛东南岸)、苏门答腊、满刺加、古里、锡兰等国家。他带着大批金银财物,每到一个国家,先把明成祖的信递交国王,并且把带去的礼物送给他们,希望同他们友好交往。许多国家见郑和带那么大的船队,态度友好,并不是来威吓他们,都热情地接待他。

郑和这一次出使,一直到第三年九月才回国。西洋各国国王趁郑和回国,也都派了使者带着礼物跟着他一起回访。在出使的路上,虽然遇到几次惊涛骇浪,但是船上有的是经验丰富的老水手,船队从没出过事。只是在船队回国、经过旧港的时候,却遇到了一件麻烦事。旧港地方有个海盗头目,名叫陈祖义。他占据了一个海岛,纠集了一支海盗队伍,专门抢劫过往客商的财物。这回听到郑和船队带着大批宝物经过,分外眼红,就和同伙计议,表面上准备迎接,趁郑和不防备,就动手抢劫。

这个计谋被当地人施进卿得知,他偷偷地派人到船队告诉了郑和。

郑和心想,我手下有2万兵士,还怕你小小海盗？既然你要来偷袭,就非得给你点教训不可。他命令把大船散开,在旧港港口停泊下来。命令船上的兵士准备好火药、刀枪,严阵以待。

夜深的时候,海面上风平浪静,陈祖义带领一群海盗乘着几十艘小船直驶港口,准备偷袭。只听到郑和坐船上一声火炮响,周围的大船都驶拢来,把陈祖义的海盗船围住。明军人多势大,早有准备,把陈祖义杀得大败。大船上的兵士丢下火把,把海盗船烧着了。陈祖义想逃也逃不了,只好乖乖地当了俘虏。

郑和把陈祖义捆绑了起来,押回中国。到了京城,向明成祖献上了俘虏。各国的使者也朝见了明成祖,送上大批珍贵的礼物。明成祖见郑和把出使的任务完成得很出色,高兴得眉开眼笑。

后来,明成祖相信建文帝确实是死了,没有必要再去寻找。但是出使海外的事,既能提高国家的威望,又能促进跟西洋各国的贸易往来,好处很多。所以打那以后,一次又一次派郑和带领船队下西洋。

从1405年到1433年的将近30年里,郑和出海七次,前前后后一共到过印度洋沿海30多个国家,最远到达非洲的木骨都束国(在今索马里的摩加迪沙一带)。到郑和第六次出使回国的那年,明成祖得病死了。他的儿子明仁宗朱高炽即位后,不到一年也死了。继承皇位的明宣宗朱瞻基,是一个八九岁的孩子,由祖母徐太后和3个老臣掌权。大臣们认为郑和出使7次,国家花费太大,到国外航行的事业就停了下来。

郑和的7次航行,表现了我国古代人民顽强的探索精神,也说明当时我国航海技术已经有很高水平。通过郑和出使,促进了我国和亚非许多国家的经济文化交流和友好往来。直到现在,那些国家里还流传着三保太监的事迹。

王璋巧妙施计息叛乱

王璋在明成祖永乐年间作右都御史时,有人告发周王府将图谋叛乱。皇上听说后想趁周王府还未起事,就派兵去讨伐,他就此事询问王璋。王璋说:"周王谋反,目前还没有什么迹象,现在就去讨伐他,是师出无名。"皇上说:"兵贵神速,等他出了城,事情就不好办了。"王璋说:"以臣的愚见,可以不用出兵,臣请求前往,处理此事。"皇上问:"你需要多少人一起去?"王璋回答:"只要三四个御史随同前往就足够了。但是需要一道圣旨,指派我巡视那个地方才可以。"皇上就派学士草拟了敕文。当天王璋就起程了。

第二天早上,王璋直达周王府。周王十分惊愕,忙将王璋引到厢房,问王璋来做什么。王璋告诉他:"有人告发你图谋叛乱,臣就是为这个来的。"周王连忙跪下。王璋说:"朝廷已经命令丘大帅,领兵十万前来讨伐,马上就要到了。臣因为你谋反的事还没有行迹,所以先来告知你,考虑这事该怎么办。"

周王全家都围着王璋痛哭不止。王璋说:"哭有什么用处呢?希望你能用实际行动来消除皇上的怀疑。"周王说:"我十分愚驽,不知道该怎么办好,只有请王公指教。"王璋说:"你能将护卫军献给朝廷,就会平安无事。"周王答应了。

王璋于是派人飞马回禀皇上,皇上大喜。王璋便向周王出示了朝廷的敕令:"护卫军三天后还不迁移的,处以斩首之刑。"没过几天,周王府的护卫军就解散了。一场即将发生的兵变,就这样被消弥于萌芽之中了。

解缙巧言称帝意

解缙是明初大学者,机智善辩。有一次,明成祖朱棣命令他给《虎顾众彪图》题诗,当时解缙知道明成祖打算废掉太子朱高炽,便故意在画上题了这样几句诗:"虎为百兽尊,谁敢触其怒?唯有父子情,一步一回顾。"明成祖一见这首诗深为感触,便打消了废太子的意图,派人将太子从南京接回京城。

一天,明成祖由解缙陪同出游。在途经一座小桥时,明成祖想为难一下解缙,便问他该如何解释。解缙机智应答道:"这叫一步高过一步。"下桥时明成祖又问解缙该怎么说,解缙说:"这叫后面更比前面高。"

李时勉廷辱明仁宗

明初李时勉自中进士、选为庶吉士进学于文渊阁后,慷慨激昂,以天下为己任,先后任刑部主事、翰林院侍读。1421年,永乐帝迁都不久,诏求直言,他即条呈时务政事,因反对营建和迁都北京,惹恼了朱棣,气得朱棣把时勉的奏疏掷之于地。过一会儿,又拾起来阅览,如此者两三次,渐渐觉得李时勉讲得有道理,以后多有施行。到了1425年5月洪熙帝已经疾病缠身,李时勉再次上疏言事,规谏朱高炽节民力,谨嗜欲,勤政事,务正学。朱高炽看到奏疏,暴怒不已,把朱时勉召到便殿面陈。朱时勉言词激烈,毫不示弱,朱高炽命武士金瓜扑打,致使时勉肋骨折断,被拽出便殿,已经奄奄一息。过不几天,下令贬李时勉为御史,还要他一天理一案,言一事。嗣后又收回成命,将他投入监狱。李时勉与一锦衣千户是好朋友,恰逢千户到监狱理事,看到李时勉的名字,即秘密请医生诊治,才免于一死。朱高炽病重卧床不起之时,仍不忘李时勉,对夏原吉说:"李时勉在廷殿侮辱我"。当天,朱高炽病死。1426年11月,有好事者报告宣德帝朱瞻基说:"李时勉曾当众侮辱先帝,还留有遗言。"朱瞻基大怒,命使者立即把李时勉解来,由他亲自审问斩首。过一会又令王指挥把李时勉直接押赴西市处死,不要他来见。王指挥从端西旁门而去,而使者解李时勉从端东旁门而来。朱瞻基一见李时勉,就大骂:"你是什么东西。竟敢当众侮辱先帝!你在奏疏中都写了些什么,赶快道来!"李时勉叩头道:"我规劝先帝远妃嫔,近贤人,又劝皇太子不宜离左右。"朱瞻基点头,怒气稍解,李时勉又陆续谈及奏疏中写的五六件事。朱瞻基令他全部陈述,李时勉说:"小臣惶惧,记不清全部内容。"朱瞻基说:"是不是有难言之隐。你的奏疏草稿现在哪里?"答说已经销毁。朱瞻基长叹一声说:"忠臣,忠臣!"立即赦免,官复原职。等到王指挥回来复命,李时勉已经穿戴好官服帽站立在阶前了。

明宣宗"德廉仁厚"谕群臣

明朝仁宗高炽、宣宗瞻基,为守成之君,勤于政事,注意吏治,社会经济得到稳步发展。因此,史称"仁宣之治"。1427年4月,朱瞻基以德、廉、仁、厚诫谕群臣,他说:"执政应以廉为要,而所谓廉,就是遇事以法律条例为准绳,裁决公允,治理政事才能平稳。对人,要以仁为本。凡讲求仁的,都能想到别人的难处,厚待于人,而使百姓多得到恩泽。总的说来,忠以奉国,敬以勤事,都是古代的贤臣良将恪守的原则。"又与夏原吉谈及古人信谗的事,他说:"进谗谄谀之人,能变白为黑,诬正为邪,言语似忠,而心则险恶。我时刻警惕着,不让谗言乘虚而入,枉害忠良。汉朝的汲黯,因其正直,才能阻遏奸邪得逞。希望诸臣以此为法。"正由于瞻基善于防谗任能,才得到"守成之君"的美誉。

土木堡之变 皇帝当俘虏

1449年秋,出了一件稀罕事儿,堂堂"大明皇帝"明英宗竟成了蒙古瓦剌部首领也先的阶下囚。这件事还得从宦官王振说起。

王振是明代第一个专权的大宦官。他是山西蔚州(今山西省蔚县)人,很早就进宫当宦官,认识不少字,怪机灵的,善于揣摩皇帝的心意,所以得到了明宣宗的赏识。明宣宗的儿子朱祁镇被立为太子，王振被派去侍奉，并教太子读书认字。王振平常十分严肃，朱祁镇有点怕他。

　　朱祁镇当皇帝的时候，才9岁。皇帝年幼无知，教过皇帝读书认字的贴身宦官王振，身分突然显赫起来，权势也就不断地膨胀，小皇帝称他为先生，朝廷政事都得听他的。大臣们谁要不买他的帐，王振就找碴儿整人，侍讲刘球在奏章中得罪了他，王振怂恿明英宗把刘球关进牢狱，派心腹把他杀了；御史李铎遇见王振不下跪，便被降职并调到铁岭卫(今辽宁省铁岭县)；驸马都尉石璟骂了王振家的阉宦，被王振逮捕下狱，几乎送掉性命。凡是对王振不礼貌的大臣，都遭到了他的陷害和打击。而那些对王振阿谀奉承、溜须拍马的无耻之徒，却步步高升。例如工部侍郎王佑，不长胡须，王振问他："你为什么没有胡子?"王佑奴颜婢膝地说："爷不长胡须，儿怎么敢长呢!"宦官因为自幼被阉割，不生胡须，本是生理现象。一位堂堂侍郎，为了谄媚宦官，竟然说出这种话来，实在叫人恶心! 所以当时被传为笑话。可是王佑却得到了王振的欢心，从此官运亨通。

　　1449年，明英宗已经23岁了，按理说应该懂点道理了，可还是王振说什么他就信什么。当时我国蒙古族的瓦剌部落十分强盛，它的首领脱欢被明朝政府封为顺宁王。脱欢死后，他的儿子也先继了王位，总想和内地多做一些买卖，以满足本族人的需要，但常常遭到守边将领的限制。也先对此十分不满。1449年的春天也先派两千多人向朝廷贡马(实际是交易的一种形式)，为了多得赏赐，谎报是3000人。王振因此恼怒，说是欺骗朝廷，仅给马价的五分之二，并叫礼部不要给多余的人饭吃，这一来就伤了和气，据说也先还想与明朝通婚，也遭到了拒绝。在这种情况下，也先策划率兵内侵。

　　这年7月，也先大举入寇，兵锋锐不可当。山西大同守军接连战败，许多边寨城堡失守，边报很急，朝廷派驸马都尉井源率兵四万增援。王振却轻视敌人，又想建立奇功，以巩固自己的地位，便劝明英宗御驾亲征。他以为大兵一出，即可马到成功，待到凯旋的时候，邀皇帝路过他的家乡，自己也可炫耀权势，光宗耀祖。

　　也许明英宗在皇宫里呆腻了。想借此机会出去玩玩吧，总之他接受了王振的劝说，下了一道谕旨，决定第三天起程，御驾亲征。朝中的官员们一听，都大吃一惊，认为这样冒险了。吏部尚书王直率领大小群臣到皇宫午门外跪了一大片，恳求更改成命。在王振的怂恿下，明英宗根本不听。

　　七月七日那天，明英宗把留守北京的任务交给了他的弟弟郕王朱祁钰，亲自统帅五十万大军,浩浩荡荡地出发了。这是一次灵机一动的亲征,军队都是仓促调集起来的,既不了解敌情,缺乏作战方略,又没有足够的后勤准备,怎么能不打败仗呢?加上大军自出居庸关后,从怀来到宣府(今河北省宣化县),连日风雨交加,道路泥泞,人困马乏,粮草又接济不上,因而士卒大批地生病饿死,路上到处横着死尸。有些从征的大臣,看到这种情况实在担心,不断上章乞留,不要冒进。王振哪里懂得军事,不仅不听,反而大怒,叫人把他们押到军中去游街示众。

也先得知明军北进,就采取诱敌深入的战略,表面不动声色,静待战机,明英宗毫无主见,拖着疲惫的军卒到了大同,不经整顿,便命令继续北进。

也先探知了这些情况,认为时机已到,在两山之间的要冲设下埋伏,一举包围了先锋井源的部队。西宁侯朱瑛和武进伯朱冕率前军增援,又中埋伏,厮杀了半日,结果全军覆没。失败的消息传来,英宗十分惊恐,王振六神无主,从臣们建议御驾赶快回去,在慌乱匆忙中,英宗决定退兵。

在撤退的时候,大同总兵官郭登建议皇帝从紫荆关绕道还京,王振不听,由原道而回。明英宗刚回军到狼山,也先率骑兵就追来了,王振慌忙派成国公朱勇带主力骑兵抵御,自己和皇帝仓皇逃跑。明英宗跑得最快,当天傍晚到了距离怀来县二十里的土木堡。从臣们请他进怀来县城以便防守,他因王振未到,执意等待。等王振到后,却不想再往前走了。兵部尚书邝埜等人建议分兵严防后路,提高警惕,同时请皇上星夜赶入居庸关,以确保安全。王振不仅不采纳这个正确的意见,反而讥讽兵部尚书是"腐儒",根本不懂得什么"兵事",并决定停止行军,在土木堡过夜。

也先在狼山的鹞儿岭,利用有利的地形,从山的两翼邀击夹攻,消灭了朱勇的大部分兵力,并且连夜杀奔到了土木堡。第二天明英宗和王振刚想启程,一见敌兵遍野,吓得没敢动弹。这个地方缺乏水源,根本没法防守,明军因为连续吃败仗,士气很低,又不敢和也先交锋,所以一连被困了三天,人马渴死的就有不少。面对内无粮水、外无援兵的困境,实在没有办法,只得冒险突围。

也先十分狡猾,单等明军阵营一拉长,便两面夹攻,瓦剌士兵手执长刀,奋力砍杀,士气非常旺盛,大喊"解甲投戈者不杀!"呼声震天动地,一下子就把饥饿、干渴、疲惫不堪的数十万明军打垮了,随军的大小官员数百人也死于乱军之中。那个不可一世的王振,在兵败之际,被气愤的护卫将军樊忠用锤砸死了。

明英宗呢?说来也真侥幸,在如此激烈的战斗中,掩护他的卫士死的死,伤的伤,有的满身中箭,像刺猬一样,他却安然无恙,一点都没伤着。他见败局已定,实在无法脱逃,便绝望地滚下马来,干脆盘腿坐在草丛之中,等待死神的到来。

战斗结束后,瓦剌军队打扫战场,收集战利品,发现了他,一个敌兵见他穿的衣甲特别好,叫他脱下来,他还想保持皇帝的尊严,不给。那个敌兵火了,拔出钢刀便要宰他。旁边一个敌兵上前阻拦说:"别急,我看这人的穿着举动和别人不一样,听说大明皇帝亲自带兵来的,该不是他吧?带走再说。"于是,明英宗被带到一个叫雷家站(即当时的保安州,今河北省怀来县西北)的地方。也先为了证实这个俘虏的身分,叫了两个曾经见过明英宗的瓦剌人去辨认,证明确实是明朝当今皇帝。

土木堡一战,明英宗被俘,数十万军队被歼,数百名官员丧命。历史上把这次战役称作"土木之变"。

抓到了皇帝,这当然是最大的战利品了,也先非常高兴,大明天子做了他的阶下囚,这胜利是多么辉煌啊!但是,高兴之余,该把明朝皇帝怎么处置呢?也先犯难了,为此他不得不召开部将会议。部下意见很不一致,有的言辞激烈,主张杀掉;有的认为暂时控制在手,以便对明廷敲榨勒索;有个叫伯颜帖木儿的将领,却坚决主张送回明英宗,以便和明朝重新和好。也先呢?面对着这个意外的胜利,心事重重。他想乘机恢复大元的一统天下,又觉得力量单薄,没有实现的把握,万一弄巧成拙,后果不堪设想,但又不想放弃尝试的念头,最后把明英宗交给了伯颜暂时看管起来。此后,也先一面用明英宗作人质,要挟勒索明廷;同时带兵南下,包围了北京,并四处抢掠财物。

于谦保卫北京

土木堡大败的第二天,即1449年8月16日深夜,一匹急驰的骏马,驮着怀来守将派遣的报使,由西长安门仓皇地奔入皇宫,把明英宗被俘的消息告诉了皇太后和郕王。刹时间宫廷里一片慌乱,恐惧万分。当晚,这一消息不胫而走,满京城里的大小官员都惊呆了。天不亮,他们便不约而同地会聚到午门之外,也不知道是由于害怕还是出于悲愤,竟然哇哇地哭了起来。

黎明的时候,郕王朱祁钰来到午门左门接见群臣,大家争着向他弹劾王振的罪状。郕王缺乏主见，只说了句"王振的事以后再说。"这下可把大臣们惹急了，你一言我一语地大声叫嚷起来，要求立即下令族灭王振，平民愤，安人心。郕王哪里见过这种场面，慌忙从椅子上站起来，向宫里走去，并叫人赶快关上午门。群臣一时冲动，顾不得平日的礼仪规矩，一拥而上，吓得郕王不知道这帮人究竟要干什么。

兵部侍郎于谦拉住郕王的衣服，说："殿下，这可是关键时候，您不能走。群臣的心都是为了国家，没有别的意思。王振是祸首，不下令抄没他怎么能平息大家的气愤呢？"郕王这才稍微镇静下来，叫宦官金英传令，命锦衣卫指挥马顺去抄没王振的家。大臣们嚷道："马顺是王振一党，怎么能叫他去！"就在这时候，给事中王竑在混乱的人群里一把揪住了马顺的头发，喊道："奸党在这儿！"于是众人一哄而上，一顿拳打脚踢，马顺顿时血流遍体，呜呼哀哉了。

人们总算泄了一点愤。在于谦的提醒下，郕王说了几句"奖谕百官"的话，文武百官这才各自散去。吏部尚书王直看见于谦为了保护郕王，在众人的推搡中袍袖都被撕破了，拉着他的手感慨地说："今天的事情多亏了您，我虽是个老臣，但一百个也顶不了你一个！现在朝廷正需要借重你呀。"

于谦是杭州人，永乐时中进士，当过御史、巡抚，是明初很有作为的官员之一。他办事认真、果断，很有魄力，所以王直的话是一点也不过分的。

"午门事件"增添了北京城里的紧张空气。街谈巷议，谣言四起，弄得居民惶惶不安。当时五十万精兵全被也先击破了，留守京城的兵力不足十万人，而且都是英宗出征时选剩的老弱残卒。对于战与和这样的军国大计，皇太后和郕王举棋不定，大臣吵闹不休，都增加了人们的忧虑。

最后还是有赖于谦的魄力，总算把大政方针决定了下来。一次，在朝廷商讨严重时刻应采取什么紧急措施的时候，大臣们主张不同，又吵了起来。侍讲徐珵危言耸听，妄言"天命已去，只有南迁才能消灾免祸。"正是这个家伙，连日来到处煽动别人送家眷南逃。于谦厉声说："倡议南迁的人，就应该杀头！"一下子使大家静了下来。他接着说："京都是天下根本，人心所系，怎么能随意搬动呢？难道宋朝南渡的事例忘掉了吗？现在的办法就是赶快调集军队，安定民心，积极准备战守，稳定局势。"他陈述的理由，得到了一些大臣的赞同，皇太后才下了最后的决心。

按照封建社会的礼法观念，"天下不可一日无主"，皇太后立英宗的儿子为皇太子。可太子年龄太小，为了有效地对付瓦剌的威胁，这年九月，郕王登上大位,做了皇帝,历史上叫景泰皇帝。升任于谦做兵部尚书,并且根据他的建议,诏宣府、辽东、山东、河南、陕西等处巡抚带兵入援京都。

于谦在国家危难之中接受任命,为了"内固京师,外筹边镇",他一面命令各边关镇守将领加强防备,一面奏请景泰皇帝批准,敕令工部从速修缮器甲、战具。同时派兵严守京城九门,把靠城的居民全部迁进城内;还选拔几名能干的文臣做巡抚,提升能战的石亨、杨洪做将帅。而他自己也以军国大事为己任,立下军令状:"不见成效,甘受处罚。"

景泰皇帝也给了于谦最大的信任,明令各营将士一律听从于谦的指挥,都指挥以下的将官,如果不服调用或失职犯禁,可以先斩后奏。当时,虽然说各地入卫京师的军队已陆续到达,备战工作也基本就绪,但土木堡50万精锐的惨败,使得将领们都有些畏怯。在于谦召集各将领研究战守方案的时候,身为总帅京营兵马的石亨就竭力主张把军队全部撤进城内,以土壅闭城门,坚壁清野。他认为敌人无法破城,自己便会退却。不少将领同意他的说法。于谦指出这将使敌人的气焰更加嚣张,只有打败他,才能得到和平。于是重新调配了兵力,除守城兵以外,用20多万人马,列阵在北京九门之外。他自己亲率石亨等人扎营在德胜门外,面对着敌来的方向。针对将士的怯懦,于谦还下了一道严令:凡临阵打仗时,将官不顾士兵先退缩的,斩将官;士兵不顾将官先退的,后队斩前队。同时,下令封闭了北京的所有城门,堵塞了退路,使将士增加了死战的决心。

这年冬天10月上旬,也先带领大兵挟持英宗皇帝南下,攻破紫荆关,过易州(今河北省易县),到良乡,一路势不可挡。10日,在呼啸的寒风中跨过卢沟桥,进抵北京城下,并将他的重兵摆在西直门外。于谦根据敌营阵势,略作调整,叫都督王通、御史杨善负责守城;叫都督孙镗列阵城西,派刑部侍郎江渊做参军;自己穿上铠甲战袍,亲率石亨等领兵据守在德胜门外,严阵以待。

也先的大本营设在北郊土城。为了侦察德胜门外明军的兵力部署,他派出了数骑探马。为了迷惑敌人,于谦即令石亨利用迁空的民舍设下埋伏,同时也派出少量游骑诱敌来攻。也先以为明军驻防城外的兵力有限,命令万余人马发起进攻。当进入伏击圈后,明军一跃而起,枪炮火箭齐发,也先的弟弟索罗、大将毛那孩首先中炮身亡。乘敌人慌乱的时候,石亨手执大斧,挥军直冲敌阵,奋勇砍杀;于谦亲自督战,杀得敌兵溃不成阵。也先见势不妙,企图撤回土城。明军紧追不放,居民见瓦剌兵败,都爬上屋顶,向敌人投掷砖石,呐喊助威。也先进退两难,转向西面败逃。都督孙镗率军拦截,杀伤很多。也先只得率部向南转移,到彰义门(今阜成门)时,又遭到石亨义子石彪的截击,神机营都督范广用火枪火箭助阵。霎时间,枪炮轰鸣,杀声震天,又是一场恶战。于谦命石亨领兵赶到,杀退了也先。

也先环攻北京屡战失利,知道明朝已有准备,料难实现自己的野心;拿明英宗归还作诱饵,朝廷也不上当;眼下天寒地冻,如不能速战速决,万一明军集结,自身就有不保的危险。于是,他开始寻找退路,先派五万兵马攻打居庸关。明朝守将罗通见也先军队蜂拥而来,连夜用水浇城。这时寒风凛冽,滴水成冰。城墙外结成厚厚的一层冰,又光又滑,使敌人无法攀登。也先想不出好办法,只得挟持着英宗,从原路退了回去。

于谦探知也先15日拔营撤退,连夜命令石亨率领各营用大炮袭击敌人营垒,杀死杀伤数万敌人。敌人经良乡仓皇西去,所经过州县大肆抢掠。明军尾随追击,在清风店、固安等地又多次击败了敌兵,也先裹挟着明英宗匆匆地出了紫荆关,回到了卫拉特(瓦剌)部。瓦剌军队对北京的威胁也就解除了。

为了进一步加强对京师的守护,于谦除采取有力措施,巩固北边防务之外,还在西面和南面的涿鹿(今河北省涿县)、真定、保定、易州等处设镇屯兵。他还改革军制,设立团营,从各营中挑选了马步骁勇者15万人,分为10营,每营委派一名都督;每5000人为一小营,委任一名指挥管带;以石亨、杨洪等人为总兵,自己兼任总督。将士们每天都得在营操练战阵。这样,就大大地提高了军队的作战能力。

于谦临危不惧,运筹策划,指挥若定,挽救了明廷的一次危难,在惊涛狂澜中起到了中流砥柱的作用。所以,也先此后虽曾入寇大同,包围代州(今山西省代县),但都一再受挫,始终没能长驱深入。明王朝和它的首都北京,在七八十年内再也没有受到敌骑的蹂躏。

杨一清设计除刘瑾

明武宗时,安化王寘鐇叛乱,武宗命都御史杨一清、太监张永起兵讨伐。杨一清与张永率大军西进。一日,杨一清叹息着对张永说:"藩宗叛乱容易清除,而朝廷内乱不可预测。"张永不明白什么意思,问道:"这话是什么意思?"杨一清反问道："你怎能一日忘情？所以没有能给你出谋划策的人。"说着，用手指写一个"瑾"字。张永说："刘瑾日夜在皇上左右，皇上一日不见他就心中不乐。而今他已羽翼丰满，耳目到处都是，如何是好？"杨一清说："你也是天子宠臣，如今讨平叛逆的重任，不也是交给你了，皇上对你的信任可想而知的，你先试着班师回朝，假说请圣上抽空谈谈宁夏的事。皇上一定会问你，你就在这时呈上王寔鐇伪造的檄文，并说刘瑾乱政凶诈图谋不轨，海内愁怨，天下将要大乱。皇上英明果断，一定知悟，并大发雷霆，诛杀刘瑾。刘瑾被杀，你得势，也应该进一步矫正刘瑾的倒行逆施。吕疆、张承业和你携起手来，是千载难逢的三人。"张永又问："事情不成怎么办？"杨一清回答说："他人说话，成不成不可知，话从你嘴里说出来的，必成无异。但你说明，要有个端由，且要委婉一些。万一皇上不信，你顿首请求一死，愿死在皇上面前。你马上退下，刘瑾必定被杀。"杨一清又泣涕顿首说："你答应我请求的话，就马上动手，切勿延缓。事情若败露，祸难就将接踵而至。"张永奋臂而起说："我豁出老命报答皇上的恩德。"

等到活捉安化王寔鐇后，张永从宁夏到京师献俘请功，皇上亲迎到东华门，摆了盛宴为他接风洗尘。至深夜，刘瑾先退下。张永从怀中取出已拟好的上疏，告发刘瑾挑起了宁夏叛乱，心怀异志，将要图谋不轨的罪状。张永的好友张雄、张锐也从旁边帮腔。皇上说："算了，别说这些了，还是喝酒吧！"张永说："离开这一步，我们就得没命，再也见不到陛下了。"皇上说："刘瑾他到底想要得到什么？"张永说："他要取得整个天下。"皇上说："那就随他的便吧！"张永说："那么置陛下于何地呢？"皇上听了这些话猛然醒悟，准了他的奏章。当夜就命令逮捕刘瑾。

时值半夜，刘瑾正在做美梦呢。兵士们破门而入，刘瑾慌忙穿起衣服，快步跑出房门，被士兵捉住投入监狱。后降职为奉御。刘瑾在家无事便去凤阳闲住。武宗命令群臣议定刘瑾该当

明世宗

明世宗，名朱厚熜，为宪宗之孙，兴献王之子，因武宗无嗣而入继大统，年号嘉靖。即位初期任用杨廷和为首辅，锐意改革，罢除各地镇守宦官，免除额外征敛，颇多善政，但不久他就挑起大礼议之争，朝中正直人士为一空。从此他宠佞臣，迷信方术，任用奸相严嵩达20年之久，国政已坏，后因服食方士进献的丹药而死，在位45年。

何罪,最初皇上还不想定刘瑾死罪。可是,刘瑾失势后还不满意地说:"论富有我比不上一个普通的太监呢!"这时,武宗搜得刘瑾大量家财,有黄金二十四万锭又五万八千八百两,元宝五百万锭又一百五十八万三千六百两,还有许多财宝和武器。明宗见状大怒:"刘瑾果然要造反!"便将刘瑾拘执到午门问罪,刘瑾大言不惭地说:"满朝公卿皆出自我的门下,看谁敢审我!"百官一时被吓住了。驸马都尉蔡震站出来说:"我是圣上的国戚,不出你门,可以问你。"于是,叫人打刘瑾的耳光问道:"公卿百官当为朝廷所用,怎么操纵在你的手里?还有你为何私藏兵甲?"刘瑾回答说:"这是用来保卫圣上的。"又问:"为什么藏于私家?"刘瑾支吾不出。刘瑾一案上奏武宗,武宗把刘瑾处了凌迟罪。第三天枭首示众,众多被刘瑾迫害的人,争相买他的肉吃,不一会就吃光了。

青词宰相严嵩

青词是斋醮时候祷告神灵的表文。下面要说的是靠写青词当了宰相的严嵩。明世宗迷信道教,朝臣们便争相迎合皇帝的心理,装出一副崇奉道教的样子,而皇帝也格外赏识他们。只要谁的青词写得好,他就立刻可以得到高官厚禄,甚至超升做内阁首辅(相当于宰相)。所以后人写诗说:

试观前后诸公辅,谁不由兹登政府?

君王论相只青词,庙堂衮职谁更补。

庙堂是指朝廷,衮职是指高级的官职。严嵩就因为写得一手好青词,讨了明世宗的欢心,才爬上宰相的宝座,成了权势极大的人。

严嵩,字惟中,分宜(今江西省分宜县)人。明孝宗弘治时中了进士,做了几年小官,因病又回家读了十年书。他的诗文作得不错,当时还颇有点名气,只是人品太次,总爱逢迎拍马,讨好上司,更善于揣摸皇帝的心理和意图,是个对上谄媚,对下狠毒的人。他顺着皇帝心意说话,得到赏识,当上了礼部右侍郎(相当于现在的副部长)。有一次,他奉命去祭告世宗父亲的陵墓,回京之后,向皇帝编了一套鬼话,说:"臣去的时候,阴雨连绵,祭奠的那天,忽然晴朗起来。在枣阳采碑石的时候,群鹳在空中飞舞,真是天神眷爱啊。"本来信神就信得邪乎的明世宗一听,满心欢喜,便把严嵩的官连升了两级,当了南京的吏部尚书,(明成祖迁都北京以后，南京一直保存着"留都"的名义，同样设有吏、户、礼、兵、刑、工六部，并任命相应的官职）。

严嵩摸透了明世宗的脾气，搜肠刮肚专拣皇帝爱听的说，因此不久就从南京调到北京，做了礼部尚书。有一次，明世宗要把自己的父亲也尊称为皇帝，好把他供奉到太庙里去。他让大臣们拟个庙号，多数人不同意这样做，严嵩却写了一份进尊号的详细计划，又一次得到赏赐。后来明世宗加太祖朱元璋尊谥圣号的时候，严嵩胡说看见了五彩祥云，请皇帝接受群臣的朝贺，自己还专门写了两篇歌功颂德的文章。明世宗十分高兴，让把这两篇文章作为历史文献存入史馆，并且加封严嵩为太子太保。从此以后，世宗斋醮的祝告表事（即青词），只有严嵩写的他才满意。

严嵩就是这样靠处处讨皇帝的欢心，一步步地爬了上去，终于当上了内阁大学士。他越发装出殷勤谨慎的样子，因而得到世宗的青睐，赐给他一颗银印，上面刻着"忠勤敏达"四个字，认为他忠实勤恳而且能干。

严嵩得宠之后，他的儿子严世蕃也跟着飞黄腾达起来。严世蕃没什么功名，因为他父亲的缘故，皇帝赐官太常寺卿（管祭祀礼乐的官），后来晋升为工部左侍郎。他是个大胖子，脖子短，瞎了一只眼，是个独眼龙。为人也心术不正，阴险毒辣，什么都敢干，比他父亲还要坏十倍。他凭借父亲的势力，以权谋私，拉帮结伙，帮他父亲干了种种坏事。

对严嵩父子的贪赃枉法行为，许多朝臣先后不断进行揭露和弹劾，可明世宗不但不过问，反倒给严嵩加官晋爵。严氏父子更加有恃无恐了。为了巩固自己的地位，严嵩在世宗跟前表现得越发顺从谨慎，白天即使事情不多，也老待在内阁中装做办理公务的样子，晚上在家撰写或修改"青词"。可背地里，严嵩却让儿子在外广泛结交，在朝臣中拉帮结派，贿赂宦官，并利用自己手中的权力，排斥打击异己力量。

严氏父子的恶行，正直的官吏见了更加气愤，纷纷上奏皇帝。有个御史叫叶经，揭露严嵩先后接受了六千两银子的贿赂，替两个不该继承藩王爵位的人说情。永寿王妃为此击鼓奏诉朝廷，要求惩办严嵩。这次严嵩真害怕了，急忙跑到皇帝面前为自己开脱。明世宗竟然安慰他说："他们俩能否继承王位，派人去查查就是了；你安心任职，不必介意。"

严嵩见皇帝既不追究也不怪罪，十分得意，从此胆子更大了。对于弹劾自己的官员，怀恨在心，变着法儿地整人，不择手段地图谋杀害。不久他就无中生有，故意激怒明世宗,把叶经逮捕,活活打死了。他还用各种借口和狡猾的手段,把弹劾过他的朝臣二十多人罢了官,其中杨继盛等六人被陷害致死。还有的是因为严氏父子索贿不给而被杀害的。例如,王忬家有一幅名贵画轴,严氏父子看中了,便强要夺为己有。王家舍不得,只好把临摹的副本奉献。严嵩非常恼怒,借故诬陷王忬,把他杀害了。

为了能够独揽大权,严嵩不断在明世宗面前拨弄是非,把几个比他名望高的阁老相继排挤出去。其中有一个人是他最嫉恨的,那就是夏言,夏言也是因为写"青词"得到世宗欢心才当上内阁首辅的。他入阁早,名望重,就成了严嵩的眼中钉。夏言也是个傲慢之辈,压根儿没把严氏父子放在眼里,平时办理公务都是独自拿主意,请旨(皇帝批准)行事,不和严嵩商量。严嵩对他自然十分不满,千方百计图谋报复。

后来严嵩勾结夏言的对头——锦衣卫都督陆炳对他构陷罪名,大肆攻讦,结果夏言两遭罢斥,最后在议复河套一案中牵连被杀,严嵩遂得独秉国政。

河套之议

1546年夏,明朝命巡抚山西兵部侍郎曾铣(字子重,江都人)以原官总督陕西三边军务。曾铣见蒙古骑兵驻牧河套,逼近关塞,频频侵扰陕西、山西等地,深为北边之患,同年12月便上疏修墙、复河套二策,计划3年内收复河套地区。为此他奏请朝廷发银数十万两。世宗闻奏后大为赞同。内阁辅臣夏言想借助边功巩固自己的地位,更是不遗余力地助成曾铣之说。然而生性多疑的世宗对夏言与曾铣之间的关系产生了怀疑,从而对出兵河套的信心产生了动摇。1548年,严嵩窥知世宗已无意收复河套,于是乘机上疏极力反对出兵收复河套,且借此大肆攻击政敌夏言。夏言极力疏辩,但得不到世宗的信任,诏令革去夏言所有官阶,勒令退休,同时命令锦衣卫官校逮曾铣入京问罪。在严嵩的反复挑拨下,同年3月,曾铣被处以死刑,随后夏言也被弃市。自是,"后竟无一人议复河套者"。

海瑞骂皇帝

1564年,一个浙江省淳安县知县被调到朝中任官户部主事,他就是中国历史上著名的清官海瑞。不过这时他还只是一个默默无闻的中下级官吏,而且当时谁也不曾想到,这位名不见经传的官员,两年后却因一次直言进谏而名扬天下。

当时正值明世宗朱厚熜晚年。明世宗是中国历史上有名的"道君皇帝",他笃信道教,自中年以后,便深居皇宫西苑,日事斋醮,炼制丹药,祈求长生,不理朝政。朝中官员,虽有人对此不满,却不敢冒死进谏,更有一些佞幸小人,投世宗之所好,争上符瑞,献媚取宠,将朝廷内外搞得乌七八糟,腐败不堪。海瑞入朝为官两年,亲眼目睹了这种腐败混乱的状况,他深知问题的关键在于明世宗的妄诞所为,又忿于满朝文武缄口不言,于是拍案而起,奋笔写成了震惊当世的《治安疏》。

在这篇奏疏中,海瑞首先将世宗与历代贤君进行了对比,批评世宗"一意修真,竭民脂膏,滥兴土木,20余年不视朝,法纪弛矣。"又说:"古者人君有过,赖臣之匡弼。今乃修斋建醮,相率进香,仙桃天药,同辞表贺。建宫筑室,则将作竭力经营;购香市宝,则度支差求四出。陛下误举之,而诸臣误顺之,无一人肯为陛下正言者,谀之甚也。然愧心馁气,退有后言,欺君之罪何如!"海瑞甚至直接批评世宗的错误:"陛下之误多矣,其大端在于斋醮。斋醮所以求长生也。自古圣贤垂训,修身立命曰'顺受其正'矣,未闻有所谓长生之说。尧、舜、禹、汤、文、武圣之盛也,未能久世,下之亦未见方外士自汉、唐、宋至今存者。陛下受术于陶仲文,以师称之。仲文则既死矣。彼不长生,而陛下何独求之!"奏疏最后指出:"陛下诚知斋醮无益,一旦翻然悔悟,日御正朝,与宰相、侍从、言官讲求天下利害,洗数十年之积误,置身于尧、舜、禹、汤、文、武之间,使诸臣亦得自洗数十年阿君之耻,置身于皋、夔、伊、傅之列,天下何忧不治,万事何忧不理。此在陛下一振作间而已。释此不为,而切切于轻举度世,敝精劳神,以求之于系风捕影、茫然不可知之域,臣见劳苦终身,而终于无所成也。"

这便是著名的《治安疏》。在这篇奏疏中,海瑞大胆引用了当时百姓抱怨嘉靖的民谣:"嘉靖者,家家皆净无财用也。"海瑞骂皇帝也正是由此而来。这篇奏疏,"侃侃千余言,有批鳞折槛之风。一时中外人士,无不想望风采。"

海瑞的上疏,触动了明世宗的疼处,崇奉道教,祈求长生是明世宗最忌讳别人提到的事,他览奏大怒,将奏疏扔到地上,吩咐左右说:"速执之,无使得遁!"宦官黄锦在一旁说道:"此人素有痴名,闻其上疏时,自知触忤当死,市一棺,诀妻子,待罪于朝,僮仆亦奔散无留者,是不遁也。"听到这番话,明世宗沉默良久,再命人取过奏疏披阅,也不得不为海瑞的忠直敢言而叹息。他对侍臣说道:"此人可方比干,第朕非纣耳。"承认海瑞有如商朝忠臣比干,而自解并非纣王,明世宗至此尚无自知,实在可悲可叹。

几个月后,明世宗病危,想起海瑞的奏疏,不由怒道:"朕不自谨惜,致此疾困,使朕能出御便殿,岂受此人诟詈耶?"下令将海瑞逮到刑部,定成死罪。

海瑞上疏前,料定必死,将身后之事托付给同乡好友王宏诲,说道:"死于尔乎殡,还我首丘足矣。"哪知明世宗不听忠言,乱服丹药,就在海瑞入狱两个月后,一命呜呼了。狱吏得知世宗病逝的消息,知道海瑞不久即将获释,特地备设酒食款待他。海瑞起初以为将赴刑场大吃大喝一通,但当他得知世宗病逝消息时,不由大恸,呕吐昏倒于地。

几天后,海瑞被释出狱,重被委官,他也从此再一次踏上与腐朽的恶势力拼争的人生征途。

嘉靖庚戌之变

1550年7月,鞑靼部俺答汗聚众10余万,大举南犯大同。宣大总兵咸宁侯仇鸾惊慌失措,以重金贿赂俺答汗,乞求俺答汗转攻他处。8月,俺答汗移兵东去,向蓟州进发,以数千骑兵进攻古北口边墙。另派一支精干骑兵从间道溃墙而入,绕出明军之后。明军腹背受敌,全线崩溃。俺答汗旋即统大军直趋通州,分兵剽掠昌平,进犯天寿山诸皇陵。京师宣布戒严。在俺答汗兵临城下的紧急时刻,世宗诏令诸镇将帅统兵勤王,委命仇鸾为"平虏大将军",节制各路勤王兵马。兵部尚书丁汝夔问首辅严嵩退敌之计。严嵩害怕出战失利,戒令诸将不要轻举妄动。仇鸾到东直门观望,任由敌军在城外自由焚掠8天。九月,俺答汗兵剽掠大量金银财物、牲口和人口后由白羊口（今北京延庆西南）从容出塞。仇鸾奉命追击但被击败，最后杀死80多个平民，割了他们的首级冒充杀敌报功。由于这一年是庚戌年，史称"庚戌之变"，充分暴露了严嵩当权误国和明政府的腐败无能。

王守仁用计平叛乱

　　王守仁奉命前往福州，途经丰城，丰城知县顾泌告诉他宁王朱宸濠已经造反。王守仁换了衣服秘密地到了临江，知府戴德儒听说王守仁来了，非常高兴迎接王守仁进城指挥。王守仁说："临江地处长江沿岸，和南昌距离很近，况且正当交通要冲，不如去临安为好。"于是便成行，并立即飞报朝廷。满朝文武都十分震惊。王琼安慰大家说："有王伯安（王守仁的字）在，怕什么？不久就能传来捷报。"王守仁在临安收集兵器粮草，传布檄文到四方各郡县。知府伍文定等人都来报到，议论攻守方略。王守仁说："兵家之道，急着攻击人家的主力，进攻有防备的地方，都不能算是得计。所以，我要摆出据守不出的架势，他们一定进攻别的地方，然后咱们尾追其后，再想办法干掉他们。我们先占据省城，捣毁他们的巢穴，等他们回兵增援，然后出其不意，拦腰攻击，这才是全胜之策。"于是坚守不出。朱宸濠暗中派人探听到王守仁不出击，非常高兴，下命令进攻，就留下其同党留守南昌，自己率兵6万，号称10万人马出鄱阳，战舰遮蔽了江面，顺流而下，扬言要直取南京。兵过安庆，安庆知府命令士兵大骂贼兵。朱宸濠见状就留下攻安庆，张文锦尽力防御。王守仁说："这正是杀敌立功之时。"立即率领文定起兵，会师于临江樟树镇。这时，戴德儒、杨琏等人率兵赶来。到丰城，又商议敌兵动向。有的人说："朱宸濠谋划10余日才出兵，南昌守备自然严密，恐怕一时难以攻下。目前朱宸濠对安庆久攻不下，兵士疲惫，士气沮丧，如果以大兵威逼他于江中，和安庆守军里外夹攻，朱宸濠必然失败，那么南昌就不攻自破了。"王守仁不同意，他认为越过南昌和他们在江上相持，安庆的众人只能自保，一定不能援助我们。而南昌兵在后，断绝我们的粮草，南康、九江合在一起攻打我们，腹背受敌，这不是办法。他认为应先攻南昌。他分析朱宸濠久攻安庆不下，精锐部队出击不在南昌，它的防守的兵力必定很弱。这样我军士气高涨，锐不可挡，南昌就一定能攻下；朱宸濠得知南昌被攻下，一定要放弃安庆，这样，安庆就解围了。于是，就命文定等攻城。天将拂晓，各军开到攻城地点。王守仁下令：一鼓贴近城下；再鼓登城；三鼓不登杀无赦；四鼓不登斩杀队将。又事先发布告示告谕城中居民，令家家闭门自守，不要助贼作乱，不要恐惧逃匿，于是城外开始架梯登城，城上虽有完整的守城器具，但守城士兵无心恋战，闻风倒戈，有的城门还没来得及关闭，攻城士兵就冲了进来。朱宸濠对久攻不下安庆非常愤怒，正督兵填壕平堑，期望着一举成功。等到听说南昌失守的消息，甚是惊恐，于是马上回军，在樵舍打了一仗，遭到惨败。王守仁说："九江、南康不能光复，道路难通。而且湖广援兵也不能到达，再派将领攻打九江。"兵到南康，将士都殊死向前，进攻取得了胜利，大火烧了朱宸濠的副舟，叛军溃败。军士活捉朱宸濠，押到王守仁面前。朱宸濠见了王守仁便大叫起来："王先生，我打算尽数削去护卫，降职为平民行不行？"王守仁厉声道："有国法在，当以法行事。"朱宸濠低下头，再也不言语。王守仁用槛车把他押送南京。朱宸濠叛乱全部扫平。

戚继光抗倭卫国

　　明朝著名民族英雄戚继光，字元敬，山东蓬莱人，出身将军世家。他艺勇双全，17岁就以武举及第。元末至明朝中期的二百年间，日本九州一带的封建诸侯，经常纠集武士、商人和海盗，少则数百人，多则几千人甚至上万人，来到我国东南沿海地区，进行野蛮的屠杀和劫掠，人们称这伙强盗为"倭寇"。1555年，戚继光因功升迁为参将，负责浙江的宁波、绍兴、台州三府的抗倭事宜。他转战慈溪、岑港、乐清、桃渚等地，大战3次，小战数十次，击毙倭寇数以千计，抢救难民数以万计。1562年，浙江地区的倭患基本解除，福建地区的倭患却转趋剧烈。于是，戚继光又奉命去援助福建总兵俞大猷。福建宁德县海滨有个小岛横屿，是倭寇历年来盘踞的重要巢穴之一，那里涨潮时四面环水，落潮时一片泥泞，是个易守难攻的险要之地。戚继光了解到，那里藏有被劫掠的牲畜数千头，妇女儿童数千口，其他财物不可胜数，便决定先收拾这个匪巢。这天海水刚退潮，戚继光命3 000名"戚家军"，每人各背着一捆稻草，迅速铺成一条旱路冲杀过去，倭寇仓猝应战，死伤惨重。又乘胜进攻兴化城外的匪窟，把那里的倭寇也荡涤无存。

在人民群众的支持下,经过不到半年,共歼灭5 000多倭寇,倭寇的气焰从此一蹶不振。戚家军的威名更是传扬天下。朝廷议论战功时,戚继光以"用兵如神"和使敌人畏之如虎的称誉升迁为总兵官,负责福建和浙江大部分地区军事防务。

俞大猷精忠报国

明朝抗倭名将俞大猷,福建晋阳人,历任参将、总兵。历事三朝,前后40余年,从南到北,转战数千里,大小百余战,"忠诚为国,老而弥笃"。1552年,倭寇大肆侵扰浙江东部地区。明廷命俞大猷为参将,移师宁波、台州诸府,抗击倭寇的侵扰。他率兵在海上焚烧倭船五十余艘。不久升任苏、松副总兵,在江苏太湖等地日夜奋战,打败倭寇的猖狂进攻,焚烧和击沉倭船近百艘,斩获倭寇无数。1556年任浙江总兵官,在浙江西部和江苏苏州等地大败倭寇,在舟山群岛一带先后杀倭四五千人。

从1564年起入广东,转福建,与戚继光等人一起,水陆合击,平定倭寇。在此期间,由于受到严嵩一伙的诬陷和排斥,俞大猷曾受到降职以至削职坐牢等各种处罚。但他忠心事上,报效国家的坚强意志丝毫没有动摇。直到1573年秋天,他年已70,仍老当益壮,锐气不减,披甲上阵,与敌奋战。1580年去世。俞大猷自幼好读书,习兵法。其用兵,先计后战,不贪近功。其为将则廉,一心奉公。兵部尚书谭纶曾致书俞大猷,极其推崇说:"节制精明,你不如我谭纶;倍赏必罚,你不如戚继光;精悍驰骋,你不如刘显,然此皆小知,而你堪大受。"

李时珍上山采药

明世宗即位40余年,尽情享乐,但是他又担心自己一天天衰老下去,有朝一日死掉,快活日子就过不下去。于是,他就千方百计寻找一种长生不老的药方。

1556年,朝廷下令各地官吏推荐名医。当时封在武昌的楚王,把正在王府里的医生李时珍推荐给太医院。李时珍是蕲州(今湖北蕲春)人。他的祖父、父亲都当过医生。父亲李言闻对药草很有研究，李时珍从小受父亲的影响，常常跟小伙伴一起上山采集各种药草。日子一长，他能认得各种草木的名称，还能知道什么草能治什么病。他的医药知识渐渐丰富起来。

但是，在那个日子里，做一个普通医生是被上层社会看不起的。李言闻自己是医生，却要李时珍读书应科举考试。李时珍在父亲督促下，在十四岁那年考中秀才，但是以后参加举人考试，三次都没有考中。别人都替他可惜，李时珍却并不因此失望。他的志愿是做个替百姓治病的好医生。

打那时候起，李时珍就一心一意跟他父亲学医。正好在这一年，他的家乡发生一场大水灾，水退以后，又流行疫病，生病的都是没钱的穷百姓。李时珍家并不宽裕，但是父子俩都很同情穷人，穷人找他们看病，他们都悉心医治，不计报酬。老百姓认为他们医术高明，治病热心，都很感激他们。

李时珍为了研究医术，读了许多古代的医书。我国古代很早就有了医书。汉朝人写过一本《神农本草经》，以后一千多年，不断出了许多新的医书。李时珍常常替当地的王公贵族看病，那些贵族家里藏书不少，李时珍就靠他行医看病的方便，向王公贵族家借图书看。这样一来，他的学问就越来越丰富，医术也越来越高明了。

李时珍的名气越来越响，被他看好病的人，到处宣传李医生好。附近州县得病的人，也赶来请李时珍看病。

有一次，楚王的儿子得了一种抽风的病。楚王府虽然也有医官，但是谁都没法治好。这孩子是楚王的命根子，楚王怎么不着急？有人告诉楚王，只有找李时珍，才能治好这种病。楚王赶快派人把李时珍请到王府，李时珍一看病人的脸色，再按了按脉，就知道孩子得的这种抽风病是肠胃病引起的。他开个调理肠胃的药方，叫人上药铺抓了药。楚王的儿子一吃药，病就全好了。

楚王十分高兴，再三挽留李时珍在楚王府呆下来。没有多少日子，正碰上朝廷征求人才。楚王为了讨好明世宗，就把李时珍推荐到北京太医院去。

太医院本来是国家最高的医疗机构。可是在那时候，明世宗对真正的医学并不重视，却迷信一批骗人的方士，在宫里做道场，炼金丹，想凭这些办法使自己长生不老。李时珍是一个正直的医生，看不惯那种乌烟瘴气的环境。他在太医院呆了一年，就辞职回家。

李时珍辞去官职，回家的路上，顺便游历了许多名山胜地。他上山不是为了欣赏景色，而是为了采草药，研究各种草木的药用性质。有一次，他到均州（今湖北均县)的武当山去,听说那里产一种榔梅,吃了能使人返老还童,人们把它称作"仙果"。宫廷的贵族都把它当作宝贝一样,要地方官吏年年进贡,并且禁止百姓采摘。李时珍可并不相信真有什么仙果。为了弄清真相,他冒着危险,攀登悬崖峭壁,采到了一颗榔梅,带回家乡。经过他详细研究,才知道那种果子只不过像一般梅子一样,有生津止渴的作用,根本谈不上什么"仙果"。

李时珍从长期的医疗工作和采集药物的过程中,得到了不少科学的资料。他发现古代医书上的记载,有不少错误;再说,经过那么多年代,人们又陆续发现了许多古代书上没有记载过的药草。他就决心编写一本新的完备的药书。辞职回家以后,他花了将近30年的时间,写成了著名的医药著作《本草纲目》。在这本书里,一共记录了1890种药,收集了一万多个药方,为发展祖国的医药科学作出了伟大的贡献。

《本草纲目》出版以后,一直流传到全世界,已经被翻译成日文、德文、英文、法文、俄文、拉丁文等许多种文字,在世界医药界中占有重要的地位。

梃击案

1615年5月4日酉时,蓟州男子张差持梃(枣木棍)闯入皇太子朱常洛所居住的慈庆宫,击伤守门太监李鉴,并直闯至前殿檐下,才被内宫韩本用等人擒获。梃击案发生后,全朝惊骇。皇太子第二天奏报皇上,神宗立即命法司提审张差。刑部提牢主事王之寀等审出指使作案之人为宦官庞保、刘成,他们都是郑贵妃的内侍。许多言官奏请追查,但大学士方从哲、吴道南等则得出截然相反的结论,认为张差是疯子。25年不见群臣的神宗在慈宁宫召见方从哲、吴道南等文武群臣,警告他们不要离间神宗和皇太子的关系。而对梃击案,则不愿深究,下令定张差为疯癫奸徒之罪,于同月29日处决,又将庞保、刘成偷偷在宫内灭口了事。同时,王之寀被削籍为民,主张追查的官员或降职或被罚俸。作为晚明三大案之一的梃击案牵连很大。关于此案的争论直至1625年都没消匿。

努尔哈赤建立后金

明王朝政治越来越腐败,边防也越来越松驰,在我国东北地区的女真族的一支建州女真,趁机扩大势力,开始强大起来,它的领袖是爱新觉罗·努尔哈赤。

努尔哈赤出身建州女真的贵族家庭。祖父觉昌安和父亲塔克世,都是建州女真的贵族,被明朝封为建州左卫的官员。努尔哈赤从小就练习骑马射箭,练得一身好武艺。十岁那年,母亲死去,他的继母待他不好。努尔哈赤不得不离开家庭,和当地小伙伴在一起,在莽莽林海里打猎、挖人参、采松子、拾蘑菇,然后把这些山货带到抚顺去卖掉,挣钱过活。抚顺的集市很热闹,女真人常在那里用山货跟汉人交换铁器、粮食、盐和纺织品。努尔哈赤在抚顺接触了很多汉人,学会了汉文,他还挺喜欢读《三国演义》《水浒》一类小说。

建州女真有好几个部落,互相攻杀。明朝总兵李成梁利用建州各部的矛盾来加强统治。努尔哈赤25岁那年,建州女真部有个土伦城的城主尼堪外兰,带引明军攻打古勒寨城主阿台。阿台的妻子是觉昌安的孙女。觉昌安得到消息,带着塔克世到古勒寨去探望孙女。正碰上明军攻打古勒寨,觉昌安和塔克世在混战中都被明军杀害。努尔哈赤痛哭了一场,葬了他的祖父、父亲,但是想到自己的力量太小,不敢得罪明军,就把一股怨恨全集中在尼堪外兰身上。他跑到明朝官吏那里说:"杀我的祖父、父亲是尼堪外兰,只要你们把尼堪外兰交给我,我也就甘心了。"明朝官吏只把他祖父、父亲的遗体交还他,但不肯交出尼堪外兰。

努尔哈赤满腔悲愤回到家里,翻出了他父亲留下的13副盔甲,分发给他手下兵士,向土伦城进攻。努尔哈赤英勇善战,尼堪外兰不是他的对手,狼狈逃走。努尔哈赤攻克了土伦城,继续追击,趁机又征服了建州女真的一些部落。

尼堪外兰东奔西窜,最后逃到了鄂勒珲(今齐齐哈尔附近),请求明军保护。努尔哈赤也追到那里。明军看他不肯罢休,怕因此引起战争,就让努尔哈赤杀了尼堪外兰。

努尔哈赤灭了尼堪外兰,声势越来越大。过了几年,统一了建州女真。这就引起女真族其他部的恐慌。当时的女真族,共有三部,除了建州女真之外,还有海西女真和"野人"女真。海西女真中有个叶赫部最强。1593年,叶赫部联合了女真、蒙古九个部落,结成联盟,合兵3万,分三路进攻努尔哈赤。

努尔哈赤听到九部联军来攻,事先做好迎战的准备。他在敌军来路上,埋伏了精兵;在路旁山岭边,安放了滚木石块。一切安排妥当,他就安安稳稳睡起觉来。他的妻子看了很着急,把他推醒,问他:"九部兵来攻打,你怎么睡起觉来,难道真的给吓糊涂了?"

努尔哈赤笑着说:"如果我害怕,就是想睡也睡不着。"

第二天,建州派出的探子回报敌兵人数众多,将士们听了也有点害怕。努尔哈赤就解释说:"别害怕,现在我们占据险要地形,敌兵虽然多,不过是乌合之众,一定互相观望。如有哪一个领兵先攻,我们就杀他一二个头目,不怕他们不退。"

九部联军到了古勒山下,建州兵在山上严阵以待,先派出一百骑兵挑战。叶赫部一个头目冲来,马被木桩绊倒,建州兵上去把他杀了,另一头目看到这情景已吓昏过去。这一来,九部联军没有统一指挥,四散逃窜,努尔哈赤乘胜追击,击败了叶赫部。又过了几年,基本统一了女真族各部。

努尔哈赤在统一女真过程中,把女真人编为八个旗,旗既是一个行政单位,又是军事组织。每旗下面有许多牛录,一个牛录三百人,平时耕田打猎,战时打仗。这样既推动了生产,又加强了战斗力。为了麻痹明朝,他继续向明朝朝贡称臣,明朝廷认为努尔哈赤态度恭顺,封他为龙虎将军。他还多次到北京,亲自察看明朝政府的虚实。1616年,他认为时机成熟,就在八旗贵族拥护下,在赫图阿拉(今辽宁新宾附近)即位称汗,国号大金。为了跟过去的金朝区别,历史上把它称为后金。

萨尔浒大战

努尔哈赤建立后金后,又花了两年多时间整顿内部,发展生产,扩大兵力。1618年,努尔哈赤召集八旗首领和将士誓师,宣布跟明朝有七件事结下冤仇,叫做"七大恨"。第一条就是明朝无故挑衅,害死了他的祖父和父亲。为了报仇雪恨,决定起兵征伐明朝。

第二天,努尔哈赤亲自率领二万人马进攻抚顺。他先写信给抚顺明军守将,劝他投降。守将李永芳一看后金军来势凶猛，没有抵抗就投降了，后金军俘获了人口、牲畜30万。明朝的辽东巡抚派兵救援抚顺，也被后金军在半路上打垮。努尔哈赤命令毁了抚顺城，带着大批战利品回到赫图阿拉。

消息传到北京，明神宗大怒，决定派杨镐为辽东经略，讨伐后金。杨镐经过一番紧张的调兵遣将，才集中了10万人马。1619年，杨镐分兵四路，由4个总兵官率领，进攻赫图阿拉。中路左翼是山海关总兵杜松；中路右翼是辽东总兵李如柏；北路是开原总兵马林；南路是辽阳总兵刘铤。为了扩大声势，号称47万。杨镐坐镇沈阳，指挥全局。

那时候，后金八旗军兵力，合起来不过6万多。一些后金将士得到情报，不免有点害怕，来找努尔哈赤，要他拿主意。努尔哈赤胸有成竹地说："别怕，管他几路来，我就是一路去。"

经过侦察，努尔哈赤得知杜松率领的中路左翼是明军主力，已经从抚顺出发打了过来，他就集中兵力，先对付杜松。

杜松是一员身经百战的名将。从抚顺出发的时候，天正下着大雪，杜松想抢头功，不管气候恶劣，急急忙忙冒雪行军。他先攻占了萨尔浒山口，接着分兵两路，把一半兵力留在萨尔浒扎营，自己带了另一部精兵攻打后金的界藩城（今新宾西北）。

努尔哈赤一看杜松分散兵力，心里暗暗高兴，集中八旗的兵力，一口气攻下萨尔浒明军大营，截断了杜松后路。接着，又急行军援救界藩。正在攻打界藩的明军，听到后路被抄，军心动摇。驻守在界藩的后金军从山上居高临下地压下来，把杜松军杀得七零八落。努尔哈赤率领大军赶到，把明军团团围住。杜松左右冲杀想要突围，突然一箭飞来，正射中他的头部，杜松从马上栽下来死去。部下明军被杀得尸横遍野，血流成河。一路人马先覆灭了。

北路的马林从开原（今辽宁开原）出兵，刚刚到离开萨尔浒四十里的地方，得到杜松兵败的消息，吓得急忙转攻为守，就地依山，扎下营垒，挖了三层壕沟，准备防守。努尔哈赤率领八旗兵力从界藩马不停蹄地赶来，攻破明军营垒。马林没命地逃奔，才回到开原，第二路明军又被打散了。

坐镇沈阳的杨镐，正在等待各路明军的捷报，哪想到一连两天接到的竟是两路人马覆灭的坏消息，把他惊得目瞪口呆。他这才知道努尔哈赤厉害，连忙派快马传令另外两路明军停止进军。

中路右翼的辽东总兵李如柏本来胆小，行动也特别迟缓，接到杨镐命令，急忙撤退。山上巡逻的20来名后金哨兵远远望见明军撤退,大声鼓噪,明军兵士以为后面有大批追兵,争先恐后地逃跑,自相践踏,死了不少。

剩下的一路是南路军刘𬘩。杨镐发出停止进军命令的时候,刘𬘩军已经深入到后金军阵地,各路明军失败的情况,他一点也不知道。刘𬘩是明军中出名的猛将,他使用一把120斤的大刀,运转如飞,外号叫"刘大刀"。刘𬘩军军令严明,武器火药也多。进入后金阵地以后,连破几个营寨。

努尔哈赤知道刘𬘩骁勇,不能光靠拼硬仗。他选了一个投降过来的明兵,叫他冒充杜松部下,送信给刘𬘩,说杜松军已经到赫图阿拉城下,只等刘𬘩军去会师攻城。

刘𬘩没接到杨镐命令,不知道杜松军已经覆灭,信以为真,他怕让杜松独得头功,下令火速进军。这一带道路险狭,兵马不能够并列,只好改为单列进军。刘𬘩带兵走了一阵,忽然杀声四起,漫山遍谷都是后金伏兵,向明军杀来。刘𬘩正在着急,努尔哈赤又派一支后金兵穿着明军衣甲,打着明军旗帜,装扮成杜松军前来接应。刘𬘩毫不怀疑,把人马带进假明军的包围圈里。后金军里应外合,四面夹击,明军阵势大乱。刘𬘩虽然勇敢,挥舞大刀,杀退了一些后金兵,但是毕竟寡不敌众,他左右两臂都受了重伤,终于倒下。

这场战争从开始到结束,只有五天时间,杨镐率领的十万明军损失了一大半,文武将官死了300多人。就是历史上著名的"萨尔浒之战"。

萨尔浒之战后,明朝大伤元气,后金步步进逼,过了两年,努尔哈赤又率领八旗大军,接连攻占了辽东重要据点沈阳和辽阳。

1625年3月,努尔哈赤把后金都城迁至沈阳,把沈阳称为盛京。打那以后,后金就成了明朝最大的威胁。

徐霞客游天下

明朝江阴地方有个青年,不满朝政腐败,不愿应科举考试、谋求做官,却立志游历祖国的名山大川,探索自然的奥秘。他就是我国历史上杰出的地理学家徐霞客。

徐霞客名叫徐弘祖,霞客是他的别号。他从小爱读历史、地理一类书籍、图册。在私塾读书的时候,老师督促他读儒家经书,他往往背着老师,把地理书放在经书下面偷看,看到出神的时候,禁不住眉飞色舞。

10余岁那年,他的父亲死去,他决心亲自到名山大川去游历考察一番。但是他想到母亲年纪老了,家里没人照顾,没敢提这件事。

他的心事毕竟被母亲觉察到了。当母亲了解到他有这样的愿望,跟他说:"男儿志在四方,哪能为了我留在家里,做篱笆下的小鸡、马圈里的小马呢!"母亲为他准备行装,还给他缝制了一顶远游冠。有了母亲的热情支持,徐霞客远游的决心更坚定了。

徐霞客在他22岁那年,开始离家外出游历。他先后游历了太湖、洞庭山、天台山、雁荡山、泰山、武夷山和北方的五台山、恒山等名山。每次游历回家,他跟亲友谈起各地的奇风异俗和游历中的惊险情景,别人都吓得说不出话来,他母亲却听得津津有味。

后来,老母亲死了,徐霞客就把他全副精力扑在游历考察的事业上。在他50岁那年,他开始了一次路程漫长的旅行。他花了整整4年时间,游历了湖南、广西、贵州、云南四省,一直到我国的边境腾冲。他跋山涉水,经过许多人迹不到的地方,攀登悬崖峭壁,考察奇峰异洞。有一次他在腾越经过一座高耸的山峰,发现悬崖上有一个岩洞,根本没路可通。他冒着生命危险,像猿猴一样爬上了悬崖,终于到达了洞口。又有一次,他在湖南茶陵,听说当地有个麻叶洞,洞里有神龙或者精怪,不是有法术的人,都不敢进洞。徐霞客不信神怪,他出了高价雇个当地人当向导,进洞考察。正要进洞的时候,向导问他是什么人,当他知道徐霞客是个普通读书人的时候,向导吓得直往后退,说:"我以为你是什么法师,才敢跟您一起进洞,原来是个读书人,我才不冒这个险呢。"

徐霞客并不罢休,带着他的仆人举起火把进洞。村里的百姓听到有人进洞,都拥到洞口来看热闹。徐霞客在洞里考察了很久,一直到火把快烧完才出来。围在洞口的百姓看他们安全出洞,都十分惊奇,说:"我们等了好久,以为你们一定给妖精吃了呢。"

徐霞客漫游西南的时候,除了随身的一个仆人外,还有一个名叫静闻的和尚和他们作伴。有一次,他们在湘江乘船的时候,遇到了强盗,他们的行李财物被抢劫一空,静闻和尚因为受伤,在半路上死去。到最后,连他随身的仆人也离开他逃走了。但是这些挫折都没有动摇他探索自然的决心。

徐霞客在旅途中,每天晚上休息之前,把当天见到的、听到的都详细记录,即使在荒山野林里露宿的日子,也总是在篝火旁,伏在包袱上坚持写日记。公元1641年徐霞客去世后,留下了大量日记,这实际上是他的地理考察记录。经过他的实地考察,纠正了过去地理书上记载的错误,发现了过去没人记载过的地理现象。像古代地理书上说岷江是长江的上游,徐霞客经过考察,弄清楚长江上游不是岷江而是金沙江。又像他在云南腾冲打鹰山考察的时候,发现了那里曾经发生火山爆发的遗迹。他在游历中考察最多的是岩溶现象,在桂林七星岩,他对那里千姿百态的石钟乳、石笋、石乳等地形,进行详细的记载。这是世界上最早研究岩溶现象的记录。后来,人们把他的日记编成一本《徐霞客游记》。这部书不但是我国古代地理学上宝贵文献,还称得上一部优秀的文学著作呢!

魏忠贤专权

明神宗在位48年,活了58岁就死了,虽然寿命不算长,做皇帝的时间可不短。皇位传给他的儿子朱常洛(光宗),不料光宗继位只个把月就死了,死的时候39岁,成为明代登极年龄最晚,在位最短的一个短命天子。皇位自然得由朱常洛的长子来继承,他便是天启皇帝朱由校,明熹宗。

明代皇位代代相传,到朱由校是第15个皇帝,历时已有250多年了。这时候明朝一切都腐朽衰败,简直不可救药。况且熹宗又是个10余岁的孩子,怎么可能振兴这垂危的王朝呢。

就在这时候,大宦官魏忠贤突然出现在政治舞台上,并且把明代宦官专政推到了登峰造极的地步。

魏忠贤是河间肃宁(今河北省肃宁县)人,从小就是个吃喝嫖赌的无赖。20多岁的时候,因为赌博欠了一屁股帐,东躲西藏,常常挨债主的揍。实在没法混了,狠了狠心,自行阉割当了小火者(即内侍中最低等级的一种,专供洒扫),自己改了姓名叫李进忠。后来才恢复了姓魏,还被明神宗赐名忠贤。

凡是这种人,多半都有点小聪明。魏忠贤凭着自己的小聪明,迎合人意,钻营献媚。他找靠山,巴结有势力的太监,不几年就活动到皇长孙朱由校的母亲宫里去当"典膳"(即伙食管理员)了。当时宫中有势力的太监魏朝、王安都叫他诌得迷迷糊糊,对他很好,哪知道魏忠贤是个狡猾奸诈、过河拆桥的家伙!

朱由校是未来的皇帝,这个赌惯了的魏忠贤,一下就把赌注押在朱由校的身上。他看到朱由校的奶妈客氏很有用,就千方百计地去献殷勤,拉关系,和她打得火热。客氏在朱由校母子面前不断替他说好话。明光宗去世后,朱由校作了皇帝,魏忠贤受到了宠信。从此他一反常态,露出了阴险凶狠的嘴脸。他和客氏串通一气,将为人老成、曾经提拔过他的太监王安、魏朝两人排挤出宫廷,并派人把他们杀害,扫清了宫廷内妨碍他向上爬的道路。司礼监是皇帝身边一个机要中枢部门,诏令圣旨都由这里签发。按规定,没有文化的宦官是不能在这儿任事的。由于客氏的帮助,目不识丁的魏忠贤竟然代替王安当了司礼监的秉笔太监。

魏忠贤攫取要职之后,一方面尽量讨取小皇帝的欢心,在外廷搜买各种玩具供皇上玩耍,又引导皇上斗鸡走狗,寻欢作乐。另一方面,在宫廷安插亲信,在外迫害异己。首先对那些寡廉鲜耻、死心踏地依附自己的朝臣委以重任,把他们提拔到政府的要害部门,其中最可恶的数"五虎""五彪"。"五虎"是以崔呈秀为首的文臣;"五彪"是以田尔耕为首的武弁。这十个人都无耻地认魏忠贤为干爹,正直的大臣都十分痛恨他们。他们都是魏忠贤用高官厚禄喂养的鹰犬,狐假虎威,横行朝廷内外。朝臣稍有异议,他们便想方设法罗织罪名,投进监狱,如有不服,立即置于死地。

左副都御史杨涟,是专门纠察朝臣风纪的官员。魏忠贤及其党羽贪婪横暴,紊乱朝纲。朝廷正直干练的大臣们,被这帮小人侮辱、排挤、诬陷、逮捕,一个个丢官、罢职、削籍以至冤死。杨涟看在眼里十分气愤。于是他拍案而起,上疏弹劾魏阉二十四大罪状。奏折到了司礼监后,魏忠贤听说是弹劾他的,慌忙把崔呈秀和田尔耕两人找来,叫崔呈秀念给他听。杨涟有根有据,历数他祸国殃民、专权不法种种事实。魏忠贤听着,起初坐立不安,后来脸青目直,听到千刀万剐也不足惩治他的罪恶时,他已经汗流浃背,浑身打起颤来。

田尔耕是个武夫,粗声粗气地说:"好厉害,这家伙就不怕死吗?"死字一出口,魏忠贤似乎顿时醒悟过来,咬牙切齿地说:"我知道有一些南方人(杨涟是湖北人)和我过不去,不杀这帮家伙就不能威震朝野!"但是他们毕竟心虚,为了万全之计,商量结果,魏忠贤到小皇帝面前哭诉,客氏从旁帮腔,其他太监随声附和,一起陷害杨涟。糊涂的小皇帝认为大臣不对,便下圣旨对杨涟严加斥责。这件事激起了大臣们的公愤,于是有70多个朝臣纷纷上书弹劾魏忠贤的不法行为。魏忠贤气急败坏,发誓要把这些人一网打尽。爪牙顾秉谦揣摸魏忠贤的心意,偷着送去了一份黑名单,接着"五虎"又给魏阉送去了《同志录》《点将录》之类的黑材料，以结党营私、把持朝政等罪名，把反对魏忠贤的官员，统统叫做"东林党人"。东林党是一个议论朝政、主张实行改良的政治集团。

魏忠贤依据这些东西进行了一次大清洗。对地位高的阁臣用威逼的方法迫使他们辞职，对其他人则用廷杖、斥逐、遣戍、削籍等等手段进行迫害，先后清洗了百余多人。然后任用自己的亲信以及趋炎附势的小人，占据政府的各个重要部门。他还不解气，为了斩草除根，唆使狐群狗党对已经罢官的人死咬着不放，诬蔑陷害、嫁祸株连。首先逮捕了他最痛恨的杨涟，然后又把左光斗、魏大中等人抓起来。一时间东西厂的缇骑（逮人的吏卒）四出，横行全国。他们用最残酷的刑罚整治这些大臣，很多人惨死在监狱之中。

魏忠贤不仅是秉笔太监，而且是督领东厂的太监。东厂是特务机关，专门刺探情报。魏忠贤用高压建立威望，把东厂喽罗广泛布置在南北二京和13个省，他们简直像群恶犬，到处咬人，只要谁对魏忠贤有一句不尊敬的话，立刻就大祸临头，即使是勋戚、贵族也不能幸免。宁安公主的儿子被诬陷论死；中书吴怀贤在家偶然读了杨涟的奏疏，叹了一口气，便被抄家杀头。天下的老百姓对魏忠贤也不敢说半个"不"字。在河南信阳，一个渡河的人，见同船上有一个北京人，便和他攀谈说："魏太监欺压朝臣，不知近来如何？"那个人勃然大怒，说："魏尚公是天生圣人，你家伙胆大包天，竟也诋毁！"吓得这人赶忙赔情送礼，才算了事。在江西南昌，一个生员在书市上翻阅谄媚宦官的一部书，发了一句不平的叹息，就被人揪住，要把他送衙门治罪。人们赶快上前解劝，直到书生花费了很多银子才罢休。这还算是幸运的，偶尔说一句话，触怒了魏忠贤而被剥皮、割舌的人就有很多。

魏忠贤用暴虐的高压手段建立起他的独裁统治，使天下官民敢怒而不敢言。一时坏人当道，阿谀谄媚之风越刮越大，魏忠贤被称做九千岁，或者九千九百九十岁。明熹宗还封魏忠贤和他的侄男子弟为公爵、侯爵和伯爵。客氏也被封为"奉圣夫人"，被称做"老祖太太千岁"。她出入宫廷，轿夫和仪仗随从据说比皇帝的还多呢！

魏忠贤通过大清洗，实现了朝臣的大换班，他实际上变成了天下的主宰。因为他搞的是顺我者昌、逆我者亡的那一套，只要能拍能吹，充当打手，立即就会高官厚禄，一步登天。这就给一些投机分子提供了机会，有一大帮太学生纷纷上书称颂魏忠贤的"功德"，说他辅佐皇上使得天下"大治"，要求给他塑像建祠，让全国臣民对他的塑像顶礼膜拜。皇帝活着的时候自己也不能享受这样崇高的待遇,可魏忠贤就这么干了。于是天下仿效,当官的为了升官发财,争先恐后地给魏忠贤建立生祠,光北京一地就建立了好多处,以至和祭祀孔子的文庙并立;南京还把他的生祠建立在朱元璋皇陵的旁边。

在全国许多地方,本来已经建造了很多各种各样的祠堂。许多乡绅为了讨好魏忠贤,强行拆毁以前的旧祠,贱买他人墓地,纷纷为魏忠贤建造生祠。一些地方官为了谄媚魏忠贤,不惜盘剥百姓,花大量钱财营建祠宇,而且雕梁画栋,朱漆黄瓦,几乎同宫殿一般。据说有的魏忠贤像是用沉香木雕刻的,五脏六腑用的是金玉珠宝,衣着非常华丽。落成时官吏迎像烧香,行九拜大礼,如同朝拜天子一样。

正当这种偶像崇拜搞得狂热的时候,魏忠贤的靠山忽然坍塌了,明熹宗做了7年皇帝便死了,活了23岁。他的弟弟信王朱由检即位,年号崇祯,就是明朝最后一个皇帝明思宗,历史上习惯叫他崇祯皇帝。崇祯皇帝早就痛恨魏忠贤一伙,即位不久就下令逮捕并处死了魏忠贤的大批同伙,又把他本人发配出京。魏忠贤知道自己后果不妙,在半道上自杀了。

袁崇焕宁远大捷

正当魏忠贤的阉党把明朝朝政闹得乌烟瘴气的时候,后金大汗努尔哈赤正不断在辽东进攻明军。萨尔浒大战以后,明王朝派了一位老将熊廷弼出关指挥辽东军事。熊廷弼是个很有才能的将领,可是担任广宁(今辽宁北镇)巡抚的王化贞却认为熊廷弼出关,影响了他的地位,千方百计阻挠熊廷弼的指挥。1622年,努尔哈赤向广宁进攻,王化贞带头逃进关内。熊廷弼无法抵御,只好保护一些百姓退到山海关内。

广宁失守,明王朝不分青红皂白,把熊廷弼和王化贞一起打进大牢。魏忠贤趁机向熊廷弼敲榨勒索,要熊廷弼拿出四万两银子,才免他死罪。熊廷弼是个正派人,哪来这些钱,当然拒绝。阉党就诬陷熊廷弼贪污军饷,把他处死。明王朝杀了熊廷弼,派谁去抵抗后金军呢?掌管军事的兵部衙门正在着急。恰恰在这个时候,主事(官名)袁崇焕忽然失踪。衙门里的人找到他家里,家里的人也不知道他的去向。过了几天,袁崇焕才回来,原来他看到国事危急,单独一个人骑着马到山海关外视察去了。

袁崇焕详细研究了关内外的形势,回来向兵部尚书孙承宗报告,并且说:"只要给我人马军饷,我能负责守住辽东。"

一些朝廷大臣正被后金的攻势吓破了胆,听袁崇焕自告奋勇,也都赞成让袁崇焕去试一试。明熹宗批准给他20万饷银,要他负责督率关外的明军。

关外经过几年战争,一片荒凉,遍地都是死亡兵士的尸骨,加上冰天雪地,野兽横行,环境十分艰苦。袁崇焕出关后,带着几个随从兵士,连夜在荒野上骑马奔驰,天没亮就到了宁远(今辽宁兴城)的前屯。他在那里收容难民,修筑工事。那里的将士对袁崇焕的勇气和毅力,没有一个不钦佩的。

袁崇焕在关外,经过一番实地考察,决心派兵进驻宁远,在那里修筑防守工事。他把他的主张报告朝廷后,立刻得到孙承宗的支持。

袁崇焕在宁远筑起三丈二尺高、二丈宽的城墙,装备了各种火器、火炮。孙承宗还派了几支人马分驻在宁远附近的锦州、松山等地方,声援宁远。

袁崇焕号令严明,受到军民的爱戴。关外各地的商人听说宁远防守巩固,从四面八方拥到宁远来。辽东的危急局面很快扭转过来。

正当孙承宗、袁崇焕守卫辽东有了进展的时候,却遭到魏忠贤的猜忌。魏忠贤唆使阉党说了孙承宗不少坏话,孙承宗被迫离职。

魏忠贤排挤了孙承宗,派了他们的同党高第指挥辽东军事。高第是个庸碌无能的家伙,他一到山海关,就召集将领开会,说后金军太厉害,关外没法防守,要各路明军全部撤进山海关内。

袁崇焕坚决反对撤兵,他说:"我们好容易在关外站稳脚跟,哪能轻易放弃!"

高第硬要袁崇焕放弃宁远。袁崇焕气愤地说:"我的职守是防守宁远,要死也死在那里,决不后撤。"

高第说不服袁崇焕,只好答应袁崇焕带领一部分明军留在宁远,却下命令要关外其他地区的明军,限期撤退到关内。这道命令下得十分突然,各地守军毫无准备,匆匆忙忙地退兵,把储存在关外的十几万担军粮丢得精光。

努尔哈赤看到明军撤退的狼狈相,认为明朝容易对付,公元1626年,他亲自率领13万大军,渡过辽河,进攻宁远。

那时候,守在宁远周围几个据点的明军都已经撤走,宁远城只剩下一万多兵士,处境十分孤立。但是袁崇焕并不气馁。他咬破指头,写了一份誓死抗金的血

431

书,给将士们看,并且说了一番激励大家的话。将士们听了,都感动得热血沸腾,纷纷表示一定跟着袁将军一起死守宁远。

接着,袁崇焕就命令城外百姓全部带了粮食、用具撤进城里,把城外的民房烧掉,叫后金军队来了没有粮食和掩体。他向城里的官员分派了任务,有的管军粮供应,有的清查内奸。他还发信给山海关的明军守将,如果发现宁远逃回关内的官兵,要他们就地处斩。这几道命令一下,宁远的人心都安定下来,大家除了一心一意守城杀敌之外,没有别的念头。

过了二十来天,努尔哈赤带领后金军气势汹汹地到了宁远城下。大批后金兵士头顶盾牌,冒着明军的箭石、炮火,猛烈攻城。明军虽然英勇抵抗,但是后金兵倒下一批,又来一批。在这紧急的关头,袁崇焕下令动用早就准备好的大炮,向后金军发射。炮声响处,只见一团火焰,后金兵士被轰得血肉横飞,留下的也被迫后撤。

第二天,努尔哈赤亲自督战,集中大股兵力攻城。袁崇焕登上城楼了望台,沉着地监视后金军的行动。直等到后金军冲到逼近城墙的地方,他才命令炮手瞄准敌人密集的地方发炮。这一炮使后金军受到更大伤亡。正在后面督战的努尔哈赤也受了重伤,不得不下令撤退。

袁崇焕听到敌人退兵,就乘胜杀出城去,一直追赶了30里,才得胜回城。

努尔哈赤受了重伤,回到沈阳,跟他的部下说:"我从25岁以来,战无不胜,攻无不克,没想小小的宁远城攻不下来。"他又气又伤心,加上伤势越来越重,拖了几天,就咽了气。他的第八个儿子皇太极接替他做了后金大汗。

抗清英雄袁崇焕被害

努尔哈赤去世后,努尔哈赤的八子皇太极登上汗位。袁崇焕为了探听后金的虚实,也为了争取一段时间建筑被高第放弃的锦州等城池,巩固边防,便派了34个人前往沈阳为努尔哈赤吊丧,并祝贺皇太极即位。皇太极新遭父丧,又准备征服朝鲜,以解除日后进攻明朝的后顾之忧,因此也想和明朝暂时休战,就热情地接待袁崇焕派来的人,于是,双方书来信往,开始议和。

袁崇焕抓紧时间修筑锦州等城池,防御工事刚刚修筑完毕,皇太极便在

1627年5月，率领大军包围了锦州。这时候，袁崇焕正坐镇宁远，听到后金进攻锦州的战报，立即给守卫的将领赵率教、左辅和朱海写信。信中说，锦州城火器兵马足够防守，敌军冒着炎热的天气冒险深入，决不可能持久，锦州一定能守得住。并立即派祖大寿率领四千骑兵前往增援。赵率教等人在袁崇焕的鼓励下，率领守城士兵英勇奋战，后金军连续攻击14天，城下堆满了后金士兵的尸体，锦州城依旧岿然不动。皇太极见久攻不下，留下部分兵力继续困城，然后率领大部兵力和新调来的援军绕过锦州，直扑宁远。

袁崇焕凭借坚固的城池，充分发挥枪炮的火力优势，打得后金一片一片地倒下，就连几个后金贝勒（旗的首领）也被打伤。经过几天的激烈争斗，后金军死伤越来越多，加上天气炎热，疾病流行，士气低落，皇太极不得不下令撤军。明朝人把坚守锦州和宁远的胜利称作"宁锦大捷"。

可是万万没想到，宁锦大捷的最大功臣袁崇焕却被阉党污蔑为"暮气深重"而罢了官。这年8月，明熹宗死了，他的弟弟朱由检即位，就是崇祯皇帝。崇祯帝想有所作为，除掉了魏忠贤后，又重新起用袁崇焕督师辽东。

皇太极深知袁崇焕有胆有识，既佩服，又十分忌恨，如果不除掉这个劲敌，他就达不到进军关内的目的。于是，他想出一条除掉袁崇焕的毒计。

1629年10月，皇太极率军避开宁锦防线，绕道内蒙古，从喜峰口进入关内，直逼明朝京城。袁崇焕接到情报，连夜挥师入关。皇太极来到蓟州城下，见袁宗焕已经进驻蓟州，对袁军如此神速十分惊讶。他马不停蹄，挥师西进，一路连下玉田、三河、香河，过通州直抵北京城下。袁崇焕见后金兵西进，急忙赶往京城，两昼夜疾行300里，11月16日，兵抵左安门，此时袁崇焕身边只剩下九千兵马了。

不想这时候，京城里却到处流传着袁崇焕引导后金兵入关的谣言。袁军虽然在广渠门外，从凌晨打到傍晚，转战十多里，冲杀十多次，打退后金兵，崇祯皇帝却仍然猜疑他，不允许他的军队进城休息。袁军只好驻扎在城东南郊。

皇太极有意命令部队靠近袁军驻地扎营。原来后金兵刚打到北京城下的时候，活捉了两个明朝太监，押在军中。皇太极让副将高鸿中，参将鲍承先按计行事。高、鲍二人夜里回营，坐在靠近关押太监的地方，故意小声地说："今天撤兵是计谋，和袁督师早有密约，这回大事可成了。"一个太监假装睡觉，把高、鲍的话记在心里。后金军又故意放走太监，太监跑回皇宫，向崇祯皇帝上奏袁崇焕"通敌"的情报。

433

就在这时候,北京城里捉住好几个奸细,一个叫刘文瑞的说袁崇焕曾让他带信给后金军,一个工匠说他知道袁督师想谋反。说来真怪,这些奸细招供之后就不见踪影了。

崇祯皇帝本来就多疑,听了太监报告和京城里数起"奸细"的招供,信以为真,便以商议军饷为名召见袁崇焕。袁崇焕刚进皇宫,崇祯皇帝就以叛国大罪下令把他逮捕了,皇太极见袁崇焕被捕,大功告成,便把军队撤回沈阳。

袁崇焕被捕后,他的部将祖大寿十分惊惧,率领军队逃出山海关,袁军也跟着走散了1 500多人。崇祯皇帝没办法,只好叫狱中的袁督师写亲笔信给祖大寿。祖大寿接到袁崇焕的信,捧在手里,大哭不止,全军上下哭声震天。祖大寿八十高龄的老母亲对他说:"不如杀敌立功,也许还能赎督师一命。"因此全军振奋,决心杀敌立功。

可是刚愎自用的崇祯皇帝疑心太重,中计太深,在次年的8月,居然把袁崇焕处以磔刑。这位爱国将领一心卫国,却蒙受投敌叛国的奇耻大辱,含冤地下,兄弟妻子被流放到三千里以外的穷荒绝域。袁崇焕死后,尸骨被友人安葬在广渠门内的广东义园(今北京市第五十九中学校园)里。直到南明政权建立之后,他的冤枉才得到昭雪。而皇太极的反间计,在清军入关后,才真相大白。

闯王李自成

崇祯帝即位的第二年,1628年,陕西闹了一场大饥荒。老百姓没粮吃,连草根树皮也掘光了,只好吃山上的泥土。但是一些地方官吏,照样催租逼税,叫老百姓没法忍受下去。陕西各地爆发了农民起义。

这年冬天,明王朝从甘肃调了一支军队到北京去。这支军队开到金县(今陕西榆林),兵士们领不到饷,闹到县衙门去。带兵的将官也来弹压,有个年轻兵士气愤地站出来,带领兵士们把将官和县官杀了。这个兵士就是李自成。

李自成是陕西米脂人,出生在一个农民家庭,少年时候,就喜欢骑马射箭,练得一身好武艺。后来,父亲死了,家境穷困,李自成到银川驿站里去当马夫。他待人热情,驿卒们也挺爱戴他。

李自成的家一向担负代官府收租税的差使。米脂连年收成不好,农民拿不出租税。当地有个姓艾的大地主,乘机放高利贷,想在农民身上盘剥。李自成看大家交不起租税,就自己一个人借了债把税交了。过了一段时间,姓艾的地主逼李自成还债,李自成还不起,姓艾的就唆使官府把他抓起来打得半死,还锁上铐,把他放在太阳底下晒,不让吃东西,百姓和驿卒向县官恳求把李自成放在树荫下,让他吃点东西,县官也不答应。这一下把群众激怒了,大家一哄而上,砸开李自成身上的铐,带着李自成一起逃出米脂,到甘肃当了兵。

这一回,李自成在金县杀了将官,带着几十个兵士一起投奔王左挂领导的农民军,当上一名头领。

明王朝派出的总督杨鹤看到起义军越来越多,十分害怕。他一面派兵镇压,一面采用高官司厚禄招降农民军将领。王左挂禁不住诱惑,动摇投降了。李自成不得不另找队伍,后来,他打听到高迎祥领导一支队伍起义,自称"闯王",就决心投奔高迎祥。

高迎祥听到李自成带兵来投降,十分高兴,马上叫他担任一个队的将官,大家把他叫做闯将。

高迎祥和别的起义军联合起来,转战山西、河北等五个省,声势越来越大。官军到处围剿,遭到失败。最后,崇祯帝恼羞成怒,调动了各省官军,想把各路起义军全部包围,一口吃掉。

为了对付官军围剿,高迎祥约了13家起义军的大小头领在荥阳开会,商量对策。

荥阳大会上,大家议论纷纷。有的认为敌人兵力太强,不如打回陕西老家避一避再说;也有的不同意,但是也拿不出更好的主意。这时候,李自成站了起来说:"一个兵士肯拼命,也能奋战一下;我们有十万大军,敌人能拿我们怎么样?"

高迎祥赞许地说:"依你的意思,该怎么办?"

李自成提出自己的主张。他认为起义军应该分成几路,分头出击,打破敌人的围剿。大家听了,都觉得李自成说得有理。经过一番商量,十三家起义军分成六路。有的拖住敌军,有的流动作战。高迎祥、李自成和另一支由张献忠领导的起义军向东打出包围圈,直取江淮地区的凤阳。

凤阳是明太祖朱元璋的老家。明太祖死后,那里成为明朝的中都。农民军出击凤阳,就是要打击明王朝的气焰。高迎祥、张献忠领导的起义军一路进军,势如破竹,不到十天,就打下了凤阳,把明朝皇帝的祖坟和朱元璋做过和尚的皇觉寺一把火烧了。这一着真的震动了明王朝,崇祯帝听到这消息,又急又气,下令把凤阳巡抚处死。

高迎祥和李自成又带兵回到陕西，来回打击官军，叫明朝的官员手忙脚乱，狼狈不堪。崇祯帝和地方大臣都把高迎祥的队伍看成眼中钉，千方百计要消灭他们。有一次，高迎祥带兵进攻西安。陕西巡抚孙传庭在（今陕西周至）的山谷里埋下伏兵拦击。高迎祥没有防备，经过一场激战，被捕牺牲。

李自成带领留下的队伍杀了出来。将士们失去了主帅，心里十分沉痛。大伙认为闯将李自成是高迎祥最信任的将领，加上他的武艺高强，打仗勇敢，就拥戴他接替高迎祥，作了闯王。打那以后，李闯王的名声就在远近传开了。

李闯王的威名越高，越引起明王朝的害怕和仇恨。崇祯帝命令总督洪承畴、巡抚孙传庭专门围剿李自成。李自成的处境越来越困难。但是因为起义军将士的英勇作战和李自成的足智多谋，多次冲破官军的包围圈，活跃在四川、甘肃、陕西一带，打击官军。

在这个困难的时刻，另两支起义军的首领张献忠、罗汝才都接受明朝招降，李自成手下的将领也有人叛变。这使李自成的处境增添了困难。

1638年，李自成从甘肃转移到陕西，准备打出潼关去。洪承畴、孙传庭事先探听到起义军的动向，在潼关附近的崇山峻岭中，布置了三道埋伏线，故意让开通向潼关的大路，引诱李自成进入他们的包围圈。

李自成中了敌人的计。当他带领起义军浩浩荡荡开到靠近潼关的山谷地带的时候，两面高山里杀出了大批明军。他们依仗人多和地势有利，向起义军发起一次次冲击。起义军经过几天几夜的搏斗，几万名战士在战斗中牺牲，队伍被打散了。

李自成和他的部将刘宗敏等17个人打退了大批敌人，才冲出重重包围。他们翻山越岭，克服了重重困难，到了陕西东南的商洛山区，隐蔽起来。

明军占领了潼关，派出大批侦骑，搜捕李自成，搜了几个月，毫无信息。后来听有人传说，李自成在战斗中受了重伤，已经死去，明军才放松了搜捕。

皇太极征服朝鲜

1636年4月11日，皇太极接受诸贝勒的建议，在沈阳宣布称帝，用满、蒙、汉三种表文祭告天地,改国号为"大清",改年号为崇德,改族名为"满洲",并受尊号"宽温仁圣皇帝",尊父努尔哈赤为太祖。在皇太极称帝之时,朝鲜因不堪后金的各种勒索而与后金的矛盾更加激化。皇太极决心登基伊始便征服朝鲜。1636年12月,皇太极率大军进攻朝鲜。清军兵分两路:左翼由多尔衮、豪格率领,由宽甸入长山口取道昌城,南下平壤;皇太极与代善亲率右翼,从东京大路经镇江进入朝鲜。14日清军大队抵达安州,朝鲜国王逃到汉江南岸的南汉山城。29日皇太极南渡汉江,包围了南汉山城。1637年正月二十二日,清军在多尔衮率领下攻破城池,朝鲜国王被迫投降。皇太极征服朝鲜解除了他对明战争的后顾之忧。

吴三桂借清兵入关

公元1644年,李自成在西安正式建立了政权,国号大顺。接着,李自成率领一百万起义将士,渡过黄河,分两路进攻北京。两路大军势如破竹,到了这年三月,就在北京城下会师。城外驻守的明军最精锐的三大营全部投降。

起义军猛攻北京城。第二天晚上,崇祯帝登上煤山(在皇宫的后面,今北京景山)上往四周一望,只见火光映天,知道形势危急,跑回宫里,拼命敲钟,想召集官员们来保护他。等了好久,连个人影儿都没有。这时候,他才知道末日到来,又回到煤山,在寿皇亭边一棵槐树下上吊自杀。统治中国277年的明王朝,宣告灭亡。

大顺起义军攻破北京,大将刘宗敏首先率领队伍进城,接着,大顺王李自成头戴笠帽,身穿青布衣,跨着骏马,缓缓地进了紫禁城。北京的百姓像过节一样,张灯结彩欢迎起义军。

大顺政权一面出榜安民,叫大家安居乐业;一面严惩明王朝的皇亲国戚、贪官污吏。李自成派刘宗敏和李过,勒令那些权贵交出平时从百姓身上搜刮来的赃款,充当起义军的军饷,拒绝交付的处重刑。少数民愤大的皇亲国戚被起义军抓起来杀头。

有个大官僚吴襄,也被刘宗敏抄了家产,并且逮捕起来追赃。有人告诉李自成说,吴襄的儿子吴三桂是明朝的山海关总兵,手下还有几十万大军。如果把吴三桂招降了,岂不是解除了大顺政权一个威胁。

李自成觉得这个主意很有道理,就叫吴襄给他儿子写信,劝说他向起义军投降。

吴三桂原来是明朝派到关外抗清的,驻扎在宁远一带防守。起义军逼近北京的时候,崇祯帝接连下命令要吴三桂带兵进关,对付起义军。吴三桂赶到山海关,北京已被起义军攻破。过了几天,吴三桂收到吴襄的劝降信,倒犹豫起来。向起义军投降吧,当然是他不愿意的,要不投降吧,起义军勇猛善战,兵力强大,自己不是他们的对手。再说,北京还有他的家属财产,也舍不得丢掉,既然李自成来招降,不如到北京去看看情况再说。

吴三桂带兵到了滦州,离北京越来越近,就遇到一些从北京逃出来的人。吴三桂找来一问,开始,听说他父亲吴襄被抓,家产被抄,已经恨得咬牙切齿;接着,又听说他最宠爱的歌姬陈圆圆也被起义军抓走,更是怒气冲天,立刻下令退回山海关,并且要将士们一律换上白盔白甲,说是要给死去的崇祯帝报仇。

李自成得知吴三桂拒绝投降,决定亲自带二十多万大军,进攻山海关。吴三桂本来就害怕农民军,听到这消息,吓得灵魂出窍。他也顾不了什么民族气节,写了一封信,派人飞马出关,请求清朝帮助他镇压起义军。

清朝辅政的亲王多尔衮接到吴三桂的求救信,觉得机会来到,立即回信同意。接着,他亲自带着十几万清兵,日夜不停地向山海关进兵。

清军到了山海关下,吴三桂已经迫不及待地带着五百个亲兵出关迎接多尔衮。他见了多尔衮,卑躬屈膝地哀求多尔衮帮他报仇。多尔衮自然顺水推舟地答应。吴三桂把多尔衮请进关里,大摆酒宴,杀了白马乌牛,祭拜天地,订立了同盟。

李自成大军从南面开到山海关边。20多万起义军,依山靠海,摆开浩浩荡荡的一字阵,一眼望不到边。老奸巨猾的多尔衮从城头望见起义军阵容坚强,料想不容易对付,就让吴三桂打先锋,叫清军埋伏起来,自己和几名清将远远躲在后面的山头观战。

战斗开始了,李自成骑着马登上西山指挥作战。吴三桂带兵一出城,起义军的左右两翼合围包抄,把吴三桂和他的队伍团团围住。明兵东窜西突,冲不出重围;起义军个个血战,喊杀声震天动地。

正在双方激烈战斗的时候,不料海边一阵狂风,把地面上的尘沙刮起,一霎时,天昏地黑,对面见不到人。多尔衮看准时机,命令埋伏在阵后的几万清兵一起出动，向起义军突然袭击。起义军毫无防备，也弄不清是哪儿来的敌人，心里一慌张，阵势也就乱了。直到风定下来，天色转晴，才看清楚对手是留着辫子的清兵。

李自成在西山上发现清兵已经进关，想稳住阵脚，指挥抵抗，已经来不及了，只好传令后撤。多尔衮和吴三桂的队伍里外夹击，起义军遭到惨重失败。

李自成带领将士边战边退。吴三桂仗着清兵的阵势，在后面紧紧追赶。起义军回到北京，兵力已经大大削弱。

李自成回北京后，在皇宫大殿里举行即位典礼，接受官员的朝见。第二天一清早就率领起义军，离开北京，向西安撤退。

李自成离开北京的第三天，多尔衮带领清兵，耀武扬威地开进北京城。1644年10月，多尔衮把顺治帝从沈阳接到北京，把北京作为清朝国都。打那时候起，清王朝就开始在中国建立了它的统治。

第二年，清朝分兵两路攻打西安。一路由阿济格和吴三桂、尚可喜率领，一路由多铎和孔有德率领。李自成率领农民军在潼关抗击清军，经过激烈战斗，终于被迫放弃西安，向襄阳转移。过了几个月，农民军在湖北通山县九宫山，遭到当地地主武装袭击，李自成战败牺牲。

李自成退出北京后，张献忠在四川称帝，国号大西，继续抗击清军。到公元1647年，清军进四川，张献忠在川北西充的凤凰山的一场战斗中，中箭死去。这样明朝末年的两支主要起义军都失败了。

李自成建大顺政权

崇祯17年（1644）春节，李自成正式宣布建国。改西安为西京，国号"大顺"，建元"永昌"。李自成在西安进一步调整和完善了农民政权的中央机构，大力推行各项革命措施。中央机构以天佑殿为最高行政机关，六政府各任尚书一人，又建立弘文馆、文谕院、直指使、谏议从政、统会、尚契司、验马寺、知政使、书写房等政府机构。同时继续推行"均田免赋"、"割富济贫"等政策，安置流民，稳定物价，废除八股，颁布新历等等。又敕令各营加紧练兵，积极备战。经过采取一系列军政措施以后，农民革命政权根基渐稳，各营部队兵精粮足。于是起义军在李自成亲自率领下,浩浩荡荡开始东征,向明王朝都城北京攻去。

崇祯煤山自缢 明朝灭亡

1644年3月,大顺军会师北京城下。17日,李自成亲自指挥大军环攻九门。18日,大顺军将士架飞梯奋力攻城,越墙而入,攻占外城。与此同时,明太监曹化淳献彰义门投降。崇祯帝朱由检听到城破,立即命其3个儿子更衣出逃,逼周皇后自缢,剑砍长女乐安公主手臂,又杀妃嫔数人,然后换上便服,携太监王承恩等数十人,出东华门,企图出逃,没成功,又返回宫内。19日清晨,李自成军攻破内城。崇祯亲自响钟召集百官,竟无一人响应,崇祯见大势已去,便与太监王承恩入内苑,对缢于煤山(今景山)寿皇亭树下。明朝至此宣告灭亡。

宋应星著成《天工开物》

1637年,宋应星著《天工开物》刊行。宋应星字长庚,江西奉新人。1615年举人。历任分宜县学教谕、汀州府推官、亳州知州等官。1644年辞官归里。宋应星博学多才,著述颇多。《天工开物》这一科学巨著是其在分宜教谕任上撰成的,本年刊行。《天工开物》之名,是借用《尚书·皋陶谟》中的"天工人其代之"及《易·系辞》中的"开物成务"二词而成。主张自然界靠人工技巧开发有用之物。《天工开物》共3卷18篇。全书收录了农业、手工业,诸如砖瓦、陶瓷、硫磺、烛、纸、兵器、火药、纺织、染色、制盐、采煤、榨油等生产技术。尤其是每一产品,从原料到成品的生产过程和工序,都有详细记述,且附有200幅图画,具有极高的科学价值。

清

(公元 1644 年~公元 1911 年)

清代历史背景介绍

1644年,即清世祖顺治元年,满清入主中原,到1911年即宣统三年,清帝溥仪退位,民国肇造,共268年。

清朝前期,统治者很善于总结历朝历代的统治经验,并采取了有利于社会安定和经济发展的积极措施,从而在康熙、雍正、乾隆三朝逐步达到鼎盛。由此出现了一个国家统一、政权巩固、社会安定、生产恢复、经济文化都比较繁荣的时期,这就是历史上的"康乾盛世"。

康熙帝继位后,基本上采用了适应汉族地区发展水平的封建统治制度,并对满族奴隶主势力加以统治,从而基本上奠定了中国的版图。康乾时期,全国的耕地面积超过了明末最高数字,达到六七百万顷;人口空前增长,达到3亿以上。由于经济的繁荣和文化自身的发展,清朝前期在思想学术和文学艺术方面也取得了巨大的成就。

乾隆时期是清代强盛的顶峰,也是其衰败的起点。各种社会矛盾日趋尖锐。表面的强盛掩盖着内在的虚弱,歌舞升平的背后酝酿着衰乱的危机。西方殖民者千方百计要敲开中国的大门,人民群众的反抗斗争此伏彼起。但总体而言,清前期中国,从历史纵向看,不论在经济、政治和文化方面,它在中国历史上都是有所发展的、有所进步的。但从横向看,相对于蓬勃发展的欧洲国家而言,中国已逐渐脱离了世界先进行列,并与西方各国在经济实力和科学技术方面大大拉开了距离。

1840年,中国社会发生急剧转折。6月,英国悍然挑起鸦片战争,武力强行打开了关闭已久的中国大门。不堪一击的清政府被迫于1842年与英国侵略者签订了丧权辱国的《南京条约》。紧接着1856年的第二次鸦片战争,1884年的中法战争,1894年的中日甲午战争和1900年的八国联军侵华战争,彼此间隔的时间越来越短,通过不平等条约强加给中国的战败条件也越来越苛刻,短短半个世纪,使中国一步步沦为一个典型的半殖民地半封建社会。在政治上,中国的领土和主权遭到严重破坏。经济上,传统的自然经济开始解体。帝国主义和中华民族的矛盾成为最主要的矛盾。

随着民族危机的日益加剧,统治阶级内部先后出现了多次自救运动。先是

19世纪60年代的洋务运动,继而是康有为、梁启超为代表的维新派领导的维新运动,最终都以失败而告终。1901年至1905年,清政府提出"新政",非但未能挽救清王朝,反而加速了其崩溃过程。

清政府腐败无能,但中国人民却是伟大而坚强的。三元里人民抗英斗争捍卫了民族尊严,洪秀全的太平天国农民起义,将旧式的农民起义发展到了最高峰,加速了清王朝封建统治的衰亡。席卷中国北部的义和团反帝爱国运动,粉碎了帝国主义瓜分中国的美梦。最后,经过以孙中山为代表的资产阶级革命派坚韧不拔的斗争,终于在1911年推翻了清王朝的封建统治。

清兵入关建都北京

1643年福临(即顺治帝)即位后,多尔衮逐渐掌握了朝廷重权。为了树立自己的威信,多尔衮决定领兵入关,开辟新的战场。1644年4月7日,清廷祭祖誓师伐明。8日,顺治亲自召见多尔衮,特授给奉命大将军印,掌管军中一切赏罚大事。

9日,多尔衮统领满洲、蒙、汉军兵总计约14万人,鸣炮起行,讨伐明朝。11日大军到达辽河,14日到达翁后(今广宁附近)。15日,镇守山海关的明军统帅平西伯吴三桂突然派人前来洽降,这为清兵入关提供了意料不到的方便。22日,在吴三桂与李自成激战之时,清兵突然冲出,击败李自成军。随后吴清联军越关西入中原,紧紧追击农民军。5月2日,摄政王多尔衮在数万名亲兵的簇拥下进入北京,并在武英殿称制,开始了清廷对北京的统治。清军入关,是明清之际一个重大的历史事件。清军从誓师伐明到占领北京,尚不到一月之久。

清军到达北京后,在是否将首都由盛京(今沈阳)迁到北京的问题上,统治集团内部发生了争论。以阿济格为首的反对派,主要以清兵入关太快、补给不足为由,反对迁都。而多尔衮从统一和管辖整个中国的总战略出发,力主迁都,1644年6月,多尔衮终于统一诸王、贝勒、大臣的意见,决定建都燕京,派遣辅国公吞齐喀等携奏章迎驾。7月8日,顺治帝在告上帝文中宣布:接受多尔衮的奏请,"迁都定鼎,作京于燕"。8月20日,顺治车驾自盛京启行,9月19日至京师,自正阳门入宫。10月1日,顺治行定鼎登基礼,亲至南都,发布告祭天地文:"兹定鼎燕京,以绥中国",宣布继续沿用"大清"国号,纪元顺治。清政权在关内的确立,为满清贵族最终消灭南明王朝和完成统一大业,提供了政治上的保障。

南明弘光政权建立

1644年四五月,当崇祯帝自杀、明朝灭亡以及清兵入据燕京的消息传到南京时，陪都南京陷入一片混乱之中。明朝在南京的地主、官僚和军阀为了逃避彻底覆亡的命运，即议拥立新君。在拥立问题上分为两派，凤阳总督马士英拥护神宗之孙福王朱由崧，另一派拥立穆宗之后潞王朱常淓，由于马士英手握兵权因此占了上风。同年五月十五日，福王在南京称帝，年号弘光。弘光政权把"讨贼复仇"作为宗旨，但拥有重权重兵的马士英等人在政治上、军事上却毫无作为，而是热衷于小朝廷内的争权夺利，生活上的苟且偷安。

改造紫禁城

清朝定都北京之后，基本上是完整地继承了明代的所有建筑，北京宫殿仍然沿用前代，总体布局没有变更，只不过将原来明代宫殿的名称改为新名，表明已经改朝换代了。

至于弘光帝本人，更是昏庸无能，终日只知沉湎酒色，不思复国大计。这些都注定了南明小朝廷迅速灭亡的命运。1646年2月，张国维等人拥立朱以海监国于绍兴，后来流亡海上。同年闰六月十五日，郑芝龙、郑鸿逵等拥立朱聿键称帝于福州，年号隆武。1646年十一月初二日，苏观生等拥立朱聿鐭称帝于广州，年号绍武。1646年11月，瞿式耜、丁魁楚拥立朱由榔监国肇庆，年号永历。南明这几个小朝廷，大都建立不久便告垮台，其中永历政权由于和农民起义军联合抗清，存在的时间较长，直到1661年才被清朝灭亡。

清廷册封班禅与达赖

喇嘛教自元代盛行于西藏。当时僧侣都着红色衣冠，被称为红教。明初，宗喀巴改革宗教，着黄衣，称为黄教。黄教创立一种嗣续法，说达赖、班禅两喇嘛不死，由呼比尔汗（化身）辗转出世，即所谓呼比尔汗（转世）制度，1543年达赖三世锁南嘉木错的影响除遍布全藏外，还扩展至蒙古、青海等地。蒙古俺答汗曾孙嗣为达赖四世，势力达到漠北、伊犁一带。1637年达赖五世罗卜藏嘉木错嗣位，其在蒙古的影响有增无减。在这种情况下,蒙古和硕特部顾实汗于1645年赠达赖四世和达赖五世的师傅、日喀则扎什伦布寺主持人罗桑却吉坚赞(1567～1622)为"班禅博克多"(意为大学者、睿智英武之人),尊号班禅之名自此开始使用。班禅为喇嘛教主名号,其地位仅次于达赖。

1653年4月22日,顺治帝封达赖五世为"达赖喇嘛",确定了达赖在西藏的政治、宗教地位。达赖五世罗卜藏嘉木错嗣位于1637年,当时即遣人至清盛京进书献方物,清也遣使通聘。清入关后,多次派人前往西藏,延请达赖。1652年12月15日,达赖五世至京师,在南苑谒见顺治帝,清廷给予达赖隆重礼遇。次年正月十一日和十六日,顺治帝两次在太和殿宴请达赖五世,并赐金器、彩缎、鞍马等物。2月20日,达赖五世辞归。4月22日,顺治帝遣礼部尚书觉罗郎球、理藩院侍郎席达礼等将封达赖五世为达赖喇嘛的金册、金印(文用满、藏、汉三种文字)赐予达赖,封达赖五世为"西天大善自在佛,所领天下释教普通瓦赤喇怛喇达赖喇嘛",达赖从此正式得到"达赖喇嘛"的称号。

郑成功起兵

1647年,郑成功率领海上义师,从福建南澳出兵,两三年间连破同安、海澄和泉州等闽南沿海许多地方;进据金门、厦门,掀起了清初抗清斗争的最后高潮。

郑成功(1624～1662),原名森,字大木,隆武政权重臣郑芝龙的儿子。由于得到南明隆武帝的赏识,郑成功被封为延平郡王,赐姓朱,改名成功,因此被称为"国姓爷"。郑芝龙降清,郑成功苦劝不听,遂率师拒降,"不受诏,不剃头",打出"背父救国"的旗号,坚持抗清斗争。郑成功以金门、厦门为基地,曾多次进行北伐和南征。清统治者为了对付这支抗清力量,下令沿海居民内迁30里,同时,禁止舟船出海,以切断东南人民同郑成功的联系。这给郑成功造成很大困难。

1659年6月,为了牵制清军对永历小朝廷的三路围攻,郑成功与张煌言配合,率领83营17万水陆大军,北伐南京。北伐军水陆并进,不久,陷焦山,破瓜州,攻占了长江的重要门户镇江及其所属诸县。6月26日,郑成功部前锋已至南京郊区,7月12日,完成了对南京的围困。与此同时,张煌言率军沿江而上,占据太平、宁国、池州、徽州等四府3州22县。清廷知悉,举朝皆惊。顺治帝惊怒异常，下令亲征，被谏阻后即命内大臣达素为安南将军，统兵增援江南。而此时，郑成功却为一时的胜利冲昏头脑，被清军诡计约降所迷惑，致使战事拖延了一月之久。而困守南京城里的清总督郎廷佐抓住郑军将士庆贺郑成功生日、"饮酒卸甲"、战斗意志松懈的有利时机，指挥清军水陆进袭，大败郑军。郑成功匆忙率领部队退回金门、厦门，张煌言孤立无援，也退走浙东，北伐终告失败。

多尔衮病卒　顺治亲政

　　1650年12月，摄政王多尔衮病死于喀喇城，终年39岁。多尔衮（1612～1650年），爱新觉罗氏，努尔哈赤第十四子。1628年被皇太极赐号墨尔根代青，即聪明王。多尔衮在与明朝的战争中屡立战功，声名远扬，1636年被封为和硕睿亲王。清世祖福临即位后，与济尔哈朗共同辅政，为摄政王，成为这一时期清政权的实际统治者。1644年多尔衮率八旗军入关，败李自成于山海关，5月入北京，为崇祯帝发丧3日，大力笼络汉族地主，减轻赋税，并及时制定了统一全国的作战部署。同时迎帝入城，定都燕京。此后，多尔衮先后受封叔父摄政王、皇父摄政王。多尔衮素有风疾，入关后病情日重，1650年11月，多尔衮出猎古北口外，不慎坠马受伤，病情恶化，12月病死，诏尊懋德修道广业定功安民立政诚敬义皇帝，庙号成宗。多尔衮为清朝定鼎中原起了决定性的作用，但由于顺治帝不满其摄政时专权，在其死后第二年便夺爵、鞭尸，并将多尔衮亲信一网打尽，直到乾隆时期才恢复多尔衮在清朝历史上应得的地位。1651年正月十二日，顺治帝福临亲政，御临太和殿，接受诸王、贝勒、大臣庆贺表文，并颁诏大赦。此后，顺治在跌宕起伏、纷繁驳杂的10年亲政中，采取了一系列改革措施，有效地巩固了自己的统治。顺治亲政后，首先削夺了大臣的权势，实施集权制。在用人方面，顺治一改多尔衮时期对汉官猜疑、压制的态度，十分注意笼络和依靠汉官。大刀阔斧地整顿吏治是顺治亲政后采取的又一重大措施。此外，顺治又命兵部整顿驿政，以保障驿路畅通；推行恤刑条例，以体恤百姓；始行武举殿试，以选拔文武全才；制定行军律例，以整顿军纪等等。以上改革措施的制定与推行，充分体现了顺治的政治才干，使他成为清朝开国时期一位刻意求治、颇有作为的年轻皇帝。

郑成功收复台湾

台湾自古以来就是我国的领土。17世纪欧洲殖民者在亚洲展开了侵略活动，1642年荷兰侵略者霸占了台湾，从此开始对台湾人民进行疯狂掠夺和奴役。郑成功北伐失败后，为了坚持长期抗清，决定收复台湾，并以之作为反清根据地。正当郑成功筹划这一重大军事行动时，曾担任荷兰通事的爱国志士何斌从台湾来到厦门，向郑成功献出一幅台湾地图，敦请郑成功光复台湾。1661年2月，郑成功在厦门召开军事会议，决定立即出兵收复台湾。3月，郑成功的军事准备均已就绪，并把大军从厦门移驻金门。4月30日，大军抵达台湾海面，在何斌的导引下避开荷军的炮火，利用涨潮的有利时机，在荷军疏于防守的北航道淤浅地带由鹿耳门顺利登陆。1662年1月，郑成功指挥军队从海陆两方面向荷兰侵略者发动了猛烈攻击。面对中国军队的强大攻势，荷军统帅终于在投降书上签字。至此，被荷兰侵略者非法占据38年之久的台湾回归祖国。

智擒鳌拜　康熙亲政

1661年，世祖死，第三子玄烨嗣位，年号康熙，以大臣索尼、苏克萨哈、遏必隆、鳌拜辅政。四辅臣中，索尼年老，遏必隆懦弱，苏克萨哈声望较低，惟鳌拜居功横傲，最为跋扈。他大力培植私党，排陷异己。1667年7月，玄烨亲政，这时鳌拜仍然独持权柄，苏克萨哈久受鳌拜压抑，于是首先提出辞去辅政大臣之职。鳌拜却捏造罪名将其定为死罪。康熙知道此案是鳌拜伙同他的党羽挟私陷害，坚执不允。鳌拜竟"攘臂上前，强奏累日"，终于还是依照原议施行。这时，索尼已死，苏克萨哈被杀，辅政只剩下遏必隆、鳌拜二人。遏必隆不敢立异，朝权实际操

青年康熙皇帝便服写字像

纵于鳌拜一人之手。朝廷议事，大臣稍有违逆鳌拜之处，他也敢当着康熙帝的面厉声叱喝，可谓专横至极。

康熙帝一方面不断给辅政大臣加官晋爵从而稳住局势；一面在群臣中直接树立自己的威信，并暗中准备降伏鳌拜事宜。1669年5月16日，鳌拜入见，康熙帝一声令下，将鳌拜擒获。同时，康熙帝命议政王大臣等逮捕鳌拜的13名党羽及另一辅政大臣遏必隆等有关官员。康熙帝将鳌拜革职拘禁，抄没家产，鳌拜的众多党羽也得到不同程度的惩处，许多遭受鳌拜打击的官员得以平反昭雪。鳌拜被擒后，康熙帝才真正实现了亲政，从此揭开了"康乾盛世"的序幕。

雍正夺嫡继位

1722年11月20日，康熙帝第四子胤禛在太和殿即皇帝位，历史上称雍正帝。随后，他祭告天地、宗庙、社稷，公告天下，以次年为雍正元年。在康熙晚年争夺储位的斗争中，胤禛已暗结党羽，形成一派势力。其中，有十三皇子允祥，康熙帝内弟、近臣隆科多，大学士马齐，川陕总督年羹尧等人。这一派力量很强，活动诡秘，未曾受到康熙帝的怀疑和指责。此外，胤禛即位的优势还在于他自幼由康熙帝抚育，在康熙帝身边长大成人，而不是像其他皇子由别人抚育，远离圣驾。所以，胤禛更能够善体圣意，问寒问暖，殷勤有加，深得康熙帝好感。胤禛虽然私下里与诸皇子对立，在康熙帝面前却从不表露，相反，还常对诸皇子誉以美言。由于胤禛工于心计、手腕高明，因此深得康熙帝赏识，称赞他性量过人，深明大义，居心行事有伟人气魄，并多次委以重任。由于胤禛和康熙帝感情密切，未曾发生过裂痕；且在委以重任时亦表现出办事才干和忠孝品质，这样，康熙帝很早便对他深怀信任。在病危时刻，召集诸皇子到御榻前，面谕皇四子胤禛继承皇位，史称雍正帝。

1723年8月17日，雍正帝召见总理事务大臣、满汉文武大臣、九卿于乾清宫西暖阁，宣布秘密立储方法。他将选定的继承人之名亲笔书写后密封，藏于匣内，然后置于乾清宫正中由顺治帝亲笔所写的"正大光明"匾额之后，以备不测。群臣对此没有异议，秘密立储制度遂正式确立。雍正帝于乾清宫密诏之外，另书内容相同之传位诏书放于圆明园内。雍正帝密立太子，收到了立国本以固人心的政治效果,避免了历代皇子为争储位、储君与皇帝争权,以致储君骄纵、皇帝身心忧瘁等弊端。该制度减少了政治混乱,有利于政局稳定。乾隆帝登基后,认为此法甚好,于是继续实行。后来诸帝都相继采用这个方法。从雍正帝创立秘密立储制度到乾隆、嘉庆、道光、咸丰诸帝的继承来看,这一制度是成功的。

出征青海

1723年10月,罗卜藏丹津发动叛乱,清廷命年羹尧前往平叛。罗卜藏丹津,清代厄鲁特蒙古和硕特部台吉,和硕亲王达什巴图尔之子。1714年袭父位。1720年,随清军入藏驱逐准噶尔军,但由于控制西藏的野心没有得逞而心怀不满。1723年夏,他公开竖起反清旗帜。清廷组织平叛大军,从八月下旬到九月初,连派年羹尧、岳钟琪、富宁安等分路进兵。经过周密部署,数月征战,迫使叛军10万余众投降。次年又取得郭隆寺大捷,罗卜藏丹津改女装逃跑,历时半年的叛乱被平息。从此,清政府接受了年羹尧提出的善后事宜13条,在西宁派驻大臣,展开屯田,兴办农业。青海地区局势日益稳定。1755年,清军平定伊犁时俘获罗卜藏丹津,宽宥了他,只是并令其居京城,不许擅出。

改土归流

改土归流是清统治者在西南实行的地方行政制度的改革,即废除土司,而代之以流官的统治。云南、贵州、广西等少数民族聚居地区,自元、明以来多实行土司制度。土司制度发展到清代,已进入了它的没落时期。土司制度不仅阻碍了封建经济的发展,而且不利于国家的统一和巩固。随着清政权的确立和稳固,解决土司问题即提到了议事日程。1726年9月,云贵总督鄂尔泰正式提出改土归流建议。雍正帝决定推行改土归流。改土归流打击了土司割据势力,减少了叛乱因素,促进了国家的统一、边防的巩固,同时促进了西南地区封建经济的发展,以及文化教育事业的发展。

大兴文字狱

　　清朝统治者对明朝留下来的文人，一面采取招抚办法，面对不服统治的，采取了严厉的镇压手段。就在康熙帝即位的第二年，有官员告发，浙江湖州有个文人庄廷鑨，私自招集文人编辑《明史》，里面有攻击清朝统治者的语句，还使用南明的年号。这时候，庄廷鑨已死去，朝廷下令，把庄廷鑨开棺戮尸，他的儿子和写序言的、卖书的、刻字的、印刷的和当地官吏，被处死的处死，充军的充军。这个案件，一共株连到70多人。

　　1711年，又有人告发，在翰林官戴名世的文集里，对南明政权表示同情态度，又用了南明的永历帝的年号，就下令把戴名世打进大牢，判了死刑。这个案件牵连到他的亲友和刻印他文集的，又有300多人。

　　因为这些案件完全是由写文章引起的，就管它叫"文字狱"。康熙帝做了61年皇帝，老死了。他的第四个儿子胤禛即位，这就是清世宗，又叫雍正帝。雍正帝是一个残暴成性、猜忌心又很重的人。在他的统治下，文字狱也更多更严重。最出名的是吕留良事件。

　　吕留良也是一个著名学者。明朝灭亡以后，他参加反清斗争没有成功，就在家里收学生教书。有人推荐他博学鸿词科，他坚决拒绝了。官员劝他不听，威胁他也没用，后来他索性跑到寺院里，剃光了头当和尚，官员们也拿他没办法。

　　吕留良当了和尚之后，躲在寺院里著书立说。书里面有反对清朝统治的内容，幸好书写成了，没有流传开去，吕留良死了，更没人注意。

　　有个湖南人曾静，偶然见到吕留良的文章，对吕留良的学问十分敬佩，就派了个学生张熙，从湖南跑到吕留良的老家浙江去打听他遗留下来的文稿。

　　张熙一到浙江，不但打听到文稿的下落，还找到吕留良的两个学生。张熙跟他们一谈，很合得来。他向曾静汇报后，曾静也约两人见了面，4个人议论起清朝统治，都十分愤慨。大家就秘密商量，怎么想办法推翻清王朝。

　　他们懂得，光靠几个读书人办不了大事。后来，曾静打听到担任陕甘总督的汉族大臣岳钟琪，掌握很大兵权，因为讨伐边境叛乱的时候立了战功，受到雍正帝重用。他想，要是能劝说岳钟琪反清，成功就大有希望。

451

曾静写了一封信,派张熙去找岳钟琪。岳钟琪接见张熙,拆看来信,见是劝说他反清的,大吃一惊,问张熙说:"你是哪里来的,胆敢送这样大逆不道的信。"

张熙面不改色说:"将军跟清人是世仇,您难道不想报仇?"

岳钟琪说:"这话从哪儿说起?"

张熙说:"将军姓岳,是南宋岳忠武王(就是岳飞)的后代,现在的清朝皇帝的祖先是金人。岳王当年被金人勾结秦桧害死,千古称冤。现在将军手里有的是人马,正是替岳王报仇的好机会呢。"

岳钟琪听了,马上翻了脸,吆喝一声,把张熙打进牢监,并且要当地官吏审问张熙,追查他是什么人指使的。张熙受尽种种酷刑,就是不招,说:"你们要杀要剐都可以,要问指使人,没有!"

雍正哨鹿图

岳钟琪心想,这个张熙是个硬汉,光使硬的治不了他,就另想一个软的办法。第二天,他把张熙从牢里放出来,秘密接见了他。岳钟琪假惺惺说:昨天的审问,不过是试探,他听了张熙的话,十分感动,决心起兵反清,希望张熙帮他出主意。张熙开始不相信,禁不住岳钟琪装得郑重其事,还真的赌神罚咒的假象,才相信了他。两个商谈了几天,渐渐热络起来。张熙无话不谈,把他老师曾静怎样交代的话都抖了出来。

岳钟琪哄得了张熙提供的情况,一面派人到湖南捉拿曾静,一面立刻写了一份奏章,把曾静、张熙怎样图谋造反的情节,一五一十报告了雍正帝。

雍正帝接到报告,又气又急,立刻下命令把曾静、张熙解送到北京,严刑审问。这时候,张熙才知道上了岳钟琪的大当,要不招也不中用了。雍正帝再一查,知道曾静还跟吕留良的两个学生有来往。这样,案子就牵连到吕留良家。吕留良已经死了,雍正把吕留良的坟刨了,棺材劈了,还不解恨,又把吕留良的后代和他的两个学生满门抄斩。还有不少相信吕留良的读书人也受到株连,被罚到边远地区充军。

像这样的案子是真由反对朝廷的活动引起的，而另外有不少文字狱，完全是牵强附会，挑剔文字过错，甚至为了一句诗、一个字也惹出大祸。有一次，翰林官徐骏在奏章里，把"陛下"的"陛"字错写成"狴"字，雍正帝见了，马上把徐骏革职。后来再派人一查，在徐骏的诗集里找出了两句诗："清风不识字，何故乱翻书？"挑剔说这"清风"就是指清朝，这一来，徐骏犯了诽谤朝廷的罪，把性命也送掉了。

《西藏善后章程》拟定

1750年，藏王珠尔默特又一次发动叛乱，不久即被平定，清朝随后废除了藏王制，在西藏设立噶厦，管理地方行政。进藏平叛的四川总督策楞，根据乾隆帝的指示，于1751年拟定了《西藏善后章程》，对西藏的政治、军事、经济等各方面进行了重大改革。《章程》其中最重要的是大大提高驻藏大臣的职权。它明确规定驻藏大臣督办藏内事务，地位与达赖喇嘛、班禅额尔德尼平等。与此同时，清朝还着手整顿西藏兵制，决定在西藏长年驻兵1 500名。铸造统一银币，禁止外币在西藏流通。限制租税的预征和乌拉的摊派等等。这些改革，全面加强了清朝对西藏地方的统治，而且改善了西藏的政治、经济状况，巩固了西南边防。

乾隆南巡

1751年正月，以督察河务海防、考察官方政府、了解民间疾苦以及奉母游览为由，乾隆帝效法康熙帝六次南巡，而首次南巡江浙。正月十三日，他奉皇太后离京，由陆路经直隶、山东至江苏清口。2月8日，渡黄河阅天妃闸、高家堰，经过淮安后由运河乘船南下，经扬州、镇江、丹阳、常州至苏州，谕三吴士庶各敦本业，力摒浮华。3月，至杭州，参观敷文书院，然后登观潮楼阅兵，遍游西湖名胜，渡钱塘江至绍兴祭大禹陵。回銮时，绕道江宁（今南京）祭明太祖陵，并阅兵，又

453

奉皇太后亲至织造机房观织。随即沿运河北上，4月，从陆路至泰安，至东岳庙拈香。5月4日，返抵圆明园。此次南巡，从京师至杭州，往返行程水陆共计5 800里，历时5月余。后来，乾隆帝又曾五下江南。

曹雪芹著成《红楼梦》

曹雪芹(1715～1763)，名，字梦阮，号雪芹，又号芹圃、芹溪，祖籍辽阳，是清代伟大的现实主义作家。曹雪芹的曾祖、祖父、父亲三代都是江宁织造，家世在祖父曹寅时达到鼎盛。康熙六次南巡，其中四次由曹寅接驾，并以曹家为行宫。由于雍正初年封建统治阶级内部政治斗争的株连，曹雪芹之父曹頫被革职下狱，抄没家产，家道从此日渐衰微。后来举家北返，在北京过着贫困的生活。曹雪芹经历了由锦衣玉食的宫廷贵族到"举家食粥"的贫民百姓的沧桑之变，对封建统治阶级的没落命运有切身感受，对社会上的黑暗和罪恶有全面而深刻的认识，在此基础上，他"披阅十载，增删五次"，写出了不朽的现实主义巨著《红楼梦》。

《红楼梦》以贾宝玉和林黛玉的爱情悲剧及贾宝玉与薛宝钗的婚姻悲剧为经线，纵向剖析了造成悲剧的深刻的社会根源；同时以贾府的兴衰为纬线，横向展示了由众多人物构成的广阔的社会生活环境。由此揭露了封建社会后期的种种罪恶及其不可克服的内在矛盾，使读者看到封建制度行将崩溃的必然命运。《红楼梦》的艺术成就是辉煌的。首先，曹雪芹以精雕细琢的功夫，塑造了贾宝玉、林黛玉、薛宝钗、王熙凤等一大批栩栩如生的典型人物。其次，小说以贾、林、薛的爱情婚姻纠葛为主线，把众多的人物、事件组织起来，情节纵横交错，形成了一个严密完整的网状结构，既宏大又清晰，有条不紊地将错综复杂的内容表现出来。《红楼梦》在继承民族文化传统的基础上进行了巨大创造和发展，成为我国古典小说现实主义的高峰，给后代作家提供了丰富的艺术经验，对《红楼梦》的研究成为一种专门的学问——"红学"。

土尔扈特回归祖国

土尔扈特是厄鲁特蒙古四部之一,原游牧于额尔齐斯河流域。17 世纪初被迫西迁至伏尔加河下游,但仍和清朝政府保持密切的联系。18 世纪 20 年代以来,俄国扩张势力对土尔扈特部加紧控制和迫害,在对外扩张的战争中,逼迫土尔扈特人充当炮灰,意欲歼灭土尔扈特人。这种可怕的灭族之灾迫使土尔扈特断然摆脱沙俄的控制,于 1770 年在首领渥巴锡率领下,重返祖国。他们冲破俄罗斯军队的围追堵截,克服重重困难,忍受巨大牺牲,行程万余里,历时 8 个月,终于在次年六月回到新疆伊犁,部众仅剩一半。土尔扈特回归后,乾隆帝对此事十分关切,下令拨银 20 万两,置备米麦、羊裘、布棉、毡庐、盐茶、靴帽,市马、牛、羊二十六万五千余,并将他们安置在伊犁河谷及科布多地区驻牧。同年九月,乾隆帝在承德接见了渥巴锡,优礼有加。不久,又封渥巴锡为卓理克图汗,以表彰他的功绩。乾隆帝还亲撰《御制土尔扈特全部归顺记》。自此以后,漠西厄鲁特蒙古全部统一于清朝中央政府的管辖之下。

乾隆编修《四库全书》

清朝统一中国后,经过康熙、雍正两朝的经营,经济有了很大发展。到雍正帝儿子乾隆在位的时候,国力强盛,财政富裕。清朝初期的文治武功,在这个时期都达到鼎盛的程度。乾隆帝跟他祖父、父亲一样,除了武功之外,还十分重视文治。他一面继续开博学鸿词科,招收文人学者,编写各种书籍;一面又大兴文字狱,镇压有反清嫌疑的文人,乾隆时期文字狱之多,大大超过了康熙、雍正两朝。

但是,乾隆帝懂得,光靠文字狱来实行文化统治是不彻底的。还有成千上万的书籍,贮藏在民间。如果里面有不利他们统治的内容,该用什么办法来解决呢?

他终于想出一个办法,就是集中全国的藏书,来编辑一部规模空前巨大的丛书。这样做一来可以进一步笼络大批知识分子,显示皇帝重视文化;二来借这个机会把民间藏书统统审查一下。可说是一举两得。

1773年,乾隆帝正式下令开设四库全书馆。派了一些皇室亲王和大学士担任总裁,那些皇亲国戚大多是挂个名、起监督作用。真正担任编纂官的都是当时一些有名的学者,像戴震、姚鼐、纪昀等人。那套丛书名称就叫做《四库全书》。

我国古代常把图书分成经、史、子、集四大大类:经部,包括历来儒家的经典著作(像《诗经》《论语》《孟子》等)和研究文字音韵的书;史部,包括各种历史、地理、传记等书;子部,包括古代诸子百家学说和科技著作,像农学、医学、天文、历法、算法、艺术等;集部,包括文学的总集和专集等。按照四大类集中贮藏起来就叫做"四库"。

要编一套规模巨大的丛书,先得把书籍收集起来。乾隆帝下了命令,叫各省官员搜集、收购各种图书上缴,并且定出了奖励办法,要私人进献图书,进献越多,奖励越大。这道命令一下,各地图书果然源源不绝送到北京,只隔两年,就有两万多种,再加上宫廷内部原来的大量图书,数量就很可观了。

书收集起来了,乾隆帝就下令四库全书馆的编纂官员对图书认真检查。凡是有"违碍"(对清统治者不利)字句的,一概销毁。一查下来,发现在明朝后期的大臣奏章里,提到清皇族的上代,不那么尊重,譬如他们的上代就接受过明朝的官职和封号,这在乾隆帝看来是很不体面的;于是就下令把这类图书一概销毁。至于像吕留良、黄道周等抗清文人的著作,那就更不用说了。后来再一查,在宋朝人的著作中,也有许多反对辽、金、元朝的内容,这种内容很容易使人联想到反对清王朝,也该销毁,或者销毁一部分。还有一个办法,就是发现这类字句,就随时删改涂抹,这样,书虽然被保存下来,但是已经弄得面目全非。为了这件事,乾隆帝可说是绞尽脑汁。据不完全统计,在编《四库全书》的同时,被查禁销毁的图书也有3 000种之多。

但是不管乾隆帝的动机怎样,这部规模巨大的《四库全书》到底编出来了,而且保存下来了。编纂《四库全书》的学者们对大批图书进行编辑、校勘、抄写,足足花了10年工夫,到1782年正式完成,共收图书3 503种,79 337卷。当时把全书抄了7部,分别贮藏在皇宫、圆明园、热河行宫(今河北承德)、奉天(今沈阳)杭州、镇江、扬州(其中三部后来在战争中被销毁了)。这对后代人研究我国古代人的丰富的文化遗产,毕竟是一项重大的珍贵的贡献。至于查禁销毁一批书,当然对我国文化造成了损失,但是这种查禁也不可能彻底。当时就有不少爱护文物的人,冒着坐牢杀头的危险,把许多有价值的书藏了起来。到了清朝末年,就有不少被禁的书陆续出现了。

纪晓岚巧讽和珅

清代文学家纪晓岚,才智出众,学识渊博,深得乾隆帝的赏识。奸相和珅搜刮民财,新修了一座富丽豪华的府第,为附庸风雅,请纪晓岚题一匾额。纪晓岚欣然命笔,书"竹苞"二字,和珅高兴地张挂起来。一天,乾隆帝偶然来到和珅家,一见纪晓岚的题字,笑着对和珅说:"这是纪晓岚骂你之词,说你家中个个草包呀。"和珅一听大惑不解。乾隆又笑着说道:"'竹苞'二字拆开,不就变成了'个个草包'了吗?"和珅听后哭笑不得,无地自容。一次,纪晓岚与和珅叙座饮酒,纪晓岚因讨厌和珅曲意奉迎皇帝的奴才相,时常戏谑嘲讽他。饮酒之时,恰好旁边跑过一条狗,和珅想报复一下纪晓岚,便说:"是狼是狗?"当时,纪晓岚官居侍郎,和珅任尚书。纪晓岚机智地随口应答道:"垂尾是狼,上竖(尚书)是狗。"一时间和珅被气得哑口无言,不得不佩服纪晓岚才智出众,难以对付。

乾隆帝退位 嘉庆帝即位

1795 年 9 月 3 日,乾隆帝在勤政殿召见皇子、皇孙及王公大臣等,宣示立皇十五子嘉亲王颙琰为皇太子,以次年为嘉庆元年,届期归政。在谕示中说:朕即位之初,就曾表示在位 60 年,即当传位嗣子,不敢上同皇祖纪元 61 载之数。1796 年正月,乾隆帝御太和殿,正式把皇位传给嘉庆帝,自己称太上皇,实行训政。嘉庆帝名颙琰,是乾隆帝第十五子,生于 1760 年 10 月 6 日,母亲是孝仪恭顺纯皇后魏佳氏。嘉庆帝未即位之前,喜读历史书籍,对上下三千年历朝治绩很熟悉。嘉庆帝即位礼仪十分隆重。嘉庆帝即位的消息,由礼部、鸿胪寺官员在天安门城楼上向全国宣布。不过,嘉庆帝即位的前三年里,实际上不掌大权。

纪昀哑谜传意

乾隆皇帝在位60年,在大清王朝历史上留下了一段盛世。但是到了晚年时,却也犯了不少错误。仅重用权奸和珅一事,就使清王朝的国库为之一空,巨大的财富皆落入和珅的私家金库,致使国家财政赤字年年上升,经济危机、政治危机一触即发。因此,1790年初,当乾隆帝驾崩,乾隆的儿子颙琰亲政时,清朝的政治、经济形势就显得特别严峻。为挽救晚年乾隆留下的危局,嘉庆帝颙琰一执政便首先逮捕了和珅和尚书福长安,没收了他们的资财以充国库;整治吏狱,为被和珅之流打击迫害的官员恢复名誉,平反昭雪。同时,还准备破格提拔几位曾为父王作过突出贡献但被和珅等人排挤、打击的官员。可是,当整顿吏狱的工作快告一段落时,关于破格提拔官员的事却迟迟未付诸实施。这倒不是嘉庆帝吝啬官爵,而是他自己一时还拿不定主意。因为破格提拔官员,在他之前的清朝历代先帝手里都没有先例,加之征询过几位大臣的意见,也是众说不一。因此,这事就一直耽搁下来了。嘉庆想破格提拔一批人,又怕违背了先制,正在左右为难之际,忽然想起元老大臣纪昀,他是乾隆帝生前最宠信的重臣,又是智谋过人、博古通今的谋士,正好找他私下商量。于是,嘉庆帝把正在武会试考场主持考试的纪昀请出来,且把自己的想法、忧虑详细地告了纪昀,想听听他的意见。破格提拔官员,纪昀心里是赞成的,看着嘉庆帝目前犹豫不决、举棋不定的样子,眼下又找自己专门征询意见,正好是说服的机会,但又感到不好明说。沉吟良久,他对嘉庆帝说了这样一段话:"陛下,老臣承蒙先帝器重,做官已数十年了。从政,从未有人敢以重金贿赂我;为了撰文著述,也不收厚礼。什么原因呢?这只是因为我不谋私,不贪财。但是有一样例外,若是亲友有丧,要求老臣为之点主或作墓铭志,他们所馈赠的礼金,不论多少厚薄,老臣是从不拒绝的。"

嘉庆听完纪昀这一席话,开始感到莫名其妙,心想我找你商量破格提拔官员的事,你却大谈什么为亲友之丧事点主、作铭收不收礼金的事,你"王顾左右而言他",搞什么名堂?可是纪昀后来却是一言不发,只是会意地看着嘉庆皇帝。过了好一会儿,嘉庆忽然点头称许。

之后,嘉庆便大胆地破格提拔一些曾为父皇作出过突出贡献的官员,吏治整顿又出现一番新景象。

老臣纪昀这一套近似哑谜的游说词,功力何在呢？在于他运用委婉隐喻的方法,赞许了嘉庆破格提拔官员的举措,并鼓励他不要顾虑重重,而应该大胆去做。

从表面上看,纪昀的游说简直是言不及义,但透过表层,分析深层含义,就不得不佩服其说辞、说法之妙了。

纪昀的说辞分两部分：第一部分先说先帝对自己的知遇之恩和自己为官清廉的品质；第二部分是凡亲友有丧请他点主、作铭,所馈赠礼金,不论厚薄,决不拒绝。前一部分为后一部分作铺垫,起抛砖引玉和相互烘托、映衬的作用。为政清廉,这是为官之本,本人一向是这样做的。但是即便是为官为政不贪,对于为亲友之丧事点主、作铭所得的馈赠,却从不拒绝。看起来两者是相互矛盾的。正是这个看似自相矛盾的地方,却也正是他暗示嘉庆帝的地方。把话挑明说,我为官数十载从不贪财,但对于亲友之丧事所得的馈赠却从不拒绝,这是说我为祖宗推恩是从来不顾忌什么的。此处即暗示嘉庆皇帝：你破格提拔曾为先帝作出过突出贡献的官员的设想,也正是为祖宗推恩,弘扬先帝德化的表现,根本没有什么不妥处,你就大胆去做吧,这正是我纪昀为别人点主、作铭不推却赠礼,好让死者的后人为死者尽孝的道理一样的。

纪昀如此游说嘉庆皇帝起码有两个好处：一是,我虽然赞成你破格提拔官员的举措,但只是含糊其辞地说出,可以不为日后事情的成败留下负责的把柄；二来,这也是主要的一条,纪昀是看着嘉庆帝长大的,知道他秉性聪明,而且好自为主张的特性。因此,运用"委婉隐喻"式的方法,"蜻蜓点水"式地回答他的问话,让嘉庆皇帝自己去悟出其中的真义、意向,正可以迎合嘉庆皇帝好自为主张的秉性,满足自以为聪明的心理。果然,嘉庆帝也算是一位聪颖、贤达的皇帝,不仅悟出了纪昀的"隐喻"的真意,而且毅然接受了纪昀的建议,大胆地采取了破格提拔官员的措施。

全国性大禁教

雍正、乾隆、嘉庆三朝,始于康熙的天主教禁教活动更加严厉。经过雍正与乾隆朝的种种打击,天主教活动在中国完全转为地下,但仍很活跃。嘉庆帝即位后,由于白莲教等民间宗教对清朝政府威胁越来越大,朝廷将天主教也视为一种地下民间宗教,采取了更严厉的态度。1805年发生了全国性大教案,清政府制定了稽查西洋教章程,明令禁止西洋人刻书传教。1811年又发生一次全国性大教案,1812年发生了西藏齐马事件和贵州驱教案,1813~1814年又在湖北、广东发生多次驱教案。雍、乾、嘉三朝禁教达到高潮,但并未使天主教活动根绝。至鸦片战争前,中国天主教徒达20万以上。这说明,宗教作为一种文化现象,绝不是行政方式或暴力手段所能消灭的。清政府在禁教的同时实行了"闭关"政策,断绝了中国与西方的联系,延缓了中国文明的发展,其危害作用却是难以估量的。

英军进攻澳门炮台

1808年7月,英国商船带兵驶进广东香山鸡颈洋面。次月2日,英军三百余人公然登岸,住居澳门三巴寺、龙嵩庙、东西炮台。23日,英军又驾坐舢板艇驶进虎门,至省城外十三行停泊,要求在澳门寓居。两广总督吴熊光令英军撤出澳门,英军迟迟不动,直到10月间才开始撤离。1809年2月,嘉庆帝就韩奏《查阅澳门夷民安堵并酌筹控制事宜》一折,下旨军机处说:澳门地面,西洋人旧设炮台六座,自伽思兰炮台至西望洋炮台迤南沿海一带,本有石坎,因形势低矮,上年英吉利夷兵即由此爬越登岸。这里就当加筑石墙一道,增高四五尺,长二百余丈,以资防护。

癸酉之变

1813年9月，京城爆发"癸酉之变"，震动全国。天理教在林清的领导下，以"奉天开道"为旗帜，于9月份发动起义。15日，200名天理教徒发动京城之变，攻入紫禁城东华门、西华门，直插清廷皇宫重地，经过浴血奋战，终因力量悬殊，宣告失败。17日林清被捕，清廷开始对大兴、通县一带的天理教众进行大肆搜捕，短短4年内就屠杀了700余人。为响应林清的京城起义，直、鲁、豫三省的天理教徒在华北十几个州县先后起事，声势浩大，震惊朝野。可惜因力量对比太悬殊，在短短半年内便宣告失败，起义首领们都被处死。因1813年为癸酉年，故史称"癸酉之变"。这场由天理教发起的较大型农民暴动震撼了华北大地。

道光帝平定张格尔叛乱

1824年9月，回首张格尔举兵回疆，兵败被擒。张格尔为大和卓布拉尼敦之孙。自乾隆朝大小和卓被平定后，布拉尼敦之子萨木萨克逃居浩罕，生3子，张格尔即其次子。1820年9月，张格尔在英国支持下，由浩罕入扰新疆南部。由于清军采取了措施，张格尔首次犯卡伦后，又被迫逃出。1826年，张格尔率安集延、布鲁特人百余人，由开齐山路侵入中国境，来到阿尔图什，拜祖先大和卓之墓"玛杂"后，据墓扎营，并煽惑维吾尔人叛乱，又遣人求助于浩罕，以子女玉帛、喀什噶尔城酬劳为诱。8月，张格尔率叛军连陷喀城及英吉沙尔、叶尔羌、和阗4城。清廷命陕甘总督杨遇春、伊犁将军长龄、山东巡抚武隆阿督军会于阿克苏进剿。1827年2月清军西出，一路势如破竹，在阿尔巴特、沙尔都尔、阿瓦巴特大败张格尔。3月收复喀什噶尔、英吉沙尔、叶尔羌、和阗4城。张格尔叛乱失败，遁往柯尔克孜族游牧地。12月，张格尔在铁盖山被擒获。1828年5月，被解至京师处死。

林则徐禁烟

从1773年起,英国每年对华输入鸦片上千箱。1800年,清政府下诏严禁鸦片输入,但鸦片贸易转成走私,每年输入量仍然很大。鸦片泛滥,给中国带来严重的后果。白银外流,人民健康受到威胁。1838年宣宗特诏林则徐为钦差大臣,赴广州禁烟。林则徐一到广州,雷厉风行,马上实行禁烟措施。次年2月,林则徐传见"十三行"商人,斥责其见利忘义、为外国鸦片贩子效力的罪行,并限外商3天内将所有鸦片尽数交出,各人出具保证书,声明以后来船,绝不挟带鸦片。与此同时,林则徐在广东省内大力禁烟,颁布《禁烟章程十条》,严惩贩卖、吸食鸦片者,两个月内捕获贩卖、吸食者1600多名,收缴烟土、烟膏4万多两,烟枪4万余支。林则徐广东禁烟,共收缴外商鸦片20 283箱、2 119麻袋,合计重2 376 254斤。1839年4月,在虎门要塞,林则徐亲自主持销烟。虎门位于广州东南珠江入海口,地势险要,素有广州南大门之称。1839年4月22日,林则徐在虎门开始销烟,围观群众成千上万,争相观看这一次焚烟活动。清军兵士先在海滩上挖成两个15丈见方的池子,池底铺以石条,四壁栏桩钉板,以免渗漏,前面设一涵洞,后面通一水沟。先由沟道将水车入池子,将盐撒进,将鸦片切成小块投入卤水中,浸泡半小时后再投入石灰,池中立刻水汤滚沸,围观群众欢声雷动。退潮时,兵士启放涵洞,随浪潮鼓动,将池中水汤送入大海。然后再有清水洗刷池底,不留涓滴烟灰,在连续20多天的时间里,收缴的全部鸦片都被销毁。虎门销烟这一壮举,有力地打击了英国鸦片贩子的嚣张气焰,显示了中国人民反抗外国侵略的坚强决心和坚定意志。

第一次鸦片战争与《南京条约》

1839年7月28日,英国人义律率兵舰在九龙口向广东水师发炮。9月28日,义律挑起穿鼻洋海战。穿鼻海战及九龙之战、官涌之战等是鸦片战争前中国人民反抗外国侵略者的前哨战。次年5月29日，英国军舰封锁广州珠江口，第一次鸦片战争正式爆发，义律等见广州防备严密，遂率军北上。6月，英军炮击厦门后，又兵犯浙江。定海很快陷落。英兵在定海大肆奸淫杀掠。12日，英军封锁宁波及长江口。7月14日，英舰抵达天津海口，扣留、抢劫海面上的中国粮船，直隶总督琦善不但不予反击，反派人员犒送英军饮食。8月4日，琦善与义律在大沽口海滩帐篷里开始会谈。8月下旬，英军见压迫清廷屈服的目的已基本达到，同意返回广州。8月22日，道光帝任琦善为钦差大臣前往广东，又下谕裁撤兵勇。然而英国在此时却做出了扩大战争的决定。

1842年7月，中英《南京条约》在英舰"华丽"号上签订。7月24日，钦差大臣耆英、伊里布与英国全权代表璞鼎查签订了《江宁条约》，即中英《南京条约》。中英《南京条约》共13款，主要内容有：一、中国开放广州、福州、厦门、宁波、上海五处为通商口岸，允许英商寄居贸易，英国可以派驻派领事等官；二、割让香港岛给英国；三、向英国赔款2 100万银元，其中烟价600万元，商欠300万元，军费1 200万元；四、协定海关税则，英商进出口货税，由中英双方"秉公议定则例。"8月2日，道光皇帝批准了《南京条约》。次年8月15日，清钦差大臣耆英与英代表璞鼎查在广东虎门又签订中英《五口通商附粘善后条约》(即《虎门条约》)、《南京条约》是中国近代史上帝国主义强加给中国人民头上的第一个不平等条约。

三元里人民抗英

三元里位于广州北约五里地方。《广州和约》签订前一天，广州城北各乡义勇首领齐集牛栏冈，议定联合抗英。九日，盘踞在四炮台的小股英军窜到三元里一带抢劫行凶，奸淫妇女，抢掠财物，激起村民的义愤，菜农韦绍光等奋起反击，当场毙英军十余名，其余英军抱头鼠窜。为防英军报复，村民集合于村北三元里古庙，约定以神座前一面三星黑旗为令旗，宣誓"旗进人进，旗退人退，打死无怨"。4月10日，5000多义勇云集在三元里绅民"平英团"旗帜下，进攻四方炮台。英军司令卧乌古派布尔利少将留守炮台，自率2000英军出外迎战。义勇兵将英军引诱至牛栏冈一带丘陵地区，将英军团团包围。下午一时，大雨倾盆而下,英军火药受潮,枪炮失灵,仓皇撤退。参战农民将英军分割包围,展开肉搏,杀死英军多名,缴获大量战利品。三元里抗英斗争,是中国人民自发的反抗外国侵略者的第一场规模较大的战斗,充分显示了中国人民不甘屈服,敢于斗争的英勇气概。

洪秀全创立拜上帝教

1843年夏,洪秀全与冯云山在广东花县创立"拜上帝会",也称"拜上帝教"、"太平基督教"。洪秀全和冯云山都是自幼诵习经史,博览群书,但因屡试不第,做了塾师。他们从《劝世良言》中吸取某些基督教教义,后洪秀全创拜上帝会,自行洗礼,毁弃塾中孔子牌位。1844年,洪秀全、冯云山赴广西传教。8月,冯云山到达桂平紫荆山区,在当地贫苦农民和烧炭工人中发展会员,使拜上帝会逐渐发展壮大。10月,洪秀全返回家乡,先后创作《原道救世歌》《原道醒世训》等,为拜上帝会完善理论依据。1847年春,洪秀全来到广州,跟从美国传教士罗孝全学习《圣经》,了解了宗教仪式,接受了其中一些思想。7月,洪秀全到紫荆山与冯云山会合。当时冯云山已发展会众3 000多人,洪秀全于是和冯云山一起制定了拜上帝会仪式。同时,他又制定了"十款天条"。1849年,洪秀全、冯云山、杨秀清、萧朝贵、韦昌辉、石达开结为异姓兄弟,组成了拜上帝会领导核心。拜上帝会从此名声大振,会众更多,并由此发生了一次大转机。在整个太平天国时期,拜上帝会作为维系太平军以及太平天国革命的宗教力量,一直起着非常重要的作用。

《望厦条约》与《黄埔条约》

1844年正月,美国政府派使臣顾盛率舰队到达澳门。他运用外交讹诈和军事恫吓手段,迫使清两广总督耆英于5月18日在澳门附近望厦村签订中美《望厦条约》。该条约共34款,附《海关税则》。主要内容包括:一、中国要变更海关税率，须与美国领事等官员商议；二、美国人有权在通商口岸租地建楼，开设医院、教堂；三、清政府必须保护在华的美国人及其身家安全；四、美国人与中国或其他任何外国人之间在中国的一切诉讼，应由美国领事按美国或其他外国法规进行处理，中国官员不得过问；五、美国兵舰可以到中国各通商口岸巡查。《望厦条约》也称《中美五口通商章程》，是中国近代史上美国强迫清政府签订的第一个不平等条约。1844年7月，法国派使臣剌萼尼到达澳门，以欺骗、讹诈手段，于9月13日在停泊于广州黄埔的法国军舰"阿吉默特"号上，与清政府签订《中法五口贸易章程》，也称《黄埔条约》，共36款，附《海关税则》。

根据条约，法国轻易得到了英、美已经得到的"五口通商"、"协定关税"、"领事裁判权"及片面最惠国待遇等特权，并得到了一些新好处。另外，《黄埔条约》规定清政府有保护教堂安全的义务，成为后来逼迫清廷弛禁天主教的借口。美、法两国继中英《南京条约》之后，对中国横加勒索，使中国从此沦入各列强的控制之下。

魏源"师夷长技以制夷"

魏源，湖南邵阳人，清高宗乾隆1794年出生于一个业已中落的官宦人家，1845年中进士，历官内阁中书、知县、知州等职。20岁时，他从家乡到北京开始接触社会，以后他先充督抚幕僚，继任地方小官，对中国社会的腐败情况有一定了解。还与素有经世之志的龚自珍、林则徐、陶澍、包世臣等关系甚密，思想颇受影响。鸦片战争爆发，魏源奋袂而起，于翌年入裕谦幕，参加了浙东抗英斗争。1841年的浙东抗英斗争，是鸦片战争史最为悲壮的一页。不畏强暴的中国官兵，满怀爱国义愤，挥大刀，挺长矛，与装备新式船炮的英军进行殊死决斗。在定海战斗中，总兵葛云飞、王锡朋、郑国鸿均身被重创，率部血战，直至饮弹而亡。在保卫镇海的战斗中，延聘魏源来浙的总督裕谦，顽强抗敌，最后兵败城失，毅然投水自殉。严峻的现实迫使魏源陷入了沉思，战败的原因到底是什么？"英夷"与历史上的夷狄有何不同？中国怎样才能"制夷"？这一连串的问号，困扰着这位饱学深思的封建知识分子。还在前一年，魏源就已开始留心外国的情况。是年九月，宁波抓获一名叫安突德的英国侦探，魏源应友人之邀赶赴宁波，加以审讯。安突德交代了英国的历史、地理、政治、物产、风俗、宗教信仰以及英国侵华意图、兵力部署、武器性能等情况。从安突德口中，魏源知道了英国是西方最富强的国家，所占殖民地远远大于本土；轮船速度极快；男女平等，一夫一妻，并非乱无伦理；英、法之人所以被称为"红毛"，只是因为他们头发微红，并非茹毛饮血。这使魏源眼界开阔不少。通过与西方人的接触，对西方情况的了解，魏源深深感到，西人决非中国传统观念的"夷狄"，于是他开始留心和研究西事，1843年写出影响颇广的名著《海国图志》。书中介绍了世界近百个国家和地区的地理、历史沿革、宗教、社会风俗，并附有洋炮图说、西洋器艺杂志等。在序言中，魏源明确提出"师夷之长技以制夷"的重要思想，即学习外国的长处以对付外国。外国有些什么"长技"值得学习呢？魏源列举一是战舰，二是兵器，三是养兵练兵之法，四是民用工业。至于学习方法，魏源认为可采取先买后造。并提出要对付外国侵略者，必须设立译馆，翻译外国书籍，培养通晓外国情事的人才。魏源在《海国图志》中还谈到了中西政治制度的差别。他介绍了英国的君主立宪制度，也介绍了美国的民主制度。他注意到美国总统既不是世袭制，也不是终身制，与中国的君主专制很不一样。他怀着对中国封建专制的不满，发出了对民主制度的赞叹之音。他最后满怀信心地说，国内、国际条件都有利于中国"师夷长技"，风气日开，智慧日出，只要认真学习，中国一定能赶上西方。

金田起义　永安建制

　　1850年12月10日，洪秀全领导的拜上帝会在广西桂平金田村起义。1850年6月，洪秀全认为武装斗争的时机已经成熟，向各地拜上帝会会众发布总动员令，命令务于10月1日以前到达金田村集中"团营"。11月，洪秀全、冯云山在广西平南县花洲山人村胡以晃家秘密布置武装起义事项。拜上帝会会众云集金田团营，队伍声势越来越大。1850年11月12日，清廷派兵前去镇压。11月下旬，驻守桂平的清远镇总兵周凤岐，派部下伊克坦布率贵州兵进剿金田村。11月29日，太平军在蓉村江木桥伏击了清军。太平军拆毁木桥，切断清军退路，阵斩伊克坦布。周凤岐前往救援，也被击败。这年12月10日，拜上帝会在金田村正式宣布起义。这一日正是洪秀全38岁生日。杨秀清、萧朝贵、冯云山、韦昌辉、石达开、秦日昌、胡以晃等人领导拜上帝会众举行了热烈的祝寿盛典,并在金田村内韦氏大宗祠,举行全体拜上帝仪式,宣布国号为太平天国,以1851年为太平天国元年,正式起事,讨伐清廷。轰轰烈烈的太平天国革命运动揭开了序幕。

金田起义后,太平军于1851年9月攻克永安。在这里,太平军进行了一系列政权建设,史称"永安建制"。10月25日,洪秀全下诏,封杨秀清为东王,萧朝贵为西王,列一等;冯云山为南王,韦昌辉为北王,列二等;石达开为翼王,列三等。西王以下皆受东王节制。12月14日正式颁行太平天国历法,以金田起义之年为太平天国辛开元年。又颁布了"太平礼制",规定了一整套严格的尊卑等级和繁琐的礼仪制度。还颁布了"天朝军律",诏令全军不得私藏所获财物,一切金宝绸帛尽归天朝圣库,违者议罪;不得违反天条十款;不要受清军诱惑以及命人们蓄发;刊刻颁行太平天国官方文书等等。"永安建制"后,太平天国的中央政权组织初步形成。这对于加强领导、发展队伍、扩大革命影响具有重要意义。

捻军起义

太平天国兴起后,河南、安徽一带捻党群起响应。1850年,南阳捻头乔建德聚众2000人在角子山起义;李大、李二在南召起义;凤阳、颍州等地捻军也纷纷起事。1852年,捻军首领张乐行、龚得树等人在安徽亳州发动反清大起义,从此捻军起义全面爆发。1853年,太平军北伐,途经淮北地区,进一步推动了各地捻军的发展。1855年7月,各路捻军会于雉河集,推张乐行为盟主。从此,捻军声威大振,成为太平天国以外另一支强大的反清力量。

太平天国定都颁制

1853年2月10日,太平军攻占南京;20日决定定都南京,将南京改名"天京"。金田起义后,太平军永安建制,遂决定北伐。在攻打全州的战斗中,南王冯云山中炮牺牲。他们东进郴州,北攻长沙,在围长沙战斗中,西王萧朝贵又不幸遇难。在撤去长沙之围后,太平军北进至洞庭湖边,在那里他们得到数千条民船,队伍迅速壮大,并攻占岳州,然后从岳州直赴汉阳和武昌。1852年11月13日,太平军一举攻克汉阳,十九日夺取汉口。在汉阳与武昌之间的辽阔江面上,太平军搭起浮桥,横跨长江。12月,大军强渡浮桥,初四日攻克武昌城。1853年正月初二,太平军自武汉出发,拥兵50万,战船万艘,顺流东下。水陆两师,沿江并发,长驱直捣南京。随后,太平军连下九江、安庆、芜湖,正月二十九日逼近南京城下。二月初十日,太平军以地雷轰塌南京北城仪凤门,攻破外城,次日攻入内城,整个南京遂为太平军占领。定都南京,使太平军有了一块可靠的根据地,对推动太平天国运动的发展起了非常重要的作用。

1853年,太平天国定都天京(今南京)后颁布《天朝田亩制度》。《天朝田亩制度》以改革土地制度、解决土地问题为中心内容,其指导思想是:"凡天下田,天下人同耕……务使天下共享天父上主皇上帝大福,有田同耕,有饭同食,有衣同穿,有钱同使,无处不均匀,无人不饱暖。"这种土地制度体现了农民阶级对土地的强烈渴望,显示了太平天国对土地问题的高度重视。它强调男女平等,无视旧的阶级、等级与旧的土地占有关系的限制,实际上是对封建地主阶级土地制度的直接否定,具有强烈的反封建性。在社会产品的分配和消费上,《天朝田亩制度》主张"人人不受私,物物归上主","天下大家,处处平均,人人饱暖"。在社会组织上,《天朝田亩制度》主张仿照太平军的建制建立生产、军事、行政、宗教合一的社会组织,要求把分散的农户组织起来,以五户为一伍,五伍为一两,四两为一卒,五卒为一旅,五旅为一师,五师为一军,一军合13 156户。《天朝田亩制度》实行严格的小农自然经济,它以一户为一个生产单位。《天朝田亩制度》较系统地表达了太平天国的政治、经济和社会生活要求,把以往中国农民起义提出的"均田"、"分地"思想发展到了前所未有的水平。但是,由于它要求废除一切财产私有,排斥一切社会分工和商品经济,实行绝对平均主义,因而只能是不切实际的幻想。它只是在颁布初期,由太平天国中央通过政权力量在南京地区实施。

曾国藩创建湘军

曾国藩,湖南湘乡人。1838年进士,改翰林院庶吉士。1847年,擢内阁学士兼礼部侍郎,后历官礼、兵、工、刑、吏部侍郎。1851年6月,因丁母忧回籍。次年11月,咸丰帝命在籍侍郎曾国藩办理本省团练。他组织了凶悍的"湘军",成为镇压太平天国的主力,1861年曾国藩被任命为两江总督、太子少保,以"钦差大臣"的身份督办江南各省军务,指挥围剿太平军。1864年他的湘军攻陷南京,扑灭了太平天国农民起义。曾国藩还是洋务运动的倡导者与力行者,1861年他创立安庆军械所。1870年天津教案后,曾国藩杀国民以谢洋人,引起国人不满。1872年曾国藩病逝。因其武功赫赫,被誉为同治"中兴名臣",是"湖南三杰之一"。

1854年正月,曾国藩开始筹练湘军。作为清统治者主要武装力量的八旗军和绿营在清末已经衰朽不堪,无力战守。鸦片战争的惨败,使清军建设面临着严峻的挑战;太平天国革命的有力打击,使清朝的军事制度走向崩溃的边缘。在与起义军作战时,清廷总是匆匆调集各省绿营出战,却屡战屡败,不堪一击。这极大地警醒了统治集团,遂命令各省大规模举办团练。1853年,丁忧在家的礼部侍郎曾国藩奉命办理湖南团练。他总结了绿营旧制的弊端后,着手创建湘军。湘军的基本建军方针是以书生领导乡民。曾国藩在湖南极力网罗了一批具有"忠义血性",并有家族关系、师生之谊的中下层知识分子为将领。为克服绿营世兵制的缺陷,实行募兵制。其募兵程序十分严格,是其成功的一个重要因素。1854年,曾国藩用这种募兵方式,编成陆师15营,水师10营,官兵合计1.7万人,开始与太平军作战。曾国藩建立的湘军勇营制度这一兵制体系,是中国古典式兵制及各方面的一次发展。但湘军统帅集兵、财及地方行政权于一身,使地方长官的势力大为增强,中央集权严重削弱,违背了近代国家化军队的建军原则,成为日后军阀横行的祸根,亦在一定程度上阻碍着中华军事文明在近代的发展。

太平天国北伐与西征

1853年,太平军攻占南京后,派林凤祥、李开芳等率部北伐。4月1日从扬州出发,全军二万多人遵照洪秀全直捣北京的命令,迅速入皖,连克滁州、凤阳、怀远、蒙城、亳州、商丘,进驻朱仙镇。次月,在汜水、巩县渡过黄河,在怀庆摆脱清军,自济源进入山西境内,克垣曲、平阳等地;后折回河南,自涉县、武安入直隶,夺临洛关,大败直隶总督纳尔经额所部,8月乘胜北进至保定城南的张登店。北京大震,宣布戒严。9月,北伐军因北面屯有清军重兵,转而东进,克沧州,迫近天津。北伐军攻破天津连日不下,粮弹不继,隆冬缺衣,援军未达,困难重重,决定固守静海待援。次年南撤。李开芳率部分北伐军自直隶连镇抵山东高唐,后又撤至茌平冯官屯。1855年正月,僧格林沁率清军攻陷连镇,林凤祥被俘遇害。4月,僧格林沁引运河水淹冯官屯,李开芳也被俘遇害。北伐虽失败,但太平军驰驱北方六省,震撼清政府心脏地带,对南方太平天国和北方人民的斗争起到了屏障作用。

1853年4月,太平天国在北伐的同时,又派胡以晃、赖汉英率军西征,以夺取长江中游地区,巩固天京。5月,进占安徽池州,沿江而上。接着,克安庆、湖口,围攻南昌。久攻不下,8月撤围北上,克九江、汉口和汉阳,旋即退出。胡以晃率众攻占安徽22州县。次年再入湖南,与曾国藩的湘军展开激烈的争夺战。由于湘军的顽强抵抗,太平军丢失汉口、汉阳,退守九江。1854年11月,太平天国派石达开、罗大纲率军驰援,在湖口和九江大败湘军水师,重克武汉三镇。石达开、胡以晃率众南下江西,围困曾国藩于南昌,攻克江西8府50余县。1856年初,石达开回援天京,湘军攻陷了一些太平天军的占领区。七月,石达开重回西线,进攻武昌。太平军长达三年的西征胜利辉煌,取得安徽、江西、湖北东部的大部分地区,控制了长江中游的安庆、九江、武昌三大重镇,为屏障天京奠定了基础。太平军占领南京后,清政府以钦差大臣向荣率清军一万七千余人到达南京城东孝陵卫,成立"江南大营"。另一钦差大臣琦善率直隶、陕西、黑龙江马步各军约万人至扬州,成立"江北大营"。江南、江北大营直接威胁着天京。为了打破清军的包围,太平天国在杨秀清的指挥下在天京外围组织了一场激烈的破围战。4月,太平军在镇江内外夹击,大败清军,并乘胜渡江,一举摧毁江北大营,六月十日,各路太平军全面出击直扑江南大营,当夜,江南大营被破。太平军击溃江北、江南大营,解除了威胁天京3年之久的军事压力,取得了又一辉煌胜利,并使得太平军在军事上达到全盛。

天京事变

定都天京后,太平天国的领袖们生活上日益走向奢侈腐化,1856年,清军江北、江南大营被击破后,杨秀清竟然逼天王亲到东王府封其为万岁。洪秀全一面答应其要求,一面密令北王韦昌辉和翼王石达开回京商议。北王韦昌辉对杨秀清长期怀有不满,一接密令,便马上率军回天京,于8月3日深夜包围东王府,次晨将杨秀清及其眷属家兵部属两万多人尽数杀死。8月中旬,石达开从湖北赶回天京,斥责韦昌辉杀人太多,韦又杀了石达开全家,石达开逃走。韦昌辉还想趁机谋害天王洪秀全。韦昌辉的滥杀,激起天京太平军将士的愤怒,洪秀全接受将士们的请求,于10月杀死韦昌辉。10月底,石达开回天京,受命提理政务。但杨、韦事件后,洪秀全对石也不放心,于是封他的长兄洪仁发为发王,次兄洪仁达为福王,以牵制石达开。1857年5月,石达开愤而离京出走,带走数万太平军将士单独作战。天京事变,破坏了太平天国的内部团结,削弱了军队战斗力,给太平天国事业带来了不可弥补的损失。

第二次鸦片战争和《北京条约》

1856年,英国以亚罗号事件为借口,于9月25日进攻广州,挑起第二次鸦片战争。1857年,法国以马神甫事件为借口,与英国组成英法联军,以额尔金和葛罗为英、法全权代表,各率海陆军到达香港。11月14日攻陷广州,叶名琛被俘,后解往印度,死于加尔各答因所。1858年4月,英法联军集兵舰于白河口外,对清政府进行讹诈,俄、美公使则充当调停人从中要挟。4月8日,英法联军攻陷大沽炮台,扬言进犯北京。清政府赶紧派大学士桂良、吏部尚书花沙纳前往议和,5月先后与四国签订了《天津条约》,同时俄国还迫使奕山签订了《瑷珲条约》。

1859年5月,英法美公使拼凑联合舰队北上,武装换约。清政府因大沽设防,指定三国由北塘登陆,去京换约。英法公使蓄意挑衅,坚持从大沽登陆,并向大沽炮台发炮。清军在僧格林沁指挥下奋勇还击,英法舰队狼狈撤退。1860年,英法联军以更大兵力再次入侵。7月5日,大沽炮台失陷。7月8日,敌兵占领天津。然后侵略军指向北京,8月8日,咸丰帝仓皇逃往热河。侵略军进犯北京,8月22日至25日圆明园被敌军焚毁。恭亲王奕訢与英、法分别签订了中英、中法《北京条约》。其后俄使自称"调停有功",迫使奕訢又与俄签订了中俄《北京条约》。第二次鸦片战争使中国遭受巨大损失:英占九龙司地方一区;沙俄割去乌苏里江以东约40余万平方公里土地;公使进驻北京,加强了侵略者对清政府的影响和控制;增加口岸、内地游历通商、海关雇佣外国人、子口半税、内地传教、鸦片贸易合法化和准许华工出国等款,使外国侵略势力由沿海扩展到内地,中国的独立主权又一次受到严重损害。清朝统治阶级在侵略者打拉结合下,终于走向内外勾结、共同镇压太平天国的道路。

《资政新篇》

1859年,太平天国刊布洪仁玕著《资政新篇》,这是中国近代第一个谋求发展资本主义经济的纲领性文献。《资政新篇》的基本思想是使太平天国效法西方,从"用人"与"设法"两方面,进行政治、经济、文化等多方面的改革。全文分前言、"用人察失类"、"风风类"、"法法类"、"刑刑类"5个部分。洪仁玕出身农民阶级,受传统思想教育,但他著的《资政新篇》突破了封建地主阶级与农民小生产者的思想局限,为中国近代经济的发展指出了符合客观规律的方向,成为中国历史上第一个谋求发展资本主义经济的纲领性文献。它的出现,也间接地反映了一批已向资本主义转化的买办、商人投资兴办近代企业的愿望和动向。洪秀全在《资政新篇》上批有许多"是"、"此策是也",表示赞同,并准予颁行。但因太平天国内部缺乏必要的主客观条件,《资政新篇》的进步主张没有也不可能真正付诸实施。

火烧圆明园

1860年7月,英法联军万余名在北塘登陆,塘沽、大沽炮台相继失陷。天津因无险可守,也很快陷落。清政府急派大学士桂良等人与敌议和。因侵略者所提条件过高,谈判破裂。8月,英法联军逼近通州,在八里桥一带展开激战。清军英勇阻击,鏖战三四小时。最后清军溃败,英法联军进至北京城下。英法侵略军到了北京城外,首先绕道到西北郊的圆明园,抢夺园内的金银财宝,并劫走所有能搬得动的珍贵文物。英使额尔金下令焚毁圆明园。8月22至25日,英法联军火烧圆明园。这个经过清朝一百多年的经营、凝聚了中国人民血汗、综合中西建筑艺术、聚集古今艺术品而成的壮丽宫殿和皇家园林,顿成废墟。早在英法联军还未入侵北京前,咸丰皇帝已逃往热河的行宫避暑山庄。

中俄《瑷珲条约》

1858年4月,中俄签订《瑷珲条约》。1858年,清政府对内忙于镇压太平天国,对外忙于应付英法联军的侵略。沙俄政府趁火打劫,四月初十日,派东西伯利亚总督穆拉维约夫率兵船至瑷珲城,与黑龙江将军奕山进行谈判,要求把黑龙江以北的领土割让给俄国。奕山此次又被沙俄的炮舰所慑服,终于在这年的四月十六日与穆拉维约夫签订了不平等的中俄《瑷珲条约》。《瑷珲条约》的主要内容为:黑龙江北岸中国60多万平方公里的领土割归俄国,只有原来居住在精奇里以南至豁尔莫勒津屯(江东六十四屯)的中国人照旧"永远居住";乌苏里江以东的中国领土为中、俄共管；原为中国内河的黑龙江、乌苏里江，只准中、俄两国船只往来，别国不得航行。清政府没有批准《瑷珲条约》，并对奕山等人予以处分。中俄《瑷珲条约》使中国主权和领土蒙受重大损失，直到咸丰十年中俄《北京条约》订立时，清廷才被迫予以承认。

热河与京师之争

1860年8月，咸丰帝出逃热河，载垣、端华、肃顺主持下，清王朝内部开始讨论"借师助剿"事，想借用西方军事力量镇压太平天国。

由于肃顺飞扬跋扈，积怨甚重，在京的官僚阶层积聚在奕䜣的周围，形成了以奕䜣为首，包括桂良、文祥等一大批人的政治势力。热河和京师，存在着两大政治力量的对立。肃顺和奕䜣，都排行第六，两位"老六"暗地里开始较量。

清代的一切权力均出于皇帝。热河那头，拥天子自重，权势自然占有压倒的优势。据敬事房档案，1861年大年初一，咸丰帝净面冠服在前殿升座，"章京希绷阿用楠木樱奶茶碗呈送奶茶，肃中堂揭碗盖。"亲揭碗盖这一举止，可见肃顺与咸丰帝关系之密切，可见肃顺一党权势之熏灼。

在京师的这派政治力量，为了使咸丰帝能摆脱肃顺等人的暗中控制，也为了使封建王朝的统治秩序能恢复常态，多次奏请咸丰帝返回北京。1860年10月，咸丰帝对奕䜣等人的奏请予以驳责，称驻京公使"请递国书"一事尚未完全罢议，恐有纠缠；又称"天气渐居严寒"，决定"暂缓回銮"，"明岁再降谕旨"。在递交国书、天气严寒的理由的背后，可以看出肃顺的阻挠。在热河，咸丰帝身边全是其党人，回銮北京后，他们就不能完全独占局面。

京师这派得旨后继续上奏。兵部尚书沈兆麟的奏折，请咸丰帝"宸衷独断，弗为众论所游移"。钦差大臣胜保的奏折言词更为激烈："欲皇上之留塞外者，不过左右数人，而望皇上之归京师者，不啻亿万计。我皇仁武英明，奈何曲循数人自便之私，而不慰亿万来苏之望乎。"严词直攻肃党。至1861年正月初四，咸丰帝下令二月十三日回銮。到时又改变行期。二月二十二日，咸丰帝下谕："本日王大臣等，以朕躬尚未大安，奏请暂缓回銮，情词恳切，不得已而勉从其请"，

"俟秋间再降谕旨。"此中提到的王大臣,正是载垣、端华、肃顺等人。

京师这派见咸丰帝迟迟不回北京,热河那边又不时传来咸丰帝病危的消息,十分紧张。奕䜣于是奏请赴热河探望。咸丰帝在其折上手批:"别经半载,时思握手而谈。惟近日咳嗽不止,时有红痰,尚需静摄,未宜多言,且俟秋间再为面话。"言辞虽十分亲切,但是断然拒绝奕䜣来热河。

热河与京师之间,京师处于下风。咸丰帝在世,"肃老六"看来压"六爷"一头。看来咸丰帝对奕䜣的戒心仍未消。

慈禧行苦肉计夺权

咸丰帝在热河,临危之际,密授朱谕一纸给东宫皇后慈安,告诉她如果某位女人恃子为帝,骄纵不法,可按祖宗家法处罚。等到咸丰帝病死于热河行宫,东宫慈安就将这份皇帝遗旨给西宫慈禧看,以警告慈禧不要过于嚣张。慈禧看后甚是恐惧。于是,她从此以后无微不至地关怀照顾慈安皇后,一连几年都是如此,慈安以为慈禧再也不会变卦了。

有一天,慈安偶患小病,数天后,太医呈进的药方仍不见效。于是,慈安不再服药,结果病却痊愈了。她忽然看见慈禧左臂缠着药布,感到非常惊讶。慈禧告诉她:"前天,她曾割下一片臂肉放入参汤中一同煎熬,以尽自己的寸心。"慈安听后甚是感动,哭泣着对慈禧说:"我没有想到你竟然是这么好的人哪!先皇为什么还怀疑你呢!"感动之余,慈安取出咸丰皇帝的遗旨,当着慈禧的面烧掉了。时隔不久,慈禧就开始日益放肆,言语之中多有讥讽之意,事事专权,不再同东宫太后慈安商议。慈安这时才后悔不已,然而已无可奈何了。1881 年春夏之际,北京城内忽然盛传慈禧身染重病,过了不几天,又听说死者是东宫太后慈安,而慈禧已经完全康复了。有人说,是慈禧命令太医院以不对症之药害死了慈安。慈安的葬礼非常简单,草草了事。27 天之后就一律不准带孝了。慈禧本人居然连丧服都没有穿。王公大臣们上朝也仍然穿平时穿的衣服,皇太后丧礼如此简慢,为历史上所罕见。

辛酉政变

1861年9月30日,叶赫那氏发动政变,掌握了朝廷大权。咸丰帝曾口授遗诏,立六岁的载淳为皇太子,继承皇位,并任命载垣、端华、肃顺等共8人为"赞襄政务王大臣",以辅佐朝政。载淳即位后,以祺祥为年号。载淳的生母叶赫那拉氏即慈禧太后,权力欲极强,她想取得最高统治权,便与肃顺等辅佐朝政八大臣发生矛盾。慈禧勾结咸丰帝异母弟恭亲王奕䜣密谋政变。9月23日,咸丰帝灵柩自承德起运回京。30日,那拉氏发动政变;十月初一,封奕䜣为议政王,初五改祺祥年号为同治;初六命将载垣、端华赐自尽,肃顺斩首示众,景寿等五人或革职或遣戍。十一月初一日,叶赫那拉氏与钮祜禄氏在养心殿正式垂帘听政。从此叶赫那拉氏便掌握了政权,直到1908年去世,掌握清朝最高权力达40多年。

左宗棠西征

1868年,因西北边疆动荡不安,清政府派左宗棠西征。左宗棠到陕西后,全力镇压回民起义。1869年8月,提督刘松山率老湘军从陕北绥德进攻花马池(今宁夏盐池),到吴忠堡,又围金积堡。1870年,刘松山之侄刘锦棠统率老湘军力攻,11月16日,占领金积堡。1873年,回军首领马文禄战败降清,随即被处死;白彦虎率部逃往新疆。至此,陕甘回民起义失败,左宗棠安定了陕甘地区。当时,新疆成为浩罕、俄、英三国角逐的战场,随时有被瓜分的危险。1875年3月,清廷任命左宗棠为钦差大臣督办新疆军务。1876年2月,左宗棠任命刘锦棠为前敌统领,率清军分三路入疆。到9月中旬,新疆北路全部收复,清军平定北疆的分裂割据势力后,刘锦棠于第二年又率军南下。3月13日,张曜、徐占彪与刘锦棠军一同攻克吐鲁番,清军收复吐鲁番全境,阿古柏自杀。1878年提督董福祥收复和阗。至此,除伊犁外的新疆领土,全部由清军收复。左宗棠西征,既安定陕甘,又使新疆免于沦为殖民地。清廷终于控制住了西北地区的局势。1884年新疆建省,第一任新疆巡抚是刘锦棠。

洋务运动

清代后期,整个社会发生了空前未有的大动荡,古老的中华面临几千年未遇的大变革,西学东渐成为历史的必然趋势,一个尚未解体的封建社会艰难的迈向现代化。外国侵略者的坚船利炮打开中国国门之后,面对西方文明的挑战,中国人的第一个回应是"师夷之长技以制夷",这也是为抵御外侮、制服侵略者的第一个价值选择。这个口号最先由魏源、林则徐提出,而由清政府中的洋务派官员付诸实行。两次鸦片战争的失败,也使清政府中的有识之士痛切感到,只有打破传统思想的束缚,提倡洋务,主动引进西方的科学技术,步西方工业化的后尘,才是上策。这样,西方科技知识大量传入。清代后期,西方大批传教士来往于中国沿海和内地,他们建教堂、办学校、设立书馆,成立学会,出版书刊,在传播"西学"中起了不小的积极作用。同时代的许多学者都与西方学者有交往,进行学术交流。西学东渐的最重要途径是洋务运动,它不仅使中国产生了近代的技术工人,而且也使中国出现了近代的工业、技术和科学知识。

19世纪60年代至90年代,清政府内部洋务派官僚以"自强"和"求富"为标榜,在军事、政治、经济、义教及外交等方面开展了一系列革新运动,史称"洋务运动"。它是中华文明与西方文明碰撞后的第一次大规模的反应。辱国的《北京条约》签订后,国门再次被打开,恭亲王奕䜣、大学士桂良、户部左侍郎文祥联名上奏,提出设立总理衙门,以适应列强对华外交的需要,1860年12月,清政府任命奕䜣、桂良、文祥为总理衙门大臣。奕䜣和文祥都是洋务运动的代表人物。之后,清政府还设立了南、北洋通商大臣,管理南北各通商口岸的商务和处理各种对外事务。洋务派地方大臣以曾国藩、左宗棠、李鸿章及张之洞为代表。

为培养与外国联系的翻译人员,1862年在北京设立同文馆。此后,又陆续派遣出国临时使节和常驻使节,这为与西方的沟通打下基础。洋务运动初期,以"自强"活动为中心,在镇压太平天国、捻军的同时,开始在天津、上海、广州、福州、武昌等地聘用外国教官、购买枪炮、训练洋枪队。同时，洋务派官僚在各地创办兵工厂，制造枪炮和船舰。如1861年曾国藩在安庆设立内军械所，标志着中国近代史上洋务运动的开始；1862年李鸿章在松江设立弹药厂，又在苏州设立洋炮局；左宗棠也在杭州试制枪炮和轮船。1865年，李鸿章将上海洋炮局大加扩充，成立江南制造总局，制造枪炮和轮船。同年，李鸿章又将苏州的洋炮局迁移南京，扩充为金陵制造局。1866年，左宗棠在福州创设福州船政局，专造轮船。1867年，崇厚在天津设立机器局，1870年由李鸿章接办。后来，西安、兰州、昆明、福州、广州、济南、成都、长沙、吉林、北京等地都先后设立了中小型军火工厂。兵工厂的设立，对改造清军的军事装备，促进中国军事科技的发展，起了一定的作用。为适应洋务日益扩大的需要，1872年清政府派遣第一期留美生，出国学习，开始了中国的留学教育。1875年，清政府又委派李鸿章、沈葆桢分别筹建北洋、南洋海军。洋务派在建立大批军事工业以后，既感资金的短缺，又感材料、燃料和运输的困难，因此他们在"自强"的同时，又提出"求富"的憧憬。从19世纪70年代到80年代，他们兴办了一批民用的工矿业和运输业。其中主要有：1872年李鸿章在上海创办的轮船招商局，1876年沈葆桢在台湾开办基隆煤矿，1878年李鸿章在上海筹设机器织布局，1881年开平矿务局筑成唐山至胥各庄这条中国第一条铁路，同年李鸿章开办热河平泉州铜矿等等。之后，洋务派还继续开办了一些工矿企业，并出现了以张之洞为代表的洋务派势力。张之洞任湖广总督后，在湖北建立了湖北枪炮厂、湖北炼铁厂、湖北织布局等新式企业，盛宣怀等人也积极参与了这一时期的洋务运动。这样，洋务运动就在全国范围内展开了。

洋务运动在中国的军事、经济、科枝、文化和教育等方面取得一定的发展成果，使中华文明开始具体地进入到一场学习西方的运动，改变了中华文明几千年来封闭的格局，并使之面向世界，汇入世界文明的大潮中。但它毕竟只涉及社会的皮毛，没触动社会的根本。随着中国在中日战争中的失败，洋务运动亦因国情等各方面与西方差距太大而告失败。

天津教案

在《北京条约》签订后,法国天主教传教士在天津望海楼设立教堂,吸收恶棍入教,拐骗幼童,强占民地,激起了民愤。1870年5月间,教会育婴堂虐死婴孩三四十人。同时,天津一带不断发生拐骗幼儿事件,也多与教堂有关。5月23日,天津官员带拐骗犯到天主教堂查验,教堂门前的群众愈聚愈多。法国领事丰大业要求三口通商大臣崇厚派兵镇压,崇厚只派去几名官弁。丰大业大怒,持枪到崇厚衙门质问,秘书西蒙随行,同时手抓官弁的发辫,逼使一同前往,民情更加激愤。丰大业到了崇厚的衙门,出言不逊,还举枪向崇厚射击,被崇厚的随从推开。丰大业和西蒙回去的途中正好遇到天津知县刘杰,丰大业开枪打伤刘杰随从高升,西蒙又向群众开枪。怒不可遏的群众当场打死丰大业和西蒙二人,将尸体投入河中,接着又焚毁法、英、美教堂和领事馆,打死洋教士、洋商、外国职官20名。事件发生后,英、法、美等七国军舰集结天津、烟台一带示威。清廷急命直隶总督曾国藩查办,李鸿章会同办理。曾、李二人主张对内镇压,对外妥协,将天津知府、知县革职充军,杀爱国民众20人,并偿银49万两,重建教堂;清廷还派崇厚为专使去法国道歉。

郑观应高呼《盛世危言》

郑观应,广东香山人,1842年出生。自幼随父习诵儒书,17岁那年,赴香山应童子试,结果名落孙山。于是在1858年奉父命赴上海谋生。他叔父是洋行的买办,让他一面当听差,一面学习英语。1860年,郑观应成为宝顺洋行买办。从香山到上海,从应科举到当买办,郑观应在人生的道路上奋斗了20余年。这段时间,中国屡遭列强欺凌,一步步沦为半殖民地半封建社会。他目睹两次鸦片战争,西方列强在中国土地上倾销鸦片,掠夺财物,杀害人民,清政府失地赔款……

这一切使他坐卧不安,寝食俱废。他再也不能默无声息地生活下去了,终于发出了"救时"的呼喊。他先后写出《救时揭要》《易言》《盛世危言》等论著。其中以《盛世危言》为代表,提出变法的主张。

一、发展工商,进行商战。郑观应看到西方列强侵略中国主要通过经商,他认为这种方式比明火执仗的强盗式的侵略还要狠毒。鉴于列强侵略方式的改变,中国抵抗侵略的方式也要相应变通,要以商对商,即"习兵战不如习商战"。所谓商战,就是商品竞争。要提高中国商品的竞争能力,首先必须大力发展中国的工业,使中国生产出量多质好价廉的商品;其次采用国际先进的技术,先进的机器,并且中国商品与洋货在税收方面必须平等,取消外国商品低税的特权。郑观应的商战思想,反映了民族资产阶级抵抗外国经济侵略的爱国愿望。

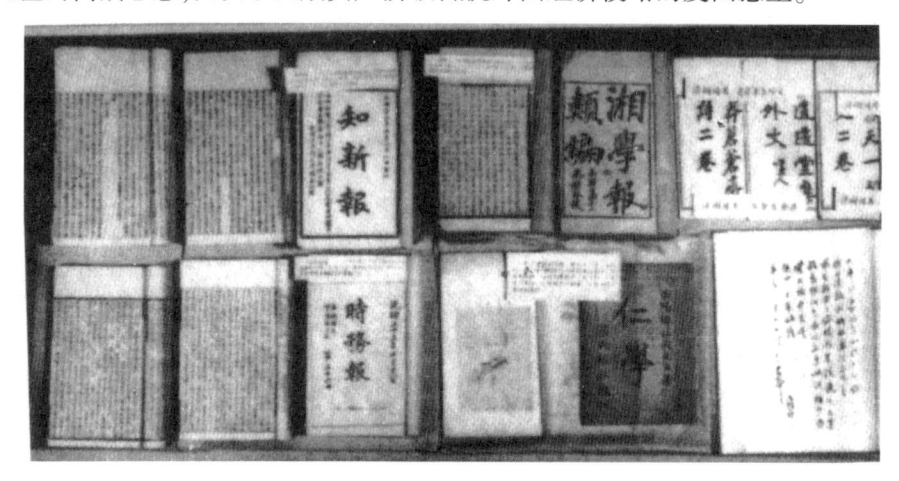

维新派与改良派的著述和刊物

二、兴办学校,培养人才。他认为要变法就要有大量的新式人才,而要有此人才,关键在于兴办学校。学生除了学习中国传统学问,更要学习各种自然科学。还提出了设工艺院的设想,主张院中开设制造、织布、缝纫等课,让贫民子女无业谋生者入内学习,使他们各学一艺,解决生计问题。他认为各类学校开办起来,中国人才就会越来越多,到那时,"何患不能与东、西各国争胜乎?"

三、开设议院,振兴中国。郑观应以为议院制度是国家富强的根本,西方国家所以比中国富强,根本一条,就是他们实行议院制度。他指出对挨打受欺的中国来说,议院制度还是御侮救国的良方。他说,中国要立于世界之林,就要自我振兴;要振兴,就要得民心;要得民心,就要通下情;要通下情,最好的的办法就是开议院。《盛世危言》问世以后,在知识界影响很大,备受赞誉。有人称赞此书"针膏肓而起风痹,震痴聋而启昏愦",实为"医国之灵枢金匮"。1895年书送到光绪皇帝那里,光绪令印刷2000部,分发给臣僚们阅读。毛泽东在1936年与斯诺谈话中曾提及郑观应的《盛世危言》,他回忆说:"我常常在深夜里把我屋子的窗户遮起,好使父亲看不见灯光,就这样我读了一本叫做《盛世危言》的书,这本书我非常喜欢。"足见其影响深远。

日军入侵台湾

1871年,琉球渔船遇到飓风漂流至台湾,高山族民众误杀船民54人,另外12人由清政府送回琉球。当时,琉球是中国属地,所以此事原与日本无关,而日本却以此作为侵台借口。1874年2月,日本政府设"台湾番地事务局",任命大隈重信为长宫,在长崎设立侵台军事基地,派陆军中将西乡从道率兵3 000人,进攻台湾。3月23日,日本侵略军在琅峤强行登陆,受到高山族人民的英勇反击。日军在琅峤地方烧杀抢掠,并在龟山设立都督府,意图久踞。清政府派福建船政大臣沈葆桢到台湾部署防务,先后调集一万多军队到台湾。1874年8月,日本特使大久保利通等抵达北京,对清廷大肆恐吓威胁。清政府代表开始时据理力驳,后来在英国公使威妥玛的"调停"下妥协。九月,奕䜣与大久保利通订立中日《台事专约三款》,中国赔银50万两;承认日本侵台为"保民义举";日本从台湾撤兵。这样,给日本正式吞并琉球提供了口实。1879年3月,日本侵占琉球,改置冲绳县。

马嘉理事件

为了修筑一条由缅甸仰光到云南思茅的铁路,1874年,英国上校军官柏郎率领武装探路队近200人,从缅甸出发,探测到我国云南的路线;英国驻华使馆的职员马嘉理,也奉公使威妥玛之命,从北京经云南到缅甸接应,准备年底与柏郎在八莫会合。1875年,马嘉理和柏郎率领武装探路队不事先通知地方官,就擅自闯入云南,并扬言要进攻腾越城(今腾冲)。曼允山寨的景颇族人民力阻英国侵略者通过。正月十六日,马嘉理向当地群众开枪逞凶,群众义愤填膺,将马嘉理及几名随行的中国人打死,并把探路队赶回缅甸,这就是"马嘉理事件",又称"云南事件"或"滇案"。当时,威妥玛就马嘉理事件向清政府施加外交压力,声言将派兵入滇。其时,新疆正值多事之秋,清廷已命左宗棠西征以收复新疆。由于担心英国会与俄国联合起来阴谋占据新疆,就命令李鸿章、丁日昌一同妥善办理此事。次年7月,李鸿章与威妥玛在山东烟台签订中英《烟台条约》。中国将所谓"凶犯"正法,向英国赔款、道歉;允许英国人开辟印藏交通;开放宜昌、芜湖、温州、北海为通商口岸。

中法战争

　　1883年7月,法军攻占顺化,以武力胁迫越南订立《法越新订和约》,欲控制越南内政外交,变越南为法国保护国。在该条约签订前后,驻扎在越南边境上的刘永福所部黑旗军历经纸桥之战、怀德之战、丹凤之战等,屡败法军。11月13日,法军将领孤拔率兵6 000人进犯越南山西,黑旗军与清云南防军约5 000人应战,血战三日后刘永福率部退守兴化,山西失陷。1884年7月,法海军突袭驻防马尾的清福建水师,这是法军直接对中国本土发动的战争。福建水师仓猝应战,伤亡惨重,几近覆灭。清廷下诏对法宣战。8月20日,法舰又攻击沪尾(今台湾淡水),清军守将孙开华在台湾人民的积极支援下重创法军,取得沪尾大捷。1885年2月9日,清军取得镇南关大捷,法国茹费理内阁因此而垮台,可是清政府却同法国签订了《中法停战协定》。中法战争至此结束,中国打了胜仗竟屈辱求和,不败而败;法国在战场上未得到的东西却在谈判桌上得到了,不胜而胜。从此中国西南门户洞开,外国势力可由此入侵。

北洋水师的覆灭

1894年8月13日,李鸿章派招商局五艘轮船运兵12营增援平壤清军,北洋海军提督丁汝昌率"定远号"等北洋舰艇16艘护航。18日上午返航途中,"定远号"突遭由日本海军中将伊东祐亨率领的"松岛号"等12艘日舰袭击。丁汝昌下令迎战。日舰利用航速快、炮位多的优势,以新式战舰"吉野号"为首,避开北洋舰队"定远"、"镇远"两主力舰,绕向侧后猛轰两翼小舰,而以首炮狂轰"定远"、"镇远"两舰背面,致使北洋舰队队列混乱,陷于被动。丁汝昌负伤后仍坚持指挥旗舰"定远号"炮击敌船;"致远号"管带邓世昌在军舰受重创后,下令开足马力向"吉野号"撞去,以期与之同归于尽,不幸被鱼雷击沉,全舰官兵250多人壮烈牺牲。黄海海战持续约五个小时,北洋舰队战舰损失五艘,死伤官兵千余人;日舰重创数艘,死伤600余人。12月25日,日本出动舰艇25艘,护送日兵二万余人,在威海东南登陆。27日,清军营官孙万龄率部于桥头集附近多次击败从陆路进犯的日军,不久因无援败退。30日,日军分两路从陆上包抄威海卫背面,并命战舰从正面炮击威海卫,封锁港口。李鸿章严令海军提督丁汝昌避战保船,严禁出海作战,以致坐失战机。1895年正月初八,威海卫陷落。因日军炮轰,北洋舰队"定远"、"来远"、"威远"、"靖远"诸舰相继沉没,12艘鱼雷艇全部被掳。正月十二日,北洋海军副提督英国人马格禄和顾问美国人浩威勾结部分将领,煽动兵勇水手哗变,逼丁汝昌降敌。丁宁死不从,并下令沉舰毁台,部属拒不从命。十八日,丁汝昌及守岛记名总兵张文宣等自杀。马格禄、浩威等盗用丁汝昌的名义,派程璧光向日本舰队请降。二十日,营务处道员牛昶炳与日本海军中将伊东祐亨签订刘公岛降约11条。威海卫内所剩舰艇11艘和其他军械都落入敌手。至此,李鸿章经营约20年、耗资数千万两的北洋舰队全军覆没。

《马关条约》

1895年，中日《马关条约》签订。外国资本主义对中国的侵略进一步深入，中国的半殖民地化和民族危机进一步加深。1894年10月旅顺失守后，慈禧害怕日军进犯京津，支持奕䜣委托美使田贝秘密向日本疏通。第二年正月，清廷任命李鸿章为头等全权大臣赴日，与日本商谈和约。3月23日，李鸿章在马关(今下关)被迫签订了《马关条约》。《马关条约》共11款，附有《另约》和《议订专条》。

主要内容包括：中国承认朝鲜完全"自主"；中国割让辽东半岛、台湾、澎湖给日本；赔偿日本军费二万万两；开放沙市、重庆、苏州、杭州为通商口岸；允许日本人在中国通商口岸设立工厂、输入机器，日本在华制造的一切物品免征各项杂税；交换俘虏，中国立即释放日军事间谍或因涉嫌而被逮捕的日本人。《马关条约》是继《南京条约》之后，清政府签订的最严重的卖国条约。它标志着外国资本主义对中国的经济侵略从商品输入发展到资本输出的阶段。《马关条约》的签订，使日本的在华势力过分膨胀，引起俄、法、德、美、英等国的不满。不久，日本被迫退还辽东半岛，但同时向清政府索取"赎辽费"3 000万两。

公车上书和戊戌变法

1895年4月，康有为联合上京会试举人，联名上书光绪帝，这是历史上著名的"公车上书"。甲午战败，清政府被迫与日本签订了丧权辱国的《马关条约》，激起了广大人民的强烈反对。空前严重的民族危机，也刺激爱国知识分子干预国事，要求维新变法，拯救国家。4月8日，康有为联合在京参加会试的举人1300多人在松筠庵集会，联名上书光绪帝，痛陈割地弃民的严重后果，指出割让台湾将失去全国民心，力主拒绝和议，明定对策。上书提出了四项解决办法：一、下诏鼓天下之气;二、迁都定天下之本;三、练兵强天下之势;四、变法成天下之治。过去举人进京考试乘坐公车,所以这次举人的联名上书被称为"公车上书"。"公车上书"标志着酝酿多年的资产阶级维新变法思潮已发展成爱国救亡的政治活动,对社会的影响和震动很大,康有为从此成了维新运动的领袖。1898年4月,光绪帝根据杨深秀、徐致靖、康有为等人的奏章和条陈,召集军机全堂,"下诏定国是",决定变法。4月28日,光绪帝召见康有为,商讨和确定变法步骤和措施。不久,又准许康有为专折奏事,并命他为总理衙门章京上行走。康有为利用专折奏事的特殊待遇,不断地上奏折,递条陈,提出一系列新政建议。根据康有为等人的建议,在百日维新期间,光绪帝先后颁布了100多道除旧布新的改革诏令。从内容上看,6月上旬以前,光绪颁布的新政主要是经济、军事、文教方面的改革。六月上旬以后,新政由经济、文教、军事方面扩展到政治方面。主要改革有:删改则例,裁汰冗员,撤销闲散重叠的机构;准许大小臣民上书言事,官吏不得阻挠,等等。新政遭到了封建守旧势力的一致抵制和反对。光绪帝颁布的新法诏令,除了湖南巡抚陈宝箴还能认真执行之外,其他地方督抚大多置若罔闻。在中央,有些新政机关形式上虽然建立起来,但基本上被顽固派所把持。因此,变法诏书大多成为一纸空文。慈禧太后发动政变以后,新政基本上被彻底推翻。

义和团运动

1899年,山东清平县义和拳改称义和团。同年夏季,清政府转变了对义和拳一味绞杀的政策,改行抚剿兼施的策略。毓贤接任山东巡抚后,奏请朝廷承认义和拳为合法民间团练,正式改义和拳为义和团。此后,义和团争得了合法地位,各地义和拳也陆续改称义和团。毓贤对义和团的招抚政策,使山东义和团迅速扩展,团众四处攻打教堂,驱逐教士,与助教士为虐的地方官员作对。同年9月,朱红灯在平原县杠子李庄,首先树起"兴清灭洋"的大旗。此后"顺清灭洋"、"保清灭洋"、"扶清灭洋"等口号都陆续出现,后来大都统一为"扶清灭洋"。同时,日趋高涨的义和团运动也波及直隶、天津。袁世凯任山东巡抚后,极力镇压义和团。山东的义和团向华北、京津等地发展,进一步推动义和团运动的高涨。

八国联军侵华

1900年5月1日晚,义和团焚烧丰台火车站的消息和京津铁路轨道都被拆毁的谣言,同时传到东交民巷。各国公使感到形势恶化,立即举行会议,一致同意调军队保护各国使馆。次日,驶抵大沽口外的外国舰队先后接到奉命进京的电报,并迅速派出陆战队,由海河乘船到达天津,准备向北京进犯。5月上旬,进入天津租界内的各国军队已达2 000人。5月13日,各国驻津领事和海军统帅在英国领事贾礼士请求下举行会议。在美国领事的撺掇下,会议决定将在津的八国现有兵力组成进军北京的联军,由在津军队中级别最高的英国人西摩尔中将为统帅,美国人麦卡加拉上校为副统帅。八国联军正式组成。1900年5月21日,大沽炮台失陷后,天津义和团和清军就开始攻打紫竹林租界,天津战役由此爆发。5月25日,清政府宣布对各国开战。

6月1日,义和团著名首领张德成率"天下第一团"5 000多人进入天津,参加战斗。清政府鉴于驻津清军只有聂士成部武卫前军10营,势单力薄,于是急调马玉昆、宋庆这些驻山海关的军队到天津增援。义和团和清军攻打紫竹林的战斗整整持续了一个月。聂士成部是清军中战斗力较强的新军,在租界与联军恶战10多次,斩杀的敌军比其他各军都多。但各国联军从大沽源源进入天津,力量大为增强。6月13日,聂士成战死,天津防御力量急剧衰退。宋庆接手天津战事后,又伙同马玉昆大肆屠杀义和团,致使天津于18日失陷。八国联军接着向北京进攻。

1900年7月20日,八国联军侵入北京。凌晨,俄军从东便门攻入,守城清军占据制高点阻击敌人,激战持续到下午,俄军才占领建国门并从此涌入内城。随后,日军占领朝阳门,英、法、美等国军队相继进入北京城。21日凌晨,慈禧太后挟持光绪帝,微服出德胜门逃离京城。22日,北京陷落。联军入京后,对北京义和团和广大民众进行了残暴的屠杀,城内尸积遍地,腐肉白骨纵横。联军还在城中肆意放火,凡设过拳坛的王公府邸、寺观和民宅,都放火焚烧,使昔日金碧辉煌的北京城,一变而为到处破墙残垣、满目萧条。大批珍贵的图书档案遭到焚毁和劫掠。同年的11月3日,各国驻华公使团以同文照会形式,将《议和大纲》12条交清政府议和大臣,转达西安行宫。该《大纲》提出一系列苛刻条件,要求惩处罪魁,赔偿损失,撤销军事设施,开放北京至渤海通道等。李鸿章等议和大臣,为保慈禧太后的地位,在谈判过程中,不停奔走于各国公使之间。6日,慈禧太后发布谕诏,同意所有12条大纲。又按各国公告要求,在谕诏上加盖御玺,作为照会副本,1901年11月26日分送各使馆,正式生效。

1901年7月25日,清政府全权谈判大臣奕劻、李鸿章与英、美、俄、德、日、法、意、奥、西、荷、比等11国公使在北京签订《辛丑条约》,主要内容有:一、中国赔款四亿五千万两白银,以关税、盐税和常关税作担保,分三十九年还清,年息四厘,本息合计白银九亿八千余万两,被称为"庚子赔款";二、在北京东交民巷设立使馆区,界内不准中国人居住,由各国派兵驻守;三、拆毁大沽炮台和北京至大沽沿途的各炮台,外国军队驻守北京使馆区和北京至山海关沿线十二个战略要地;四、清政府在各地张贴上谕两年:"永禁设立或加入与诸国仇敌之会,违者皆斩。""惩办"首祸诸臣及地方官。各省官吏必须保护外国人,若有外国人"被虐"或"被杀"地区,停止文武各等考试五年;五、将原来的总理全国事务衙门改为外务部,其地位"班列六部之前。"

《辛丑条约》是个丧权辱国的条约,从此中国完全沦为一个半殖民地、半封建的社会,清政府愈加腐败无能,百姓生活苦不堪言。

清末新政

1901年1月29日,慈禧太后下诏变法,要"取外国之长"、"去中国之短",开始实行"新政"。在"新政"推行的最初3年里,比较突出的有3件事。第一是提倡和奖励私人资本办工业。1903年9月,朝廷成立了商部,由前一年曾被派往英国、法国、美国和日本考察的皇亲贵族载振担任尚书,工矿业和铁路都归这一部管理。第二是废除科举考试制度,设立学堂,提倡出国留学。1901年清廷即命各级书院分别改为大学堂、中学堂、小学堂,引进新式教育。1904年1月,张之洞等制定通过了学堂章程,将普通教育分为初等、中等、高级教育,这就是具有近代化性质的"癸卯学制。"从1906年起,停止科举考试,一律从学堂选拔培养人才。中国延续了一千多年的科举考试制度,从此结束。第三是改革政制与军制。1903年12月,清廷成立练兵处,以奕劻总理实际掌握了练兵大权。清末新政,在实际操作上是戊戌新政的继续。它是在不触动旧有的封建势力的基础上采取的防危补救措施,从某种程度上讲,它是清廷向西方列强讨好的一种表现。

中国同盟会成立

1905年7月30日,孙中山等人在日本东京召开了筹备组党的会议。会上孙中山提议建立革命同盟会,最后定名为中国同盟会。8月20日,同盟会举行正式成立大会,这次会议通过了由黄兴等人起草的会章,选举了孙中山为总理,黄兴为执行部庶务等。同盟会成立后,分设执行部、评议部和司法部,采用三权分立制度。同盟会确定以"驱除鞑虏,恢复中华,创立民国,平均地权"为革命纲领,提出"民族、民权、民生"三民主义学说;制订《军政府宣言》《中国同盟会总章》,对外宣言,对内布告等文件,发刊机关报《民报》,宣传革命;在国内外各地建立支部。同盟会把原来分属各地的革命组织统一起来,产生了全国性的号召力,使革命派有了一个核心组织,极大地推动了资产阶级民主革命运动的发展。

黄花岗起义

1911年3月29日,同盟会在广州起义,伤亡惨重,全国震动,是为"黄花岗起义"。同盟会建立后,革命党人曾多次起义,但均遭失败。革命党人并未灰心丧气,而是在广州新军、防营、民军、警察中做了大量的革命工作,并于1911年3月10日在香港统筹部召开会议,决定赵声、黄兴为正副总指挥,十五日正式起义,分十路进攻广州。由于革命志士温生才击毙广州将军孚琦后,清军在广州实行戒严,起义被迫推迟。29日晚,黄兴等在广州发动起义,经过激烈的战斗,起义惨遭失败,72位烈士的遗骸合葬于广州黄花岗,因此被称为"黄花岗起义"。孙中山高度评价这次起义,认为是惊天地、泣鬼神之举。

武昌起义

1911年8月19日,湖北革命人发动武昌起义,各省响应,纷纷宣布独立。1911年8月3日,湖北革命团体共进会与当地新军中的秘密革命组织文学社合并,建立领导起义的机构。文学社首领蒋翊武为总指挥,共进会首领之一孙武为参谋长。8月19日(即10月10日)武昌新军提前起义,20日清晨,总督衙门被攻克,武昌城被起义者占领。21日,汉阳、汉口均告光复。新军协统黎元洪被推为都督,组织湖北军政府,宣布独立。武昌起义后,湖南、陕西、山西、云南、江西、贵州、江苏、广西、安徽、福建、广东、四川等省相继宣布独立,最终导致了清王朝的灭亡。这一年是辛亥年,所以史称辛亥革命。1912年1月1日,南京临时政府成立。

当"武昌起义"获得全国响应时,孙中山返回祖国抵达上海,革命派开始筹建共和国临时政府。1911年12月20日,17省代表会议在南京召开,决定成立临时政府,孙中山以16票的绝对优势当选为中华民国第一任临时大总统。

临时大总统府设在南京城内旧两江总督衙门内。当晚11时,举行孙中山大总统受任典礼。孙中山宣读誓词,同时发布《临时大总统宣言书》和《告全国同胞书》,定国号为"中华民国",改用阳历。1912年1月2日,孙中山通电各省改历,并以1912年1月1日作为中华民国建元的开始。1月11日,各省代表会议又议决以五色旗为中华民国国旗,十八星旗为陆军旗,青天白日满地红旗为海军旗,"大总统颁令全国各省以为统一"。新成立的南京临时政府是按照西方资产阶级民主政府三权分立的精神建立起来的。各省代表会议改组扩充为临时参议院,行使立法权。临时参议院通过了具有宪法效力的《中华民国临时约法》,规定了资产阶级民主自由的一般原则,使共和国的方案具体化和法律化。南京临时政府的主要成员及其所推行的政策,说明它是一个资产阶级性质的革命政府。

袁世凯逼宫计

1908年11月,光绪帝和慈禧太后相差一天先后死去,3岁的溥仪继承皇位,一切军国大事操于王亲贵族之手,全国一片天昏地暗,清朝已经崩溃在即。辛亥革命的烈火燃遍全国。那些王公大臣胆颤心惊,不得不起用袁世凯,来镇压革命。

就任第二届临时大总统的袁世凯

清政府起用袁世凯的诏书下达后,他奋然出山,率领段祺瑞、冯国璋的部队,到湖北与革命军作战,取得了一些胜利。清政府为了笼络袁世凯,任命他为国务总理,授以全权。等到南北双方进行和谈时,袁世凯授意段祺瑞等50多人,联名通电表示拥护共和,如果王公大臣反对,即反戈入京,一时间京师大怒。接着段祺瑞等人又发了第二个通电,历数皇族败坏大局的罪状。这时政事已由隆裕太后主持,她召见袁世凯,而袁世凯假称足疾,连召3次,方始徐步入宫。隆裕太后问他如何收拾局面,袁世凯漫不经心地回答说:"举国尽叛,山西、陕西、广东、广西、云南、贵州等处报警电报纷至沓来,还有什么计谋可施!"隆裕太后一听此话,肝胆俱碎,大哭道:"大势已去,别无所求,我们母子两人的性命,势不能不求你袁君啊!"说罢昏厥过去。至此袁世凯方笑容可掬,跚跚离去。不久,段祺瑞等人又发来第三次通电,要求"速降明谕,宣布共和"。隆裕太后又召见袁世凯,问道:"南北已经议和,段祺瑞为什么又发来这份电报?"袁世凯答道:"现在如果讲议和,皇上必须退位,如此大事,近支王公均未与闻,所以不敢遽行发表!"隆裕太后高声说道:"今日所想要保全的,仅是我们母子两人的性命,你尽管想办法,出差错由我负担。"袁世凯出宫后,大喜过望,说:"清室已入了我的圈套了!"

对南方,袁世凯又换了一副嘴脸,总以为不用兵力慑服,不可能达到他的目的。一面进行和平谈判,一面进攻威胁。同时授意议和代表,如能选举袁世凯为大总统,即可立即罢兵。孙中山先生心地坦白,以为只要有利于国家和平统一,何所不可,于是南北停战,南北议和成功,孙中山辞去中华民国临时大总统职务,袁世凯俨然成为中华民国第二届大总统。

袁世凯上台后,违背临时约法,解散国会,直到自称洪宪皇帝,这些都不是偶然的,而是蓄谋已久。但帝制不成,袁世凯仅做了83天皇帝梦,终于忧愤而死。奸雄的下场最终都是这样可悲!这也是袁世凯始料未及的。